运动生理学实验及体能测试指导手册

第 2 版

[澳] G. 格雷戈里·哈夫（G. Gregory Haff）　著
查尔斯·杜姆克（Charles Dumke）

赵芮 译

人民邮电出版社

北京

图书在版编目（CIP）数据

运动生理学实验及体能测试指导手册：第2版 /
(澳) G.格雷戈里·哈夫 (G.Gregory Haff)，(澳) 查尔
斯·杜姆克 (Charles Dumke) 著；赵芮译. -- 北京：
人民邮电出版社，2021.4
ISBN 978-7-115-54263-2

Ⅰ. ①运… Ⅱ. ①G… ②查… ③赵… Ⅲ. ①运动生
理学－实验－高等学校－教学参考资料②体能－测试－高
等学校－教学参考资料 Ⅳ. ①G804.2-33②G808.16

中国版本图书馆CIP数据核字(2020)第109017号

内 容 提 要

本书由美国国家体能协会主席 G.格雷戈里·哈夫与蒙大拿大学教授查尔斯·杜姆克博士合力打造，是一本关于运动生理学实验及体能测试的详细资料。本书涵盖了各种在运动生理学实验课中常用的评估测试方法。本书从基础的运动生理指标数据的收集与分析讲起，重点讲解了柔韧性测试、血压测量、静息代谢率测定、缺氧量和EPOC评估、次极量运动测试、有氧动力现场测试、高强度体能测试、最大耗氧量测量、血乳酸阈值评估、肌肉适能测量等 14 项测试的基础理论、测试方法及应用方法，将有效帮助读者明确指标，理解测试原理与分析方法，并以此为重要基础设计合理的运动方案。本书适合体育院校师生、运动爱好者及体能教练员、运动员阅读。

◆ 著　　[澳] G. 格雷戈里·哈夫（G. Gregory Haff）
　　　　　查尔斯·杜姆克（Charles Dumke）

译　　赵　芮
责任编辑　裴　倩
责任印制　周昇亮

◆ 人民邮电出版社出版发行　　北京市丰台区成寿寺路 11 号
邮编　100164　电子邮件　315@ptpress.com.cn
网址　https://www.ptpress.com.cn
临西县阅读时光印刷有限公司印刷

◆ 开本：700×1000　1/16
印张：27.75　　　　　　　　　　2021 年 4 月第 1 版
字数：571 千字　　　　　　　　2021 年 4 月河北第 1 次印刷
著作权合同登记号　图字：01-2018-3876 号

定价：298.00 元

读者服务热线：(010)81055296　印装质量热线：(010)81055316
反盗版热线：(010)81055315
广告经营许可证：京东市监广登字 20170147 号

目录

序言

本书是一本针对本科或硕士运动生理学实验课测试的详细资料。本书涵盖了各种通常在运动生理学实验课上对运动员、临床病人或其他普通健康个体进行的评估测试。本书的设计允许讲师按其课程需求选择最适合的活动。具体而言，大部分实验都提供了多种多样的实验活动，方便您根据课程要求的器械和时间进行混合搭配。本书介绍的大量现场和实验室测试使学生能够接触到可用于各种专业环境的测试。实验按照逻辑顺序排序，实验的复杂性从前往后越来越高。最后，本书可以作为评估人类运动表现和健康的基本测试程序的标准。

第 2 版更新内容

本书第2版中的更新包括引入了常见的间歇性体能测试，如莱杰20米往返跑测试，Yo–Yo间歇恢复测试和30–15间歇性体能测试。这些类型的测试在体能界越来越受欢迎，添加这些测试让学生可以学习如何进行这些测试并解释其结果。

除了这些新的实验活动之外，我们还对书中的每个实验进行了如下更新。

- 增加了有关每个实验主题的新研究和信息。
- 通过新发布的研究更新了标准和规范。
- 理清了操作指南。
- 增加了新的案例研究来阐明实验概念。
- 提供了案例研究的答案。

- 更新了问题集以帮助学生更好地理解实验概念。

实验特点

每个实验章节都是一个完整的课程。首先，列出了目标、关键术语的定义和为学习奠定基础的背景和环境信息。其次，对于每个实验活动，您将找到分步说明，这些说明可以帮助对实验环境比较陌生的人员也能够完成这些测试。最后，大部分实验活动都附有数据表和用于记录个人发现以及与学生收集的数据相关的问题集。这些问题可以帮助学生将他们的实验经验应用到实践中。

讲师须知

本书适用于运动生理学实验课程。它旨在将核心运动生理学讲解课中衍生的科学基础转换为通常在各种环境中执行的实际应用。例如，使用肯尼、威尔莫和科斯蒂尔编著的 *Physiology of Sport and Exercise* 等教科书中的理论。为实现这一目标，本书共提供了16个实验：原始数据收集、测试前筛查、柔韧性测试、血压测量、静息代谢率测定、缺氧量和EPOC评估、次极量运动测试、有氧动力现场测试、高强度体能测试、最大耗氧量测量、血乳酸阈值评估、肌肉适能测量、无氧体能测量、肺功能测试、身体成分评估和心电图测量。

每个实验都会提供用于各种测试的背

景信息和详细步骤。此外，由于运动生理学实验设备各异，实验给出了多种方法来介绍测试概念。例如，实验13展现了多种评估纵跳表现的方法：跳跃摸高和纵跳垫测试。每项活动之前列出的设备清单使您可以更轻松地选择最适合您的设施的实验。这种多功能性使您能够选择最适合您的设施的活动，并最大限度地满足学生的需求。

致谢

我要感谢人体运动出版社（Human Kinetics）在查尔斯和我艰难编写本书第2版时给予我们的耐心。我要特别感谢罗杰·厄尔对我们的信任，更重要的是感谢我们的友谊。另外，我要感谢艾米、丽莎和阿曼达不知疲倦地帮助我们更新本书，改进本书的第1版。

虽然这本书完成起来很困难，我有时候压力非常大，但我还是要感谢查尔斯的耐心和敬业精神，更重要的是，感谢他成为我最好的朋友和最喜欢的同事之一。

感谢我的朋友迈克尔·斯通、邓肯·弗伦奇、乔尔·克莱默、杰伊·道斯和特拉维斯·特里普利特，我很荣幸有你们这样的朋友，你们每个人对我生活的影响远比你们知道的还要多。我期待在你们的陪伴下畅享生活。

最后，如果我不致谢我生命中最重要的人——我的妻子艾琳，那将是我的疏忽。在我所做的一切努力中，你都坚定不移地支持我。虽然事情看起来似乎并不顺利或不如预想的那样，但是你总是有办法让我开怀大笑，停下来静看海浪，你是任何人都可望而不可即的一个生活伴侣。我很庆幸我的生命里能拥有你。

——G. 格雷戈里·哈夫

感谢格雷戈里，他是一位很棒的合著者和朋友。如果不是他，我不会想要完成这本书。人体运动出版社的经验、专业精神以及对我们的耐心值得我们公开道谢。感谢你们出版本书并接受第2版的创意。

我还要感谢蒙塔纳大学健康与人体表现系的同事们，感谢他们在我参与这个项目时对我的耐心。

最重要的是，感谢我的父母博邦和利娅，以及我的妻子香农、儿子卡特和我们养的狗拉斯特罗。

——查尔斯·杜姆克

原始数据收集

目标

- 定义与测试相关的基本术语。
- 了解公制转换和国际单位制（International System of Units，SI）建议的单位。
- 提供在测试期间收集基本信息的基本原理。
- 介绍评估温度、气压和相对湿度的方法。
- 介绍评估测试结果的基本统计方法。
- 描述用于呈现数据的几种图表。

定义

精确度：测量值与实际值的接近程度。

气压：环境空气施加的压力。

集中趋势：一组数值的代表值。

因变量：自变量的效应或结果。

位移：物体在一条直线上的两点之间移动的长度。

距离：物体行进的总长度（不一定在一条直线上）。

效应量：用于确定效应大小的统计方法。

能量：做功的能力，单位为焦耳。

现场/实验室测试：可在现场或实验室环境中完成的测试。

现场测试：在实际环境中完成的测试。

力：质量乘以加速度，单位为牛顿。

自变量：可控制的变量。

推论统计：可用于根据样本得出关于某一总体的一般结论的统计方法。

实验室测试：必须在实验室环境中进行的复杂测试。

幅度统计：可用于评估变化幅度的统计方法，通常使用最小有效变化效应量。

质量：构成物体的物质的量度，单位为千克。

均值：样本的平均值。

中位数：样本的中间值。

众数：样本中最常出现的值。

常模数据：一定人群的分布状况，也称为规范或规范数据。

功率：做功的速率，单位为瓦特。

精度：测试能够以几乎相同的值重现的程度。

范围：一组数值中第一个数和最后一个数的距离。

相对湿度：环境空气中的含水量与饱和含水量的百分比。

可靠性：测量的可重复性。

最小有效变化：在某种程度上最小的有实际意义的变化。

速率：通常被认为是身体移动速度的标量，通过用距离除以时间来计算。

标准：理想或目标分数。

标准差（standard deviation，SD）：反映数据值离散程度或偏离算术平均值的程度的度量数据。

典型误差（typical error，TE）：最常见的可靠性测量，计算方式是重复测量的标准差除以$\sqrt{2}$。

有效性：测量的准确性。
变异性：数据的离散程度。
变量：一种特征。
速度：位移除以时间计算出的矢量。
湿球温度（wet-bulb globe temperature，

WBGT）：用于估算周围环境冷却能力的温度。
功：力乘以其作用距离。
Z值：标准分数，表示以标准差为计算单位的单一分数与母体平均值间的距离。

在运动条件下测试人的体能可以评估人体的功能。这些信息可以让我们了解个体的整体健康状况以及运动表现能力。我们还可以通过检查个体运动后的反应来获取其对运动的容忍度和适应能力的信息。随后该信息可用来实施旨在增强健康或运动表现的锻炼计划。在运动生理学实验中可进行许多测试来评估身心健康[1, 6, 21, 31]或运动表现能力[27, 38]。其中许多测试属于以下3种类别之一：现场测试、现场/实验室测试和实验室测试。

现场测试使我们能够在真实环境中评估特定的体能和运动表现[16]。这些测试通常比实验室测试更实用且更便宜[32]。虽然由于难以控制外部变量（如天气、地形等）而不经常用于研究，但这些测试非常适用于筛查和监测用途[6]。因为这些测试衍生自实验室测试，所以如果在执行时注意控制实验条件，它们就会具有非常高的有效性。运动生理学的例子包括1.6~2.4千米跑步测试、1.6千米慢跑测试、12分钟骑行测试、短跑、30-15间歇性体能测试[11]以及体重指数量化（body mass index，BMI）[3, 10]。尽管这些测试通常在现场环境中进行，但是其中一些测试也可以在实验室环境中进行（例如BMI、12分钟骑行测试）。

现场/实验室测试可以在现场或实验室环境中进行。与现场测试一样，现场/实验室测试通常需要很少的器械，但会有更严格的控制[6]，并且在现场进行的现场/实验室测试必须使用与实验室测试同样严格的实验条件[3]。台阶测试是一个现场/实验室测试的例子[6]。在实验室中，可以使用台阶箱进行该测试，这种台阶箱将测试对象的数量限制为一个。在现场，可以在体育场看台上同时对大量测试对象进行台阶测试。无论在何处进行，都需要使用节拍器和秒表来适当地执行和控制台阶测试。现场/实验室测试的其他示例包括屈体前伸测试、皮褶厚度评估、垂直跳跃测试和血压（blood pressure，BP）测量[6]。

实验室测试的控制条件最严格，通常需要使用不能带入现场的昂贵器械。这种测试通常一次只对一个测试对象进行测试[6]，因此往往很耗时。这种测试的结果的准确度和精度更高[6]。例如最大摄氧量测量、静息代谢率（resting metabolic rate，RMR）测量、运动心电图（exercise electrocardiogram，ECG）、双能X线骨密度仪测定（dual X-ray absorptiometry，DXA）、水下称重（under water weighing，UWW）、等长或动态的力-时间曲线的测量以及有氧跑步机测试[4-6, 12]。

测试变量

运动生理学实验的核心目标是量化特定的生理或体能特征。一个特征通常被称为一个**变量**。在运动生理学实验中，被量化的变量通常包括最大肌力、身体成分、无氧或有氧动力以及柔韧度。

变量通常被分为自变量和因变量。**自变量**是可控制的变量，而**因变量**是自变量的效应、反应或结果[39]。换言之，自变量由管理测试的人控制，因变量是对自变量的生理或体能反应。例如，在跑步机测试中，自变量是跑步机的速度，因变量是心率（heart rate，HR）反应或耗氧率。当以图表方式表示这些变量时，我们将自变量放在水平轴（x轴）上，将因变量放在垂直轴（y轴）上[39]。在跑步机测试的示例中，运动负荷或速度则是在x轴上呈现的自变量，而心率反应是在y轴上呈现的因变量。

测定用语

在探究生理和体能特征时，运动生理学家使用特定的测定术语来反映他们的数据。术语的定义基于国际单位制[42]中提出的指导原则。国际单位制遵循简单、严格和精确的核心原则（见表1.1）。

表1.1　国际单位制样例

量的名称	单位名称	单位符号
国际单位制基本单位		
物质的量	摩尔	mol
电流	安培	A
长度	米	m
质量	千克	kg
热力学温度	开尔文	K
时间	秒	s
导出单位		
能量	焦耳	J
力	牛顿	N
频率	赫兹	Hz
功率	瓦特	W
压强	帕斯卡	Pa
功	焦耳	J

以下是运动生理学实验中常用术语的一些示例。

在运动生理学实验中进行的最常见的质量测量是体重、瘦体重和脂肪量的测量。尽管在美国经常交替使用质量（body mass）和体重（body weight）表示体重，但使用质量更准确。质量的国际单位制基本单位是千克[42]。

力是以量值和方向为特征的矢量。它可以根据牛顿第二定律计算，该定律指出力相当于质量乘以加速度[29]，公式如下。

力＝质量×加速度

例如，在计算功或功率时，本书中经常使用体重，在这种情况下，体重被转换为力并用于其他计算。力的单位为牛顿，其通过将物体的质量乘以重力加速度来计算，公式如下。

力＝质量×加速度＝质量×9.81米/秒^2

当谈起力时，经常会想到用它来表示力量。通常，力量指肌肉或肌群以特定速度产生的最大的力[29]或产生外力的能力。这种能力通常会被重点关注。产生力的能力在运动[10]表现和日常生活活动能力[22]中起着重要作用。此外，重复表达次最大力的能力在耐力活动中也很重要。因此，力量或产生力的能力对个体的运动表现和整体健康有重大影响。

位移和距离都可以视为长度。位移是按从一个点到另一个点的直线测量的；而距离是物体行进的总长度，不一定限于直线。两者通常以厘米或米为单位，但米是国际单位制基本单位。位移和距离的量化有助于功、运动速度和功率等的计算。

物体所做功的大小等于施加在物体上的力乘以物体移动的距离，公式如下。

功＝力×距离

功的单位为焦耳（国际单位制中功的基本单位），其等于牛顿×米。总的来说，做功量与运动消耗的代谢能量直接相关——所做的功越多，消耗的能量就越多[28,37]。

区分速率和速度很重要。**速率**是一个标量，通常被认为是人体移动的速度，它与人体移动的总距离和时间直接相关。虽然类似于速率，但速度是具有幅度和方向的矢量。因此，**速度**包括速率和方向[26]。速率和速度之间的差异源自距离和位移之间的差异。在数学上，速率是通过距离除以时间来计算的，而速度是通过位移除以时间来计算的，公式如下。

速率＝距离/时间

速度＝位移/时间

例如，在49秒内完成400米短跑（跑道为环形）的跑步者的平均速度为0米/秒，因为位移为零。在这种情况下，最好使用平均速率来表示跑步者移动的快慢，结果是8.16米/秒。

速度是物体的线速度，距离表示物体在给定方向上移动多远，时间表示移动这段距离所花费的时间[26]。例如，如果在9.58秒内跑完100米短跑，则其平均速度为10.4米/秒。

功率是做功的速率[37,41]，高功率输出的能力是影响运动表现最重要的因素之一[8]。可以通过以下几种方式计算功率。

功率＝功/时间＝力×速度

＝力×（位移/时间）

功率通常与做功所使用的能量成正比[37]，因此功率越大，做功效率越高，相应地，能量消耗则越快。由于这种关系，在讨论代谢能量转化为体能表现时经常使用功率[24,25]。例如，在谈论有氧动力和无氧能力时，用功率来描述。

从一般意义上讲，**能量**是做功的能力[9]，单位为焦耳。在检测代谢能量释放时，即做功的结果（使用的能量）和释放的热量（浪费的能量），焦耳是普遍接受的单位[6]。

然而，在美国，更常用的单位是千卡。

可以通过测定氧气摄取和消耗量来估算热量或能量消耗。可以假设摄取1升的氧气约消耗5千卡或21焦耳的能量。因此，可以使用以下公式[3]计算能量消耗。

能量消耗（千卡/分）=

摄氧量（升/分）×5（千卡/升）

能量消耗（焦耳/分）=

摄氧量（升/分）×21（焦耳/升）

这些数字只是近似值，它们可能会受到运动强度的影响。具体而言，运动强度越高，摄取每升氧气消耗的能量越多[6]。

公制转换

使用公制单位是大多数运动生理学实验中的标准。尽管公制单位系统在美国并不流行，但在进行测试和研究时它是首选单位系统。运动生理学中的实验工作通常涉及3类转换：长度、重量和体积。

科学类出版物中长度的标准公制和国际单位制单位为米，它通常用于反映一个人的身高。米很容易转换为其他公制单位，例如毫米、厘米和千米（例如，0.01千米=10米=1 000厘米=10 000毫米）（见附录A）。要从美国单位系统转换为公制单位系统，只需将长度（单位为英寸）乘以2.54即可得到以厘米为单位的长度。完整的转换列表可在附录A中找到（其他单位换算，均请见附录A，余后除特别需要不再另做换算）。

当提到重量时，标准公制和国际单位制单位都是千克，这是在科学文献中表示质量的首选单位[40, 42]。在运动生理学实验中，通常以千克为单位表示体重、瘦体重和脂肪量[3]。通过将磅重除以2.204 6，可以轻松实现磅到千克的转换。有关质量单位的基本转换方法可以在附录A中找到。

体积的标准公制单位是升，也称为立方分米[40]。体积的国际单位制单位是立方米，因为它可用于表示固体、液体和气体的体积[40, 42]。例如，0.001 5立方米相当于1 500毫升或1.5升（附录A）。在量化肺容量、耗氧量、心输出量（cardiac output，CO）、每搏输出量（stroke volume，SV）和汗液流失量时，通常使用的单位为升。长度和重量也可以轻松地被转换为体积。例如，如果运动员在训练期间体重减少了1千克，这相当于汗水流失了1升，因此需要超过1升的水来恢复体液平衡[6]。体积单位的转换方法可以在附录A中找到。

背景和环境信息

收集基本信息是测试过程中一个重要的组成部分[3, 6]。在设计测试环节时，应该考虑将几个不同的项目作为待收集的基本信息的一部分。例如，测试对象的姓名或身份证号码、年龄和性别等。记下日期、时间以及测试人员的姓名缩写也很重要。

• 姓名或身份证号码。通常，首先记下测试对象的姓氏，然后记下测试对象的名字。但是，如果数据将用于研究，则应记下测试对象的编号而不是姓名，以确保保密性和遵守人类测试对象研究程序[7]。此信息通常被放在每个数据表的顶部以及所有与测试相关的表单中。

• 年龄和性别。记下测试对象的年龄

至关重要，特别是在将测试对象的数据与标准数据表中的数据进行比较时。测试对象的年龄通常记录到最接近的一年，尽管在有些情况下可能需要将年十等分后取最接近值[3, 6]。例如，如果测试对象年龄为18岁6个月，则该年龄应记录为18.5岁。还需要记录测试对象的性别，通常在数据表上用M代表男性，用F代表女性。

• 日期。日期应记录为月/日/年或日/月/年。例如，日期为2018年3月3日时可以在实验数据表的相应位置将其记录为3/3/2018。应在测试过程中使用的所有数据表中都清楚地注明此信息[3, 6]。

• 时间。特别重要的是要记下进行纵向测试的时间，因为一些生物和体能测试得到的结果会出现昼夜或生理节律变化[10, 35, 36]。因此，纵向测试环节通常应在每天同一时间进行，以尽量减少昼夜或生理节律引起的体能变化的影响。

• 测试人员的姓名缩写。测试人员应该将自己的名字缩写记录在数据表上来表明谁执行了该测试[6]。此信息明确了一个可以直接向其询问测试环节的联系人。如果设备的测试人员之间出现变化，它还能帮助匹配测试对象和测试人员。

在运动生理学实验的测试过程中，最常评估的两个基本变量是身高和体重。这些标准量可以用作描述单元或作为测试程序的组成部分。

在大多数运动生理学实验中，通常会测量高度，技术上称为身高。身高通常用身高体重测量仪、测距仪或贴在墙上的米尺来测量[6]。测量应该精确到1厘米，然后

将单位转换为米。例如，如果身高为5英尺11英寸，则应进行以下换算。

$$米 = 英寸 \times 0.025\ 4$$

身高（米）= 71英寸 × 0.025 4 = 1.803 4米

四舍五入并取小数点后两位，将1.803 4米记录为1.80米。同样，如果高度为1.828 8米，将其四舍五入为1.83米。

体重测量可能是运动生理学实验中最常见的测试，因为它会被用于许多计算中。体重相当于在正常重力下身体的重量[6]，在科学文献中体重的单位应为千克。大多数美国人更熟悉的体重单位为磅，但这种重量表示不符合国际单位制标准。要将体重的单位从磅转换为千克，可使用以下等式。

体重（千克）= 体重（磅）/2.204 6

1千克等于2.204 6磅，通常1千克约等于2.2磅。如果一个人重225磅，体重将按以下方式计算。

体重（千克）= 225磅/2.204 6 ≈ 102.1千克

如果这个等式的分母为2.2，那么这个人的体重将被记录为102.3千克。体重值应四舍五入并精确到小数点后一位。

记录背景信息后，下一步是测量和记录测试环境的气象信息。通常要测量温度、气压和相对湿度[6]，因为它们会严重影响某些生理和体能测试的结果[14, 28, 33]。有充分证据表明，高温可以对生理测试结果产生显著的影响[14, 33]。实际上，温度高于24摄氏度时，每增加1摄氏度，心率将增加1次/分[33]。相反，寒冷的环境会增加呼吸频率，这会增加脱水风险而对体能产生负面影响。

温度的单位有华氏度、摄氏度和开尔

文[40]。大多数美国人都熟悉华氏度，其中32华氏度代表冰的熔点[6]，但国际单位制并不建议在研究实验中使用这种单位[40]作为标准单位。

温度的另一种常用单位是摄氏度，其中0摄氏度代表水的凝固点，100摄氏度代表沸点[6, 16]。要从华氏度转换为摄氏度，可使用以下任一公式。

$$摄氏度=（华氏度-32）/1.8$$

$$摄氏度=0.56×（华氏度-32）$$

这种温度单位常用于科学文献中，但与华氏度一样，摄氏度不是国际单位制单位[42]。国际单位制热力学温度单位是开尔文，其不包含负温度或零下温度。从摄氏度到开尔文的转换通过以下公式实现。

$$开尔文=273.15+摄氏度$$

该系统将最冷的温度表示为0开尔文[6]。

环境空气的压力表示为**气压**，并可随海拔[23]和天气[6]的变化而变化。随着气压变化，构成环境空气（氧气、二氧化碳和氮气）的气体分压也会发生变化。但无论总气压的变化如何，环境空气中所含气体的百分比都保持不变。环境空气中含有78.09%的氮（N_2）、20.95%的氧（O_2）和0.03%的二氧化碳（CO_2）。要确定这些气体的分压，只需将总气压乘以气体含量的百分比即可。

气压通过无液汞或水银气压计以毫米汞柱为单位加以测量。例如，在海平面，气压约为760毫米汞柱，氧分压约为159毫米汞柱。在海拔2 000米的地方，气压将降至约596毫米汞柱，而氧分压将降至125毫米汞柱。这种气压的降低和伴随而来的氧分压的降低会导致进行有氧运动的能力的显著降低[18, 28]。由于气压变化对肺功能和心血管功能的影响，呼吸换气和代谢量通常都会因这些变化而变化[6]。

在科学文献中，气压通常用下列单位记录：毫米汞柱、托、百帕或千帕。通常，以下公式可用于转换各种气压单位。

$$1毫米汞柱=1托$$

$$千帕=托/0.133\ 3=托×7.50$$

$$百帕=托/1.333=托×0.750$$

因此，674毫米汞柱或674托的气压将按如下方式转换。

$$674托/0.133\ 3≈5\ 056.26千帕$$

$$674托/1.333≈505.62百帕$$

环境的**相对湿度**是指环境空气中的含水量或饱和含水量的百分比[6, 23]。为了量化运动生理学实验中的相对湿度，可使用湿度计测量得出相对湿度的百分比值（例如，60%的相对湿度）。例如，如果环境空气中水蒸气饱和，那么相对湿度在该温度下表示为100%。通常，环境空气中的含水量随温度增加而增加。

20%~60%的相对湿度值下，通常不会影响运动，但在此范围外的值下，会影响身体表现[2]。具体而言，相对湿度较高限制了人体的汗水蒸发能力，这会使血浆容量显著降低，从而使心血管压力增加。相对湿度高也会影响体温调节能力，进而增加温度对心血管功能的影响[28]。当温度在24摄氏度以上时，温度每升高1摄氏度，通常会使心率增加1次/分，而相对湿度的增加可导致心率增加2~4次/分[6, 33]。由于存在这些对身体表现的潜在影响，通常在运动生理学实验中会测量相对湿度。

可以根据湿球温度来估算热应力。测量该指标时需同时观察3个温度计的读数并通过计算来估算周围环境的冷却能力[23]。第一个温度计测量的是干球温度（T_{db}），用标准温度计获得读数并评估实际空气温度。第二个温度计是湿球温度计，它的读数反映了汗水从皮肤蒸发的效果[23]。在这个测量过程中，水从球中蒸发，这有效地将温度降低到干球温度以下，从而得出湿球温度（T_{wb}）。湿球温度和干球温度之间的差异代表了环境的冷却能力。第三个温度计被放置在一个黑色的球体中，通常其读数高于干球温度计所示的温度，因为黑色球体会吸收热量。这个球体温度（T_g）通常用于估算环境中的辐射对热负荷的影响[23]。

使用3个温度计测量温度后，可以将3个测量结果组合起来，使用以下公式估算室外环境中大气温度对体温的影响。

$$WBGT = 0.1T_{db} + 0.7T_{wb} + 0.2T_g$$

仔细观察这个方程式可以看出T_{wb}反映了汗液蒸发在热交换生理中的重要性。如果相对湿度高，则该测量反映了对蒸发汗液的能力的损害，这反过来增加了身体受到的热负荷[23]。一般而言，如果$WBGT$大于28摄氏度，则应考虑调整运动或练习状态，如取消练习、转移到室内和降低训练强度。

描述性统计

统计是用于描述和分析数据的数学方法[39]。运动生理学实验通常涉及计算描述性统计数据，例如集中趋势和变异性的测量。

集中趋势

集中趋势通常指一组数据的代表值[39]。常见的用于表示集中趋势的统计数据是均值、中位数和众数。可通过将所有数值相加并将结果除以数值个数来计算均值。均值的计算公式如下。

$$均值 = \sum X/N$$

在该等式中，X是各个数值，N代表数值的个数。例如，测量得出5个人的体重（单位：千克）分别为53、55、65、48和60，则均值将按以下方式计算。

$$均值 = (53+55+65+48+60)/5=$$
$$=281/5=56.2千克$$

因此，对于这个例子，5个人的平均体重是56.2千克。

中位数代表一组数里居于中间位置的数。当样本数按顺序排列时，通常使用以下等式计算中位数。

$$中位数 = 第[(N+1)/2]个数的数值$$

在该等式中，N表示样本总个数。以前面5个人的体重为例，现在按照48、53、55、60和65（单位：千克）的顺序排列这5个体重数值。中位数的计算方法如下。

$$中位数 = (5+1)/2 = 第3个数的数值$$

然后从第1个数的位置开始查到第3个数的位置，得出中位数为55。如果尝试使用偶数个值计算中位数，则需要首先找到中间的数对。例如，如果6个人的体重分别是48、53、55、58、60和65（单位：千克），则根据前面的等式得出中位数=(6+1)/2=3.5。然后找到两个中间值55和58，再将这两个值加在一起（55+58=113），最后除以2，得到中位数为56.5。

众数是样本中最常见的数，一组数中可以有多个众数。如果测量的10人的体重分别为48、49、53、53、55、59、60、60、60和62（单位：千克），则最常出现的值为60千克，因此60千克将被确定为此样本总体的众数。如果样本中的每个数出现的频率相同，则该样本无众数。

变异性

数组的变异性可用来描述数据的离散性。在研究运动生理学实验中的一组数据时，描述变异通常使用标准差和极差。

许多电子表单程序可以很容易地计算出数组的**标准差**，但标准差也可以通过以下公式手动计算（见表1.2）。

$$标准差 = \sqrt{\sum (X-M)^2/(N-1)}$$

在该等式中，将数组中的每个数值（X）都依次减去均值（M），然后将得出每个的结果平方，并将这些数字相加得出总数，然后用得出的总数除以（数值个数N减1）。最后进行开根所得的平方根就是标准差。有关如何计算标准差的示例在突出显示的方框中，该例子包括了5名测试对象的体重数据。

表1.2 样本标准差的计算

样本实验数据表

样本	X	$X-M$	$(X-M)^2$
1	53	−3.2	10.2
2	65	8.8	77.4
3	48	−8.2	67.2
4	60	3.8	14.4
5	55	−1.2	1.4
$\sum =$	281	0.0	170.8

$$M = \sum X/N = 281/5 = 56.2 \qquad SD = \sqrt{\sum (X-M)^2/(N-1)} = \sqrt{170.8/4} = \sqrt{42.7} \approx 6.53$$

注意：

SD=标准差；X=样本数值；M=均值；N=样本数量。

因此平均体重为56.2千克，标准差为6.53千克。在手稿或实验报告中，将这些数据表示为（56.2±6.5）千克。

如果算出了一组数据的标准差和均值，则可以确定Z值，以便以标准单位表示任何单个数值与均值的距离[30]，其计算公式如下。

$Z=($ 样本数值 $-$ 组平均值 $)/$ 组标准差

例如，一组举重运动员进行大腿中部等长拉伸测试，得出的组平均峰值力为3 013.9牛且组标准差为360.7牛，则峰值力为2 679.7牛的运动员的Z值的计算方法如下。

$Z=($ 2 679.7 $-$ 3 013.9 $)/360.7 \approx -0.93$

这说明该运动员在测试中的表现比组标准差低0.93牛（即较弱）。

在运动生理学实验中第二个经常用来度量变异性的统计数据是极差，即一组数值[7]中最大值与最小值间的差值。极差可通过以下公式来计算。

极差 $=($ 最大值 $-$ 最小值 $)+1$

因此，对于之前的体重数据示例，极差将按以下方式计算。

极差 $=($ 65 $-$ 48 $)+1=17+1=18$

这些变量有时也会在运动生理学实验的体能测试结果中出现。

可靠性和有效性

无论是进行基本测试还是将测试结果用于研究，都必须确定测试过程的可靠性和有效性。如果所选择的测试不符合这两个标准，可能会得出有关测试对象生理或身体表现能力的错误信息。因此，在进行任何测试程序之前，无论是在现场还是实验室，必须确定其可靠性和有效性。通常，可以利用先前已经过验证并确定为可靠的测试方案来实现此目的。

可靠性是指测量的可重复性或一致性[7, 19, 39]。测量的可靠性通常受实验和生物误差的影响[6]。实验误差可能包括技术错误，如仪器校准误差和测试环境的变化。生物误差可能包括测试对象在测试当天的身体状态[35, 36]或因疲劳累积使体能发生变化。测试对象对测试过程的熟悉程度也会影响可靠性[6]。因此，在引入新的测试程序时，运动员和测试对象必须充分熟悉测试程序。这可以通过在实际测试开始之前的几次练习试验来完成（见表1.3）。

从统计角度看，评估可靠性的主要方法是观察样本均值的变化、样本的标准差和组内相关系数（intraclass correlation coefficient，ICC）[34]。在比较重复试验的数据时，高度可靠的现场、现场/实验室和实验室测试的ICC高且变异系数（coefficient of variation，CV）低[6, 19]。可接受的ICC介于0和1之间或介于 -1 和0之间。ICC为1或 -1 时最优[4]，但这在运动生理学实验中很罕见。通常，大于0.90的ICC表明可靠性高，而小于0.70的ICC表明可靠性较差[6]。最常见用于反映可靠性的统计数据是**典型误差（TE）**。通过将重复测量之间的变化数值的标准差除以2的平方根来计算典型误差[34]。

通常，TE越小，测量越可靠。对于身体表现的测量，可靠性的一般标准是ICC>0.80和CV（%）<10.0[15]。

即使测量或测试是可靠的，但其也可能是无效的。换言之，即使对要测量的内容进行了适当的评估，测量可能是可靠的，却是错误的。因此，在临床或运动测试计划中进行一个测试之前，必须确定其是否可靠且有效。

有效性是指测试或仪器测量的准确性[39]。在运动生理学实验中，有效性的主要表现形式是标准有效性——测试结果与公认的标准或标准测试的相关性[39]。例如，在检查身体成分时，水下称重（underwater weighing，UWW）是黄金标准或标准测试。在考虑另一种评估身体成分的方法时（如皮褶测量），可通过将从皮褶估计获得的结果与通过水下称重确定的体脂相关联来确定有效性。通常使用皮尔逊积矩相关系数反映有效性，用标准变量和测试之间的高相关性（r）表示高有效性。

表1.3 样本可靠性和误差的计算

测试对象	试验1	试验2	$\Delta T2-T1$	$100 \times \ln(T1)$	$100 \times \ln(T2)$	$\Delta(T2-T1)$
1	2 679.7	2 684.0	4.3	789.3	789.5	0.2
2	2 775.1	2 752.3	−22.8	792.8	792.0	−0.8
3	3 600.5	3 609.2	8.6	818.9	819.1	0.2
4	2 751.7	2 979.0	227.3	792.0	799.9	7.9
5	3 258.3	3 170.7	−87.6	808.9	806.2	−2.7
6	3 297.2	3 222.8	−74.4	810.1	807.8	−2.3
7	2 897.2	3 093.2	196.0	797.2	803.7	6.5
8	2 452.9	2 453.9	0.9	780.5	780.5	0.0
9	3 069.2	3 043.6	−25.7	802.9	802.1	−0.8
10	3 357.1	3 356.3	−0.8	811.9	811.9	0.0
均值	3 013.9	3 036.5	22.6	800.5	801.3	0.8
SD	360.7	339.0	105.1	12.0	11.4	3.5
原始值的可靠性				以对数百分比计量的可靠性		
均值变化		22.6		均值变化百分比		0.8
TE		74.3		TE作为CV（%）		2.5
ICC		0.96		ICC		0.97

注意：
TE的计算方式是变化数值的SD除以$\sqrt{2}$。在这个例子中，TE=$105.1/\sqrt{2} \approx 105.1/1.414 \approx 74.3$。ln=自然对数；SD=标准差；TE=典型误差；ICC=组内相关系数；CV=变异系数。

如果测量结果准确且精确，则认为测量有效。测量值越接近可接受的值，测量的**准确性**越高。例如，如果向目标射击多个箭头，则箭头与靶心的接近程度反映该测量的准确性。如果箭头彼此靠近并聚集在一起，这表示测量的**精确度**很高。因此，精度被认为是测量的再现性。最终，测量可以高度准确但不精确、高度精确但不准确、高度准确和高度精确，以及既不高度精确也不高度准确（见图1.1）。

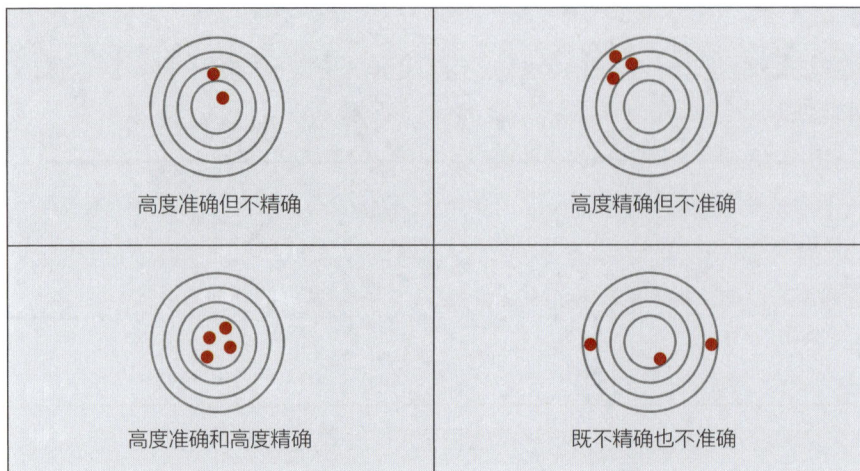

图1.1 准确性和精确度之间的关系

高度准确但不精确

高度精确但不准确

高度准确和高度精确

既不精确也不准确

结果表达

　　一组测试对象的数据可以在出版物或实验报告中以多种方式呈现。确定呈现数据的方式的第一步是决定将其放在表单、图表还是文档文本中。思考如何用收集的实际数字或结果图片的形式最好地表达信息。一旦决定后，就可以创建一个表单或图形来展示数据。

　　虽然使用软件创建表单相对容易，但仍然要遵循一些基本规则。首先，表单提供了一种传递有关数据信息的方法——不是存储它们[39]。例如，利用表单可以创建用于评估测试的规范数据表。可以使用这些表来传达有关给定现场或实验室测试的典型结果的信息。创建表单时，遵循托马斯、内尔森和西尔弗曼[39]建议的这些规则。

- 表单标题应清晰明了，易于追踪。为了提高标题的可读性，要避免过多的缩写并使格式统一。

- 相似的特征应该垂直呈现。表单中包含的列和行应该是有意义的。例如，列可以包含变量、平均值和标准差，每一行可以表示一个特定的变量。

- 读者应该不用查阅文本信息即可理解表的内容。一般来说，一个表应该独立存在，不需要读者搜索缩写或文本信息来理解表所呈现的内容。

　　表1.4给出了一个满足这些规则的示例，并提供了在运动生理学实验中收集的基本数据。可以修改此表单格式以适应其他数据集。

　　另一种呈现数据的方式是使用图形。决定是以表单还是以图形形式展示数据在很大程度上取决于结果图片（即图表）是否比实际数字（在表单中显示）效果更好。如果数据表示为图形更好，考虑以下规则[39]。

- 确保图形清晰明了，易于阅读。

- 展示重要信息，以便轻松评估。

- 应创建一个没有视觉干扰的图形。

表1.4　实验表样本

特征	均值	SD
年龄（岁）	22.2	± 1.0
身高（米）	1.72	± 0.02
体重（千克）	83.5	± 5.6
体脂百分比（%）	8.2	± 3.1
$\dot{V}O_2$max［毫升/（千克·分）］	45.2	± 2.2
1RM后深蹲（千克）	110.2	± 10.5
1RM仰卧推举（千克）	85.4	± 4.6

注意：
1RM=1次最大重复重量（1-repetition maximum，1RM）；SD=标准差。

确定哪种类型的图表最能代表数据。图表类型包括条形图或柱状图、折线图、散点图、流程图和饼状图。

• 条形图或柱状图。这种图表在比较单个数据时非常有用——通常是组间的平均值或某一最重要的时间点。虽然条形图或柱状图不是确定长期趋势的最佳方法，但其可用于比较一段时间内的数据，以便认清趋势或将趋势用于比较组之间的变量。通常可以使用描影或着色来区分列，从而帮助读者轻松解读数据。还可以描绘标准差和平均值的标准误差，以使图表更具描述性。

• 折线图。此类图表通常用于反映纵向数据或者事物随时间变化的情况。在创建此类型的图表时，时间通常放在x轴上，而被测量或量化的变量放在y轴上。当在这些图表上放置多条线时，要谨慎使用颜色、不同的符号、转折点和彩色线条，以便读者轻松区分变量。

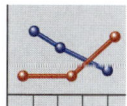

• 散点图。在此类图表中，图上的每个点表示x轴和y轴上的一个数据点。因此很容易就看到单个数值的形态。因为散点图展示了各个数据点，研究人员可以使用它们来了解结果的分布情况，并确定线性关系、异常值或数据块。研究人员通常使用多种颜色或符号形状来区分组，从而方便解读数据。

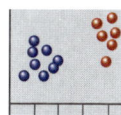

• 流程图。这类图表可用于描述测试的过程或步骤。这种类型的图表通常可以在描述方法的部分使用，尤其是在描述决策及相应的步骤时使用。

• 饼状图。此类图表可以显示部分在一个整体中所占的比例。整个圆代表整体，每个图块代表部分所占整体的百分比。例如，饼状图可用于显示造成心血管疾病死亡的各种原因，每个图块代表每种原因所占总数的一个百分比。饼状图通常最多包含5个图块或变量。应将每个图块的颜色都设置得不同，以便读者可以轻松区分图块。

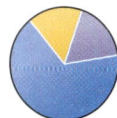

数据解读

收集数据后需要解释它们的意义。在临床环境中，运动生理学实验中收集的数据通常会与规范数据或标准进行比较[6]。

在检查数据时，可以使用**推论统计**来从样本人群中得出关于该人群的结论。例如，足球队经过了一系列测试，并且假设该队（样本）代表所有足球运动员（人群），那么可以根据测试结果对所有足球运动员（人群）做出推论。推论统计的一个关键点是样本对于某一人群要有代表性[30]。

当一组数据呈正态分布时，均值、中位数和众数都是相同的，并且根据数据绘制的图形看起来与图1.2类似。**规范数据**用于推导数据的百分位数和标准差，然后将其与描述性类别（如差、普通或优秀）相关联。在图1.2中，规范数据用正态曲线呈现，其中中间部分包含大部分人群（68%），其对应于第50百分位数。因此，结果落在该曲线区域内的测试对象的水平将被视为平均水平。例如，如果仰卧推举平均值（第50百分位数）是1.06，而测试对象达到了1.22，则该测试对象水平在一般水准以上或在第70百分位数内（见表12.2）。另一种可用于解读测试对象测试结果的方法是根据其所在的总体将个人的数值转换为Z值，并记录其Z值与均值的距离。

标准和规范数据经常被错误地使用[6]。标准最好用于描述一个预期或目标值[3]，而规范数据代表一个测试对象在一类人群内的位置[6]。标准通常指为了保持一定程度的体育锻炼而建议锻炼的负荷和质量[3]。

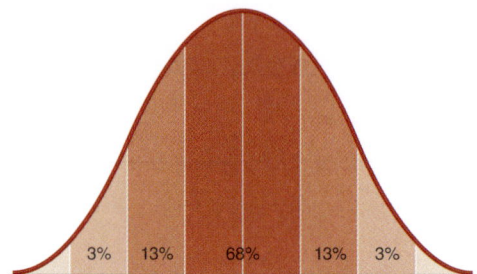

图1.2 正态曲线

在许多情况下，为特定人群提供标准和规范数据来对测试对象结果进行解读[6]。

解读测试结果的另一种方法是使用**幅度统计**[30]。这种统计数据通常对研究者更有用，因为它们可以帮助解决一项测试的临床意义[20, 30]。通常，最小有效变化和效应量用于对测试数据进行基于幅度统计的推断。

如果运动生理学实验中使用的测试是可靠和有效的，则可以轻松跟踪有意义的表现变化。跟踪有意义的表现变化的一种方法是计算**最小有效变化**。最小有效变化是指一个测试检测所评估表现的最小实际重要表现变化的能力[30]。尽管有许多方法可以计算最小有效变化，但典型的方法是将测试对象间标准差乘以0.20[20]。例如，一组举重运动员的大腿中部等长拉伸数据的标准差是360.7牛，那么这组运动员的最小有效变化约为72（0.2×360.7）牛。因此，如果运动员在经过一段时间的训练后接受测试，并且他（或她）的表现数据提高了120牛，那么他（或她）所做的训练将被视为是有意义的。

效应量可用于分析执行训练计划后的小组表现或比较不同运动员组的表现

[13]。例如，一组测试对象进行了12周的抗阻训练，则该计划的效应量将通过测试前和测试后的平均表现得分之间的差异或变化除以测试前的标准差来计算，公式如下。

效应量=（测试后均值−测试前均值）/测试前标准差

在进行12周抗阻训练计划的运动员的例子中，训练前他们的卧推1RM平均值为103千克（SD=5千克），训练后他们的卧推1RM值增加到110千克。

基于这些结果，效应量将为1.4〔（110-103）/5〕。虽然有好几种尺度用来解读效应量统计[13, 20]，但是在解读数据时通常使用小（0.2）、中（0.6）、大（1.2）和非常大（2.0）作为参考值[13, 20]。通过解读例子中的效应量，研究者可以得出结论：训练计划对卧推力量提升有很大影响。

基本数据

设备

- 台秤（数字秤或其他秤）
- 用于校准秤的检定砝码
- 测距仪（靠墙式或独立式）或附有人体测量仪的医用秤
- 水银气压计或无液气压计
- 湿度计和湿度计图表
- 实验室温度计
- 游标卡尺
- 螺丝刀
- 个人数据表
- 小组数据表

基本信息收集

在大多数测试情况下，可以遵循以下步骤收集基本信息数据。

步骤1 在个人数据表的适当位置记下测试对象的姓名或识别号，以及测试的时间和日期。

步骤2 在个人数据表上注明测试对象的性别和年龄，然后将测试对象的年龄转录到小组数据表中。

步骤3 在个人数据表的适当位置签名。

身高

步骤1 测量从地板到基座到水平压头板的距离，验证测距仪的准确性。如果使用医用秤，则测量从秤台到水平铰接杆的距离。

步骤2 让测试对象脱下鞋子，背向测距仪站立，双脚的脚跟分开。如果使用靠墙式测距仪，则要求测试对象站立时臀部、肩胛骨和脚跟均与墙壁接触。

步骤3 指示测试对象尽可能站直，吸气并屏住呼吸，同时直视前方。

步骤4 降低压头板，使其靠在测试对象的头顶并垂直于测量刻度。如果使用医用秤，则移动铰接杆，使其垂直于标有刻度的竖杆，同时将其平放在测试对象的头顶。

步骤5 测量测试对象的身高，精确至毫米（0.1厘米），或精确至八分之一或四分之一英寸，将其转换成以米为单位，然后将此值记录在个人数据表和小组数据表中。

步骤6 重复步骤2~5两次，总共获得3个测量值。

步骤7 为了开始解释数据,(如有必要)将所测得的身高从英寸转换为厘米,然后计算这3次测量结果的平均值。

步骤8 将结果与表1.5中提供的美国人平均身高的数据进行比较,并将结果记录在个人数据表中。

步骤9 用测得的身高减去平均身高,计算出差值,然后将其记录到个人数据表中。

步骤10 使用以下等式计算差异百分比,然后记录到个人数据表中。

$$差异百分比 = \frac{实际身高(米) - 平均身高(米)}{平均身高(米)} \times 100$$

表1.5 美国人平均身高

	年龄(岁)	男		女	
		英寸	米	英寸	米
幼童	2	35.9	0.912	35.5	0.902
	3	38.8	0.986	38.4	0.975
	4	41.9	1.064	41.7	1.059
	5	44.5	1.130	44.3	1.125
	6	46.9	1.191	46.1	1.171
	7	49.7	1.262	49.0	1.245
	8	52.2	1.326	51.5	1.308
青春期前的少年	9	54.4	1.382	53.9	1.369
	10	55.7	1.415	56.4	1.433
	11	58.5	1.486	59.6	1.514
	12	60.9	1.547	61.4	1.560
青春期少年	13	63.1	1.603	62.6	1.590
	14	66.3	1.685	63.7	1.618
	15	68.4	1.738	63.8	1.621
	16	69.0	1.753	63.8	1.620
	17	69.0	1.753	64.2	1.631
成人	18	69.5	1.765	64.2	1.631
	19	69.6	1.768	64.2	1.631
	20~29	69.6	1.768	64.2	1.631
	30~39	69.5	1.765	64.2	1.631
	40~49	69.7	1.770	64.3	1.633
	50~59	69.2	1.758	63.9	1.623
	60~74	68.6	1.742	63.0	1.600
	≥75	67.4	1.712	62.0	1.575

[Reprinted, by permission, from J. Hoffman, 2006, *Norms for fitness, performance, and health* (Champaign, IL: Human Kinetics), 82; Data from C. L. Ogden et al., 2004, *Mean body weight, height, and body mass index, United States 1960-2002*, Advance data from vital and health statistics, No. 347. (Hyattsville, MD: National Center for Health Statistics).]

体重秤校准

体重秤有多种形式，包括：数字秤，含一个称重传感器；弹簧阻力秤，例如查狄伦（Chatillon）秤，它通过内部弹簧上的压力阻力来测量重量；以及平衡秤，通常称为医用秤[1]。校准程序很大程度上取决于体重秤的类型。每款数字秤均略有不同，但是在大多数情况下，启动校准的方法是启动和关闭设备、按下重置按钮或按下校准按钮。校准查狄伦秤时，校准或设置零点时需旋转螺钉或旋钮，直到未加重的设备显示零。体重秤完成调零后，测试人员可以使用以下程序来验证其是否已校准。

仅仅完成体重秤的调零并不足以确保体重秤的校准适当。还有很重要的一点是，在3个点（零点、中点和最高点）上验证秤的准确性，以确保其在各种重量上的准确性。校准体重秤的步骤如下[4, 6]。

步骤1 设置零点：将平衡梁上的砝码移到零点。

步骤2 观察指针的位置。如果设置了零点，则平衡梁末端的指针应位于指针窗口顶部和底部之间的中间位置。如果指针居中，请执行步骤5~7。如果指针未居中，请执行下一个校准步骤。

步骤3 用螺丝刀操纵校准螺钉砝码来调整指针。如果指针位于中间位置下方，则顺时针旋转校准螺钉，使指针向上移动；如果指针位于中间位置上方，则逆时针旋转校准螺钉，使指针向下移动。通过调节校准螺钉来微调指针的位置，直到指针停在指针窗口的中间。

步骤4 重复两次步骤1~3，即共执行3次。然后执行步骤5~7中所述的校准验证程序。

步骤5 执行高点校准，将最重的检定砝码放在体重秤上（对于某些秤，可能必须将砝码悬挂在上面）。在大多数情况下，此砝码的重量应与可能要上秤的体重最大的人的重量相当。

步骤6 在个人数据表的适当位置记录检定砝码的实际重量和通过体重秤测得的重量。

步骤7 如果实际重量和测得的重量相同，则体重秤在高点是准确的。否则，需调整体重秤，使其读数正确。

步骤8 计算实际重量和测量重量之间的差值，并使用该值创建校正系数。例如，如果对于120千克以上的重量，体重秤的结果始终重2千克，则注意在称量体重超过120千克的人时应将其体重结果减2千克。

步骤9 执行中点校准，估计要测量的对象的平均体重，然后将该重量的检定砝码放在秤上。

步骤10 在个人数据表的适当位置记录检定砝码的实际重量和通过体重秤测得的重量。

步骤11 如果实际重量和测得的重量相同，则体重秤在中点是准确的。否则，需调整体重秤，使其读数正确。

步骤12 在个人数据表的适当位置记录检定砝码的实际重量和通过体重秤测得的重量。

步骤13 计算实际重量和测量重量之间的差值，并使用该值创建校正系数。

步骤14 重复两次步骤5~13，即共执行3次。

体重

步骤1 确定体重秤是否已校准；如未校准，按照"体重秤校准"中列出的步骤进行操作。

步骤2 完成校准后，让测试对象尽可能脱下衣物，包括鞋子和首饰，以获得最准确的评估。最好在测试对象不穿衣服的情况下称重，或让测试对象穿着可视为无重的纸质罩衣。如果无法做到这一点，另一种选择是对测试对象上秤的衣物进行称重，精确至0.01千克，然后从测试对象穿戴这些衣物时测得的总重量中减去该值。如果无法对测试对象的衣物进行称重，则测试对象在上秤时应穿戴尽可能少的衣物。

步骤3 让测试对象在裸体、穿着最少量衣物或穿着已称重衣物时站在体重秤上。测试人员站在台秤后面，以便调整平衡梁上的砝码，并在不接触测试对象的情况下准确读取测量结果。

步骤4 如果使用平衡秤，则调整平衡梁上的砝码至达到平衡，并且可以准确读取测试对象的体重。将此重量记录在个人数据表和小组数据表的适当位置。

步骤5 重复两次步骤2~4，即共测量3次。

步骤6 使用游标卡尺测量肘宽，以确定测试对象的骨架尺寸。让测试对象将右臂垂直于身体向前伸出，然后屈臂90°，使手指指向上方，而掌心朝向身体的方向。测量在肘部两侧凸出的骨头之间的距离（即测量最宽点），从而确定肘宽。在个人数据表的适当位置记录肘宽，以英寸或厘米为单位。

步骤7 为了开始解释体重数据，需将肘宽测量值与表1.6中列出的值进行比较，从而确定测试对象的骨架尺寸。在个人数据表上注明相应的尺寸。

步骤8 将实际测得的体重与表1.7所示的美国国家卫生研究院（National Institutes of Health，NIH）建议体重进行比较。记录范围并确定测试对象是符合、低于还是高于建议范围。

步骤9 使用骨架尺寸估算，将测得的体重与表1.8（男性）或表1.9（女性）中列出的范围进行比较，并将相应的范围记录在个人数据表中。标注测试对象是符合、低于还是高于建议范围。

表1.6　大都会人寿保险公司（Metropolitan Life Insurance）骨架尺寸表

| | 身高 | | 肘宽 | | | | | |
| | | | 小骨架 | | 中等骨架 | | 大骨架 | |
	英寸	米	英寸	厘米	英寸	厘米	英寸	厘米
男性	61~62	1.549~1.575	<2.5	<6.4	2.5~2.88	6.4~7.3	>2.88	>7.3
	63~66	1.600~1.676	<2.63	<6.7	2.63~2.88	6.7~7.3	>2.88	>7.3
	67~70	1.702~1.778	<2.75	<7.0	2.75~3.0	7.0~7.6	>3.0	>7.6
	71~74	1.803~1.880	<2.75	<7.0	2.75~3.13	7.0~8.0	>3.13	>8.0
	≥75	≥1.905	<2.88	<7.3	2.88~3.25	7.3~8.3	>3.25	>8.3
女性	57~58	1.448~1.473	<2.25	<5.7	2.25~2.5	5.7~6.4	>2.5	>6.4
	59~62	1.499~1.575	<2.25	<5.7	2.25~2.5	5.7~6.4	>2.5	>6.4
	63~66	1.600~1.676	<2.38	<6.0	2.38~2.63	6.0~6.7	>2.63	>6.7
	67~70	1.702~1.778	<2.38	<6.0	2.38~2.63	6.0~6.7	>2.63	>6.7
	≥71	≥1.803	<2.5	<6.4	2.5~2.75	6.4~7.0	>2.75	>7.0

身高是在不穿鞋子的情况下测得。肘宽的测量方法是，将右臂垂直于身体向前伸出，然后屈臂90度，使手指指向上方，而掌心朝向身体的方向。测量在肘部两侧凸出的骨头之间的距离（即测量最宽点），从而确定肘部的宽度。

[Adapted from the Metropolitan Life Insurance Company, 1983.]

表1.7　NIH体重建议

| 身高 | | | 年龄19至34岁 | | 年龄35岁或以上 | |
英尺，英寸	英寸	米	磅	千克	磅	千克
5'0"	60	1.52	97~128	44~58	108~138	49~63
5'1"	61	1.55	101~132	46~60	111~143	51~65
5'2"	62	1.58	104~137	47~62	115~148	52~67
5'3"	63	1.60	107~141	49~64	119~152	54~69
5'4"	64	1.63	111~146	50~66	122~157	56~71
5'5"	65	1.65	114~150	52~69	126~162	57~74
5'6"	66	1.68	118~155	54~71	130~167	59~76
5'7"	67	1.70	121~160	55~73	134~172	61~78
5'8"	68	1.73	125~164	57~75	138~178	63~81
5'9"	69	1.75	129~169	59~77	142~183	65~83
5'10"	70	1.78	132~174	60~79	146~188	66~86
5'11"	71	1.80	136~179	62~81	151~194	69~88
6'0"	72	1.83	140~184	64~84	155~199	71~91
6'1"	73	1.85	144~189	66~86	159~205	72~93
6'2"	74	1.88	148~195	67~89	164~210	75~96
6'3"	75	1.91	152~200	69~91	168~216	76~98
6'4"	76	1.93	156~205	71~93	173~222	79~101
6'5"	77	1.96	160~211	73~96	177~228	81~104
6'6"	78	1.98	164~216	75~98	182~234	83~106

身高和体重均在不穿鞋子的情况下测得。

[Data from American College of Sports Medicine 2010; US Department of Health and Human Services.]

表1.8 大都会人寿保险公司（Metropolitan Life Insurance）的男性身高体重表

身高			小骨架		中等骨架		大骨架	
英尺，英寸	英寸	米	磅	千克	磅	千克	磅	千克
5'2"	62	1.58	128~134	58~61	131~141	60~64	138~150	63~68
5'3"	63	1.60	130~136	59~62	133~143	61~65	140~153	64~69
5'4"	64	1.63	132~138	60~63	135~145	61~66	142~156	65~71
5'5"	65	1.65	134~140	61~64	137~148	62~67	144~160	66~73
5'6"	66	1.68	136~142	62~65	139~151	63~69	146~164	66~75
5'7"	67	1.70	138~145	63~66	142~154	65~70	149~168	68~76
5'8"	68	1.73	140~148	64~67	145~157	66~71	152~172	69~78
5'9"	69	1.75	142~151	65~69	148~160	67~73	155~176	71~80
5'10"	70	1.78	144~154	66~70	151~163	68~74	158~180	72~82
5'11"	71	1.80	146~157	66~71	154~166	70~76	161~184	73~84
6'0"	72	1.83	149~160	68~73	157~170	71~77	164~188	75~86
6'1"	73	1.85	152~164	69~75	160~174	73~79	168~192	76~87
6'2"	74	1.88	155~168	71~76	164~178	75~81	172~197	78~90
6'3"	75	1.91	158~172	72~78	167~182	76~83	176~202	80~92
6'4"	76	1.93	162~176	74~80	171~187	78~85	181~207	82~94

体重根据身高和骨架尺寸确定，适用于男性身穿5磅的衣物且其鞋跟高度为2英寸。

[Adapted from the Metropolitan Life Insurance Company, 1983.]

表1.9 大都会人寿保险公司（Metropolitan Life Insurance）的女性身高体重表

身高			小骨架		中等骨架		大骨架	
英尺，英寸	英寸	米	磅	千克	磅	千克	磅	千克
4'10"	58	1.47	102~111	46~51	109~121	50~55	118~131	54~60
4'11"	59	1.50	103~113	47~51	111~123	51~56	120~134	55~61
5'0"	60	1.52	104~115	47~52	113~126	51~57	122~137	56~62
5'1"	61	1.55	106~118	48~54	115~129	52~59	125~140	57~64
5'2"	62	1.58	108~121	49~55	118~132	54~60	128~143	58~65
5'3"	63	1.60	111~124	51~56	121~135	55~61	131~147	60~67
5'4"	64	1.63	114~127	52~58	124~138	56~63	134~151	61~69
5'5"	65	1.65	117~130	53~59	127~141	58~64	137~155	62~71
5'6"	66	1.68	120~133	55~61	130~144	59~66	140~159	64~72
5'7"	67	1.70	123~136	56~62	133~147	61~67	143~163	65~75
5'8"	68	1.73	126~139	57~63	136~150	62~68	146~167	66~76
5'9"	69	1.75	129~142	59~65	139~153	63~70	149~170	68~77
5'10"	70	1.78	132~145	60~66	142~156	65~71	152~173	69~79
5'11"	71	1.80	135~148	61~67	145~159	66~72	155~176	71~80
6'0"	72	1.83	138~151	62~69	148~162	67~74	158~179	72~81

体重根据身高和骨架尺寸确定，适用于男性身穿3磅的衣物且其鞋跟高度为2英寸。

[Adapted from the Metropolitan Life Insurance Company, 1983.]

环境信息

在测试环境中要做的第一件事就是收集基本的气象数据。

温度

步骤1 使用温度计测量实验室温度，以华氏度为单位，并将此值记录在个人数据表中。

步骤2 将温度从华氏度转换为摄氏度，并在个人数据表上记录结果。接下来，将摄氏温度转换为开氏温度，并在个人数据表上的适当位置记录结果。

气压

步骤1 使用水银气压计或无液气压计确定气压，以毫米汞柱（mmHg）为单位，并将该值记录在个人数据表中。

步骤2 将以毫米汞柱为单位的气压值转换为以托（Torr）、千帕（kPa）和百帕（hPa）为单位的值，并在个人数据表上记录结果。

相对湿度

步骤1 使用湿度计测量实验室的相对湿度。使用此设备时，水瓶需装满水并附在设备上。将设备挂在墙上，等待5~10分钟。

步骤2 在个人数据表上读取并记录湿球和干球的温度，以摄氏度为单位。

步骤3 用干球温度减去湿球温度，得到湿球下降值。然后，从湿度计图表中找到湿球下降值和干球温度之间的交点，以确定相对湿度。

步骤4 在个人数据表上记录相对湿度。

问题集1.1

1. 解释校准过程，并讨论在此过程中获得的结果。

2. 长度、质量和体积的国际制单位是什么？ 如何将美制单位转换为这些单位？

3. 解释评估体重的过程。所使用的方法如何影响测量的准确性？

4. 将团体的平均身高与本文中提供的标准数据表进行比较，结果如何？

5. 差异百分比值表示什么？

6. 将在此实验活动中测得的男性和女性平均体重结果与大都会人寿保险公司（Metropolitan Life Insurance）身高体重表进行比较，结果如何？ 与NIH体重建议进行比较呢？

实验活动1.1

个人数据表

姓名或ID号：_____　　日期：_____

测试人员：_____　　时间：_____

性别：男/女（圈一个）　　　年龄：_____岁

身高：_____英寸_____米

体重：_____磅_____千克

温度、气压和相对湿度

温度：_____华氏度/1.8 = _____摄氏度 + 273.15 = _____开尔文

气压：_____毫米汞柱 = _____托 × 1.33 = _____百帕 = _____千帕

相对湿度：_____ – _____ – _____ = _____% 湿度

<small>　　　　　　　干球温度℃　　湿球温度℃　　湿球下降℃</small>

体重秤校准

零点校准验证

第1次测量 已知重量：_____磅_____千克　　测得的重量：_____磅_____千克

第2次测量 已知重量：_____磅_____千克　　测得的重量：_____磅_____千克

第3次测量 已知重量：_____磅_____千克　　测得的重量：_____磅_____千克

平均重量：_____千克

差异值：_____ = _____ – _____

<small>　　　　　　　　　　已知重量　　平均重量</small>

高点校准验证

第1次测量 已知重量：_____磅_____千克　　测得的重量：_____磅_____千克

第2次测量 已知重量：_____磅_____千克　　测得的重量：_____磅_____千克

第3次测量 已知重量：_____磅_____千克　　测得的重量：_____磅_____千克

平均重量：_____千克

差异值：_____ = _____ – _____

<small>　　　　　　　　　　已知重量　　平均重量</small>

中点校准验证

第1次测量 已知重量：_____磅_____千克　　测得的重量：_____磅_____千克

第2次测量 已知重量：_____磅_____千克　　测得的重量：_____磅_____千克

第3次测量 已知重量：_____磅_____千克　　测得的重量：_____磅_____千克

平均重量：_____千克

差异值：_____ = _____ − _____
　　　　　　　　　　　已知重量　　　　平均重量

身高评估

第1次测量：_____英寸 × 0.0254 = _____米

第2次测量：_____英寸 × 0.0254 = _____米

第3次测量：_____英寸 × 0.0254 = _____米

平均：_____英寸　　　_____米

表1.5中对应_____岁的平均身高 = _____英寸_____米

差异值计算：_____ − _____ = _____
　　　　　　　实际身高（米）　平均身高（米）　　差异值

差异百分比：=（_____ / _____）× 100% = _____
　　　　　　　　差异值　　　平均身高（米）

体重评估

第1次测量：（_____磅 − _____磅）/2.2205 = _____千克
　　　　　　　　　　　　　　上秤衣物*

第2次测量：（_____磅 − _____磅）/2.2205 = _____千克
　　　　　　　　　　　　　　上秤衣物*

第3次测量：（_____磅 − _____磅）/2.2205 = _____千克
　　　　　　　　　　　　　　上秤衣物*

平均：_____磅　　　　　　　　　　　_____千克

*如果没有测量上秤衣物，在此处只需填写0即可。

肘宽：_____英寸 × 2.54 = _____厘米

骨架尺寸：_____

NIH建议体重范围：_____（实际体重）_____范围。

大都会人寿保险公司身高体重范围：_____（实际体重）_____范围。

统计程序

器材

- 在实验活动 1.1 中收集的数据
- 计算器
- 个人数据表
- 小组数据表
- Excel 或等效的电子表格软件

计算平均值

在实验活动 1.1 中收集到基本数据后，就可以对其进行分析。如实验活动 1.1 中所述，收集个人数据表中的基本数据（即年龄、身高、体重、温度、气压、相对湿度），然后开始此实验活动。

手工计算

步骤1 在个人数据表的适当位置中记录为其收集数据的测试对象的人数。

步骤2 对实验活动1.1中记录的所有数值求和，并将结果记为个人数据表上的变量X。

步骤3 计算这些数值的平均值，并在实验活动1.2的个人数据表中记下结果。应使用以下公式：

$$平均值 = \frac{\sum X}{N}$$

步骤4 如果不执行Excel收集方法，则将平均值转录到小组数据表。

Excel 计算

步骤1 将表1.4中显示列出的数据输入到Excel电子表格中。行应代表测试对象，列应代表变量。将"测试对象"标签放在单元格A2中，突出显示单元格B1和C1，然后选择"对齐"选项卡下工具栏上的"合并单元格"功能。使用相同的过程合并单元格D1和E1。现在，将单元格B2和D2标记为"男性"，将C2和E2标记为"女性"，将D1和C1标记为"身高"，将D1和E1标记为"体重"。有关数据表外观的示例，请参见表1.10（第1~11行）。（其他行的说明见后续步骤。）

步骤2 在最后一个测试对象的变量下方的单元格中，输入以下公式：

$$=AVERAGE(number1:number2)$$

number1 表示范围的第一个数字，而number2 表示范围的最后一个数字。在表1.10所示的例子中，该公式出现在单元格B11、C11、D11和E11中。

步骤3 将平均值转录到小组数据表。

表1.10　电子表格中的格式和公式放置示例

	A	B	C	D	E
1		身高（米）		体重（千克）	
2	测试对象	男性	女性	男性	女性
3	1				
4	2				
5	3				
6	4				
7	5				
8	6				
9	7				
10	8				
11	平均值	=AVERAGE(B3:B10)	=AVERAGE(C3:C10)	=AVERAGE(D3:D10)	=AVERAGE(E3:E10)
12	中位数	=MEDIAN(B3:B10)	=MEDIAN(C3:C10)	=MEDIAN(D3:D10)	=MEDIAN(E3:E10)
13	众数	=MODE(B3:B10)	=MODE(C3:C10)	=MODE(D3:D10)	=MODE(E3:E10)
14	标准差	=STDEV(B3:B10)	=STDEV(C3:C10)	=STDEV(D3:D10)	=STDEV(E3:E10)

将公式输入到单元格后，它将消失，并且在其位置将出现计算结果。

计算中位数和众数

中位数和众数提供了除平均值外的两种探讨数据集集中趋势的方法。

手工计算

步骤1　将每组数据（男性和女性）的所有身高和体重值按从低到高的顺序排列。

步骤2　使用以下公式计算每组的中位数所在位置：

$$中位数=第 \left[(N+1)/2 \right] 项$$

步骤3　确定男性的中位数和女性的中位数，并将其记录在个人和小组数据表上的适当位置。

步骤4　确定哪个值出现得最频繁，从而计算出众数。在个人和小组数据表上记录结果。

Excel 计算

步骤1　使用下面的公式：

$$=MEDIAN(number1:number2)$$

$$=MODE(number1:number2)$$

表示范围内的第一个数字，number2表示最后一个数字。将中位数公式放在单元格B12、C12、D12和E12中。将众数公式放在单元格B13、C13、D13和E13中。电子表格的格式将如表1.8（第12行和第13行）所示。

步骤2 将结果转录到个人和小组数据表。

计算标准差

标准差（SD）是数据集最常见的变异性指标之一。

手工计算

步骤1 对被评估的变量（X）的所有结果求和。

步骤2 从每个收集的变量中减去先前计算所得的平均值（$X-M$）。提示：必须针对每个测试对象进行此计算；若求和，则计算结果应为0。

步骤3 对在步骤2中计算出的值求平方（$X-M$）^{2}。然后对所有计算结果求和。

步骤4 使用以下公式计算标准差：

$$标准差 = \sqrt{\frac{\sum (X-M)^2}{(N-1)}}$$

步骤5 将结果记录在个人和小组数据表上的适当位置。

Excel计算

将以下公式放在数据列下方的单元格中：

$$=STDEV(number1:number2)$$

参阅表1.10中的示例电子表格的第14行。

计算范围

数据集内各个值的范围也可以用于描述数据集的变异性。

步骤1 在所有身高和体重数据的数据集中确定最高值和最低值：男性身高、男性体重、女性身高和女性体重。

步骤2 对于每个数据集，用最高值减去最低值。

步骤3 将步骤2中计算出的每个数值加1。

步骤4 在个人和小组数据表的适当位置记录每个数据集的范围。

计算典型误差

典型误差（TE）可用于确定数据集的可靠性。

手工计算

步骤1　如上一节所述，确定身高和体重测量值在第1次测量和第2次测量之间的变化值（第1次测量 – 第2次测量）的标准差。

步骤2　使用以下公式确定身高和体重测量值的典型误差：

$$典型误差 = \frac{标准差（第2次测量 – 第1次测量）}{\sqrt{2}}$$

步骤3　将计算出的典型误差值记录在个人和小组数据表的适当位置。

Excel计算

使用以下公式在Excel中计算典型误差：

$$=STDEV(number1:number2)/SQRT(2)$$

问题集1.2

1. 该实验活动收集的身高和体重数据是否正常分布？你如何判断？

2. 在Excel中，使用哪些公式计算平均值、中位数、众数和标准差？

3. 班上是男性还是女性的体重更大？这符合预期吗？他们的身高比较结果又如何呢？解释产生这些结果的可能原因。

实验活动1.2

个人数据表

姓名或ID号：_____ 日期：_____

测试人员：_____ 时间：_____

性别：男/女（圈一个）年龄：_____岁 身高：_____英寸_____米

体重：_____磅_____千克 温度：_____华氏度_____摄氏度

气压：_____毫米汞柱 相对湿度：_____%

手工计算平均值

男性数据

测试对象人数：_____= N

身高（米）

第1次测量：_____= X 平均值=$\dfrac{\underline{\qquad}}{\text{测试值总和}}$ / $\dfrac{\underline{\qquad}}{N}$ = $\dfrac{\underline{\qquad}}{\bar{X}}$

第2次测量：_____= X 平均值=$\dfrac{\underline{\qquad}}{\text{测试值总和}}$ / $\dfrac{\underline{\qquad}}{N}$ = $\dfrac{\underline{\qquad}}{\bar{X}}$

第3次测量：_____= X 平均值=$\dfrac{\underline{\qquad}}{\text{测试值总和}}$ / $\dfrac{\underline{\qquad}}{N}$ = $\dfrac{\underline{\qquad}}{\bar{X}}$

体重（千克）

第1次测量：_____= X 平均值=$\dfrac{\underline{\qquad}}{\text{测试值总和}}$ / $\dfrac{\underline{\qquad}}{N}$ = $\dfrac{\underline{\qquad}}{\bar{X}}$

第2次测量：_____= X 平均值=$\dfrac{\underline{\qquad}}{\text{测试值总和}}$ / $\dfrac{\underline{\qquad}}{N}$ = $\dfrac{\underline{\qquad}}{\bar{X}}$

第3次测量：_____= X 平均值=$\dfrac{\underline{\qquad}}{\text{测试值总和}}$ / $\dfrac{\underline{\qquad}}{N}$ = $\dfrac{\underline{\qquad}}{\bar{X}}$

女性数据

测试对象人数：_____ = N

身高（米）

第1次测量：_____ = X　　　　平均值 = $\dfrac{\text{_____}}{\text{测试值总和}}$ / $\dfrac{\text{_____}}{N}$ = $\dfrac{\text{_____}}{\bar{X}}$

第2次测量：_____ = X　　　　平均值 = $\dfrac{\text{_____}}{\text{测试值总和}}$ / $\dfrac{\text{_____}}{N}$ = $\dfrac{\text{_____}}{\bar{X}}$

第3次测量：_____ = X　　　　平均值 = $\dfrac{\text{_____}}{\text{测试值总和}}$ / $\dfrac{\text{_____}}{N}$ = $\dfrac{\text{_____}}{\bar{X}}$

体重（千克）

第1次测量：_____ = X　　　　平均值 = $\dfrac{\text{_____}}{\text{测试值总和}}$ / $\dfrac{\text{_____}}{N}$ = $\dfrac{\text{_____}}{\bar{X}}$

第2次测量：_____ = X　　　　平均值 = $\dfrac{\text{_____}}{\text{测试值总和}}$ / $\dfrac{\text{_____}}{N}$ = $\dfrac{\text{_____}}{\bar{X}}$

第3次测量：_____ = X　　　　平均值 = $\dfrac{\text{_____}}{\text{测试值总和}}$ / $\dfrac{\text{_____}}{N}$ = $\dfrac{\text{_____}}{\bar{X}}$

Excel电子表格计算平均值

男性数据

第1次测量：身高：_____ 米　　　　体重：_____ 千克

第2次测量：身高：_____ 米　　　　体重：_____ 千克

第3次测量：身高：_____ 米　　　　体重：_____ 千克

女性数据

第1次测量：身高：_____ 米　　　　体重：_____ 千克

第2次测量：身高：_____ 米　　　　体重：_____ 千克

第3次测量：身高：_____ 米　　　　体重：_____ 千克

手工计算中位数和众数

男性数据

第1次测量：中位数：($\dfrac{\text{_____}}{\text{样本数}}$ +1)/2 = _____ 米

第2次测量：中位数：($\dfrac{\text{_____}}{\text{样本数}}$ +1)/2 = _____ 米

第3次测量：中位数：($\dfrac{\text{_____}}{\text{样本数}}$ +1)/2 = _____ 米

女性数据

第1次测量：中位数：(_____ +1)/2 = _____ 米
　　　　　　　　　　　样本数

第2次测量：中位数：(_____ +1)/2 = _____ 米
　　　　　　　　　　　样本数

第3次测量：中位数：(_____ +1)/2 = _____ 米
　　　　　　　　　　　样本数

确定众数

男性数据

第1次测量：身高：_____ 米　　　　体重：_____ 千克
第2次测量：身高：_____ 米　　　　体重：_____ 千克
第3次测量：身高：_____ 米　　　　体重：_____ 千克

女性数据

第1次测量：身高：_____ 米　　　　体重：_____ 千克
第2次测量：身高：_____ 米　　　　体重：_____ 千克
第3次测量：身高：_____ 米　　　　体重：_____ 千克

Excel电子表格计算中位数和众数

男性中位数

第1次测量：身高：_____ 米　　　　体重：_____ 千克
第2次测量：身高：_____ 米　　　　体重：_____ 千克
第3次测量：身高：_____ 米　　　　体重：_____ 千克

女性中位数

第1次测量：身高：_____ 米　　　　体重：_____ 千克
第2次测量：身高：_____ 米　　　　体重：_____ 千克
第3次测量：身高：_____ 米　　　　体重：_____ 千克

男性众数

第1次测量：身高：_____ 米　　　　体重：_____ 千克
第2次测量：身高：_____ 米　　　　体重：_____ 千克
第3次测量：身高：_____ 米　　　　体重：_____ 千克

女性众数

第1次测量：身高：_____ 米　　　　体重：_____ 千克
第2次测量：身高：_____ 米　　　　体重：_____ 千克
第3次测量：身高：_____ 米　　　　体重：_____ 千克

Excel电子表格计算标准差

男性数据

第1次测量：身高：_____ 米　　　　体重：_____ 千克

第2次测量：身高：_____ 米　　　　体重：_____ 千克

第3次测量：身高：_____ 米　　　　体重：_____ 千克

女性数据

第1次测量：身高：_____ 米　　　　体重：_____ 千克

第2次测量：身高：_____ 米　　　　体重：_____ 千克

第3次测量：身高：_____ 米　　　　体重：_____ 千克

男	第1次测量身高			第2次测量身高			第3次测量身高		
测试对象	X	$X-M$	$(X-M)^2$	X	$X-M$	$(X-M)^2$	X	$X-M$	$(X-M)^2$
1									
2									
3									
4									
5									
6									
7									
8									
9									
10									
11									
12									
13									
14									
15									
16									
17									
18									
19									
20									
求和 =									
平均值 =									
标准差 =		标准差 =			标准差 =			标准差 =	

女 测试对象	第1次测量身高			第2次测量身高			第3次测量身高		
	X	X-M	(X-M)²	X	X-M	(X-M)²	X	X-M	(X-M)²
1									
2									
3									
4									
5									
6									
7									
8									
9									
10									
11									
12									
13									
14									
15									
16									
17									
18									
19									
20									
求和 =									
平均值 =									
标准差 =	标准差 =			标准差 =			标准差 =		

男	第1次测量体重			第2次测量体重			第3次测量体重		
测试对象	X	$X-M$	$(X-M)^2$	X	$X-M$	$(X-M)^2$	X	$X-M$	$(X-M)^2$
1									
2									
3									
4									
5									
6									
7									
8									
9									
10									
11									
12									
13									
14									
15									
16									
17									
18									
19									
20									
求和=									
平均值=									
标准差=		标准差=			标准差=			标准差=		

女	第1次测量体重			第2次测量体重			第3次测量体重		
测试对象	X	$X-M$	$(X-M)^2$	X	$X-M$	$(X-M)^2$	X	$X-M$	$(X-M)^2$
1									
2									
3									
4									
5									
6									
7									
8									
9									
10									
11									
12									
13									
14									
15									
16									
17									
18									
19									
20									
求和 =									
平均值 =									
标准差 =	标准差 =			标准差 =			标准差 =		

计算范围

手工计算范围（请注意，这里使用团体数据中的最高值和最低值）：

男性数据

第1次测量：身高：(_____ − _____)+1=_____=范围
最高值　　最低值

第2次测量：身高：(_____ − _____)+1=_____=范围
最高值　　最低值

第3次测量：身高：(_____ − _____)+1=_____=范围
最高值　　最低值

第1次测量：体重：(_____ − _____)+1=_____=范围
最高值　　最低值

第2次测量：体重：(_____ − _____)+1=_____=范围
最高值　　最低值

第3次测量：体重：(_____ − _____)+1=_____=范围
最高值　　最低值

女性数据

第1次测量：身高：(_____ − _____)+1=_____=范围
最高值　　最低值

第2次测量：身高：(_____ − _____)+1=_____=范围
最高值　　最低值

第3次测量：身高：(_____ − _____)+1=_____=范围
最高值　　最低值

第1次测量：体重：(_____ − _____)+1=_____=范围
最高值　　最低值

第2次测量：体重：(_____ − _____)+1=_____=范围
最高值　　最低值

第3次测量：体重：(_____ − _____)+1=_____=范围
最高值　　最低值

男	体重			身高		
测试对象	第1次测量	第2次测量	（第2次测量－第1次测量）	第1次测量	第2次测量	（第2次测量－第1次测量）
1						
2						
3						
4						
5						
6						
7						
8						
9						
10						
11						
12						
13						
14						
15						
16						
17						
18						
19						
20						
求和 =			求和 =			
平均值 =			平均值 =			
标准差 =			标准差 =			
典型误差 =			典型误差 =			

女	体重			身高		
测试对象	第1次测量	第2次测量	（第2次测量－第1次测量）	第1次测量	第2次测量	（第2次测量－第1次测量）
1						
2						
3						
4						
5						
6						
7						
8						
9						
10						
11						
12						
13						
14						
15						
16						
17						
18						
19						
20						
求和 =				求和 =		
平均值 =				平均值 =		
标准差 =				标准差 =		
典型误差 =				典型误差 =		

表格和图线

器材

- 来自实验活动1.1和1.2的数据
- Word 或等效的文字处理软件
- Excel 或等效的电子表格软件

创建表格

步骤1 使用Word或Excel。如果使用Word，则选择"插入表格"命令。然后选择表格应具有的列数和行数。对于本实验活动，选择5行7列（示例参见下表）。

步骤2 将标签插入表格中。第1列应包含年龄（岁）、身高（米）和体重（千克）变量。

步骤3 合并第2~4列。要合并列，需突出显示每列的顶部单元格，然后点击"合并单元格"功能。将所生成的合并列标记为"男性"（单击"居中"选项，使标签居中）。对第5~7列重复此过程，但使用标签"女性"。

步骤4 在"男性"标签和"女性"标签下方，为每个团体插入"平均值"、"±"和"标准差"标签。要插入 ± 符号，需找到"插入符号"链接；如有必要（例如，如果常用符号列表中未包含 ± 符号），需选择"其他符号"选项。为了找到 ± 符号，需将字体更改为Symbol并滚动浏览可用的符号。

步骤5 突出显示 ± 符号所在的列，并点击"开始"选项卡下的"居中"选项，将 ± 符号居中。突出显示"平均值"和"标准差"标签所在的列，并点击"开始"选项卡下的"文本右对齐"选项，使这些标签右对齐。

步骤6 调整 ± 符号所在列的列宽，减小表格的宽度，因此更易于阅读。执行此操作需双击列的右边线，使软件自动调整列宽。此外，在"±"标签下方的每一行中插入 ± 符号。

步骤7 突出显示整个表格，选择"边框"选项，然后选择"无边框"，从而删除表格的边框。

步骤8 在表格的顶部和底部以及包含列标签的行的下方插入边框。如果正确完成，则表格的格式应如下表所示。

步骤9 在表格中输入实验活动1.1和1.2所收集的相关数据。输入数据后，就可以调整表格的格式，使其更易于阅读，如下所示：

变量	男			女		
	平均值	±	标准差	平均值	±	标准差
年龄（岁）		±			±	
身高（米）		±			±	
体重（千克）		±			±	

创建柱形图

柱形图提供了一种很好的数据表示方式，并且使用Excel等软件创建条形图会相对容易。在这里，你将基于在实验活动1.1中收集并在实验活动1.2中进行分析的数据创建一个柱形图。

步骤1 找到在实验活动1.2的小组数据表中记录的平均值和标准差数据。如果已使用Excel分析过这些数据，则使用在Excel中创建的数据集进行此项分析。

步骤2 如果未在实验活动1.2中使用Excel进行分析，则现在将平均值和标准差数据输入Excel。

步骤3 为身高数据创建柱形图，需突出显示单元格B11和C11。然后找到"插入簇状柱形图"选项。

步骤4 应该创建一个基本的柱形图。如需清除图形，可单击水平网格线以有效突出显示，然后将其删除。

步骤5 添加"y轴"标签，找到软件中用于编辑轴标题的选项和用于编辑主垂直轴的选项。旋转标题，使其沿y轴拉伸。然后输入与y轴对应的单位。在本例中，使用"身高（米）"。

步骤6 单击系列1图例条目，然后按Delete键，将其删除。

步骤7 接下来，编辑x轴。找到用于编辑水平轴的选项，然后突出显示范围。找到标记轴的函数，以便可以突出显示分别位于单元格B2和C2中的"男性"和"女性"标签。此时，应根据列的内容对列进行标记。

步骤8 添加标准差列，需单击柱形图，找到软件"用于插入误差线"的选项，然后找到"用于格式化误差线"的选项。现在找到并选中"自定义"选项，然后插入自定义的正负范围。在本例中，突出显示单元格B14和C14，然后单击红色箭头指向下方的方框，以返回到"自定义误差线"选择屏幕。选中"负误差值范围"选项，然后突出显示B14和C14。选中负误差值和正误差值后，单击"确定"，然后关闭，这就会将适当的误差线添加到柱形图中。

步骤9 在图表上方添加标题。

步骤10 再次重复这些步骤，为体重变量创建一个柱形图。

问题集 1.3

1. 如果要创建一系列人体测量数据的图形表示，需要显示哪些重要变量？
2. 在数据集的图形表示中包括数据的标准差是否重要？为什么？
3. 说明如何设置电子表格以创建数据的图形表示。请具体说明。
4. 如何确定数据集是否有必要使用图形表示？

测试前筛查

目标

- 介绍测试前筛查过程的组成部分。
- 解释知情同意程序并概述知情同意书中包含的内容。
- 介绍医疗和健康史调查表的组成部分。
- 练习测试前筛查。
- 介绍美国运动医学学院（American College of Sports Medicine，ACSM）规定的参加体育活动前的健康筛查方法。
- 解释经典风险层次划分和医生参与测试过程的指导原则。

定义

冠心病（coronary heart disease，CHD）： 冠状动脉中的血流量减少，通常是动脉粥样硬化导致的，又称冠状动脉性心脏病。

高风险： 存在心血管或肺部疾病的一种或多种体征或症状，或者存在心血管、肺部或代谢疾病的已知风险因素。

高血压： 成人的动脉血压长期过高。

知情同意： 让测试对象了解研究或测试的目的、方法、风险和利益，并签署一份文件以确认他们已被告知的过程。

机构审查委员会（Institutional Review Board，IRB）： 正式的道德委员会，负责批准、监督和审查研究方案，以保护人类测试对象免受身体或心理的伤害。

低风险： 没有心血管或肺部疾病的相关症状，并且冠心病风险因素不超过一个，且处于这类风险状态的人偏年轻（45岁以下的男性，55岁以下的女性）。

中等风险： 一种通常在年龄较大的人（45岁以上的男性，55岁以上的女性），以及至少有两个冠心病风险因素的人中出现的风险状态。

心肌梗死： 心脏病发作。

适用于所有人的体能活动适应能力问卷（Physical Activity Readiness Question for Everyone，PAR-Q+）： 用于确定个人对体育活动的适应能力的调查问卷。

在进行任何类型的运动测试之前，必须进行预筛查来识别可能因运动引起心源性猝死或心肌梗死风险升高的个人[2, 4, 6]。经典的预筛查方法有以下目标[3]：

- 确定个人是否有任何让其无法进行某些与健康相关的体适能评估的疾病；
- 确定个人在进行与健康相关的体适能评估之前是否应该进行医学评估，

并咨询医生；

- 确定个人是否应接受在医疗监督下的体适能评估；
- 确定个人是否有其他健康或医疗问题（例如，糖尿病、骨损伤）。

基于这些目标，通常任何经典的预筛查过程都至少包含以下3个组成部分[6]：

- 健康史问卷；
- 适用于所有人的体能活动适应能力问卷（PAR-Q+）；
- 医学或健康检查。

然而，通常需要进行更全面的7步筛查，以降低测试对象在测试过程中产生不良反应的风险[4]。有关此过程的说明，请参见表2.1。

尽管经典的预筛查方法经常被使用，但专家圆桌会议得出的结论是：为了避免过多的医疗转诊并促进运动处方的使用，运动专业人员应采用不那么保守的方法来进行参加体育活动前的健康筛查[2, 8, 10]。这些新的预筛查方法的目标是识别具备以下特点的人：

- 需要在开始锻炼之前或在增加其当前锻炼方案的强度、运动量或频率之前获得体检合格证明；
- 患有临床上值得注意的一种或多种疾病，并因此可能会受到有医疗监督的运动干预；
- 有一种或多种在病情得到更好的控制或减轻之前禁止锻炼的疾病。

为了实现这些目标，基于以下条件建立了参加体育活动前进行的健康筛查的证据模型[2, 8, 10]：

- 识别个人当前的体育活动水平；
- 确定测试对象是否有心血管疾病、代谢疾病、肾脏疾病或此类疾病的体征和症状；
- 根据体征和症状，以及个人的疾病史和现阶段运动参与史，结合测试活动所需的运动强度，为在参加体育活动前进行的健康筛查提供建议。

表2.1 7步全面筛查过程

步骤	问卷或筛查表单名称	目的
1	知情同意	说明参与测试过程的目的、风险和好处
2	PAR-Q+	帮助确定个体是否准备好进行体育活动
3	医疗和健康历史记录	收集有关个体过去和现在的个人健康史和家族史的信息；重点关注需要医疗转诊和体检合格证明的情况
4	疾病的征兆、症状和体检合格证明	确定需要通过转诊获得医生批准才可以进行运动测试的个体
5	冠状动脉风险因素分析	通过量化个体冠心病风险因素来确定风险
6	生活方式评估	深入了解个体的生活习惯
7	疾病风险分类	将个体归类为高、中和低风险3种

[Adapted, by permission, from V. Heyward and A. L. Gibson, 2014, *Advanced fitness assessment and exercise prescription*, 7th ed. (Champaign, IL: Human Kinetics), 24.]

为了指导决策过程，ACSM建立了一种筛查算法（见图2.1），以帮助确定测试对象是否有必要进行体检[2, 10]。

- 每周有3天或3天以上进行至少30分钟的中等强度体育活动，并且没有心血管（心脏、外周动脉、脑血管）疾病、代谢疾病（1型或2型糖尿病）或肾脏疾病症状的人可以继续其常规锻炼计划[2, 10]。

- 那些患有心血管疾病、代谢疾病或肾脏疾病，定期参加锻炼但无症状，且在过去12个月内已获得体检合格证明的人可继续参加中等强度的运动。然而，如果这些人在休息期间出现心血管疾病、代谢疾病或肾脏疾病的体征或症状，他们应该在继续其锻炼计划之前进行体检[8, 10]。

- 健康且无病症，未定期参加锻炼的人无须获得体检合格证明即可开始轻度至中等强度的运动。但是，如果未定期参加锻炼的人患有心血管疾病、代谢疾病或肾脏疾病且表现出存在这些疾病的体征或症状，他们就应该在开始锻炼计划之前获得体检合格证明[10]。

为了运用这种新的预筛查算法，可以使用运动前的健康筛查问卷（见表单2.1）[8]。

知情同意

在测试之前，你必须获得所有将要接受测试的人的完全**知情同意**[3, 4]。这样做表明测试对象已被告知与测试相关的程序、利益和风险。此外，还应该介绍可用的替代测试[3]。

知情同意书应清楚地记录与测试相关的利益和风险，以便测试对象可以确定在科学或临床上的利益是否明显超过个人风险[3]。还必须告知测试对象：（1）参与测试全凭自愿；（2）在测试过程中会遇到的所有问题；（3）测试对象有权在任何时候无条件退出测试。"知情同意书中需要的项目"一栏提供了知情同意书中一般会包含的8个项目。知情同意书中的示例见表单2.2。

研究和机构审查

如果所收集的数据用于具有研究目的或实验性质的测试，则在进行所有测试之前，所有程序都必须经过**机构审查委员会**批准。机构审查委员会是一个正式的、独立的道德委员会。其负责批准、监督和审查研究方案，以保护人类测试对象免受身体或心理的伤害。这是通过评估研究及其方法的道德性来实现的。该过程的核心是知情同意，这确保了测试对象完全知情并意识到其参与是自愿的。

定期参加锻炼[a]

否　　　　　　　　　　　　　　　　　　**是**

无心血管疾病[e]、代谢疾病[f]或肾脏疾病且没有体征或症状[g]表现出心血管疾病[e]、代谢疾病[f]或肾脏疾病	已知的心血管疾病[e]、代谢疾病[f]或肾脏疾病且无症状	表现出血管疾病[e]、代谢疾病[f]或肾脏疾病的任何体征或症状[g]（无论疾病状况如何）	无心血管疾病[e]、代谢疾病[f]或肾脏疾病且没有体征或症状[g]表现出心血管疾病[e]、代谢疾病[f]或肾脏疾病	已知的心血管疾病[e]、代谢疾病[f]或肾脏疾病且无症状	表现出心血管疾病[e]、代谢疾病[f]或肾脏疾病的任何体征或症状[g]（无论疾病状况如何）
不需要体检合格证明[h]	建议获取体检合格证明[h]	建议获取体检合格证明[h]	不需要体检合格证明[h]	不需要针对中等强度运动的体检合格证明[h]建议在进行高强度运动之前获取体检合格证明（在最近12个月内的体检合格证明，如果体征或症状没有变化）	停止运动并获取体检合格证明
建议轻度至中等[c]强度运动根据ACSM指南，可逐渐进阶至高[d]强度运动[i]	在获取体检合格证明后，建议轻度[b]至中等[c]强度运动根据ACSM指南，在可承受范围内可逐渐进阶[i]	在获取体检合格证明后，建议轻度[b]至中等[c]强度运动根据ACSM指南，在可承受范围内可逐渐进阶[i]	继续中等[c]至高[d]强度运动根据ACSM指南，可逐渐进阶[i]	继续中等[c]强度运动在获取体检合格证明后，根据ACSM指南，在可承受范围内可逐渐进阶[i]	在获取体检合格证明后可以恢复锻炼根据ACSM指南，在可承受范围内可逐渐进阶[i]

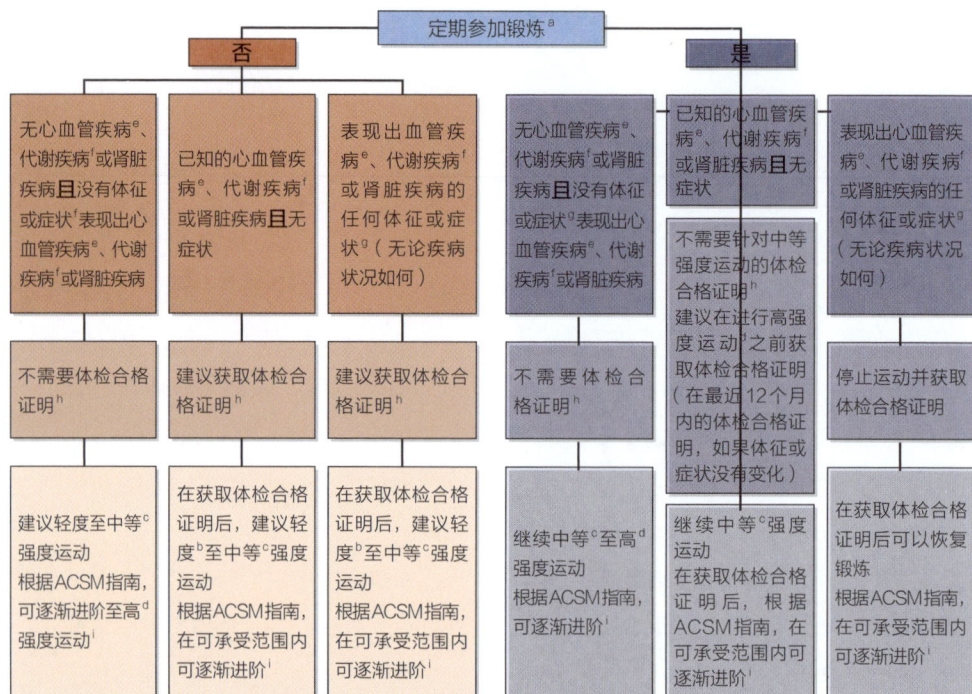

a=运动参与度，在过去至少3个月内，每周至少3天，每日至少进行30分钟有计划的、有组织的中等强度体育活动。
b=轻度运动，30%~<40%心率储备或VO_2R，2~<3MET，9~11RPE，导致心率和呼吸略有增加的强度。
c=中等强度运动，40%~<60%心率储备或VO_2R，3~<6MET，12~13RPE，导致心率和呼吸明显增加的强度。
d=高强度运动，≥60%心率储备或VO_2R，≥6MET，≥14RPE，导致心率和呼吸大幅增加的强度。
e=心血管疾病、心脏病、外周血管疾病或脑血管疾病。
f=代谢性疾病、1型和2型糖尿病。
g=休息或运动时的体征和症状。包括在胸部、颈部、下颌、手臂或其他身体部位中可能由缺血引起的疼痛、不适；静息时呼吸短促或轻微疲劳；头晕或晕厥；端坐性呼吸困难或阵发性夜间呼吸困难；踝部水肿；心悸或心动过速；间歇性跛行；心脏杂音；日常活动引起的异常疲劳或呼吸短促。
h=体检合格证明，由医疗保健专业人员批准参与锻炼。
i=美国运动医学学院（ACSM）指南［ACSM's Guidelines for Exercise Testing and Prescription, 10th Edition, 2018.］。

图2.1　参加锻炼前的健康筛查算法
［Reprinted, by permission, from D. Riebe et al., 2015, "Updating ACSM's recommendations for exercise preparticipation health screening," *Medicine and Sciencein Sports and Exercise* 47: 2473-2479.］

适用于所有人的体能活动适应能力问卷

适用于所有人的体能活动适应能力问卷（PAR-Q+）中包含7个问题，旨在识别在接受测试或开始锻炼之前需要体检合格证明的个体（见表单2.3）[6]。PAR-Q+对于那些计划进行低强度和中等强度运动的人来说是一种安全的预筛查问卷[3, 7]。它包含7个只用回答是或否的问题，这7个问题通常很容易理解和回答[3]。此外，PAR-Q+中还有10个后续问题，这些问题是根据最初7个问题的答案提出的。如果测试对象对任何一个初始问题都回答"是"，则应指示他们直接回答后续题。如果他们对任何一个后续问题都回答"是"，则应将他们转

知情同意书中需要的项目

- 对测试过程和目标的总体陈述。
- 对测试程序进行易于测试对象理解的描述。
- 描述与测试过程相关的所有风险。
- 解释与测试程序相关的利益。
- 告知测试对象：测试人员会回答测试对象的所有问题。
- 告知测试对象：他（或她）可以随时改变决定并无条件终止测试。
- 告知测试对象：他（或她）有权拒绝回答任何问题或问卷中包含的任何特定项目。
- 关于对从测试对象的筛查和测试中获取的数据保持机密性的程序的总体声明。

[Adapted, by permission, from Nieman 2003; American College of Sports Medicine 2009.]

介绍给医生进行更全面的健康检查，并且获取允许进行所有测试程序或锻炼方案的体检合格证明[6]。

健康史问卷

在预筛查期间，还应该使用全面的健康史问卷来确定测试对象的疾病风险[3, 6]。可以使用从本调查问卷中收集的信息按风险高低对测试对象进行分级，并确定测试对象在进行所有测试程序之前是否需要医疗转诊。此过程还可用于确定测试对象是否需要在所有测试过程中接受医疗监督。健康史问卷通常包括10项必不可少的风险评估项目如表2.2所示[11]。

健康史问卷样本见表单2.4[7]。该健康史问卷包含推荐用于综合问卷的所有主要项目。当测试对象或客户填写此类文件时，要确保有人可以回答其所有疑问。文件完成后，仔细检查测试对象是否有对运动测试的禁忌证。若测试对象患有绝对禁忌证，例如急性心肌梗死（2天内）、不稳定性心绞痛或无症状性心力衰竭，则在其情况稳定或消退之前不应进行测试[3]。若测试对象患有相对禁忌证，例如左冠状动脉狭窄、严重的动脉高血压或高度房室传导阻滞，必须在仔细评估风险后才能进行测试[2]。

一般而言，所有出现绝对或相对禁忌证的测试对象均应直接向医生进行咨询，接受全面检查并获取允许接受测试的体检合格证明[6]。有关运动测试的绝对和相对禁忌证的更完整列表，请参阅参考文献1和5。

表2.2 健康史问卷的组成部分

组成部分	注意项目（非全部清单）
医学诊断	心血管疾病，包括心肌梗死 经皮冠状动脉手术，包括血管成形术 瓣膜功能障碍和相应的手术 缺血性冠状动脉综合征的症状 外周血管疾病 高血压 糖尿病 肥胖症 肺部疾病 贫血 中风 癌症
以前的体检结果	心脏杂音 心音异常 肺部或心血管检查结果异常 血糖或心率异常、高血压、高胆固醇或其他检验结果异常
症状史	胸部、下颌、颈部、手臂或背部不适 头晕、眩晕或昏厥 一侧肢体无力 呼吸急促 心悸
最近的疾病、住院治疗、新的医学诊断或外科手术史	测试对象的医疗状况的所有最新变化
骨科问题	关节炎 关节肿胀 影响运动能力的其他问题
使用过的药物和药物过敏史	测试对象服用过的或可能过敏的所有药物
生活习惯	饮食习惯，包括饮酒 药物使用 吸烟
运动习惯	目前进行的运动类型、持续时间和强度
工作经历	测试对象目前的工作环境和工作类型
家族病史	心血管疾病 肺病 代谢性疾病 中风 猝死

[Adapted from Nieman 2003; American College of Sports Medicine 2009.]

疾病的体征和症状 以及体检合格证明

在测试之前筛查所有测试对象或客户的疾病体征和症状是很重要的[6]。可以通过以下几种方式完成这项工作：

- 健康史问卷（见表单2.4）；
- 针对疾病的体征和症状创建单独的检查清单（见表单2.5）；
- 使用ePARmed-X+，可以从相关网站获取[6, 7]。

表单2.5列出了疾病体征和症状的样本清单[6]。在该示例中，患有所列疾病中的任何一个或具有超过两种所列风险因素的测试对象将被转介给更合适的医生。医生可以使用ePARmed-X+来评估他们的健康状况，对于PAR-Q+表中的所有问题均回答"是"的测试对象，医生可给予其体检合格证明；也就是说，ePARmed-X+既可用于确定测试对象是否可进行测试和锻炼，也可用于将其转介至受医疗监督的测试或锻炼计划[6]。

冠心病因素分析

在确定某一测试对象进行运动测试是否安全时，重要的是要确定测试对象的冠状动脉风险状况。表单2.6提供了一系列与冠心病风险正相关的项目[1, 2]。虽然这些项目是风险层次典型的一部分项目，但表单2.6中所列项目并不全面[9]。在确定测试对象发生冠状动脉风险以及测试前所需的体检合格证明的等级时，应将这些项目视为临床阈值，并考虑其他筛查项目[1, 3]。

作为筛查工具，表单2.6可用于总结风险因素，从而评估测试对象需承担的风险的级别。如果测试对象的高密度脂蛋白胆固醇（high-density lipoprotein-C，HDL-C）水平等于或大于60毫克/分升，则测试人员应将风险因素总数减去1[2, 7]。

生活方式评估

了解测试对象的风险状况的另一种方法是了解其生活方式[6]。生活方式问卷涉及吸烟、体育活动、饮食和饮酒等问题。这些项目很可能也包含在医疗或健康史调查表中，如表单2.4所示[7]。它们也可在一份单独的问卷中出现，如表单2.7所示，该表单是一个名为"理想生活方式清单"的工具，用于评估测试对象当前与健康相关的行为。

疾病风险层次

收集预筛查数据后，就可以评价总体风险状况，对患者的疾病风险进行层次划分，并确定是否需要转诊和在测试过程中是否需要医生在场。在初步评估某人的风险状况时，应使用3级风险层次（低、中、高）[3]。例如，根据表单2.4和表单2.5中的数据，测试人员可以使用表2.3中提供的指南，该指南对测试对象的总体风险进行了层次划分。这种层次划分表明，具有不超过一个风险因素（见表单2.6）的人属于低风险，而具有两个或更多风险因素的人属于中等风险。患有已知疾病（见表2.3中列出的疾病）的人被归类为高风险，并且在进行运动测试之前需要进行进一步的医学筛查。

一旦测试对象的健康状况被归类进这3个层次中，就可以确定测试条件（见表2.4）[3]。如果测试对象被归类为低风险，则他们没有必要进行测试前的体检，并且不需要医生对测试进行监督。但是，如果他们的风险级别是中等或高风险，那么他们应该进行医学筛查，并且在测试期间，医生应该在附近并且随时可提供诊治服务[3]。当风险级别为高时，最好让医生在场，以最大限度地提高测试的安全性。

表2.3　风险层次

低风险	无症状的男性和女性，并且具有1个及以下表单2.6中所列的心血管疾病风险因素
中等风险	无症状的男性和女性，并且具有2个及以上表单2.6中所列的心血管疾病风险因素
高风险	具有以下特征的个人： • 患有心脏、外周血管或脑血管疾病；慢性阻塞性肺病（chronic obstructive pulmorary disease，COPD）、哮喘、间质性肺病或囊性纤维化；糖尿病（1型或2型）、甲状腺疾病或肾脏或肝脏疾病 • 具有一种或多种以下体征或症状： 　心脏杂音 　不明原因的疲劳 　头晕或晕厥 　脚踝肿胀 　心动过速或心律不齐 　原因不明的呼吸急促 　间歇性跛行 　非直立姿势时呼吸不适或夜间呼吸中断 　下颌、颈部、胸部、手臂或其他部位由缺血引起的疼痛或不适

[Adapted from American College of Sports Medicine，2010.]

表2.4　医生对参与运动测试的建议

	低风险	中等风险	高风险
	参加本次测试前最新的（过去一年内）体检和运动测试[a]		
中等强度运动[c]	不必要[b]	不必要	建议
高强度运动[c]	不必要	建议	建议
	医生对运动测试的监督		
次最大强度测试	不必要	不必要	建议
最大强度测试	不必要	建议	建议

注意：

a 在考虑运动时，分类为"不必要"表示在参加运动前的预筛查过程中采用体检、运动测试或医生监督等措施并不是必需的。但是，仍然可以根据运动生理学家的判断来执行这些措施。分类为"建议"则表明，在开始锻炼计划之前，测试对象应在医生的监督下进行体检和运动测试。

b 就运动测试而言，分类为"不必要"表明运动测试可以在没有医学筛查或医生监督的情况下进行。分类为"建议"表明测试对象在进行所有测试之前应进行体检，并且运动测试应在医生的监督下进行。

c 中等强度运动通常被定义为3~6MET[7]，而高强度运动被定义为>6MET或>60%的最大摄氧量[1, 2]。

[Adapted from American College of Sports Medicine，2010.]

评估风险的另一个工具是弗明汉风险方程式表[4, 12]，其可用于预测没有明显冠心病症状的人引发多元冠心病的风险。该表分性别设置，可以预测测试对象未来10年内的总体风险[5]。分数根据以下因素分配：

- 年龄；
- 低密度脂蛋白胆固醇（low-density lipoprotein-C，LDL-C）水平或总胆固醇水平；
- 高密度脂蛋白胆固醇水平；
- 血压；
- 糖尿病；
- 吸烟。

各项得分相加得出总分，以确定总体风险层次。使用这些预测方程式的方法请参见表单2.8和表单2.9。

基本筛查程序

准备

- 运动前健康筛查问卷（见表单2.1）。
- 知情同意书（见表单2.2）。
- PAR-Q+表单（见表单2.3）。
- 健康史问卷（见表单2.4）。
- 疾病体征和症状清单（见表单2.5）。
- 冠心病的风险因素表（见表单2.6）。
- 理想生活方式清单（见表单2.7）。
- 男性和女性的弗明汉风险方程式表（见表单2.8和表单2.9，也可在网络学习指南中找到）。
- 模拟测试对象数据卡（网络学习指南中提供）。

测试前筛查

　　两人一组，一起使用7份问卷。其中一个人充当测试人员，另一个人使用模拟测试对象数据卡，充当测试对象。测试人员应控制测试前的筛查过程，以模拟实验室测试场景中会发生的情况。筛查完成后，测试人员根据ACSM参加体育运动前健康筛查问卷、初始风险层次划分方法和弗明汉风险方程式表评估测试对象的总体风险。然后两人角色互换并重复该活动。

　　在开始测试时，测试人员必须遵循分步原则[3]。程序步骤可能有多种组合。以下是一个基本范例。

　　步骤1　与测试对象打招呼。

　　步骤2　解释测试前筛查的过程。概述将在此过程中收集的数据。

　　步骤3　向测试对象提供知情同意书（见表单2.2）。在测试对象阅读、填写和签署文件时回答其所有疑问。表单2.2只是一个示例，实际测试场景可能需要更详细或具体的版本。此示例符合知情同意的基本标准，但每个机构审查委员会都有自己的特定要求。

　　步骤4　向测试对象提供运动前健康筛查问卷（见表单2.1）。指导测试对象完整填写问卷。如果可能，请提出问题以进一步探讨测试对象是否有所列病症的体征或症状。

　　步骤5　使用PAR-Q+表（见表单2.3）。鼓励测试对象如实回答所有问题。让测试对象在表单上签名并注明日期。根据表单中提供的标准对所填写的内容进行评估。

步骤6 向测试对象提供一份健康史问卷（见表单2.4）。鼓励测试对象仔细阅读文件，回答所有问题，并在有需要时提出疑问。完成表单的填写后，重新阅读一次表单并找出可能需要澄清的项目。注意测试对象对运动和测试是否有禁忌证（这将有助于风险层次的划分）。

步骤7 向测试对象提供疾病的体征和症状清单（见表单2.5）。要求测试对象根据自己所知填写清单，并注明疾病的所有体征或症状。

步骤8 向测试对象提供冠心病的风险因素表单（见表单2.6）。要求测试对象对与其健康状况相对应的所有问题回答"是"。完成表单后，将各项分数相加，以确定测试对象的总体风险。

步骤9 指导测试对象尽可能真实地填写理想生活方式清单（见表单2.7）。按以下步骤计算测试对象的得分：

（1）每列中 × 的总数；

（2）将该总数乘以表单上显示的数字；

（3）将得分累加起来获得总分。

步骤10 将总分与表单2.7中提供的标准数据进行比较，以评估测试对象的总体风险。总分在85~100分为优秀，总分在70~84分为非常好，总分在55~69分为良好，总分在35~54分为一般，而总分在0~34分表示需要改进。

步骤11 使用弗明汉风险方程式表。男性测试对象使用表单2.8，女性测试对象使用表单2.9。

如何使用弗明汉风险方程式表

如果知道测试对象的低密度脂蛋白胆固醇和高密度脂蛋白胆固醇水平，应该进行以下步骤。

步骤1 根据测试对象的年龄，确定相应的得分（例如，其为35岁女性将获得-4分），并将该值记录在表单2.8（男性）或表单2.9（女性）的步骤7中。

步骤2 根据测试对象的低密度脂蛋白胆固醇水平，确定相应的分数（例如，其LDL-C为2.7毫摩尔/升时获得0分），并将该值记录在表单2.8（男性）或表单2.9（女性）的步骤7中。

步骤3 根据测试对象的高密度脂蛋白胆固醇水平，确定相应的分数（例如，其HDL-C为1.2毫摩尔/升时获得1分），并将该值记录在表单2.8（男性）或表单2.9（女性）的步骤7中。

步骤4 根据测试对象的血压，确定相应的分数（例如，其血压为135/92毫米汞柱时获得2分），并将该值记录在表单2.8（男性）或表单2.9（女性）的步骤7中。

步骤5 根据测试对象是否有糖尿病，确定对应得分（例如，糖尿病患者将获得2分），并将该值记录在表单2.8（男性）或表单2.9（女性）的步骤7中。

步骤6 根据测试对象是否吸烟，确定对应得分（例如，不吸烟的人将获得0分），并将该值记录在表单2.8（男性）或表单2.9（女性）的步骤7中。

步骤7 计算在表单2.8（男性）或表单2.9（女性）的步骤7中记录的所有得分的和，计为总分（例如，−4+0+1+2+2+0=1）。

步骤8 根据总分确定测试对象在未来10年内患冠心病的概率（例如，其总分为1，这意味着其在接下来的10年内患冠心病的概率为2%），并确定表单2.8（男性）或表单2.9（女性）步骤9中的相对风险。

如果知道测试对象的总胆固醇和高密度脂蛋白胆固醇水平，应该遵循以下步骤。

步骤1 根据测试对象的年龄，确定相应的分数（例如，40岁男性将获得1分），并将该值记录在表单2.8（男性）或表单2.9（女性）的步骤7中。

步骤2 根据测试对象的总胆固醇水平，确定相应的分数（例如，其总胆固醇为6.0毫摩尔/升时获得1分），并将该值记录在表单2.8（男性）或表单2.9（女性）的步骤7中。

步骤3 根据测试对象的高密度脂蛋白胆固醇，确定相应的分数（例如，其HDL–C为1.4毫摩尔/升时获得0分），并将该值记录在表单2.8（男性）或表单2.9（女性）的步骤7中。

步骤4 根据测试对象的血压，确定相应的分数（例如，其血压为130/85毫米汞柱时获得1分），并将该值记录在表单2.8（男性）或表单2.9（女性）的步骤7中。

步骤5 根据测试对象是否有糖尿病，确定相应的分数（例如，非糖尿病患者将获得0分），并将该值记录在表单2.8（男性）或表单2.9（女性）的步骤7中。

步骤6 根据测试对象是否吸烟，确定相应的分数（例如，不吸烟的人将获得0分），并将该值记录在表单2.8（男性）或表单2.9（女性）的步骤7中。

步骤7 计算在表单2.8（男性）或表单2.9（女性）的步骤7中记录的所有分数的和，计为总分（例如，1+1+0+1+0+0=3）。

步骤8 根据总分确定测试对象在未来10年内患冠心病的概率（例如，其总分为3，这意味着其在接下来的10年内患冠心病的概率为5%），并确定表单2.8（男性）或表单2.9（女性）的步骤9中的相对风险。

［Adapted from *ESSA's student manual for health, exercise, and sport assessment*, edited by J. Combes and T. Skinner, Cardiovascular health, J. Combs and A. Williams, pg.51, copyright 2014, with permission from Elsevier.］

问题集2.1

1. ACSM的运动前健康筛查与传统方法有何不同?

2. 健康史问卷中应包含哪10个组成部分?

3. 初始风险层次有哪3个层次? 哪些因素能决定测试对象的风险层次?

4. 知情同意书中应包括哪8个项目?

5. 什么是PAR-Q+, 在什么情况下使用它?

6. 在评估测试前筛查时, 应该关注哪些因素?

7. 所有测试对象在测试期间都需要体检合格证明或医疗监督吗? 为什么?

8. 应该如何用在测试前筛查中收集的信息来评估一个人的风险层次?

9. 如何比较初始风险层次划分与弗明汉风险层次划分?

预测试结果

设备

- 客户的临床案例研究健康史问卷示例（见表2.5）
- 疾病体征和症状清单（见表单2.5）
- 冠心病的风险因素表（见表单2.6）

预测试筛查数据

想象一下，一位新客户走进你的健康和保健机构。她已经填好了知情同意书，并填写了一份全面的健康史问卷。现在是时候利用她的答案来评估其整体健康状况了。将学生分组，每组2~3人，查阅客户的健康史问卷（见表2.5）。

在回顾预测试筛查结果时，应对所收集的信息进行全面系统的分析[4]。可以选择多种方法来进行此评估，以下是一个基本范例。

步骤1　检查客户是否有运动测试的禁忌证，并在疾病体征和症状清单上注明相应的禁忌证（见表单2.5），给答案为"是"的所有项目加上备注。使用此表单初步决定是否需要医生为其出具体检合格证明。

步骤2　使用冠心病的风险因素表（见表单2.6）来评估客户在这方面的风险层次。要特别注意7大类风险因素。记下客户提出的所有风险因素，并将得分情况制成表单。

步骤3　在评估完客户的健康史问卷后，参阅表单2.3来确定其初始风险层次划分。

步骤4　确定客户的风险层次后，使用表单2.4确定是否需要进行新的体检和运动测试，以及医生是否需要监督测试。

问题集2.2

1. 该客户存在哪些风险因素？这些风险因素会影响该客户进行体育活动或参与测试的能力吗？
2. 该客户是否存在冠心病风险因素？如是，有哪些？
3. 该客户是否存在运动禁忌证？如是，有哪些？
4. 该客户的风险层次是哪一层？
5. 根据客户的健康史问卷，在测试之前是否需要医生对其进行检查？

表2.5　客户的临床案例研究健康史问卷示例

联系信息

Jones	Jamie	J
姓	名	中间名首字母

9/30/1978	40	性别：☐男 ☑女
生日（月/日/年）	年龄	

304-293-6318	372 Main St	Morgantown, WV	26505
家庭电话号码	街道地址	城市，州	邮政编码

John Jones	304-293-0647	丈夫
紧急联系人	紧急联系人电话号码	与紧急联系人的关系

Matt Lively	304-293-8828	
主治医师	医师的联系电话	

背景

请圈出您已完成的最高学历

小学：	1	2	3	4	5	6	7	8
中学：	9	10	11	⑫				
大学/研究生：	13	14	15	16	17	18	19	20+

您的婚姻状况？ ☐单身 ☑已婚 ☐丧偶 ☐离婚/分居

您的种族或民族背景？

☑白人，非西班牙裔 ☐美洲印第安人/阿拉斯加州原住民 ☐亚裔

☐黑人，非西班牙裔 ☐太平洋岛民 ☐西班牙裔

您的职业是什么？

☐卫生职业 ☐残疾人，无工作能力 ☐服务 ☐管理人员、教育人员、专业人士

☐高级技工 ☐操作员、制造者、劳动者 ☑家庭主妇 ☐技术、销售、支持

☐退休 ☐无业人员 ☐学生 ☐其他

疾病的症状或体征

请选中相应的方框。

是	否	
☐	☑	您是否在胸部、颈部、下颌、手臂或身体其他部位曾出现可能因心脏问题而引起的异常疼痛或不适？
☑	☐	在日常活动（例如，爬楼梯、携带杂物、快步走）或轻度至中等强度运动的过程中，您是否出现过不正常的疲劳或呼吸短促？
☐	☑	您有过头晕或昏厥的问题吗？

是	否	
☐	☑	当您站起来时，您会感到呼吸困难吗？
☐	☑	您在睡觉时会呼吸困难吗？
☐	☑	您的脚踝肿胀（脚踝水肿）吗？
☑	☐	您是否有过不寻常的心动过速或心悸？
☐	☑	您是否有过在走路时腿部感到剧烈疼痛经历？
☐	☑	您是否曾被医生告知有心脏杂音？

慢性病风险因素

您知道自己的血压吗？ ☑=是：<u>130/80</u> 收缩压/舒张压　☐=否

您知道自己的胆固醇水平吗？ ☑=是：<u>200</u> 总胆固醇;_____HDL;_____LDL　☐=否

您知道自己的空腹血糖水平吗？ ☐=是：_____毫克/分升　☑=否

请选中相应的方框。

是	否	
☐	☑	您是45岁以上的男性或55岁以上的女性吗？
☐	☑	如果您是女性，您是否绝经期过早并且没有采用雌激素替代疗法？
☑	☐	您的父亲或兄弟在55岁之前是否患有心脏病或突然死于心脏病？
☐	☑	您的母亲或姐妹在65岁之前是否患有心脏病或突然死于心脏病？
☐	☑	您的家中有人在40岁之前死亡（不包括意外死亡）吗？
☑	☐	您现在吸烟吗？
☑	☐	是否有医生告诉过您，您有高血压（血压超过130/80毫米汞柱）？
☑	☐	您是否正在服用药物来控制高血压？
☑	☐	是否有医生告诉过您，您的胆固醇过高？
☑	☐	您的血清胆固醇是否超过200毫克/分升？
☑	☐	您有糖尿病吗？
☑	☐	您是否没有参与过体育活动或久坐不动（即您在工作或闲暇时间很少进行体育活动）？
☑	☐	在过去的一年中，您是否有过可能影响您健康的心理负担、紧张和压力？
☑	☐	您是否每天都吃高脂肪和高胆固醇的食物（例如，肥肉、奶酪、油炸食品、黄油、全脂牛奶、鸡蛋）？
☑	☐	您是否不喜欢纤维素含量高的食物（例如，全麦面包和谷物、新鲜水果、蔬菜）？
☑	☐	您的体重是否比理想体重重30磅？
☑	☐	您平均一天要喝两杯以上的酒精饮料吗？

医疗史

请选中您或您家人曾经或现在患有的所有疾病。

您　　您的家人

☐	☑	冠心病、心脏病、冠状动脉粥样硬化
☐	☑	心绞痛
☐	☐	外周血管疾病
☐	☐	静脉炎或栓塞
☐	☐	其他心脏问题（具体说明：＿＿＿＿＿＿＿＿＿＿＿＿）
☐	☐	肺癌
☐	☑	乳腺癌
☐	☐	前列腺癌
☐	☐	结直肠癌（肠癌）
☐	☐	皮肤癌
☐	☐	其他癌症（具体说明：＿＿＿＿＿＿＿＿＿＿＿＿）
☐	☐	中风
☐	☐	慢性阻塞性肺病（例如肺气肿）
☐	☐	肺炎
☐	☑	哮喘
☑	☐	支气管炎
☑	☑	糖尿病
☐	☐	甲状腺问题
☐	☐	肾脏疾病
☐	☐	肝脏疾病（肝硬化）
☐	☐	肝炎（A、B、C、D或E型肝炎）
☐	☐	胆结石或胆囊疾病
☐	☐	骨质疏松
☐	☑	关节炎
☐	☐	痛风
☐	☐	缺铁性贫血
☐	☑	骨折
☐	☐	脚、腿、膝、髋或肩受过重大伤害
☑	☐	背部或颈部受过重大伤害
☐	☐	胃溃疡或十二指肠溃疡
☐	☐	直肠增生或出血

您	您的家人	
❑	❑	白内障
❑	❑	青光眼
❑	❑	听力损伤
❑	❑	抑郁
❑	❑	高度焦虑、恐惧症
❑	❑	物质滥用问题（例如，酒精、药物）
❑	❑	饮食失调（厌食症、贪食症）
❑	❑	月经问题
❑	❑	子宫切除
❑	❑	睡眠问题
❑	❑	过敏
❑	❑	艾滋病
❑	❑	任何其他问题（请做具体说明，包括最近的疾病、住院或外科手术的信息）_____

_____

_____

药物

请选中您目前定期服用的药物，并提供药物的名称。

药物	药物的名称	
❑	心脏病药物	_____
☑	血压药物	卡托普利（Captopril）
☑	血胆固醇药物	维多灵（Vytorin）
❑	激素	_____
☑	避孕药	季信（Seasonale）
❑	用于呼吸或肺部问题的药物	_____
☑	胰岛素	优泌林 N（Humulin N）
❑	其他糖尿病药物	_____
❑	关节炎药物	_____
❑	抑郁症的药物	_____
❑	焦虑症的药物	_____
❑	甲状腺药物	_____
❑	溃疡的药物	_____
❑	止痛药	_____

☐	过敏药	_____
☐	艾滋病药物	_____
☐	肝炎药物	_____
☐	其他（请具体说明）	_____

体能、体育活动和锻炼

一般而言，与其他同龄人相比，请评价您的体能：

1	2	3	4	5	6	7	8	9	10
☐	☐	☐	☑	☐	☐	☐	☐	☐	☐

非常差　　　　　　　　　还可以　　　　　　　　　　　非常好

工作之余，您参加至少20分钟以上的且会适度增加呼吸频率和心率，并导致出汗的运动（例如，快步走、骑自行车、游泳、有氧舞蹈、爬楼梯、划船、篮球、壁球、庭院劳动的粗重活）的频率是?

☐ 每周5次或以上　　☐ 每周3~4次　　☐ 每周1~2次

☐ 每周不到1次　　☑ 很少或从不

您的工作需要进行多少艰苦的体力劳动?

☐ 大量　　　　　☐ 适量　　　　　☐ 一点点　　　☑ 无

您定期锻炼或运动多长时间了?

☑ 不经常锻炼　　　☐ 不到1年　　　☐ 1~2年

☐ 2~5年　　　　　☐ 5~10年　　　☐ 超过10年

饮食

平均而言，您每天吃多少份水果?

（1份=1个中等大小的苹果、香蕉、橙；1/2杯切碎的、煮熟的或罐装的水果；3/4杯果汁）

☑ 无　　　　☐ 1　　　　☐ 2　　　　☐ 3　　　☐ 4份或更多

平均而言，您每天吃多少份蔬菜?

（1份=1/2杯熟的或切碎的生蔬菜；1杯生的蔬菜叶；3/4杯蔬菜汁）

☐ 无　　　　☑ 1　　　　☐ 2　　　　☐ 3　　　☐ 4份或更多

平均而言，您每天吃多少份面包、麦片、米饭或面食?

☐ 无　　　　☐ 1~3　　　☑ 4~6　　　☐ 7~9　　☐ 10份或更多

当您吃谷物和谷类食品时，以下哪项吃得最多?

☐ 全谷物，高纤维　　　　☐ 全谷物和精制品的混合物　　　☑ 精制，低纤维

平均而言，您每天吃多少份鱼肉、家禽肉、瘦肉、熟的干豆、花生酱或坚果?

[1份=2~3盎司（1盎司约为28.3克，余同）肉；1/2杯煮熟的干豆；2汤匙花生酱；1/3杯坚果]

☐ 无　　　　☑ 1　　　　☐ 2　　　　☐ 3　　　☐ 4份或更多

平均而言，您每天吃多少份乳制品？

（1份=1杯牛奶或酸奶；1.5盎司天然奶酪；2盎司加工奶酪）

☐ 无　　　☐ 1　　　☑ 2　　　☐ 3　　　☐ 4份或更多

当您食用乳制品时，以下哪类吃得最多？

☑ 普通　　☐ 低脂　　☐ 脱脂

您如何描述您摄入的脂肪和油的量（例如，常规沙拉酱、黄油或人造黄油、蛋黄酱、植物油）？

☑ 多　　　☐ 适量　　☐ 少

体重

您的身高是多少（不穿鞋子）？ 5 英尺 5 英寸

您的体重是多少（穿最少的衣服，不穿鞋子）？ 190 磅

您曾经达到的最大体重是多少？ 210 磅

您目前正在尝试达到以下哪一项目标？

☑ 减重　　☐ 增重　　☐ 保持　　☐ 没有尝试任何目标

心理健康

您过去一个月的总体感觉怎么样？

☐ 精神状态好极了　　　　☐ 精神状态非常好　　　☐ 精神状态良好

☑ 精神状态有很多起伏　　☐ 精神状态不好　　　　☐ 精神状态非常差

在过去的一个月里，您认为自己经历了什么程度的压力？

☐ 很大　　☑ 中等　　☐ 相对小　　☐ 几乎没有

在过去的一年里，压力对您的健康有多大影响？

☐ 很大　　☑ 一点　　☐ 几乎没有

平均而言，您一天可以睡多少小时？

☐ 不到5小时　　☑ 5~6小时　　☐ 7~9小时　　☐ 超过9小时

物质使用

您一生至少吸过100支香烟吗？　☑ 是　☐ 否

您如何描述自己的吸烟习惯？

☐ 从不吸烟

☐ 曾经吸烟——您吸烟多少年了？ ＿＿＿＿ 年

☑ 目前吸烟——您平均每天吸多少支香烟？ 10 支香烟/天

您喝多少酒精饮料?

（1杯酒=1杯葡萄酒、1杯冰镇果酒饮料、1瓶或1罐啤酒、1小杯烈酒或1杯混合饮料）

☐ 从来不喝酒　　☐ 每周少于1杯酒　　☑ 每周1~6杯酒

☐ 每天1杯酒　　☐ 每天2~3杯酒　　☐ 每天超过3杯酒

职业健康

请介绍您的主要工作职责：<u>我是一个家庭主妇。主要做家务，如做清洁和照顾孩子。</u>

在一天的工作结束之后，您经常会有持续超过3小时的疼痛或僵硬吗？

☐ 总是　　　　☐ 大部分时间　　　☑ 有时　　　☐ 很少或从不

您的工作是否需要经常重复推拉动作，或在弯身或转身时拿起重物，导致背部疼痛？

☐ 总是　　　　☐ 大部分时间　　　☐ 有时　　　☑ 很少或从不

我在此声明，就我所知，我对前述问题的答案是完整和准确的。

Jamie Jones	Jamie Jones	10/2/2018
受访者的姓名（打印）	受访者签名	日期（月/日/年）

父母或监护人的姓名（打印）	父母或监护人签名	日期（月/日/年）

James Thomas	James Thomas	10/2/2018
证人的姓名（打印）	证人签名	日期（月/日/年）

[Adapted, by permission, from D. C. Nieman, 2003, *Exercise testing and prescription: A health-related approach*, 5th ed. (NewYork, NY: McGraw– Hill), 774. ©The McGraw–Hill Companies.]

表单2.1

运动前健康筛查问卷

标记所有属实的陈述，评估客户的健康需求。

步骤1

症状

您的客户是否经历过：

- ☐ 胸部不适和劳累
- ☐ 不合理的呼吸困难
- ☐ 头晕、昏厥、短时失去知觉
- ☐ 脚踝肿胀
- ☐ 对强力、快速或不规则的心率有不适感
- ☐ 短距离行走时，小腿有灼热感或疼挛感

如果您在症状下确实选中了症状中的任何一个，请停止。您的客户在参与或恢复运动前应取得体检合格证明。您的客户可能需要在具备医疗资格的人员的监督下使用运动设施。

如果您没有选中任何症状，请继续执行步骤2。

步骤2

当前活动

您的客户是否在过去至少3个月内，每周至少3天进行了至少30分钟有计划的、有组织的中等强度的体育活动？

- ☐ 是
- ☐ 否

继续执行步骤3。

步骤3

疾病情况

您的客户是否曾经或目前有过以下问题：

- ☐ 心脏病发作
- ☐ 心脏手术、心脏导管插入术或冠状动脉血管成形术
- ☐ 使用过起搏器或植入式心脏除颤器，节律紊乱
- ☐ 心脏瓣膜病
- ☐ 心脏衰竭
- ☐ 心脏移植

❑ 充血性心脏病

❑ 糖尿病

❑ 肾脏疾病

评估步骤2和3

如果您没有在步骤3中选中任何一个选项，则无须体检合格证明。

如果您在步骤2中选了"是"并选中了步骤3中的任何一个选项，则您的客户可以继续以轻度到中等强度进行锻炼而无须体检合格证明。在进行高强度运动之前，则建议您的客户先取得体检合格证明。

如果您在步骤2中选了"否"并选中了步骤3中的任何一个选项，则建议您的客户先取得体检合格证明。您的客户可能需要在具备医疗资格的人员的监督下使用运动设施。

[From G. Haff and C. Dumke, 2019, *Laboratory manual for exercise physiology*, 2nd ed. (Champaign,IL:HumanKinetics). Reprinted by permission, from：M. Magal and D. Riebe, 2016, "New preparticipation health screening recommendations: what exercise professionals need to know," *ACSM Health Fitness Journal* 20 (3):22–27.]

表单2.2

知情同意书

本人＿＿＿＿＿＿＿＿＿＿＿＿＿＿＿＿，被告知我将进行一系列测试，以确定我的体能状况，并增强我对自己的健康和体能的了解。我知道我可以随时自愿退出这些测试而不会受到任何处罚。另外，我知道我可以随时询问有关测试的问题直至回答令我满意。如果出现与这些测试有关的任何副作用或损伤，我知道我可以随时联系＿＿＿＿＿＿＿＿＿＿＿＿＿＿＿，以解决我的问题。

（1）测试说明。本人＿＿＿＿＿＿＿＿＿＿＿，了解我会填写一系列问卷，包括健康史问卷和PAR-Q+，以确保我在测试过程中的安全。我理解，如果这些问卷显示我发生不良事件的风险非常大，则不会进行进一步的测试。我理解，如果这些问卷显示影响我安全的风险很小，我将继续进行其余的评估。我将通过医生诊室通常使用的方法测量我的血压、体重和身高。完成这些测量后，我将通过＿＿＿＿＿＿＿＿＿＿＿测量我的身体成分，这将估算我的身体脂肪含量和瘦体重。然后我将对我的肌肉力量和耐力进行评估，这将要求我使用＿＿＿＿＿＿＿＿＿＿＿重复举重几次。完成此评估后，我将在＿＿＿＿＿＿＿＿＿＿＿＿＿＿＿＿上进行递增负荷运动测试。在该测试中，每隔几分钟就会增加负荷，直到我力竭或直到测试结束。我明白这项评估将用于深入了解我的心肺健康状况。

（2）风险和不适。我已被告知并了解，在递增负荷运动测试中可能会发生的身体变化，包括异常的血压反应、昏厥、心律不齐，以及在某些情况下会导致心脏病发作。为了尽量降低这些风险，执行测试的人员已接受培训，可以处理这些不利影响。此外，他们已接受相关培训，可识别潜在的警告标志，如果出现这些警告标志，他们将停止测试。我明白测量我的身高、体重和身体成分的风险最小。我还被告知，肌肉力量和耐力的评估可能会有一定程度的拉伤或扭伤肌肉的风险，而通过适当的热身和测试人员的技术监控可以尽量降低这些风险。我也明白，在测试结束后，我可能会有局部肌肉酸痛的症状，这种酸痛可能持续24~48小时。如果确实发生了肌肉酸痛，我明白我可以进行一系列测试人员向我示范的拉伸。如果这些症状持续存在，我会将其报告给＿＿＿＿＿＿＿＿＿＿＿＿＿＿＿＿＿＿＿＿＿＿＿＿＿＿＿。

（3）测试的好处。我知道这些测试的结果能让我深入了解我的身体整体健康状况。此外，我被告知此信息将揭示所有潜在的健康危害，并可用于更好地制订我的个性化锻炼计划。

（4）咨询。我明白，如果我有任何疑问，我可以向测试人员提出询问。测试人员会回答这些问题，直至我满意。

（5）保密。我了解我的所有个人健康和身体健康数据都将被保密。

我已阅读并理解本文件中包含的信息，所有与我自愿接受测试有关的问题都已得到让我满意的答复。我知道我可以随时拒绝回答任何问题并随时退出此测试而不会受到处罚。此外，我被告知所收集的有关我和我所进行的测试的所有信息都是保密的，这些信息未经我的书面许可，不得向除了我或向我转达的其他人以外的任何人透露，亦不得用于运动处方。最后，我知道与此测试相关的所有风险，并自愿同意参与此测试。

_____　　_____
日期　　　　　　　　　　　　患者/客户签名

_____　　_____
日期　　　　　　　　　　　　证人签名

_____　　_____
日期　　　　　　　　　　　　主管签名

［From G. Haff and C. Dumke, 2019, *Laboratory manual for exercise physiology*, 2nd ed. (Champaign, IL: Human Kinetics). Based on Nieman 2003.］

表单2.3

PAR-Q+表单

2017 PAR-Q+
适用于所有人的体能活动适应能力问卷

经常参加体育活动的健康益处是明确的，更多的人应该每天都参加体育活动。对于大多数人来说，参加体育活动是非常安全的。该问卷将告诉您是否有必要在开始锻炼身体之前向您的医生或有资质的运动专业人士寻求进一步的建议。

一般健康问题

请仔细阅读以下7个问题，并诚实地回答每个问题：选"是"或"否"。	是	否
1）医生是否曾经说过，您有心脏问题□或高血压□?	□	□
2）在休息时，在日常生活的活动中，**或**在进行体育活动时，您是否感到胸部疼痛?	□	□
3）您是否因为头晕而失去平衡，**或**您在过去12个月内是否曾失去意识? 如果您的头晕与呼吸过度有关（包括剧烈运动时），请回答**"否"**。	□	□
4）您是否曾被诊断出患有其他慢性疾病（心脏病或高血压除外）? **请在此处列出病症：**_____	□	□
5）您目前正在服用治疗慢性疾病的处方药吗? **请在此处列出病症及药物：**_____	□	□
6）您目前是否（或在过去12个月内）有可能会因增加运动量而使骨骼、关节或软组织（肌肉、韧带或肌腱）变得更糟? 如果您在过去遇到过这些问题，但这并不会限制您当前的身体活动能力，请回答**"否"**。 **请在此处列出病症：**_____	□	□
7）您的医生是否曾说过您只能在医疗监督下进行体育活动?	□	□

☑ **如果您对上述所有问题的回答均为"否"，则表示您可以参加体育活动。请转到本文件的第4页，签署参与者声明。您不需要填写本文件的第2页和第3页。**
- ▶ 开始增加运动量，慢慢开始，逐渐增加。
- ▶ 遵循适合您年龄的"国际体育活动指南"。
- ▶ 您可以参加健康和体能评估。
- ▶ 如果您年龄超过45岁并且**不**习惯经常进行最大强度的运动，请在参加这种高强度运动之前咨询有资质的运动专业人员。
- ▶ 如果您有任何其他疑问，请联系有资质的运动方面的专业人员。

🔴 **如果您对上述一个或多个问题的回答为"是"，请填写本表格的第2页和第3页。**

⚠ **如果出现下述情况，应延迟增加运动量。**
- ✓ 您暂时患有疾病，如感冒或发烧，最好等到您感觉好些。
- ✓ 您怀孕了：在开始锻炼身体之前，请咨询您的保健医生、医生、有资质的运动专业人员，或在相关网站上完成ePARmed-X+。
- ✓ 您的健康状况发生变化：在继续任何一样体育活动计划之前，请回答本文件第2页和第3页的问题或与您的医生或有资质的运动方面的专业人员沟通。

[From G. Haff and C. Dumke, 2019, *Laboratory manual for exercise physiology*, 2nd ed. (Champaign, IL: Human Kinetics). Reprinted with permission from the PAR-Q+ Collaboration and the authors of the PAR-Q+ (Dr. Darren Warburton, Dr. Norman Gledhill, Dr. Veronica Jamnik, and Dr. Shannon Bredin).]

2017 PAR-Q+

关于您的健康状况的后续问题

1. 您有关节炎、骨质疏松症或背部问题吗？

如果存在上述病症，则回答问题1a~1c   如果否☐转到问题2

1a. 您是否难以通过药物或其他医生处方治疗来控制您的病情？   是☐ 否☐
（如果您目前没有服用药物或接受其他治疗，请回答"否"）

1b. 您是否有引起疼痛的关节问题、最近曾骨折或因骨质疏松症或癌症导致的骨折、椎骨移位
（例如，腰椎滑脱），或椎弓峡部裂/椎弓缺陷骨折缺损（脊柱背部骨环有裂缝）？   是☐ 否☐

1c. 您是否经常注射类固醇或服用类固醇片超过3个月？   是☐ 否☐

2. 您目前患有任何类型的癌症吗？

如果存在上述病症，则回答问题2a~2b   如果否☐转到问题3

2a. 您的癌症诊断是否包括以下任一类型：肺/支气管、多发性骨髓瘤（浆细胞癌）、头部或
颈部？   是☐ 否☐

2b. 您目前正在接受癌症治疗（如化疗、放疗）吗？   是☐ 否☐

3. 您患有心脏疾病或心血管疾病（包括冠状动脉疾病、心力衰竭、心律失常等）**吗？**

如果存在上述病症，则回答问题3a~3d   如果否☐转到问题4

3a. 您是否难以通过药物或其他医生处方治疗来控制您的病情？（如果您目前没有服用药物或
接受其他治疗，请回答"否"）   是☐ 否☐

3b. 您是否有需要医疗处理的不规则心跳？
（例如，房颤、室性期前收缩）   是☐ 否☐

3c. 您是否有慢性心力衰竭？   是☐ 否☐

3d. 您是否被诊断出冠状动脉（心血管）疾病并且在过去2个月内没有经常参加体育活动？   是☐ 否☐

4. 您有高血压吗？

如果存在上述病症，则回答问题4a~4b   如果否☐转到问题5

4a. 您是否难以通过药物或其他医生处方治疗来控制您的病情？（如果您目前没有服用药物或
接受其他治疗，请回答"否"）   是☐ 否☐

4b. 在有或没有药物的情况下，您的静息血压是否等于或大于160/90毫米汞柱？
（如果您不知道自己的静息血压，请回答"是"）   是☐ 否☐

5. 您有任何代谢性疾病（这包括1型糖尿病、2型糖尿病、糖尿病前期）**吗？**

如果存在上述病症，则回答问题5a~5e   如果否☐转到问题6

5a. 您是否经常难以通过食物、药物或其他医生处方治疗来控制血糖水平？   是☐ 否☐

5h. 您是否经常在运动后或在日常生活的活动中出现低血糖（低血糖症）的症状和体征？低血糖的
体征包括颤抖、紧张、异常烦躁、出汗异常、头晕或昏眩、心慌、言语困难、虚弱或嗜睡。   是☐ 否☐

5c. 您是否有糖尿病并发症，如心脏病、血管疾病或会影响您的眼睛、肾脏或脚趾和脚部感觉的
并发症的体征或症状？   是☐ 否☐

5d. 您是否有其他代谢疾病（如与妊娠有关的糖尿病、慢性肾脏疾病和肝脏问题）？   是☐ 否☐

5e. 您是否计划在不久的将来参加对您来说强度异常大（或剧烈）的运动？   是☐ 否☐

[From G. Haff and C. Dumke, 2019, *Laboratory manual for exercise physiology*, 2nd ed. (Champaign, IL: Human Kinetics). Reprinted with permission from the PAR-Q+ Collaboration and the authors of the PAR-Q+ (Dr. Darren Warburton, Dr. Norman Gledhill, Dr. Veronica Jamnik, and Dr. Shannon Bredin).]

2017 PAR-Q+

6. **您有任何心理健康问题或学习障碍**（这包括阿尔茨海默症、抑郁症、焦虑症、饮食失调症、精神障碍、智力障碍、唐氏综合征）**吗？**

如果存在上述病症，则回答问题6a~6b　　　　　　　　如果**否**☐转到问题7

6a.　您是否难以通过药物或其他医生处方治疗来控制您的病情？　　　　　　　　　　　　　　是☐　否☐
　　　（如果您目前没有服用药物或接受其他治疗，请回答"否"）

6b.　您是否患有唐氏综合征和影响神经或肌肉的背部疾病？　　　　　　　　　　　　　　　　是☐　否☐

7. **您有呼吸系统疾病**（这包括慢性阻塞性肺病、哮喘、肺高血压等）**吗？**

如果存在上述病症，则回答问题7a~7d　　　　　　　　如果**否**☐转到问题8

7a.　您是否难以通过药物或其他医生处方治疗来控制您的病情？　　　　　　　　　　　　　　是☐　否☐
　　　（如果您目前没有服用药物或接受其他治疗，请回答"否"）

7b.　您的医生是否曾说过您在静息或运动时的血氧水平低或您需要进行补充性氧疗？　　　　　是☐　否☐

7c.　如果患有哮喘，您目前是否有胸闷、喘息、呼吸困难、持续咳嗽（每周超过2天）的症状，　　是☐　否☐
　　　或者您在上周是否使用过两次以上的急救药物？

7d.　您的医生是否曾说过您患有肺动脉高压？　　　　　　　　　　　　　　　　　　　　　　　是☐　否☐

8. **您有脊髓损伤**（这包括四肢瘫痪和截瘫等）**吗？**

如果存在上述病症，则回答问题8a~8c　　　　　　　　如果**否**☐转到问题9

8a.　您是否难以通过药物或其他医生处方治疗来控制您的病情？　　　　　　　　　　　　　　是☐　否☐
　　　（如果您目前没有服用药物或接受其他治疗，请回答"否"）

8b.　您是否经常出现因静息血压低引起昏眩、头晕或昏厥？　　　　　　　　　　　　　　　　　是☐　否☐

8c.　您的医生是否表示过您会突然出现高血压症状（称为自主神经反射不良）？　　　　　　　　是☐　否☐

9. **您是否曾经中风**（这包括短暂性脑缺血发作（TIA）或脑血管事件）**？**

如果存在上述病症，则回答问题9a~9c　　　　　　　　如果**否**☐转到问题10

9a.　您是否难以通过药物或其他医生处方治疗来控制您的病情？　　　　　　　　　　　　　　是☐　否☐
　　　（如果您目前没有服用药物或接受其他治疗，请回答"否"）

9b.　您有步行或行动的障碍吗？

9c.　在过去的6个月中，您是否经历过中风或有过神经或肌肉损伤？

10. **您是否有任何其他未列出的疾病，或您是否有两种或两种以上的疾病？**

如果您有其他疾病，则回答问题10a~10c　　　　　　　如果**否**☐阅读第4页的建议

10a.　您在过去12个月内是否因头部受伤而经历过暂时失去知觉、昏厥或失去意识，或者您在　　是☐　否☐
　　　过去12个月内是否确诊过脑震荡？

10b.　您是否有未列出的疾病（如癫痫、神经系统疾病或肾脏问题等）？　　　　　　　　　　　是☐　否☐

10c.　您目前是否患有两种或两种以上的疾病？　　　　　　　　　　　　　　　　　　　　　　是☐　否☐

请在此列出您的疾病及所有相关药物： _____

┌───┐
│　　**请转到本表格的第4页，阅读有关您当前健康状况的建议并签署参与者声明。**　　│
└───┘

[From G. Haff and C. Dumke, 2019, *Laboratory manual for exercise physiology*, 2nd ed. (Champaign, IL: Human Kinetics). Reprinted with permission from the PAR–Q+ Collaboration and the authors of the PAR–Q+ (Dr. Darren Warburton, Dr. Norman Gledhill, Dr. Veronica Jamnik, and Dr. Shannon Bredin).]

2017 PAR-Q+

✅ **如果您对所有关于您的健康状况的后续问题的回答均为"否",您就可以增加运动量——请在下面签署参与者声明。**
- 建议您咨询有资质的运动专业人员,帮助您制订安全有效的体育活动计划,以满足您的健康需求。
- 我们鼓励您慢慢开始并逐渐增加运动量——每周进行 3~5 天 20~60 分钟的低到中等强度的运动,包括有氧运动和增强肌肉力量的运动。
- 随着您的进步,您应该每周进行 150 分钟或更长时间的中等强度的体育活动。
- 如果您年龄超过 45 岁并且**不**习惯经常进行高强度的运动,请在参加这种高强度运动之前咨询有资质的运动专业人员。

🟠 **如果您对一个或多个有关您的健康状况的后续问题的回答为"是"**:在进行更多体育活动或参加体能评估之前,您应该寻求更多信息。您应该在相关网站上完成专门设计的在线筛查和锻炼建议计划(ePARmed-X+)或请有资质的运动专业人员来完成 ePARmed-X+ 并获取更多信息。

⚠️ **如果出现下述情况,应当延迟增加运动量。**
- 您暂时患有疾病,如感冒或发烧,最好等到您感觉好些。
- 您怀孕了:在开始锻炼身体之前,请咨询您的保健医生、医生、有资质的运动专业人员,或在相关网站上完成 ePARmed-X+。
- 您的健康状况发生变化:在继续任何体育活动计划之前,请与您的医生或有资质的运动专业人员沟通。

- 我们鼓励您复印 PAR-Q+。您必须使用整个问卷,并且不允许有任何更改。
- 作者、PAR-Q+ 公司、合作伙伴组织及其他代理人对进行体育活动和使用 PAR-Q+ 或 ePARmed-X+ 的人不承担任何责任。如果在完成问卷后有疑问,请在进行体育活动之前咨询您的医生。

参与者声明

- 所有完成 PAR-Q+ 的人请阅读并签署以下声明。
- 如果您的年龄低于签署同意书所需的法定年龄或需要医疗保健提供者的同意,则您的父母、监护人或医疗保健提供者也必须在此表单上签名。

本人(签名人)已阅读、完全理解并完成了这份问卷。我承认,此体育活动许可自完成之日起最长有效期为 12 个月,如果我的情况发生变化则无效。我还承认,受托人(例如我的雇主、社区/健身中心、医疗保健提供者或其他指定人员)可以保留此表单的副本以供其记录。在这些情况下,受托人将被要求遵守有关个人健康信息存储的地方、国家和国际准则,以确保受托人维护信息的隐私,并且不会滥用或错误地披露此类信息。

姓名 _____   日期 _____

签名 _____   证人 _____

父母/监护人/医疗保健提供者签名_____

—— 欲了解更多信息,请联系 ——

PAR-Q+ 的引用
Warburton DER, Jamnik VK, Bredin SSD, and Gledhill N on behalf of the PAR-Q+ Collaboration.
The Physical Activity Readiness Questionnaire for Everyone (PAR-Q+) and Electronic Physical Activity Readiness Medical Examination (ePARmed-X+). Health & Fitness Journal of Canada 4(2):3-23, 2011.

PAR-Q+ 是基于证据的同意流程创建的。(1)由 PAR-Q+ 公司创建,该组织的主持人:戴伦·沃伯顿博士和诺尔曼·格列希尔博士、维罗妮卡·亚姆尼克博士以及唐纳德·C. 麦肯齐博士。(2)本文件的编制由加拿大公共卫生署(Public Health Agency of Canada)和卑诗省卫生服务部(BC Ministry of Health Services)提供财政捐助。本文件表达的观点不一定代表加拿大公共卫生署或卑诗省卫生服务部的观点。

主要参考文献
1. Jamnik VK, Warburton DER, Makarski J, McKenzie DC, Shephard RJ, Stone J, and Gledhill N. Enhancing the e ectiveness of clearance for physical activity participation; background and overall process. *APNM* 36(S1):S3-S13, 2011.
2. Warburton DER, Gledhill N, Jamnik VK, Bredin SSD, McKenzie DC, Stone J, Charlesworth S, and Shephard RJ. Evidence-based risk assessment and recommendations for physical activity clearance; Consensus Document. *APNM* 36(S1):S266-s298, 2011.
3. Chisholm DM, Collis ML, Kulak LL, Davenport W, and Gruber N. Physical activity readiness. *British Columbia Medical Journal*. 1975;17:375-378.
4. Thomas S, Reading J, and Shephard RJ. Revision of the Physical Activity Readiness Questionnaire (PAR-Q). *Canadian Journal of Sport Science* 1992;17:4 338-345.

表单2.4

健康史问卷

联系信息

姓　　　　　　　　　　名　　　　　　　　　　中间名首字母

性别：❏男 ❏女

生日（月/日/年）　　　　年龄

家庭电话号码　　　　　　街道地址　　　　　　城市，州　　　　邮政编码

紧急联系人　　　　　　　紧急联系人电话号码　与紧急联系人的关系

主治医师　　　　　　　　医师的联系电话

背景

请圈出您已完成的最高学历

小学：	1	2	3	4	5	6	7	8
中学：	9	10	11	12				
大学/研究生：	13	14	15	16	17	18	19	20+

您的婚姻状况？ ❏单身 ❏已婚 ❏丧偶 ❏离婚/分居

您的种族或民族背景？

❏白人，非西班牙裔　　❏美洲印第安人/阿拉斯加州原住民　　❏亚裔

❏黑人，非西班牙裔　　❏太平洋岛民　　❏西班牙裔

您的职业是什么？

❏卫生职业　　❏残疾人，无工作能力　　❏服务　　❏管理人员、教育人员、专业人士

❏高级技工　　❏操作员、制造者、劳动者　　❏家庭主妇　　❏技术、销售、支持

❏退休　　❏无业人员　　❏学生　　❏其他

疾病的症状或体征

请选中相应的方框。

是	否	
❏	❏	您是45岁以上的男性或55岁以上的女性吗？
❏	❏	您是否在胸部、颈部、下颌、手臂或身体其他部位曾出现可能因心脏问题而引起的异常疼痛或不适？
❏	❏	在日常活动（例如，爬楼梯、携带杂物、快步走）或在轻度至中等强度运动的过程中，您是否出现过不正常的疲劳或呼吸短促？

是	否	
❑	❑	您有过头晕或昏厥的问题吗？
❑	❑	当您站起来时，您会感到呼吸困难吗？
❑	❑	您在睡觉时会呼吸困难吗？
❑	❑	您的脚踝肿胀（脚踝水肿）吗？
❑	❑	您是否有过不正常的心跳过速或心悸？
❑	❑	您是否有过在走路时感到腿部剧烈疼痛？
❑	❑	您是否曾被医生告知有心脏杂音？

慢性病风险因素

您知道自己的血压吗？❑＝是：_____／_____ 收缩压/舒张压 ❑＝否

您知道自己的胆固醇水平吗？❑＝是：____总胆固醇；HDL；LDL ❑＝否

您知道自己的空腹血糖水平吗？❑＝是：_____毫克/分升 ❑＝否

请选中相应的方框。

是	否	
❑	❑	您是45岁以上的男性或55岁以上的女性吗？
❑	❑	如果您是女性，您是否绝经期过早并且没有采用雌激素替代疗法？
❑	❑	您的父亲或兄弟在55岁之前是否患有心脏病或突然死于心脏病？
❑	❑	您的母亲或姐妹在65岁之前是否患有心脏病或突然死于心脏病？
❑	❑	您的家中有人在40岁之前死亡（不包括意外死亡）吗？
❑	❑	您现在吸烟吗？
❑	❑	是否有医生告诉过您，您有高血压（血压超过130/80毫米汞柱）？
❑	❑	您是否正在服用药物来控制高血压？
❑	❑	是否有医生告诉过您，您的胆固醇过高？
❑	❑	您的血清胆固醇是否超过200毫克/分升？
❑	❑	您有糖尿病吗？
❑	❑	您是否没有参与过体育活动或久坐不动（即您在工作或闲暇时间很少进行体育活动）？
❑	❑	在过去的一年中，您是否有过可能影响您健康的心理负担、紧张和压力？
❑	❑	您是否每天都吃高脂肪和高胆固醇的食物（例如，肥肉、奶酪、油炸食品、黄油、全脂牛奶、鸡蛋）？
❑	❑	您是否不喜欢纤维素含量高的食物（例如，全麦面包和谷物、新鲜水果、蔬菜）？
❑	❑	您的体重是否比理想体重重14千克？
❑	❑	您平均一天要喝两杯以上的酒精饮料吗？

医疗史

请选中您或您家人曾经或现在患有的所有疾病。

您　　您的家人

❑　　❑　　冠心病、心脏病、冠状动脉粥样硬化

❑　　❑　　心绞痛

❑　　❑　　外周血管疾病

❑　　❑　　静脉炎或栓塞

❑　　❑　　其他心脏问题（具体说明：_____）

❑　　❑　　肺癌

❑　　❑　　乳腺癌

❑　　❑　　前列腺癌

❑　　❑　　结直肠癌（肠癌）

❑　　❑　　皮肤癌

❑　　❑　　其他癌症（具体说明：_____）

❑　　❑　　中风

❑　　❑　　慢性阻塞性肺病（例如，肺气肿）

❑　　❑　　肺炎

❑　　❑　　哮喘

❑　　❑　　支气管炎

❑　　❑　　糖尿病

❑　　❑　　甲状腺问题

❑　　❑　　肾脏疾病

❑　　❑　　肝脏疾病（肝硬化）

❑　　❑　　肝炎（A、B、C、D或E型肝炎）

❑　　❑　　胆结石或胆囊疾病

❑　　❑　　骨质疏松

❑　　❑　　关节炎

❑　　❑　　痛风

❑　　❑　　缺血性贫血

❑　　❑　　骨折

❑　　❑　　脚、腿、膝、髋或肩受过重大伤害

❑　　❑　　背部或颈部受过重大伤害

❑　　❑　　胃溃疡或十二指肠溃疡

❑　　❑　　直肠增生或出血

您	您的家人	
❏	❏	白内障
❏	❏	青光眼
❏	❏	听力损伤
❏	❏	抑郁
❏	❏	高度焦虑、恐惧症
❏	❏	物质滥用问题（例如，酒精、药物）
❏	❏	饮食失调（厌食症、贪食症）
❏	❏	月经问题
❏	❏	子宫切除
❏	❏	睡眠问题
❏	❏	过敏
❏	❏	艾滋病
❏	❏	任何其他问题（请做具体说明，包括最近的疾病、住院或外科手术的信息）

_____

_____

药物

请选中您目前定期服用的药物，并提供药物的名称。

药物	药物的名称	
❏	心脏病药物	_____
❏	血压药物	_____
❏	血胆固醇药物	_____
❏	激素	_____
❏	避孕药	_____
❏	用于呼吸或肺部问题的药物	_____
❏	胰岛素	_____
❏	其他糖尿病药物	_____
❏	关节炎药物	_____
❏	抑郁症的药物	_____
❏	焦虑症的药物	_____
❏	甲状腺药物	_____
❏	溃疡的药物	_____
❏	止痛药	_____

❑	过敏药	_____
❑	艾滋病药物	_____
❑	肝炎药物	_____
❑	其他（请具体说明）	_____

体能、体育活动和锻炼

一般而言，与其他同龄人相比，请评价您的体能：

1	2	3	4	5	6	7	8	9	10
❑	❑	❑	❑	❑	❑	❑	❑	❑	❑

非常差　　　　　　　　　　　　还可以　　　　　　　　　　　　非常好

工作之余您参加至少20分钟以上的且会适度增加呼吸频率和心率，并导致出汗的运动（例如，快步走、骑自行车、游泳、有氧舞蹈、爬楼梯、划船、篮球、壁球、庭院劳动的粗重活）的频率是?

❑ 每周5次或以上　　　　❑ 每周3~4次　　　　❑ 每周1~2次

❑ 每周不到1次　　　　　❑ 很少或从不

您的工作需要进行多少艰苦的体力劳动?

❑ 大量　　　　　　　　❑ 适量　　　　　　　❑ 一点点　　　❑ 无

您定期锻炼或运动了多长时间?

❑ 不经常锻炼　　　　　❑ 不到1年　　　　　❑ 1~2年

❑ 2~5年　　　　　　　❑ 5~10年　　　　　❑ 超过10年

饮食

平均而言，您每天吃多少份水果?

（1份=1个中等大小的苹果、香蕉、橙；1/2杯切碎的、煮熟的或罐装的水果；3/4杯果汁）

❑ 无　　　　　❑ 1　　　　　❑ 2　　　　　❑ 3　　　　　❑ 4份或更多

平均而言，您每天吃多少份蔬菜?

（1份=1/2杯熟的或切碎的生蔬菜；1杯生的蔬菜叶；3/4杯蔬菜汁）

❑ 无　　　　　❑ 1　　　　　❑ 2　　　　　❑ 3　　　　　❑ 4份或更多

平均而言，您每天吃多少份面包、麦片、米饭或面食?

❑ 无　　　　　❑ 1~3　　　　❑ 4~6　　　　❑ 7~9　　　　❑ 10份或更多

当您吃谷物和谷类食品时，以下哪类吃得最多?

❑ 全谷物，高纤维　　　　❑ 全谷物和精制品的混合物　　　❑ 精制，低纤维

平均而言，您每天吃多少份鱼肉、家禽肉、瘦肉、熟的干豆、花生酱或坚果?

［1份=2~3盎司肉；1/2杯煮熟的干豆；2汤匙花生酱；1/3杯坚果］

❑ 无　　　　　❑ 1　　　　　❑ 2　　　　　❑ 3　　　　　❑ 4份或更多

平均而言，您每天吃多少份乳制品？

（1份=1杯牛奶或酸奶；1.5盎司天然奶酪；2盎司加工奶酪）

❑ 无　　　　❑ 1　　　　❑ 2　　　　❑ 3　　　　❑ 4份或更多

当您食用乳制品时，以下哪类吃得最多？

❑ 普通　　❑ 低脂　　❑ 脱脂

您如何描述您摄入的脂肪和油的量（例如，常规沙拉酱、黄油或人造黄油、蛋黄酱、植物油）？

❑ 多　　　　❑ 适量　　　　❑ 少

体重

您的身高是多少（不穿鞋子）？_____英尺_____英寸

您的体重是多少（穿最少的衣服，不穿鞋子）？_____磅

您曾经达到的最大体重是多少？_____磅

您目前正在尝试达到以下哪一项目标？

❑ 减重　　❑ 增重　　❑ 保持　　❑ 没有尝试任何目标

心理健康

您过去一个月的总体感觉怎么样？

❑ 精神状态好极了　　　　❑ 精神状态非常好　　　　❑ 精神状态良好

❑ 精神状态有很多起伏　　❑ 精神状态不好　　　　❑ 精神状态非常差

在过去的一个月里，您认为自己经历了什么程度的压力？

❑ 很大　　　❑ 中等　　　❑ 相对小　　　❑ 几乎没有

在过去的一年里，压力对您的健康有多大影响？

❑ 很大　　　❑ 一点　　　❑ 几乎没有

平均而言，您一天可以睡多少小时？

❑ 不到5小时　　❑ 5~6小时　　❑ 7~9小时　　❑ 超过9小时

物质使用

您一生中至少吸过100支香烟吗？　❑ 是　❑ 否

您如何描述自己的吸烟习惯？

❑ 从不吸烟

❑ 曾经吸烟——您吸烟多少年了？_____年

❑ 目前吸烟——您平均每天吸多少支香烟？_____支香烟/天

您喝多少酒精饮料？

（1杯酒=1杯葡萄酒、1杯冰镇果酒饮料、1瓶或1罐啤酒、1小杯烈酒或1杯混合饮料）

❑ 从来不喝酒　　❑ 每周少于1杯酒　　❑ 每周1~6杯酒

❑ 每天1杯酒　　❑ 每天2~3杯酒　　❑ 每天超过3杯酒

职业健康

请介绍您的主要工作职责：_____

_____

_____

在一天的工作结束之后，您经常会有持续超过3小时的疼痛或僵硬吗？

❑ 总是　　　　❑ 大部分时间　　　　❑ 有时　　　　❑ 很少或从不

您的工作是否需要经常重复推拉动作，或在弯身或转身时拿起重物，导致背部疼痛？

❑ 总是　　　　❑ 大部分时间　　　　❑ 有时　　　　❑ 很少或从不

我在此声明，就我所知，我对前述问题的答案是完整和准确的。

_____　　_____　　_____
受访者的姓名（打印）　　　　受访者签名　　　　　　　　日期（月/日/年）

_____　　_____　　_____
父母或监护人的姓名（打印）　　父母或监护人签名　　　　日期（月/日/年）

_____　　_____　　_____
证人的姓名（打印）　　　　　　证人签名　　　　　　　　日期（月/日/年）

表单2.5
疾病体征和症状清单

说明： 询问测试对象是否有以下任何一种疾病和风险因素。如果有，请在其进行任何运动测试或参加体育运动之前，将其转介给医生，以获取体检合格证明。

_____ _____ _____
姓　　　　　　　　　　　名　　　　　　　　　中间名首字母

心血管

是	否	疾病	备注
❑	❑	骨折	_____
❑	❑	高血压	_____
❑	❑	高胆固醇血症	_____
❑	❑	心脏杂音	_____
❑	❑	心肌梗死	_____
❑	❑	昏厥/眩晕	_____
❑	❑	跛行	_____
❑	❑	胸痛	_____
❑	❑	心悸	_____
❑	❑	局部缺血	_____
❑	❑	心动过速	_____
❑	❑	脚踝肿胀	_____
❑	❑	中风	_____

肺部

❑	❑	哮喘	_____
❑	❑	支气管炎	_____
❑	❑	肺气肿	_____
❑	❑	夜间呼吸困难	_____
❑	❑	咯血	_____
❑	❑	运动诱发的哮喘	_____
❑	❑	轻度运动期间或之后气喘	_____

代谢

是	否	疾病	备注
❏	❏	糖尿病	_____
❏	❏	肥胖	_____
❏	❏	葡萄糖不耐受	_____
❏	❏	麦卡德尔综合征	_____
❏	❏	低血糖	_____
❏	❏	甲状腺疾病	_____
❏	❏	肝硬化	_____

肌肉骨骼

是	否	疾病	备注
❏	❏	骨质疏松	_____
❏	❏	骨性关节炎	_____
❏	❏	下背部疼痛	_____
❏	❏	假肢	_____
❏	❏	肌肉萎缩	_____
❏	❏	关节肿胀	_____
❏	❏	骨痛	_____
❏	❏	人造关节	_____

风险因素

具有以下因素中的两种或以上的个人应该咨询医生，以获取参加运动测试的体检合格证明。

❏ ❏ 45岁以上的男性 _____

❏ ❏ 55岁以上或已行子宫切除术或绝经后的女性 _____

❏ ❏ 吸烟或在过去6个月内戒烟 _____

❏ ❏ 血压高于130/80毫米汞柱 _____

❏ ❏ 不知道血压 _____

❏ ❏ 血胆固醇高于200毫克/分升 _____

❏ ❏ 不知道血胆固醇 _____

❏ ❏ 近亲在55岁（父亲或兄弟）或65岁（母亲或姐妹）之前曾有心脏病 _____

❏ ❏ 缺乏运动（没有每周超过4天参加超过30分钟的体育活动） _____

❏ ❏ 超重9千克以上 _____

[From G. Haff and C. Dumke, 2019, *Laboratory manual for exercise physiology*, 2nd ed. (Champaign, IL: Human Kinetics). Adapted, by permission, from V. Heyward and A.L. Gibson, 2014, *Advanced fitness assessment and exercise prescription*, 7th ed. (Champaign, IL: Human Kinetics), 368–369.]

表单2.6

冠心病的风险因素

风险因素	判据	是	否	分数
	正风险因素			
年龄	男性≥45岁；女性≥55岁	❏	❏	
家族史	父亲或男性一级亲属（兄弟或儿子）在55岁之前，母亲或女性一级亲属（姐妹或女儿）65岁之前有心肌梗死、接受过冠状动脉重建手术或猝死	❏	❏	
吸烟	目前吸烟、过去6个月内戒烟或接触烟雾环境	❏	❏	
高血压	在两次单独的测量中，收缩压≥140毫米汞柱或舒张压≥90毫米汞柱，或使用抗高血压药物	❏	❏	
血脂异常	总胆固醇≥200毫克/分升，高密度脂蛋白胆固醇<40毫克/分升，低密度脂蛋白胆固醇≥130毫克/分升，或正在服用降脂药物	❏	❏	
空腹血糖异常	在两次单独的测量中，空腹血糖≥100毫克/分升但<126毫克/分升，或2小时口服葡萄糖耐量试验值≥140毫克/分升但<200毫克/分升	❏	❏	
肥胖	BMI≥30千克/平方米或男性腰围>102厘米或女性腰围>88厘米	❏	❏	
缺乏运动	没有参加常规锻炼计划或未达到美国公共卫生部报告的最低体育活动建议[在一周的大多数日子里进行过30分钟或更长时间的中度（$\dot{V}O_2R$ 40%~60%）运动至少3个月]	❏	❏	
正风险因素总分 =				
	负风险因素			
高HDL-C	血清高密度脂蛋白胆固醇≥60毫克/分升	❏	❏	
负风险因素总分 =				
风险因素总分 =				

如果测试对象具有正风险因素，则加1分。如果其高密度脂蛋白胆固醇升高，则从正风险因素总分中减去1分。

[From G. Haff and C. Dumke, 2019, *Laboratory manual for exercise physiology*, 2nd ed. (Champaign, IL: Human Kinetics). Adapted, by permission, from American College of Sports Medicine 2010.]

表单2.7

理想生活方式清单

说明： 除非另有说明，否则请在与您过去一个月的行为或情况最符合的选项后的方框里画一个×。表单末尾提供了对问题和评分的解释。

家人和朋友	我有人可以谈谈对我很重要的事情	几乎从不	极少	有时	相当频繁	几乎总是
	我给予并接受关爱	几乎从不	极少	有时	相当频繁	几乎总是
体育活动	我每天至少做高强度运动30分钟（如跑步、骑自行车）	每周不到1次	每周1~2次	每周3次	每周4次	每周5次或以上
	我会进行中等强度的运动（如园艺、爬楼梯、散步、做家务）	每周不到1次	每周1~2次	每周3次	每周4次	每周5次或以上
营养	我的饮食均衡（见解释）	几乎从不	极少	有时	相当频繁	几乎总是
	我经常吃过多的糖、盐、动物脂肪或垃圾食品	四项皆有	其中3项	其中两项	其中一项	无
	我在健康体重的_____之内	超过8千克	8千克	6千克	4千克	2千克
烟草和有毒物质	我吸烟	每周超过10次	每周1~10次	在过去的6个月里没有	在过去的一年里没有	在过去的5年里没有
	我过度使用处方药或非处方药	几乎每天	相当频繁	只是偶尔	几乎从不	从不
	我喝含咖啡因的咖啡、茶或可乐	每天超过10杯	每天7~10杯	每天3~6杯	每天1~2杯	从不
酒精	我每周的平均酒精摄入量是_____（见解释）	超过20杯	13~20杯	11~12杯	8~10杯	0~7杯
	我喝酒超过4杯的时间	几乎每天	相当频繁	只是偶尔	几乎从不	从不
	我喝酒后开车	有时	—			从不

睡眠、安全带使用、压力和安全性行为	我睡得很好，感觉精力充沛	几乎从不	极少	有时	相当频繁	几乎总是
	我会系安全带	从不	极少	有时	大部分时间	总是
	我能够应付生活中的压力	几乎从不	极少	有时	相当频繁	几乎总是
	我会放松，享受休闲时光	几乎从不	极少	有时	相当频繁	几乎总是
	我有安全的性行为（见解释）	几乎从不	极少	有时	相当频繁	总是
行为类型	我好像很匆忙	几乎总是	相当频繁	有时	极少	几乎从不
	我感到愤怒或充满敌意	几乎总是	相当频繁	有时	极少	几乎从不
观点	我的思想积极或乐观	几乎从不	极少	有时	相当频繁	几乎总是
	我感到紧张或焦虑	几乎总是	相当频繁	有时	极少	几乎从不
	我感到难过或沮丧	几乎总是	相当频繁	有时	极少	几乎从不
事业	我对自己的工作或角色感到满意	几乎从不	极少	有时	相当频繁	几乎总是
测试得分						
步骤1	每列中的X总数	—	—	—	—	—
步骤2	将总数乘以所示的数字（在方框中写下您的答案）	×0	×1	×2	×3	×4
步骤3	在最后一行中将各项分数相加，得出总分	— +	— +	— +	—	
	总分					=

饮食均衡

根据Canada's Food Guide（适用于4岁及以上的人），不同的人需要的食物量不同。每天从4个食物组和其他食物中获得的食物量取决于个人的年龄、体形、活动水平、性别，以及是否怀孕或进行母乳喂养。这就是为什么Canada's Food Guide针对每个食物组提供不一样的量。例如，幼儿可以选择较少的份数，而男性青少年可以选择较多的份数。其他大多数人可以选择介于两者之间的份数。

粮食产品	蔬菜和水果	乳制品	肉类和替代品	其他食物
经常选择全谷物和浓缩产品	经常选择深绿色和橙色的蔬菜	经常选择低脂乳制品	经常选择瘦肉、家禽和鱼，以及干豌豆、豆类和扁豆	美味和享受也可以来自不属于这4个食物组的其他食物和饮料。其中一些食物和饮料的脂肪或热量较高，因此请适量食用这些食物
建议的每日份量				
5~12	5~10	4~9岁儿童：2~3 10~16岁青少年：3~4 成人：2~4 怀孕和哺乳期女性：3~4	2~3	

酒精摄入量

1杯等于	含量	英制	公制	美制
1瓶啤酒	5%	12盎司	340.8毫升	10盎司
1杯葡萄酒	12%	5盎司	142毫升	4.5盎司
1杯烈酒	40%	1.5盎司	42.6毫升	1.25盎司

安全性行为

指使用各种方法避免感染或受孕。

分数的含义

85~100	70~84	55~69	35~54	0~34
优秀	非常好	良好	一般	需要改进

总分低并不意味着您的失败。改变生活方式的机会总是会有的。查看自己得分为0或1的部分，并确定首先想处理哪些部分。

提示

1. 不要试图一次改变所有部分，这会让自己觉得压力太大。

2. 写下您被建议的改变的问题和您的总体目标，这将帮助您取得成功。

3. 朝着总体目标逐步一点点地改变。

4. 寻求朋友的帮助，让他们和您一起改变，或获得他们的支持。

5. 祝贺自己完成每一步，给自己适当的奖励。

6. 有关以上各部分的更多信息，请咨询您的私人训练员、教练、家庭医生、护士或卫生部门。

［From G. Haff and C. Dumke, 2019, *Laboratory manual for exercise physiology*, 2nd ed. (Champaign, IL: Human Kinetics).Adapted from D. Wilson, 1998, *Fantastic lifestyle assessment.* ］

表单2.8

男性的弗明汉风险方程式表

（步骤1~6总分）

步骤1

年龄		
岁数	LDL分数	胆固醇分数
30~34	−9	[−9]
35~39	−4	[−4]
40~44	0	[0]
45~49	3	[3]
50~54	6	[6]
55~59	7	[7]
60~64	8	[8]
65~69	8	[8]
70~74	8	[8]

步骤7

分数累加
年龄
LDL-C
HDL-C
血压
糖尿病
吸烟者
总分

（从总分确定冠心病风险）

步骤8

冠心病风险			
LDL分数	10年内患冠心病的风险	胆固醇总分	10年内患冠心病的风险
<−3	1%		
−2	2%		
−1	2%	[<−1]	[2%]
0	3%	[0]	[3%]
1	4%	[1]	[3%]
2	4%	[2]	[4%]
3	6%	[3]	[5%]
4	7%	[4]	[7%]
5	9%	[5]	[8%]
6	11%	[6]	[10%]
7	14%	[7]	[13%]
8	18%	[8]	[16%]
9	22%	[9]	[20%]
10	27%	[10]	[25%]
11	33%	[11]	[31%]
12	40%	[12]	[37%]
13	47%	[13]	[45%]
14	≥56%	[≥14]	[≥53%]

步骤2

LDL-C		
（毫克/分升）	（毫摩尔/升）	LDL分数
<100	<2.59	−3
100~129	2.60~3.36	0
130~159	3.37~4.14	0
160~189	4.15~4.92	1
≥190	≥4.92	2

胆固醇		
（毫克/分升）	（毫摩尔/升）	胆固醇分数
<160	<4.14	[−3]
160~199	4.15~5.17	[0]
200~239	5.18~6.21	[1]
240~279	6.22~7.24	[2]
≥280	≥7.25	[3]

步骤5

糖尿病		
	LDL分数	胆固醇分数
否	0	[0]
是	2	[2]

步骤6

吸烟者		
	LDL分数	胆固醇分数
否	0	[0]
是	2	[2]

步骤3

HDL-C			
（毫克/分升）	（毫摩尔/升）	LDL分数	胆固醇分数
<35	<0.90	2	[2]
35~44	0.91~1.16	1	[1]
45~49	1.17~1.29	0	[0]
50~59	1.30~1.55	0	[0]
≥60	≥1.56	−1	[−2]

（与普通同龄人比较）

步骤9

相对风险			
年龄（岁）	10年内患冠心病的平均风险	10年内患严重的[a]冠心病的平均风险	10年内患冠心病的低[b]风险
30~34	3%	1%	2%
35~39	5%	4%	3%
40~44	7%	4%	4%
45~49	11%	8%	4%
50~54	14%	10%	6%
55~59	16%	13%	7%
60~64	21%	20%	9%
65~69	25%	22%	11%
70~74	30%	25%	14%

步骤4

血压					
收缩压（毫米汞柱）	舒张压（毫米汞柱）				
	<80	80~84	85~89	90~99	≥100
<120	0[0]分数				
120~129		0[0]分数			
130~139			1[1]分数		
140~159				2[2]分数	
≥160					3[3]分数

图例	
颜色	相对风险
绿	非常低
白	低
黄	中等
玫红	高
红	非常高

a=严重的冠心病事件不包括心绞痛。
b=低风险的计算参数是：相同年龄，最佳血压，LDL-C 100~129毫克/分升或胆固醇160~199毫克/分升，HDL-C 45毫克/分升（男性）或55毫克/分升（女性），不吸烟者，没有糖尿病。

风险评估来自弗明汉心脏研究的经验，该研究的对象来自美国马萨诸塞州。

注意：
当收缩压和舒张压分数估值不同时，请使用较高的分数。

[Reprinted with permission *Circulation*. 1998; 97:1837–1847 ©1998 American Heart Association, Inc.]

表单 2.9

女性的弗明汉风险方程式表

（步骤 1~6 总分）

步骤 1

年龄		
岁数	LDL 分数	胆固醇分数
30~34	-9	[-9]
35~39	-4	[-4]
40~44	0	[0]
45~49	3	[3]
50~54	6	[6]
55~59	7	[7]
60~64	8	[8]
65~69	8	[8]
70~74	8	[8]

步骤 7

分数累加
年龄
LDL-C
HDL-C
血压
糖尿病
吸烟者
总分

（从总分确定冠心病风险）

步骤 8

冠心病风险			
LDL 分数	10 年内患冠心病的风险	胆固醇总分	10 年内患冠心病的风险
≤-2	1%	[≤-2]	[1%]
-1	2%	[-1]	[2%]
0	2%	[0]	[2%]
1	2%	[1]	[2%]
2	3%	[2]	[3%]
3	3%	[3]	[3%]
4	4%	[4]	[4%]
5	5%	[5]	[5%]
6	6%	[6]	[5%]
7	7%	[7]	[6%]
8	8%	[8]	[7%]
9	9%	[9]	[8%]
10	11%	[10]	[10%]
11	13%	[11]	[11%]
12	15%	[12]	[13%]
13	17%	[13]	[15%]
14	20%	[14]	[18%]
15	24%	[15]	[20%]
16	27%	[16]	[24%]
≥17	≥32%	[≥17]	[≥27%]

步骤 2

LDL-C		
（毫克/分升）	（毫摩尔/升）	LDL 分数
<100	<2.59	-2
100~129	2.60~3.36	0
130~159	3.37~4.14	0
160~189	4.15~4.92	2
≥190	≥4.92	2

胆固醇		
（毫克/分升）	（毫摩尔/升）	胆固醇分数
<160	<4.14	[-2]
160~199	4.15~5.17	[0]
200~239	5.18~6.21	[1]
240~279	6.22~7.24	[1]
≥280	≥7.25	[3]

步骤 5

糖尿病		
	LDL 分数	胆固醇分数
否	0	[0]
是	4	[4]

步骤 6

吸烟者		
	LDL 分数	胆固醇分数
否	0	[0]
是	2	[2]

（与普通同龄人比较）

步骤 9

相对风险			
年龄（岁）	10 年内患冠心病的平均风险	10 年内患严重的[a]冠心病的平均风险	10 年内患冠心病的低[b]风险
30~34	<1%	<1%	<1%
35~39	<1%	<1%	1%
40~44	2%	1%	2%
45~49	5%	2%	3%
50~54	8%	3%	5%
55~59	12%	7%	7%
60~64	12%	8%	8%
65~69	13%	8%	8%
70~74	14%	11%	8%

步骤 3

HDL-C			
（毫克/分升）	（毫摩尔/升）	LDL 分数	胆固醇分数
<35	<0.90	5	[5]
35~44	0.91~1.16	2	[2]
45~49	1.17~1.29	1	[1]
50~59	1.30~1.55	0	[0]
≥60	≥1.56	-2	[-3]

步骤 4

血压					
收缩压（毫米汞柱）	舒张压（毫米汞柱）				
	<80	80~84	85~89	90~99	≥100
<120	-3[-3]分数				
120~129		0[0]分数			
130~139			0[0]分数		
140~159				2[2]分数	
≥160					3[3]分数

图例

颜色	相对风险
绿	非常低
白	低
黄	中等
玫红	高
红	非常高

a= 严重的冠心病事件不包括心绞痛。
b= 低风险的计算参数是：相同年龄，最佳血压，LDL-C 100~129毫克/分升或胆固醇 160~199毫克/分升，HDL-C 45毫克/分升（男性）或55毫克/分升（女性），不吸烟者，没有糖尿病。
风险评估来自弗明汉心脏研究的经验，该研究的对象来自美国马萨诸塞州。

注意：
当收缩压和舒张压分数估值不同时，请使用较高的分数。

柔韧性测试

- 定义柔韧性和影响它的因素。
- 区分评估柔韧性的直接方法和间接方法。
- 描述并执行6种常见的坐位体前屈测试方法。
- 了解用于评估肩部柔韧性的抬肩和抓背测试方法。
- 比较个人和团体在实验活动中进行测试的结果与规范性文献中介绍的结果。

定义

柔韧性：一个关节或多个相关关节[3, 35]的活动范围。

测角仪：类似于量角器的装置，包含两条测臂，用于测量关节角度[16]。

测斜仪：基于重力的测角仪，用于测量一个关节的活动范围[16]。

百分等级：用于比较一个对象与其他对象的执行情况的方法，通常在1%~99%[19]。

活动范围（range of motion，ROM）：一个关节可移动的程度[26]。

　　柔韧性通常被定义为一个关节或多个相关关节[35, 37]的**活动范围**，或者肌肉或肌肉群在活动范围内移动的能力[15]。整体柔韧性会受到关节结构[2, 5]、人的年龄和性别[26, 41]、结缔组织的弹性和可塑性[15, 42]以及个体活动水平[26]的影响。

　　球窝关节（如肩、髋）的活动范围最大，并有在所有解剖学平面中移动的能力。第二灵活的关节是椭圆关节（一个卵形的髁刚好放进一个椭圆形的腔），如手腕。它们的活动范围要小一点，主要在矢状面和额状面中移动[26]。滑车关节（如膝、肘）的活动范围最小，这些关节主要在矢状平面中移动。所有关节的活动范围都受到关节的关节面及关节周围的软组织（如肌腱、韧带、筋膜鞘、关节囊和皮肤）的影响[12, 16, 26]。柔韧性包括弹性（即恢复静止长度的能力）和可塑性（即改变软组织长度的能力）。

　　一般来说，年轻人比年长者更柔韧[26, 27]，女性往往比男性更柔韧[26]。柔韧性的性别差异很可能与男性和女性在解剖和结构上的差异有关，也与不同性别人群的身体活动水平差异有关[26]。无论性别如何，柔韧性会在30~70岁时下降20%~30%[10]。这种下降可能是由于一个人在衰老的过程中体育活动逐渐减少[24]。总的来说，不论年龄或性别，运动更积极的人往往柔韧性更好[26]。这种关系突出了设计合理训练计划的重要性，以及人们增加柔韧性和提高整体健康水平的可能性。

靠工具[29]。

直接和间接的活动范围评估

柔韧性作为体能的五大组成部分之一[4, 5]，柔韧性测试通常属于健康测试的一部分。虽然没有任何一个测试可用于评估全身的柔韧性[5]，但是存在各种直接和间接的方法，可以对身体的所有关节进行柔韧性测试[16, 18]。

能直接评估关节活动范围的最常用的工具是测角仪（见图3.1），这是一种类似于量角器的装置，可用于测量关节角度[18]。测角仪由装在量角器上的两条测量臂组成，用于测量关节移动的程度[39]。它易于使用[39]，并且在进行标准化程序时是高度可靠的[8, 29]。它有多种尺寸，可根据被测量的关节选择合适的尺寸[29, 39]。

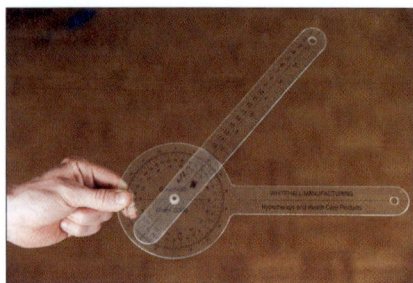

图3.1 测角仪

尽管它很有用，但测角仪可能不是直接评估脊柱运动或复杂运动（如旋后、旋前、内翻和外翻）的最佳工具。对于这些运动，测斜仪（见图3.2）更准确[39]。测斜仪使用重心作为统一起点，并使用加权指针和量角器来确定活动范围[29, 33]。将该装置放好并固定在测试对象身上可能会有点困难，但电子测斜仪和机械测斜仪都是评估活动范围的可

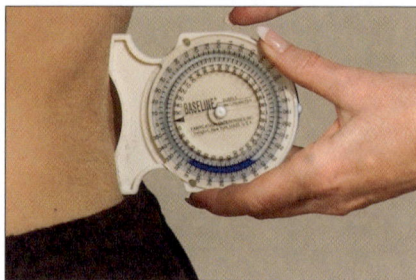

图3.2 测斜仪

当没有能直接评估活动范围的工具时，可以使用间接方法来评估柔韧性[31]。这些方法通常以英寸或厘米为单位来报告结果[18]，并且其可靠性已被认可。最常见的间接评估柔韧性的方法是坐位体前屈测试[36]、抬肩测试[1]和抓背测试[16]。

身体区域

在健康体能测试中，需要评估柔韧性的身体部位通常是背部、腘绳肌和肩部。可以使用多种方法评估这些部位的柔韧性。

背部和腘绳肌柔韧性测试

下背部伸肌和腘绳肌的柔韧性差会导致下背部疼痛[28, 42]，也会让人在对背部和腘绳肌的柔韧性有要求的体育活动中表现不佳[24, 35]。因此，在大多数运动生理学实验室和生理健康管理机构中常常会评估下背部和腘绳肌的柔韧性[7]。该评估可以通过直接或间接方法实现。

在进行仰卧抬腿[13]时，可用测角仪直接测量腘绳肌的柔韧性。该评估程序是评估腘绳肌柔韧性的准则或黄金标准。尽管基于测角仪得出的测试结果具有主观性[2]，但它是

高度可靠的腘绳肌柔韧性评估方法[8]。

无论是评估哪个关节的柔韧性，使用测角仪都很简单[18, 39]。放置测角仪时，将量角器的中心固定在旋转轴上，第一条臂与近端关节段对齐，第二条臂与远端关节段对齐（见图3.3）[39]。第二条臂的移动可以量化远端关节段的活动范围。

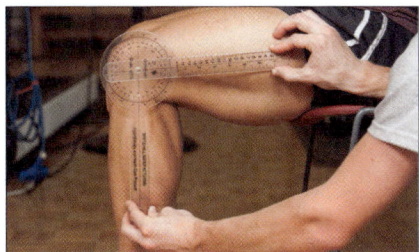

图3.3 用于测量关节活动范围的测角仪的放置方法

最常用的评估腘绳肌和下背部柔韧性的间接测试方法是坐位体前屈测试（见图3.4）[5, 19, 31]。然而，该测试通常被认为并不是评估下背部柔韧性的良好指标，更多人认为它是反映腘绳肌柔韧性的指标[20, 21, 23, 24, 31, 32, 34]。因此，该测试应主要作为腘绳肌（即半腱肌，半膜肌和股二头肌）的柔韧性指标，其次作为下背部（竖脊肌）、臀部（臀大肌和臀中肌）和小腿（腓肠肌）的柔韧性指标[2]。

许多人认为坐位体前屈测试属于现场测试[31]，但它具有在实验室测试中常见的特征[2]。当采用标准化方法时，坐位体前屈测试的可靠性评估范围是0.70~0.98，具体值取决于接受测试的人[20, 21, 31, 30]。从有效性的角度来看，坐位体前屈测试似乎只能有效评估腘绳肌的柔韧性（$r=0.70$~0.76，

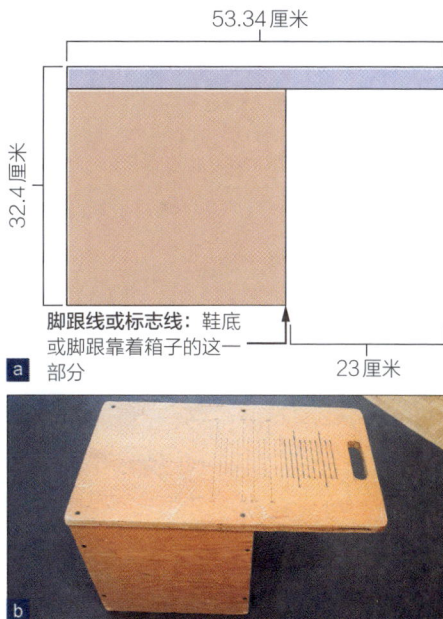

a. 尺寸；b. 坐位体前屈箱示例
图3.4 坐位体前屈箱

$p<0.05$）[31]。

进行坐位体前屈测试时可采用多种形式，包括由美国健康、体育、娱乐和舞蹈联盟首先提出的方法[2, 3, 13]。其变化形式包括YMCA式[2, 5, 35]、加拿大式[2, 22]、墙式[2, 17]、V形坐姿式[2, 11]、护背式[20, 21]和椅式[30]坐位体前屈法。

肩部柔韧性测试

肩部的柔韧性会影响人进行日常生活活动的能力，例如梳头、穿衣服和在汽车里伸手拉安全带[16]。在进行运动项目时，肩部柔韧性不足会限制表现并增加受伤风险[40]。因此，在运动和健身测试中，评估肩部柔韧性是很常见的。两种最常见的肩部柔韧性测试是抬肩测试[1, 19]和抓背测试[16, 36]。

传统、墙式、V形坐姿式和椅式坐位体前屈测试的比较

设备

- 医用秤或等效的电子秤
- 测距仪
- 坐位体前屈箱
- 码尺或米尺
- 椅子
- 个人数据表
- 小组数据表
- Excel或等效的电子表单程序

热身

无论使用哪一种坐位体前屈测试方法，所有测试对象事先都应进行结构化热身，以提高测试的可靠性和有效性。热身应该包括5分钟的一般热身和5分钟的动态拉伸热身[39]。

5分钟的一般热身可以包括慢跑、骑自行车、跳跃、跳绳或做健美操等活动[26]。这些活动的目的是增加心率、血流量、肌肉温度、呼吸频率和排汗量，同时降低关节液的黏度[12, 26]。总的来说，这些反应能让测试对象为接下来进行的更有针对性的热身活动做好准备。

在完成一般热身后，测试对象应进行动态拉伸热身，以达到测试活动所需的活动范围[26]。适合坐位体前屈测试的动态拉伸热身活动包括高抬腿行走、摆腿、躯干旋转、弓步、站姿直腿硬拉和蠕虫爬行等[25]。10分钟热身示例见表3.1，其中包括5分钟的一般热身和5分钟的动态拉伸热身。完成热身后，测试对象可以使用以下方案进行测试。

表3.1 坐位体前屈测试的热身

热身	活动	总时间
一般热身	骑自行车	5分钟
动态拉伸热身	弓步行走 弓步行走加动态旋转 高抬腿行走 摆腿 躯干旋转 深蹲	5分钟

注意:
可以根据可用的器材选择一般热身活动。

传统的坐位体前屈测试

传统的坐位体前屈测试需要一个坐位体前屈箱，在23厘米处标记其标志线或脚跟线（见图3.4）。

步骤1 将坐位体前屈箱靠在墙壁或物体上，以防止它在测试过程中滑动。

步骤2 收集个人数据表中的基本数据（例如，年龄、身高、体重等）。让测试对象穿上鞋子进行热身。

步骤3 让测试对象进行10分钟的热身（参见表3.1中的热身示例）。

步骤4 让测试对象脱掉鞋子并坐在地板上，脚跟和脚掌靠在标志线或脚跟线（23厘米标记处）上，双腿完全伸直，双脚的内侧分开约20厘米（见图3.5a）。

步骤5 将手放在测试对象的膝盖上，以确保其保持双腿完全伸直。

步骤6 指示测试对象伸直双臂，一只手放在另一只手上面，掌心朝下（见图3.5b）。

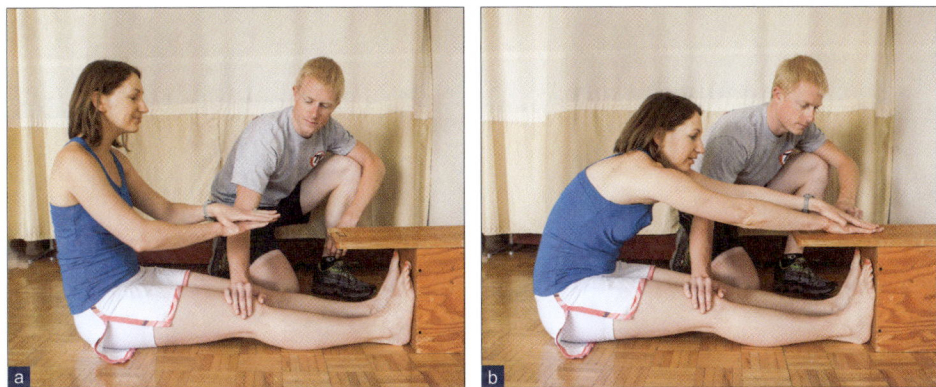

a. 开始；b. 伸展姿势

图3.5 传统的坐位体前屈测试

步骤7 让测试对象向前弯身，并且双手沿着坐位体前屈箱顶部的测量刻度向前伸，应保持该姿势1~2秒。如果测试对象的膝盖弯曲或双手指尖没有对齐，则不计入测试结果，并应重复该过程。在个人数据表上记录测量结果。

步骤8 再重复3次步骤6和7，将第4次测试的结果视为最大拉伸值。

步骤9 将第4次测试的结果记录在个人数据表的相应位置。

步骤10 将第4次测试的结果与表3.2中列出的百分等级或标准数据进行比较，并在个人数据表的相应位置记录测试对象的百分等级。

表3.2　传统坐位体前屈测试的百分等级和标准数据（厘米）

年龄（岁）		20~29		30~39		40~49		50~59		60~69	
性别		男	女	男	女	男	女	男	女	男	女
百分等级	90	39	40	37	39	34	37	35	37	32	34
	80	35	37	34	36	31	33	29	34	27	31
	70	33	35	31	34	27	32	26	32	23	28
	60	30	33	29	32	25	30	24	29	21	27
	50	28	31	26	30	22	28	22	27	19	25
	40	26	29	24	28	20	26	19	26	15	23
	30	23	26	21	25	17	23	15	23	13	21
	20	20	23	18	22	13	21	12	20	11	20
	10	15	19	14	18	9	16	9	16	8	15

注意:

可用于传统式、护背式和V形坐姿式测试。如果其结果落在两个百分等级之间，则取中间值。例如，如果21岁男性测试对象结果达到37厘米，那么他的百分等级是85。

[Source: *Canadian Physical Activity, Fitness & Lifestyle Approach: CSEP-Health & Fitness Program's Appraisal and Counselling Strategy*, 3rd edition, ©2003. Reprinted with permission from the Canadian Society for Exercise Physiology.]

墙式坐位体前屈测试

墙式坐位体前屈测试是一种变式测试，它根据个人情况来设定脚跟线或标志线[17]。具体地说，在确定零点时，测试对象应将臀部、背部和头部靠在墙上。此步骤可校正腿长与躯干长度的比例。

步骤1　收集个人数据表中的基本数据（例如，年龄、身高、体重）。让测试对象穿上鞋子进行热身。

步骤2　指导测试对象进行10分钟的热身（见表3.1）。

步骤3　指示测试对象脱下鞋子，并将臀部、背部和头部靠在墙上。

步骤4　让测试对象伸直双腿，双脚分开20~30厘米。

步骤5　将坐位体前屈箱靠在测试对象的脚跟上。为防止盒子滑动，请用脚或合适的物体撑住它。

步骤6　指示测试对象将一只手放在另一只手上，掌心朝下。

步骤7　指示测试对象尽可能向前伸手，同时保持臀部、背部和头部与墙壁接触，但测试对象的肩膀向前移动也没关系。确定其指尖到达的刻度，并记录最接近的测量值，精确到1.25厘米（见图3.6a）。这称为标志线 或零点。

步骤8　确定零点后，指示测试对象用同一个动作沿着装置向前伸手3次，同时确保其手掌要贴着测量装置（见图3.6b）。在第3次测量时，测试对象应保持姿势2秒。在个人数据表上记录测试结果。

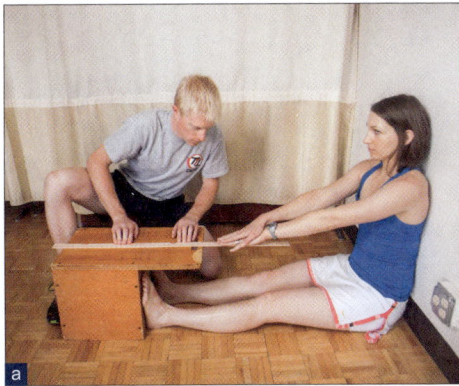

a. 开始；b. 伸展姿势

图3.6 墙式坐位体前屈测试

步骤9 用步骤8中确定的值减去步骤7中记录的测量结果，将计算结果记录在个人数据表中。

步骤10 重复步骤8和9。

步骤11 在个人数据表和小组数据表的相应位置记录两次测试中的最佳结果。

步骤12 将测试结果与表3.3中列出的百分等级和标准数据进行比较，以解释测试结果。在个人数据表中相应方框内记录百分等级。

表3.3 墙式坐位体前屈测试的百分等级和标准数据

年龄（岁）		<35			36~49			>50			
性别		男		女		男		女		男		女	
单位		厘米	英寸	厘米	英寸	厘米	英寸	厘米	英寸	厘米	英寸	厘米	英寸
百分等级	90	45	17.7	45	17.7	41	16.1	44	17.3	38	15.0	38	15.0
	80	43	17.0	42	16.5	37	14.6	41	16.1	34	13.4	36	14.2
	70	40	15.7	41	16.1	35	13.8	39	15.4	31	12.2	35	13.8
	60	38	15.0	40	15.7	34	13.4	37	14.6	29	11.4	31	12.2
	50	37	14.6	38	15.0	32	12.6	34	13.4	26	10.2	28	11.0
	40	34	13.4	37	14.6	29	11.4	33	13.0	25	9.8	26	10.2
	30	33	13.0	35	13.8	27	10.6	31	12.2	24	9.4	23	9.1
	20	29	11.4	32	12.6	25	9.8	28	11.0	22	8.7	21	8.3
	10	23	9.1	26	10.2	21	8.3	25	9.8	20	7.9	19	7.5

注意：

如果测量结果落在百分等级之间，则取中间值。参考线或脚跟线设置为0。

[Adapted form Adams, 1998.]

V形坐姿式坐位体前屈测试

V形坐姿式坐位体前屈测试是传统坐位体前屈测试的另一种改变形式[2, 11]。V形坐姿式坐位体前屈测试不需要坐位体前屈箱，但它要求测试对象将脚跟分开30厘米以形成V形。

步骤1 收集个人数据表中的基本数据（例如，年龄、身高、体重）。让测试对象穿上鞋子进行热身。

步骤2 指导测试对象进行10分钟的热身（见表3.1）。

步骤3 让测试对象脱掉鞋子坐在地板上，并将双腿完全伸直，双脚分开30厘米。

步骤4 在测试对象的两腿之间放一把米尺，使23厘米的刻度与测试对象的脚跟对齐。为防止米尺移动，请将其粘贴到地板上。

步骤5 压住测试对象的膝盖，以确保其双腿在测试过程中不会弯曲。

步骤6 让测试对象将一只手放在另一只手上，掌心朝下，指尖对齐（见图3.7a）。

步骤7 指示测试对象向前倾，并且双手沿着米尺向前伸直至达到完全伸展（见图3.7b），应保持该姿势1~2秒。在个人数据表上记录测试结果。

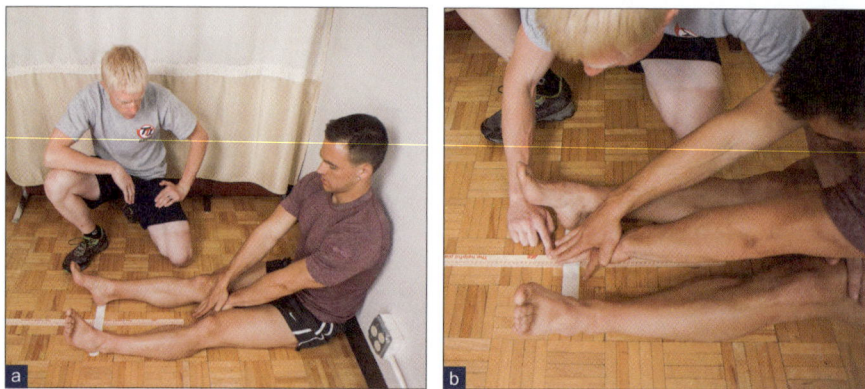

a. 开始；b. 伸展姿势

图3.7 V形坐姿式坐位体前屈测试

步骤8 再重复3次步骤5~7，并将第4次测试结果视为最大拉伸值。将第4次测试结果记录在个人和小组数据表的相应位置。

步骤9 计算4次测试结果的平均值，并将该值记录在个人数据表的相应位置。

步骤10 将测试过程中获得的平均值与传统坐位体前屈测试使用的百分等级和标准数据（见表3.2）进行比较，并在个人数据表的相应位置记录百分等级。

椅式坐位体前屈测试

椅式坐位体前屈测试是一种改版的坐位体前屈测试，旨在让测试对象不必坐在地板上进行测试[29]。此测试需要椅子和米尺（或标尺）。

步骤1 收集个人数据表中的基本数据（例如，年龄、身高、体重）。让测试对象穿上鞋子进行热身。

步骤2 指导测试对象进行10分钟的热身（见表3.1）。

步骤3 让椅子紧靠着墙，以防止椅子在测试过程中翻倒。

步骤4 指示测试对象坐在椅子上，让其躯干和大腿前部转角处的折痕（即腹股沟褶）与椅子的边缘平行。

步骤5 指示测试对象弯曲一条腿，同时将脚平放在地板上。然后，指示测试对象在髋部前方尽可能地伸直另一条腿，脚跟安全地放在地板上。指示测试对象的脚背屈，使其成大约90度。

步骤6 拿着米尺（或标尺），使其平行于测试对象伸直的腿。将米尺一端放在测试对象的脚趾上，另一端拿在手上（见图3.8a）。

步骤7 在测试过程中，指示测试对象呼气并将头部放在双臂之间，同时手向前伸。

步骤8 指示测试对象将双手慢慢地沿着米尺伸向伸直的腿的脚趾。测试对象应尽可能向前伸手，并在最大伸展位置保持姿势1~2秒（见图3.8b）。重要的是，测试对象的双手要保持平行于米尺，且测试对象不用单手伸向更远。

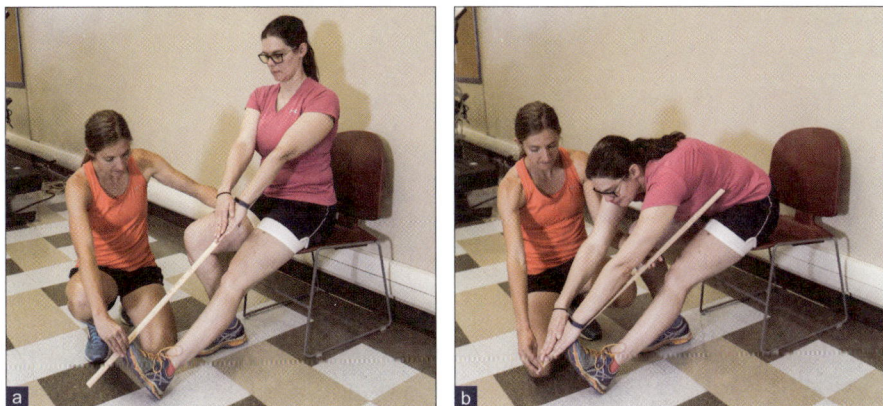

a. 开始；b. 伸展姿势

图3.8 椅式坐位体前屈测试

步骤9 在测试过程中，确保测试对象的膝盖保持伸展并且不弯曲（即在整个测试期间保持180度）。如果测试对象过度伸展或弯曲腿部，则该测试结果应视为无效，并应重复步骤6~8。

步骤10 在个人数据表上记录测试结果，精确到0.1厘米。

步骤11 再重复2次步骤6~10。

步骤12 将最佳测试结果与表3.4中的百分等级和标准数据进行比较（注意该测试适用于年龄>60岁的人群，因此仅与60岁及以后的列进行比较，没有适用于年轻人群的标准数据）。

步骤13 用另一条腿重复步骤4~12。

表3.4 椅式坐位体前屈测试的百分等级和标准数据（厘米）

年龄（岁）		60~64		65~69		70~74		75~79		>80	
评分	百分等级	男	女	男	女	男	女	男	女	男	女
优秀	90	20.4	20.8	16.0	18.8	15.0	17.6	9.9	15.0	7.0	12.1
良好	70	10.7	12.7	7.0	10.9	6.0	10.0	2.1	6.3	1.0	5.9
一般	50	6.5	6.0	2.0	6.0	0.0	4.0	-3.0	3.8	-4.0	0.0
差	30	2.0	3.0	-5.4	1.0	-6.0	0.0	-11.0	0.7	-13.0	-2.0
	10	-2.0	-5.4	-16.0	-4.6	-18.0	-9.0	-19.7	-7.3	-28.0	-13.2

[Adapted from *ESSA's student manual for health, exercise and sport assessment*, adited by J. Coombes and T. Skinner, Flexibility, S. Lark, T. Brancato, and T. Skinner, pg. 182, copyright 2014, with permission from Elsevier.]

问题集3.1

1. 主要有哪些因素会影响柔韧性？

2. 坐位体前屈测试能让我们了解背部和腘绳肌的柔韧性的什么方面？

3. 将您的坐位体前屈测试的结果与标准数据进行比较，比较结果说明了什么？

4. 将班级坐位体前屈数据作为一个整体与标准数据进行比较，这些比较结果说明了什么？

5. 绘制一个柱状图来展示在传统、墙式、V形坐姿式和椅式测试中收集的班级数据的平均值。

6. 取柔韧性最好的男性和女性各5名，使用配对T检验（t-test）来比较性别不同的坐位体前屈测试结果，结果与您预期的结果相比如何？

7. 填写个人数据表中的表单，比较本实验中使用的方法。指出每种测试方法的适用对象，并描述每种测试方法的优缺点。

实验活动3.1

个人数据表

姓名或ID号：_____ 日期：_____

测试人员：_____ 时间：_____

性别：男/女（圈一个） 年龄：_____岁 身高：_____英寸 _____米

体重：_____磅 _____千克 温度：_____华氏度 _____摄氏度

气压：_____毫米汞柱 相对湿度：_____%

坐位体前屈测试结果		第1次	第2次	第3次	第4次	最佳成绩	第4次成绩	平均成绩	标志线/脚跟线（厘米）
传统						——		——	23
墙式				——	——			——	
V形坐姿式						——		——	
椅式	右腿				——				——
	左腿				——				——

个人结果		成绩（厘米）	评分/类别/百分等级
传统			百分等级=
墙式			百分等级=
V形坐姿式			百分等级=
椅式	右腿		百分等级=
	左腿		百分等级=

YMCA式、护背式和测角仪测试的比较

设备

- 医用秤或等效的电子秤
- 测距仪
- 测角仪
- 坐位体前屈箱
- 码尺或米尺
- 胶带
- 个人数据表
- 小组数据表
- Excel或等效的电子表单程序

热身

无论使用哪一种坐位体前屈测试方法，所有测试对象事先都应进行结构化热身，以提高测试的可靠性和有效性。热身应该包括5分钟的一般热身和5分钟的动态拉伸热身[39]。

5分钟的一般热身可以包括慢跑、骑自行车、跳跃、跳绳或做健美操等活动[26]。这些活动的目的是增加心率、血流量、肌肉温度、呼吸频率和排汗量，同时降低关节液的黏度[12, 26]。总的来说，这些反应能让测试对象为接下来进行的更有针对性的热身活动做好准备。

在完成一般热身后，测试对象应进行动态拉伸热身，以达到测试活动所需的活动范围[26]。适合坐位体前屈测试的动态拉伸热身活动包括高抬腿行走、摆腿、躯干旋转、弓步、站姿直腿硬拉和蠕虫爬行等[25]。10分钟热身示例见表3.1，其中包括5分钟的一般热身和5分钟的动态拉伸热身。完成热身后，测试对象可以开始测试过程。

YMCA式坐位体前屈测试

YMCA式坐位体前屈测试类似于传统的测试，但没有使用坐位体前屈箱[5, 14]。在此测试中，使用放在地板上的码尺或米尺，其零点直接指向测试对象。由于不使用坐位体前屈箱，YMCA式坐位体前屈测试与传统测试的结果之间通常会有大约2.5厘米的差异[2]。

步骤1 在地板上放一把码尺或米尺，使其零点朝向测试对象。在尺子的38厘米刻度处贴一条胶带。

步骤2 收集个人数据表中的基本数据（例如，年龄、身高、体重）。让测试对象穿上鞋子。

步骤3 指导测试对象进行10分钟的热身（见表3.1）。

步骤4 指示测试对象脱下鞋子，坐在地板上，将尺子放在测试对象的双腿间。测试对象的双腿应分开25~30厘米并伸直，与胶带线成直角，脚跟应该触及胶带线（见图3.9a）。

步骤5 将手放在测试对象的膝盖上，以确保其双腿保持完全伸直的状态。

步骤6 指示测试对象伸直双臂，将一只手放在另一只手上面，掌心朝下（见图3.9b）。

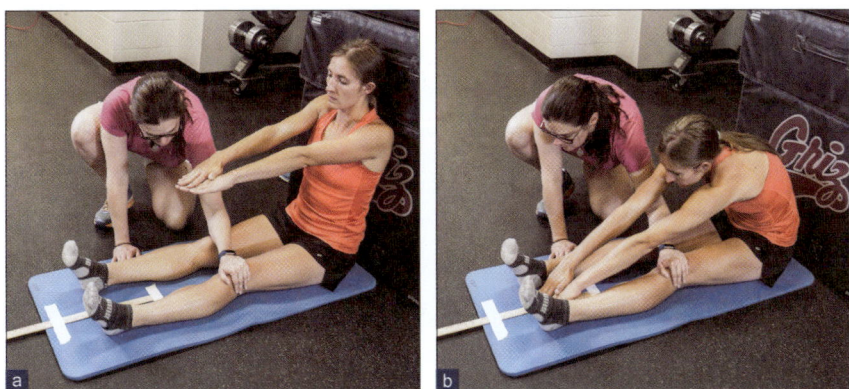

a. 开始；b. 伸展姿势

图3.9 YMCA式坐位体前屈测试

步骤7 让测试对象向前弯身，并且双手沿着尺子向前伸，并保持双手对齐，应保持该姿势1~2秒。测量测试对象双手伸出的距离并在个人数据表上记录测量结果。如果测试对象的膝盖弯曲或双手指尖没有对齐，则不计入测试结果，并且应重复该过程。

步骤8 再重复3次步骤5~7。

步骤9 将4次测试中的最佳成绩记录在个人数据表中，并将该成绩与表3.2中列出的百分等级和标准数据进行比较。在个人数据表的相应位置记录结果。

护背式坐位体前屈测试

护背式坐位体前屈测试是传统坐位体前屈测试的一种变式。它减轻了测试对象双腿伸直向前弯身时的后背压力[2, 9, 11]。护背式测试要求测试对象在向前弯身时一条腿伸直，另一条腿弯曲[2, 11, 21]。即便如此，仍有些测试对象反映弯曲腿的髋关节处出现不适[20, 21]。除了改变了腿部姿势并且每条腿分别测量之外，护背式测试的测试过程类似于传统坐位体前屈测试。

步骤1　将坐位体前屈箱靠在墙壁或物体上，以防止它在测试过程中滑动。

步骤2　收集个人数据表中的基本数据（例如，年龄、身高、体重）。让测试对象穿上鞋子。

步骤3　让测试对象进行10分钟的热身（见表3.1）。

步骤4　指示测试对象脱掉鞋子并坐在地板上，右腿伸直，使脚掌靠着坐位体前屈箱的标志线或脚跟线（23厘米标记处）。测试对象的左腿应弯曲大约90度，左脚的脚掌平放在地板上[21]，距离坐位体前屈箱约5~7.5厘米[2]。

步骤5　让测试对象伸直双臂，一只手在另一只手上面，掌心朝下。

步骤6　为了完成测试，测试对象应向前弯身，同时双手沿着坐位体前屈箱顶部的测量刻度向前伸，应保持该姿势1~2秒。在向前伸展时，测试对象应尽可能地让弯曲的腿向旁边移动，以扩大活动范围。如果测试对象伸直的腿的膝盖弯曲或双手指尖没有对齐，则不计入测试结果，并且应重复该过程。在个人数据表上记录测量结果。

步骤7　用右腿再重复3次步骤4~6。

步骤8　将第4次测试的结果与表3.2中列出的百分等级和标准数据进行比较，并在个人数据表的相应位置记录结果。

步骤9　让测试对象改变姿势，让其左腿伸直，左脚的脚掌靠着坐位体前屈箱的标志线或脚跟线（23厘米标记处）。右腿应弯曲大约90度，右脚的脚掌平放在地板上[21]，距离坐位体前屈箱5~7.5厘米[2]。见图3.10a。

步骤10　让测试对象向前伸直双臂，一只手放在另一只手上面，掌心朝下。见图3.10b。

步骤11　指示测试对象向前弯身，同时双手沿着坐位体前屈箱顶部的测量刻度向前伸，应保持该姿势1~2秒。在向前伸展时，测试对象应尽可能地让弯曲的腿向旁边移动，以扩大活动范围。如果测试对象伸直的腿的膝盖弯曲或双手指尖没有对齐，则不计入测试结果，并且应重复该过程。在个人数据表上记录测量结果。

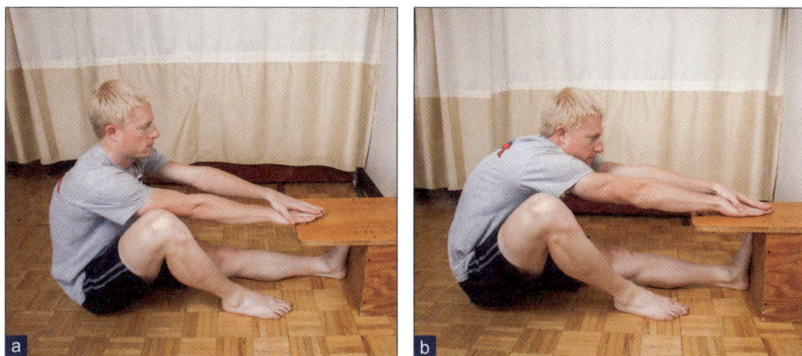

a. 开始；b. 伸展姿势

图3.10 护背式坐位体前屈测试

步骤12 用左腿再重复3次步骤9~11。

步骤13 将第4次测试的结果与表3.2中列出的百分等级和标准数据进行比较，并在个人数据表的相应位置记录结果。

测角仪测试

测角仪测试通常是评估腘绳肌柔韧性的标准测试或黄金标准[21]。它在仰卧抬腿过程中评估腘绳肌柔韧性，并对每条腿分别进行测试[2, 21]。该测试的评分标准是发生最大髋屈曲时达到的最大角度[21]。虽然测试可以由一名测试人员执行，但两名测试人员可能会更好：一人抬起测试对象的腿，另一人使用测角仪测量髋关节屈曲时达到的最大角度[2]。

步骤1 指导测试对象完成10分钟的热身（见表3.1）。

步骤2 收集个人数据表中的基本数据（例如，年龄、身高、体重等）。

步骤3 让测试对象躺在台面上或地板上。

步骤4 将测角器与测试对象右髋的轴对齐。

步骤5 将测角器的固定臂与测试对象的躯干对齐，并将可移动臂与测试对象的右股骨对齐。

步骤6 固定臂和可移动臂分别对齐后，右腿向髋关节屈曲移动，同时确保移动腿的膝盖保持笔直。当测试对象感到紧绷时，此位置就是屈曲的终点。到达此位置时，让测试对象保持该姿势1~2秒，同时测量达到的最大角度（精确到度）。

步骤7 让测试对象右腿返回原来的位置，并将测量结果记录在个人数据表中。

步骤8 将测角器与测试对象左髋的轴对齐（见图3.11a）。

步骤9 将测角器的固定臂与测试对象的躯干对齐，并将可移动臂与测试对象的左股骨对齐。

步骤10 固定臂和可移动臂分别对齐后，左腿向髋关节屈曲移动，同时确保移动腿的膝盖保持笔直。当测试对象感到紧绷时，此位置就是屈曲的终点。到达此位置时，让测试对象保持该姿势1~2秒，同时测量达到的最大角度（精确到度）（见图3.11b）。

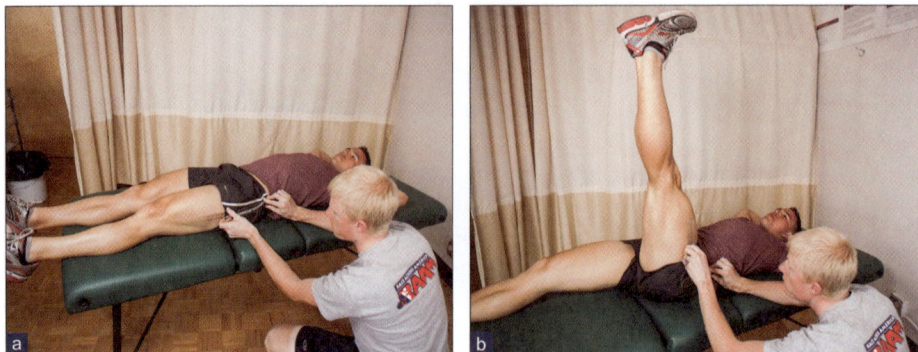

a. 开始；b. 全髋关节屈曲
图3.11 测角仪腘绳肌测试

步骤11 让测试对象的左腿返回原来的位置，并将测量结果记录在个人数据表中。
步骤12 再重复3次步骤3~11。
步骤13 分别计算右腿和左腿的4次测试结果的平均值，并将此信息记录在个人的相应位置。在解释测试结果时，屈曲角度越小表示柔韧性越好。

问题集3.2

1. YMCA式坐位体前屈测试与护背式有何不同？
2. 将您的坐位体前屈测试结果与标准数据进行比较，这些结果说明了什么？
3. 将班级坐位体前屈数据作为一个整体与标准数据进行比较，这些比较结果说明了什么？
4. 绘制一个柱状图来展示您的数据和班级数据的平均值。
5. 取柔韧性最好的男性和女性各5名，使用配对T检验（t–test）来比较性别不同的坐位体前屈测试结果，结果与您预期的结果相比如何？
6. 比较在该实验活动中进行的3项测试的百分等级，结果如何？
7. 填写个人数据表中的表单，比较本实验中使用的方法。指出每种测试方法的适用对象，并描述每种测试方法的优缺点。

实验活动3.2

个人数据表

姓名或ID号：_____ 日期：_____

测试人员：_____ 时间：_____

性别：男/女（圈一个） 年龄：_____ 岁 身高：_____ 英寸 _____ 米

体重：_____ 磅 _____ 千克 温度：_____ 华氏度 _____ 摄氏度

气压：_____ 毫米汞柱 相对湿度：_____ %

坐位体前屈测试结果		第1次	第2次	第3次	第4次	最佳成绩	第4次成绩	标志线/脚跟线（厘米）
YMCA式							——	38
护背式	右腿					——		23
	左腿					——		23

测角仪测试结果		第1次	第2次	第3次	第4次	平均成绩	角度
测角仪	右腿						
	左腿						

测试		成绩（厘米）	评分/类别/百分等级
YMCA式			类别 =
护背式	右腿		百分等级 =
	左腿		百分等级 =
测试		角度	
测角仪	右腿		
	左腿		

加拿大式、传统和护背式坐位体前屈测试的比较

设备

- 医用秤或等效的电子秤
- 测距仪
- 坐位体前屈箱
- 码尺或米尺
- 个人数据表
- Excel或等效的电子表单程序

加拿大式坐位体前屈测试

与传统坐位体前屈测试相比，加拿大式坐位体前屈测试在几个方面与其有所不同[2, 11]：首先，它包括标准化的热身方案，其中包括静态拉伸；其次，测试对象的双脚相距5厘米——明显窄于传统坐位体前屈测试所要求的23厘米；最后，调整了坐位体前屈箱的高度，使米尺或测量装置位于脚趾的高度，并且脚跟线或标志线设定在26厘米处。除此以外，加拿大式坐位体前屈测试的测试过程与传统测试类似。

步骤1　准备测试区域，将坐位体前屈箱靠在墙壁或物体上，以防止它在测试过程中滑动。

步骤2　收集个人数据表中的基本数据（例如，年龄、身高、体重等）。让测试对象穿上鞋子。

步骤3　让测试对象进行10分钟的热身（见表3.1）。

步骤4　指示测试对象脱掉鞋子并进行改版后的跨栏拉伸，一条腿伸直，另一条腿弯曲，让弯曲腿的脚掌靠着伸直的腿。让测试对象保持拉伸姿势20秒，每条腿重复2次。

步骤5　调整坐位体前屈箱，使其位于脚趾的高度，并让测试对象的脚跟靠着位于26厘米处的脚跟线或标志线（见图3.12a）。如果没有可调整的坐位体前屈箱，请在测试对象的脚趾高度放一把米尺，并让脚跟越过米尺的26厘米刻度。

步骤6　指示测试对象将一只手放在另一只手上面，掌心朝下。让测试对象慢慢向前弯身，同时双手沿着米尺移动双手（见图3.12b）。重要的是，测试对象应保持低头并且双手交叠、指尖对齐的姿势。当测试对象无法再向前伸手时，应保持该姿势2秒。如果测试对象的膝盖弯曲或指尖没有对齐，则不计入测试结果，并且应重复该过程。

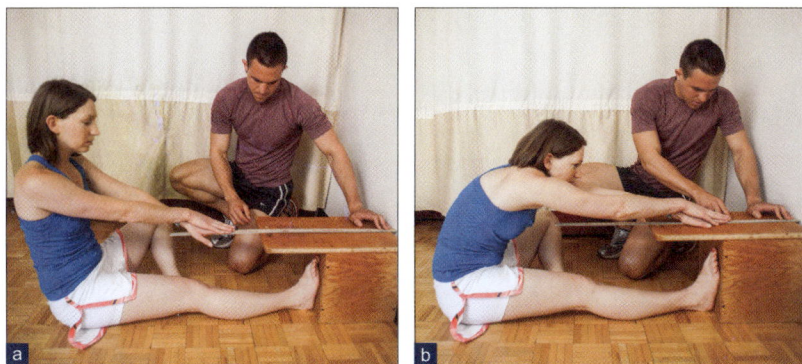

a. 开始；b. 伸展姿势

图3.12 加拿大式坐位体前屈测试

步骤7 读出达到的距离，精确到厘米，并将其记录在个人数据表中。

步骤8 再重复3次步骤4~7，并在测试数据表中记录4次测试中的最佳成绩。

步骤9 通过将测试结果与表3.5中列出的标准数据和百分等级进行比较来解释测试结果。在个人数据表上记录测试对象的百分等级。

表3.5 加拿大式坐位体前屈测试的百分等级和标准数据（厘米）

年龄（岁）		15~19		20~29		30~39		40~49		50~59		60~69	
等级	百分数	男	女	男	女	男	女	男	女	男	女	男	女
高	81~100	38	42	39	40	37	40	34	37	34	38	32	34
高于平均	61~80	34	38	34	37	33	36	29	34	28	33	25	31
平均	41~60	29	34	30	33	28	32	24	30	24	30	20	27
低于平均	21~40	24	29	25	28	23	27	18	25	16	25	15	23
低	1~20	24	29	25	28	23	27	18	25	16	25	15	23

注意：

加拿大式坐位体前屈测试的标志线是26厘米。如果将这些标准数据用于传统坐位体前屈测试，则应从此处提供的标准数据中减去3厘米。

[Source: The Canadian Physical Activity, *Fitness & Lifestyle Approach: CSEP-Health & Fitness Program's Health-Related Appraisal and Counselling Strategy*, 3rd Edition ©2003. Reprinted with permission of the Canadian Society for Exercise Physiology.]

传统坐位体前屈测试

传统坐位体前屈测试需要一个坐位体前屈箱，其标志线或脚跟线应标记在23厘米处（见图3.4）。

步骤1 　将坐位体前屈箱靠在墙壁或物体上，以防止它在测试过程中滑动。

步骤2 　收集个人数据表中的基本数据（例如，年龄、身高、体重等）。让测试对象穿上鞋子。

步骤3 　让测试对象进行10分钟的热身（见表3.1）。

步骤4 　让测试对象脱掉鞋子并坐在地板上，脚跟和脚掌靠在标志线或脚跟线（23厘米标记处）上，双腿完全伸直，双脚分开约20厘米。

步骤5 　将手放在测试对象的膝盖上，以确保其保持双腿完全伸直（见图3.5a）。

步骤6 　指示测试对象伸直双臂，一只手放在另一只手上面，掌心朝下（见图3.5b）。

步骤7 　让测试对象向前弯身，并且双手沿着坐位体前屈箱顶部的测量刻度向前伸，应保持该姿势1~2秒。如果测试对象的膝盖弯曲或双手指尖没有对齐，则不计入测试结果，并应重复该过程。在个人数据表上记录测量结果。

步骤8 　再重复3次步骤6和7。

步骤9 　将第4次测试的结果记录在个人数据表的相应位置。

步骤10 将第4次测试的结果与表3.2中列出的百分等级和标准数据进行比较，并在个人数据表的相应位置记录测试对象的百分等级。

护背式坐位体前屈测试

护背式坐位体前屈测试是传统坐位体前屈测试的一种变式。它减轻了测试对象双腿伸直向前弯身时的后背压力[2, 6, 35]。护背式测试要求测试对象在向前弯身时一条腿伸直，另一条腿弯曲[2, 11, 21]。即便如此，仍有些测试对象反映弯曲腿的髋关节处出现不适[20, 21]。除了改变腿部姿势并且每条腿分别测量之外，护背式测试的测试过程类似于传统坐位体前屈测试。

步骤1 　将坐位体前屈箱靠在墙壁或物体上，以防止它在测试过程中滑动。

步骤2 　收集个人数据表中的基本数据（例如，年龄、身高、体重）。让测试对象穿上鞋子。

步骤3 　让测试对象进行10分钟的热身（见表3.1）。

步骤4 　指导测试对象脱掉鞋子并坐在地板上，右腿伸直，使脚掌靠着坐位体前屈箱的标志线或脚跟线（23厘米标记处）。测试对象的左腿应弯曲大约90度，左脚的脚掌平放在地板上[21]，距离坐位体前屈箱5~7.5厘米[2]。

步骤5 　让测试对象伸直双臂，一只手在另一只手上面，掌心朝下。

步骤6 　为了完成测试，测试对象应向前弯身，同时双手沿着坐位体前屈箱顶部的测量刻度向前伸，应保持该姿势1~2秒。在向前伸展时，测试对象应尽可能地让弯曲的腿向旁边移动，以扩大运动范围。如果测试对象伸直的腿的膝盖弯曲或双手指尖没有对齐，则不计入测试结果，并且应重复该过程。在个人数据表上记录测量结果。

步骤7 用右腿再重复3次步骤4~6。

步骤8 将第4次测试的结果与表3.2中列出的百分等级和标准数据进行比较，并在个人数据表的相应位置记录结果。

步骤9 让测试对象改变姿势，让其左腿伸直，左脚的脚掌靠着坐位体前屈箱的标志线或脚跟线（23厘米标记处）。测试对象的右腿应弯曲大约90度，右脚的脚掌平放在地板上 [21]，距离坐位体前屈箱5~7.5厘米 [2]。见图3.10a。

步骤10 让测试对象伸直双臂，一只手放在另一只手上面，掌心朝下。见图3.10b。

步骤11 指示测试对象向前弯身，同时双手沿着坐位体前屈箱顶部的测量刻度向前伸，应保持该姿势1~2秒。在向前伸展时，测试对象应尽可能地让弯曲的腿向旁边移动，以扩大运动范围。如果测试对象伸直的腿的膝盖弯曲或双手指尖没有对齐，则不计入测试结果，并且应重复该过程。在个人数据表上记录测量结果。

步骤12 用左腿再重复3次步骤9~11。

步骤13 将第4次测试的结果与表3.2中列出的百分等级和标准数据进行比较，并在个人数据表的相应位置记录结果。

问题集3.3

1. 加拿大式坐位体前屈测试与传统测试有何不同？它与可用于评估下半身柔韧性的其他各种测试有何不同？

2. 加拿大式坐位体前屈测试的百分等级与护背式的百分等级有何不同？

3. 将您的坐位体前屈测试结果与标准数据进行比较，这些结果说明了什么？

4. 将班级坐位体前屈测试数据作为一个整体与标准数据进行比较，这些比较结果说明了什么？

5. 绘制一个柱状图，用来展示柔韧性最好的5名男性和柔韧性最差的5名男性的测试结果的平均值和标准差。

6. 绘制一个柱状图，用来展示柔韧性最好的5名女性和柔韧性最差的5名女性的测试结果的平均值和标准差。

7. 填写个人数据表中的表单，比较本实验中使用的方法。指出每种测试方法适用对象，并描述每种测试方法的优缺点。

实验活动3.3

个人数据表

姓名或ID号：_____ 日期：_____

测试人员：_____ 时间：_____

性别：男/女（圈一个） 年龄：_____岁 身高：_____英寸 _____米

体重：_____磅 _____千克 温度：_____华氏度_____摄氏度

气压：_____毫米汞柱 相对湿度：_____%

坐位体前屈测试结果	第1次	第2次	第3次	第4次	最佳成绩	第4次成绩	标志线/脚跟线（厘米）
加拿大式						——	26
传统						——	23
护背式 右腿						——	23
左腿						——	23

个人测试结果	成绩（厘米）	评分/类别/百分等级
加拿大式		百分等级 =
传统		百分等级 =
护背式 右腿		百分等级 =
左腿		百分等级 =

肩部柔韧性测试比较

设备

- 垫子
- 18英寸的尺子
- 两把码尺或米尺
- 个人数据表

热身

让测试对象事先进行结构化热身，以提高测试的可靠性和有效性。热身应该包括5分钟的一般热身和5分钟的动态拉伸热身[38]。

5分钟的一般热身可以包括慢跑、骑自行车、跳跃、跳绳或做健美操等活动[26]。这些活动的目的是增加心率、血流量、肌肉温度、呼吸频率和排汗量，同时降低关节液的黏度[12, 26]。总的来说，这些反应能让测试对象为接下来进行的更有针对性的热身活动做好准备。

在完成一般热身后，测试对象应进行动态拉伸热身，帮助达到测试活动所需的运动范围[26]。适合肩部柔韧性测试的动态拉伸热身活动包括摆臂、手臂画圈、旋肩等[25]。完成热身后，测试对象即可开始测试。

抬肩测试

这是评估肩部和胸部柔韧性的常用测试[1]。

步骤1 准备测试区域，将垫子放在有足够空间进行测试的区域内。

步骤2 收集个人数据表中的基本数据（例如，年龄、身高、体重等）。让测试对象穿上鞋子。

步骤3 指导测试对象进行10分钟的热身，其中包括摆臂和旋肩等动态拉伸活动。

步骤4 让测试对象用双手在身体前方抓住米尺，握住米尺时使用旋前握法（指关节朝前）。确保测试对象在此姿势中手臂保持放松。

步骤5 测量从测试对象的肩峰到米尺顶部的距离，以确定测试对象的臂长（见图3.13a），测量精确到厘米。将结果记录在实验活动3.4的个人数据表中。

步骤6 让测试对象在垫子上呈俯卧位（面朝下趴着），下巴接触地板，双臂举过头，同时握住米尺，采用的握法与步骤4中相同。

步骤7 让测试对象慢慢地抬高米尺至尽可能高的位置，同时保持下巴与地板接触的状态，并让肘部保持伸直。鼓励测试对象在最高位置保持姿势1~2秒。

步骤8　当米尺达到最高位置时，测量地板与米尺之间的距离（见图3.13b）。在个人数据表中记录此测量结果。

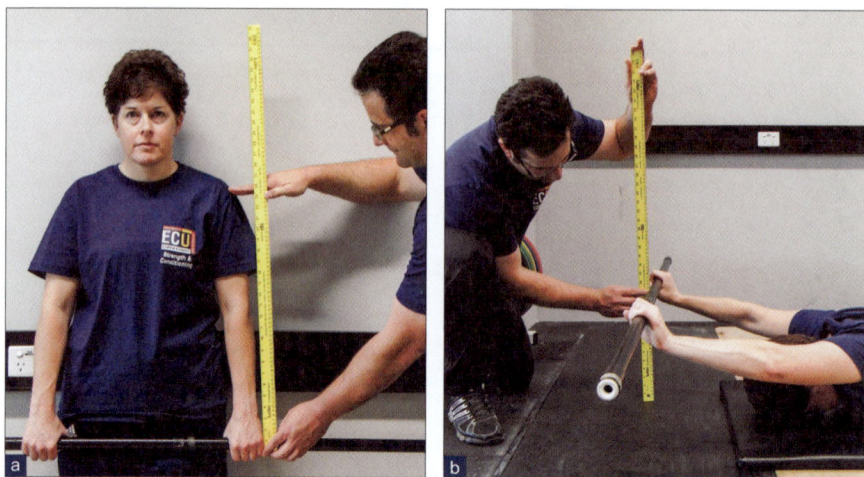

a. 确定臂长；b. 测量抬肩高度

图3.13　肩部伸展测试

[Courtesy of Greg Haff.]

步骤9　再重复2次步骤4~8。

步骤10　完成3次测试后，使用以下公式计算抬肩分数[1, 16]，并将其记录在个人数据表中。

$$抬肩分数 = 抬肩高度（厘米）× 100 / 臂长（厘米）$$

步骤11　将抬肩分数与表3.6中的百分等级和标准数据进行比较，并将结果记录在个人数据表中。

表3.6　抬肩的百分等级和标准数据

	等级	百分数	男		女	
			英寸	厘米	英寸	厘米
百分等级	远高于平均	90	106~123	269~312	105~123	267~312
	高于平均	70	88~105	224~267	86~104	218~264
	平均	50	70~87	178~221	68~85	173~216
	低于平均	30	53~69	135~175	50~67	127~170
	远低于平均	10	35~52	89~132	31~49	79~124

[Adapted from Acevedo 2001; Adapted from B. L. Johnson and J. K. Nelson, 1986, *Practical measurement for evaluation in physical education*, 4th ed. (Minneapolis, MN: Lea & Febiger).]

抓背测试

抓背测试是一种简单的肩部柔韧性测试，几乎不需要任何器材。

步骤1 让测试对象进行10分钟的热身，其中包括摆臂和旋肩等动态拉伸活动。

步骤2 收集个人数据表中的基本数据（例如，年龄、身高、体重）。让测试对象穿上鞋子。

步骤3 在热身之后，让测试对象抬起右臂，弯曲肘部，并尽可能地将手伸向背部，同时将左臂从下方伸至背后。测试对象应该尽力让左右手的手指在背后交叉（见图3.14a）。

步骤4 测量双手重叠或双手之间的缺口的距离，精确到1.3厘米（见图3.14b）。双手重叠获得正分，而双手之间有缺口则获得负分。如果双手手指刚好能相触，则得分为0。将测试结果记录在个人数据表上的相应位置。

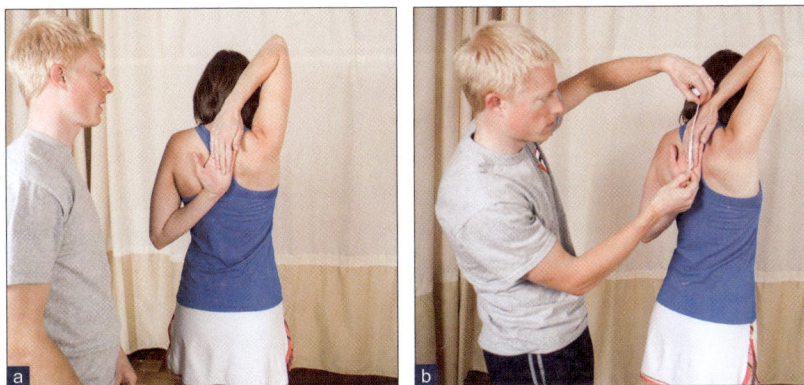

a. 手臂姿势；b. 测量

图3.14 抓背测试

步骤5 再重复2次步骤3和4。

步骤6 让测试对象抬起左臂，弯曲肘部，并尽可能地将手伸向背部，同时将右臂从下方伸向背后。测试对象应该尽力让左右手的手指在背后交叉。

步骤7 测量双手重叠或双手之间的缺口的距离，精确到1.3厘米。双手重叠获得正分，而双手之间有缺口则获得负分。如果双手手指刚好能相触，则得分为0。将测试结果记录在个人数据表上的相应位置。

步骤8 再重复2次步骤6和7。

步骤9 分别计算右臂和左臂测量结果的平均值，并将结果记录在个人数据表中。将每侧手臂测量结果的平均值与表3.7中列出的标准数据进行比较，并将结果记录在个人数据表中。

表3.7　大学生年龄段的抓背测试标准数据

等级	男		女	
	英寸	厘米	英寸	厘米
优秀	≥5	≥12.7	≥5	≥12.7
高于平均	2.0~4.8	5.1~12.2	2.0~4.75	5.1~12.1
平均	0.0~1.8	0.0~4.6	0.0~1.75	0.0~4.6
低于平均	−1.0~−0.25	−2.5~−0.6	−1.0~−0.25	−2.5~−0.6
差	<−1	<−2.5	<−1	<−2.5

[Adapted from Nieman 2003.]

问题集3.4

1. 抓背测试和抬肩测试之间有什么区别?

2. 将抬肩测试和抓背测试的结果与标准数据进行比较,这些结果说明了什么?

3. 将抬肩测试和抓背测试的班级数据作为一个整体与标准数据进行比较,这些结果说明了什么?

4. 绘制柱状图,用来展示抓背测试和抬肩测试的平均值和标准差——每种性别各一个图,还有一个综合图包含两种性别的数据。

5. 取柔韧性最好的男性和女性各5名,使用配对T检验(t-test)来比较不同性别的抬肩测试和抓背测试结果,结果与您预期的结果相比如何?

实验活动 3.4

个人数据表

姓名或ID号: _____ 日期: _____

测试人员: _____ 时间: _____

性别: 男/女（圈一个） 年龄: _____ 岁　身高: _____ 英寸 _____ 米

体重: _____ 磅 _____ 千克　温度: _____ 华氏度 _____ 摄氏度

气压: _____ 毫米汞柱　相对湿度: _____ %

肩部伸展测试

臂长测试: _____ 英寸 _____ 厘米

测试	抬肩得分（厘米）	[抬肩高度（厘米）×100]/臂长	柔韧性等级
1		(_____ ×100)/_____	
2		(_____ ×100)/_____	
3		(_____ ×100)/_____	
最佳		(_____ ×100)/_____	

整体百分等级: _____

抓背测试

	第1次测试（厘米）	第2次测试（厘米）	第3次测试（厘米）	平均（厘米）
右臂				
左臂				
平均				

得分: _____

血压测量

目标

- 理解心动周期中体循环血压波动的概念。
- 定义心动周期、收缩压和舒张压。
- 培养在静息和锻炼期间测量血压的技能。
- 检查血压对身体姿势变化和有氧运动及等长运动的反应。
- 了解高血压各阶段的风险级别和运动测试的禁忌证。

定义

血压（blood pressure，BP）：心动周期期间外周动脉循环中的压力。

心动周期：从一次心跳的起始到下一次心跳的起始心血管经历的过程，包括心脏收缩和心脏舒张。

心输出量（cardiac output，CO）：心脏每分钟产生的血量，单位为升/分。

心脏舒张：心动周期的心室舒张阶段。

舒张压（diastolic blood pressure，DBP）：心脏舒张期间外周大动脉的压力，单位为毫米汞柱。

心率（heart rate，HR）：每分钟心跳次数，单位为次/分。

柯氏音阶段（Korotkoff phases）：随着血流从零流量过渡到湍流再到层流，在血压计中被释放的压力会使通过听诊器可听到因血压计释放压力而导致的声音变化。

血液层流：不会产生通过听诊器可听到的声音的血流，其定义为线流或平行层中的血流，无湍流。

直立性低血压：身体位置改变导致的低血压。

每搏输出量（stroke volume，SV）：每次心跳的血量，单位为毫升/次。

心脏收缩：心室收缩的心动周期阶段。

收缩压（systolic blood pressure，SBP）：心脏收缩期间外周大动脉的压力，单位为毫米汞柱。

血液湍流：能产生通过听诊器可听到的声音的血流，被定义为由压力和速度的变化而产生的湍流。

血管阻力：根据泊肃叶定律（Poiseuille's law）确定的血流阻力。根据该定律，阻力等于血管长度乘以血液黏度除以血管半径的4次方。

血管迷走性晕厥：由于副交感神经（迷走神经）张力增加或交感神经张力因触发因素刺激而减弱，使大脑血压低，从而造成的晕厥。

静脉回流：血液从静脉循环返回心脏的过程。静脉的血压较低，因此容易受到身体位置、肌肉收缩和胸部压力等外部影响。

血压是人体生理学中的基本指标之一，它是反映心脏工作状态的良好指标。它很重要，因此每次去看医生时笔者都会测量血压。它可以定义为当心脏将血液泵送到全身时，由血液施加在血管壁上的压力。以下两个因素会影响血压：输送到血管的血液量和对输送的血液施加的阻力（血管阻力或总外周阻力）。心输出量由心率和每搏输出量决定：$CO = HR \times SV$。运动时的血管阻力很大程度上取决于血管的直径。血管直径小幅减小就会导致血管阻力大幅增加。无论是血管阻力还是心输出量的变化都会导致血压的变化。

血压通常记录为"收缩压/舒张压"。动脉收缩压是心动周期内心室射血峰值或心脏收缩期间的动脉压力最大。舒张压是心动周期内心室松弛或心脏舒张期间的动脉压力最小。这些数据的记录形式通常为SBP/DBP，以毫米汞柱为单位。正常的静息血压是收缩压<120毫米汞柱，舒张压<80毫米汞柱。表4.1和表4.2列出了静息血压的标准数据及其分类。2017年11月，分级规则被修改，将高血压定义为血压≥130/80毫米汞柱，而不是之前定义的血压≥140/90毫米汞柱[1]。高血压定义中的这种微小变化导致46%的人被认为患有高血压，而不是之前的32%。仅在美国，就有超过2 500万人被新认定为高血压患者。新的分类并不一定意味着高血压患者需要更早接受药物干预；相反，它让医生和患者可以通过改变生活方式来更早地解决这一关键风险因素。高血压（见表4.2）可能是导致心血管疾病的风险因素。在临床情况下，它也可能被证明是参加体育活动的禁忌证[2]。因此，这对培养运动专业人员进行血压测量并提高准确性非常重要。

表4.1 活跃的男性和女性的血压百分位数指标

| | 静息血压（收缩压/舒张压，毫米汞柱） | | | | | |
| | 女性 | | | 男性 | | |
等级	20~49	50~59	≥60	20~49	50~59	≥60
非常低（>80%）	<104/70	<110/70	<120/75	<111/75	<116/78	<120/76
低（60%~80%）	106~112/70~75	110~120/70~79	120~128/75~80	112~120/74~80	116~122/78~80	120~130/76~80
平均（40%~60%）	110~120/72~80	120~130/79~82	128~136/80	120~126/80~84	122~130/80~86	130~140/80~84
高（20%~40%）	118~130/78~82	130~140/82~90	136~142/80~88	127~138/84~90	130~140/86~90	140~150/84~90
非常高（<20%）	<130/82	>140/90	>142/88	>138/90	>140/90	>150/90

[Adapted from M. L. Pollock, J. H. Wilmore, and S. M. Fox, 1978, Health and fitness through physical activity (New York, NY: John Wiley and Sons).]

表4.2　18岁或以上成人的血压分级①

等级	SBP（毫米汞柱）[2]	DBP（毫米汞柱）
正常	<120	<80
高	120~129	≥80
第1阶段高血压	130~139	80~89
第2阶段高血压	≥140	≥90

注意:

①这种分级适用于未服用抗高血压药物的非急性病患者，其依据是在两次或多次测试中的两次或多次读数的平均值。

②当收缩压和舒张压读数落入不同类别时，请使用较高的类别。

[Date from Whelton et al., 2017.]

血压受许多因素影响，包括身体位置、水合状态、性别、肌肉动作、精神压力、饮食和疾病（例如，动脉粥样硬化）等。本章将介绍血压对身体位置变化的反应，这通常被称为直立性脱虚。当一个人仰卧时，心脏不需要怎么用力就可以将血液输送到外周，尤其是大脑，因为它不需要对抗重力。此外，人仰卧时心率通常较低，这是静脉回流增强带来的好处，每搏输出量也因此增加。当人从仰卧状态变成站立状态时，由于重力的作用，静脉回流减少，血压下降。这种常见现象通常被称为直立性低血压。很多人有过起身时感觉昏眩或头晕的经历。严重的话，可导致晕厥或血管迷走性晕厥，这在低血压患者中更为常见。颈动脉弓中的压力感受器感知血压降低，并刺激大脑心血管中枢通过增加静脉回流和心脏收缩强度来调节血压。作为这种调节过程的结果，人在起身后的即时血压往往会比仰卧时低（降低10~20毫米汞柱），而稳定站立时的血压则高于仰卧时的血压。

同样，除了身体位置和运动之外，还有许多因素也会影响血压。在测量血压时也可能由于测试对象或患者感受到精神压力而导致其血压升高。这种情况通常被称为白大褂综合征，这种情况在医院或其他医疗环境中可能会加剧。因此，可以通过施加精神压力人为地提高血压测量值。因此，提供轻松的环境，配合其他技巧（例如保持标准化的身体姿势）在测量前休息几分钟，以及让测试对象在测量期间避免双腿交叉或做出不适当的动作，这些对血压测量的准确性而言很关键。

血压对运动的反应

在人从静息状态转到运动状态的过程中，收缩压会迅速上升，然后在达到稳态后稳定下来[3, 6]。次极量运动过程中的典型收缩压范围为140~160毫米汞柱，分级动态运动过程通常会使收缩压逐渐增加；在极量运动状态中，收缩压可高达250毫米汞柱。

图4.1显示了典型的收缩压和舒张压随着运动强度的增加而发生的变化。收缩压的升高反映了心室收缩力增大，以提高来自交感神经刺激的心输出量。在分级运

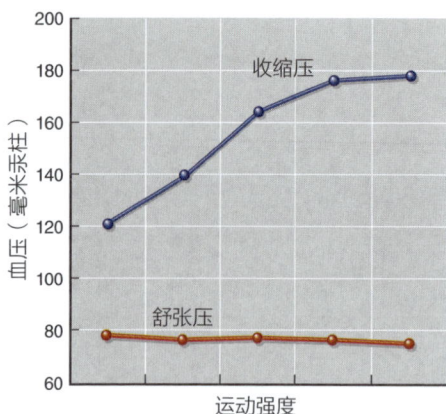

图4.1 收缩压和舒张压随着运动强度的增加而发生的变化

动期间，由于大肌肉群中的血流重新分流到毛细血管，舒张压可能显示无变化或只有轻微的变化[3, 6]。当涉及大肌肉群时，由于大量的血管舒张，可能在接近最大努力时观察到舒张压小幅度（10~20毫米汞柱）降低。

在剧烈运动后，收缩压迅速下降。这种快速下降（低血压）的情况是由于在剧烈运动期间舒张的血管中存储了大量血液，静脉回流因此减少，导致心输出量减少。如果心输出量下降得很严重，那么由于流向大脑的血液不足，人可能会感到头晕。出于这样的原因，建议大家在剧烈运动后要有一段休息的时间，以维持心率和每搏输出量，并让心血管系统可以慢慢进行调整。

在心血管疾病患者中，他们对运动的病理性血压反应包括收缩压未随强度增加而增加，而舒张压则大幅增加或减少，并出现晕厥和脸色苍白或其他血流不佳的迹象[2]。因此，出现以下征兆时应停止运动测试：运动强度增加时收缩压的降幅≥10

毫米汞柱，或收缩压下降至低于相同体位的静息血压；收缩压增加超过250毫米汞柱或舒张压增加超过115毫米汞柱；心率未随运动强度增加而增加；血液流动的迹象不明显[2]或呼吸困难。在等长运动中，甚至是做慢速向心动作时，血压的反应也会有所不同。肌肉连续收缩会阻塞血流，这极大地增加了阻力并且可导致极高的收缩压和舒张压。因此，即使肌肉正在收缩并且需要血流，血管周围的肌肉连续收缩也会明显增加阻力并减少血流量。实际上，已经有数据证明，前臂肌肉以50%的最大强度进行等长收缩时，输送到下游血管床的氧气仅在20秒后就会减少80%[4]。为了解决这种阻塞问题，心脏会增加血压。

准确的血压检查

测量血压是运动生理学中的基本技能，因为它可以很好地反映心脏功能的变化。因此，在为有风险的人开具运动处方这项技能时，就显得非常重要。用听诊器和血压计可以间接地测量血压。血压的间接测量法是指通过监听从听诊器中可听见的肱动脉中的血流声音，亦称柯氏音阶段（有关柯氏音阶段的更多信息，请参阅下文突出显示的方框中的内容）。层流血液在动脉中流动时几乎没有声音，而由于血压计袖带造成的阻塞，湍流血液可以产生多种声音。判断血压的重要依据是这些声音，而不是血压计上的水银或指针的移动。血液能够向袖带施力但不会从袖带的隙缝流过。

虽然左右手臂的血压可能略有不同，但在健康的成年人中，这种差异很小。为

柯氏音阶段

当袖带中的压力大于收缩压时，在远端肱动脉中的血流会被阻塞。随着袖带中的压力缓慢释放，血液被允许流过变宽的隙缝。此时湍流会产生不同的声音，柯氏音阶段分为以下几个阶段。

- 阶段1：收缩压由可以听见的第一次敲击声表示，读取表盘或水银柱，取值精确到1毫米汞柱。
- 阶段2：听到杂音或嗖嗖声。
- 阶段3：声音强度增加。
- 阶段4：注意到一种明显的、突然的声音减弱，尽管在静息时可能听不到这种声音。这是运动时的舒张压。
- 阶段5：在静息时，舒张压的标志是声音消失。记录此时的血压值，取值精确到1毫米汞柱。在运动过程中，您可能一直到读数为0毫米汞柱时都还会听到声音。在这种情况下，将阶段4的值记录为舒张压。

了在本实验中掌握此技能，请使用最方便的手臂。但是，请注意，在临床评估中，对双臂均应进行测量，并将测量的最高纪录当作血压测量值[5]。进行连续测量时，测试对象应使用相同的手臂。手臂上应该尽量不要覆盖有衣物，因为在听诊时，衣服可能使血流声音模糊不清。然而，将袖子卷起或束得太紧也可能会产生类似血压袖带的效果，并因此阻塞部分血流。袖带有不同的尺寸，分别适用于儿童、成人和体形大的成人。袖带上的标志线用来指示袖带的尺寸。气囊应覆盖约80%的手臂，使其在充气时可以有效地阻塞血流。

血压测量可能会受到测试条件和测试对象本身的影响。理想情况下，测试对象在测试前应避免使用兴奋剂，如咖啡因；应穿宽松的衣服，补充足够水分，并在测试前的几个小时内避免剧烈运动。在进行测试时，测试对象不应该交叉双腿，他们应该避免做任何形式的等长肌肉动作，例如双腿用力下压、双脚离地或在背部没有支撑的情况下坐直等。此外，应保持环境中没有刺激，如嘈杂的音乐、噪声、不必要的活动[5]。

身体姿势对血压的影响

设备

- 血压计
- 听诊器
- 秒表
- 个人数据表

在本实验活动中，首先要收集个人数据表中的基本数据（例如，年龄、身高、体重）。

静息血压

步骤1 让测试对象坐在椅子上约3分钟，以达到静息的稳定状态。

步骤2 触诊肱动脉并测量心率（见图4.2a和实验7中的"心率测量"及实验8中的"触诊心率的程序"）。

步骤3 让测试对象保持舒适的坐姿，手臂略微弯曲，手掌朝上，前臂放在与心脏高度几乎水平的支撑位置上。

步骤4 将血压计袖带套在测试对象的手臂上。

步骤5 将袖带的下边缘放在距离测试对象肘窝约12.5厘米处，确保气囊覆盖住了肱动脉。在测量过程中，应该在心脏高度的位置支撑手臂（见图4.2b）。

步骤6 触诊测试对象的肘窝，找到肱动脉，将听诊头的扁平侧轻轻放在肱动脉上（见图4.2c）。对听诊头施加太大的压力会影响动脉中的血流，并引起与袖带压力无关的声音；压力太小则会降低听到柯氏音阶段的能力。确保听诊头平贴在测试对象的皮肤上，并且正确佩戴耳管（朝向前）。

步骤7 将听诊器固定到位，关闭排气阀螺丝（顺时针）并通过橡胶球气泵将血压计袖带充气至200毫米汞柱位置或更高。压力阻塞流向肱动脉的血流，导致脉冲声停止。在静息时，可能只需要充气至180毫米汞柱位置，使其高于收缩压即可（见图4.2c）。

步骤8 松开排气阀螺丝（逆时针），以2~3毫米汞柱/秒的速度缓慢平稳地释放压力。

步骤9 随着压力的释放，柯氏音阶段的声音变得清晰。微弱敲击声的出现是收缩压的标志；此时，请注意血压计表盘读数。在声音逐渐消失之前，这种声音的强度会增加。

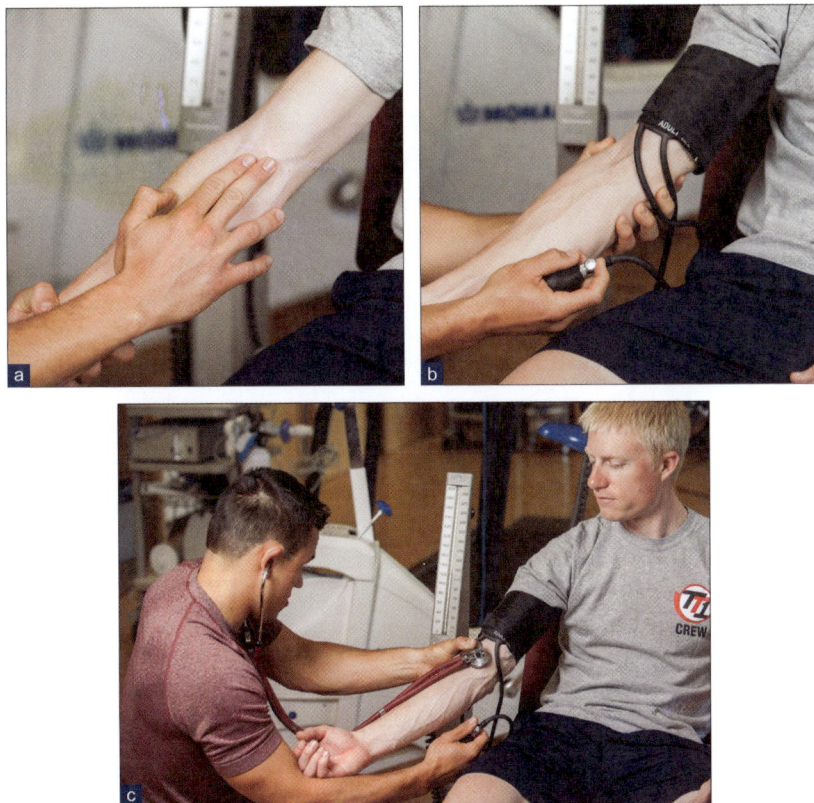

a. 触诊肱动脉；b. 佩戴血压计袖带；c. 测量静息血压

图4.2 测量静息血压

步骤10 当测试对象处于静息状态时，例如坐着或站着，舒张压的标志是肱动脉中声音的消失，这表明血流是层流。在运动过程中，舒张压的标志是脉搏声的突然减弱。在适当的时候记录血压计读数。

步骤11 一旦获得收缩压和舒张压测量值，将所有压力从袖带中释放出来。

步骤12 在个人数据表上记录测量值（心率、收缩压和舒张压）。

步骤13 对相同的测试对象重复步骤1~12，进行第2次数据收集。在进行第2次测量之前至少休息2~3分钟。每个实验室成员都应充当测试对象和血压数据收集者，并应将他们自己的血压测量值填写到个人数据表中。

仰卧和站立时的血压

步骤1　让测试对象佩戴好血压计袖带并保持仰卧姿势约3分钟。

步骤2　约3分钟后，按照测量静息血压的程序，测量并记录测试对象仰卧时的心率和血压。在测量血压时，让测试对象佩戴袖带的手臂保持不动，因为抬起该手臂会影响测量。测试对象应将佩戴袖带的手臂舒适地放在身体旁边，掌心向上，方便找到肘窝。

步骤3　将袖带充气至200毫米汞柱，然后让测试对象站起来。

步骤4　让测试对象站起来，立即测量其心率和血压。

步骤5　让测试对象保持站立至少3分钟。然后再次测量心率和血压。

步骤6　重复步骤1~5，进行第2次数据收集。将数据记录在个人数据表的相应位置。

问题集4.1

1. 准备一张数据表，记录测试对象的姓名、身高和体重，以及在实验活动中收集的坐姿、仰卧和站立时的心率和血压。

2. 您观察到这3种身体姿势所对应的心率和血压有哪些变化？产生这些变化的原因是什么？

3. 当一个人快速站起来并且感到头晕目眩时，在生理上发生了什么变化？

实验活动 4.1

个人数据表

姓名或ID号：_____　　日期：_____

测试人员：_____　　时间：_____

性别：男／女（圈一个）　年龄：_____岁　身高：_____英寸 _____米

体重：_____磅 _____千克　温度：_____华氏度 _____摄氏度

气压：_____毫米汞柱　相对湿度：_____%

试验	心率（次/分）	血压（毫米汞柱）							
		坐姿		仰卧		站立即刻		>2分钟站立	
		收缩压	舒张压	收缩压	舒张压	收缩压	舒张压	收缩压	舒张压
1									
2									
平均值									
标准差									

动态运动对血压的影响

设备

- 血压计
- 自行车测功计
- 听诊器
- 秒表
- 个人数据表

在运动过程中测量心率和血压的技巧

由于增加了背景噪声，测量在运动中的测试对象的心率和血压变得复杂。以下的一些技巧有助于对在自行车测功计上运动的对象进行心率触诊和血压听诊。

- 在测量心率时避免看踏板——踏频可能会干扰计数。
- 在心率计数15秒时，可能要闭上眼睛集中注意力。
- 尽可能控制房间内的噪声——让同伴尽量不要谈话！
- 测量血压时，要注意听诊器和血压计的胶管。膝盖、手臂或测力计的任何碰撞或摩擦都会增加听诊的噪声。
- 控制并支撑测试对象的手臂，以避免其移动和做出不适当的肌肉动作。
- 指示测试对象不要紧紧抓住把手，因为这种等长动作会使血压升高。
- 随着运动强度增加，需要增加初始的袖带压力，以确保袖带压力超过收缩压。在运动强度较低时，200毫米汞柱的压力就足够了；但在运动强度较高的情况下，在释放压力之前可能压力需要达到250毫米汞柱或更高。
- 因为运动期间测试对象的心率会更高，所以释放气压的速度可以更快（速度为5或6毫米汞柱/秒）。
- 继续观察测试对象对规定踏频的依从性，并注意测试对象的症状（例如苍白、呼吸困难等）。

因为学生通常不熟悉在运动过程中测量心率和血压的方法，所以这些实验活动可能无法在3分钟内完成。如果没有测到心率或血压，请再试一次，练习技能更重要。

次极量运动血压

步骤1　收集个人数据表中的基本数据（例如，年龄、身高、体重）。

步骤2　让测试对象舒适地坐在自行车测功计上，当其腿部完全伸展时，膝盖应略微弯曲（5~15度）（见图4.3a）。

步骤3　在测试之前，向测试对象宣读主观用力评分（rating of perceived exertion，RPE）说明（有关RPE的完整讨论，请参见实验7），说明的内容如下。

> 在测试过程中，我们希望您密切关注所感觉到的运动功率的强度。这种感觉应该反映您的运动和疲劳的总量，包括对身体压力、精力和疲劳的感受。不要执着于某一个因素，如腿部疼痛、呼吸短促或运动强度，而要集中精力于您全部的内在疲劳感。尽量不要低估或高估您的发力程度，要尽可能准确地描述您的感受。

步骤4　在连接血压设备之前允许测试对象提问。

步骤5　将血压计袖带套在测试对象方便的手臂上（见图4.3b），并在测试对象坐在自行车测功计上时测量其静息心率和血压（提醒测试对象不要对踏板施加过大的压力或用力握住把手，因为这会让血压升高）。在个人数据表上记录测试对象的静息血压和心率的测量值。计算按年龄预测的最大心率和按年龄预测的最大心率的85%的值。

步骤6　让测试对象以70转/分的速度开始蹬踏。如有必要，使用节拍器帮助其保持恒定的踏频，但这可能会影响自行车的功率，从而影响运动强度（血压是关于运动强度的函数）。在阶段1中，对测功计增加0.5千克的阻力。

步骤7　让测试对象以70转/分的速度蹬踏3分钟，以达到稳定状态。然后测量其心率、血压（使用实验4.1中的步骤测量血压）和自感劳累分级。

步骤8　在阶段2中，将测功计阻力增加至1千克。让测试对象的蹬踏速度继续保持在70转/分。

步骤9　让测试对象蹬踏3分钟，以达到稳定状态。然后测量其心率、血压并记录其主观用力评分。

步骤10　在阶段3中，将测功计阻力增加至1.5千克。让测试对象的蹬踏速度继续保持在70转/分。但测试对象A的心率不要超过按年龄预测的最大心率的85%。

步骤11　让测试对象蹬踏3分钟，以达到稳定状态。然后测量其心率、血压并记录其主观用力评分。

步骤12　在阶段4中，将测功计的阻力降低到0.5千克。让测试对象的蹬踏速度继续保持在70转/分。

步骤13 让测试对象蹬踏3分钟，以达到稳定状态。然后测量其心率、血压并记录其主观用力评分。

步骤14 对第2个测试对象执行步骤1~13，并将数据记录在个人数据表上（测试对象B的部分）。

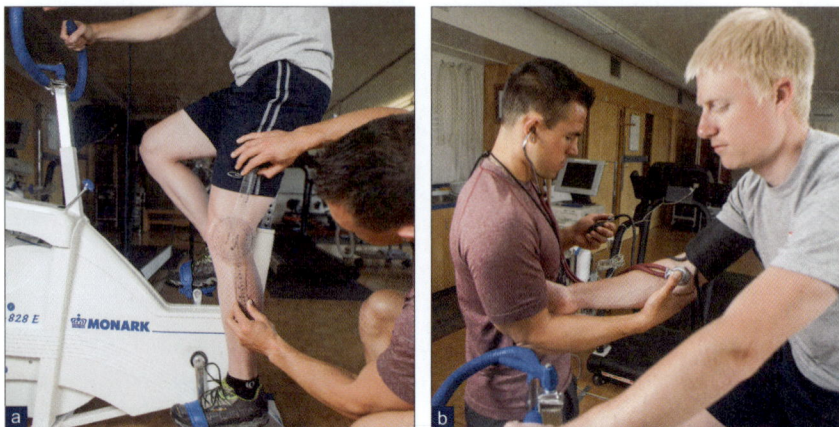

a. 测试对象的正确定位，在腿部完全伸展的情况下，膝盖略微弯曲（5~15度）；b. 测量血压的技巧

图4.3 在自行车测功仪上测量血压

问题集4.2

1. 准备一张数据表，记录测试对象的姓名、身高和体重，以及在实验活动中收集的心率、血压和主观用力评分数据。
2. 收缩压和舒张压对强度增加的运动有何反应？
3. 在运动测试期间出现哪些与血压反应相关的征兆时应停止测试？

实验活动4.2

个人数据表

日期：_____ 时间：_____

测试人员：_____

温度：_____华氏度 _____摄氏度 气压：_____毫米汞柱

相对湿度：_____%

测试对象A

姓名或ID号：_____

性别：男/女（圈一个） 年龄：_____岁

身高：_____英寸 _____米 体重：_____磅 _____千克

静息血压：_____/_____毫米汞柱 静息心率：_____次/分

按年龄预测的最大心率：_____次/分

按年龄预测的最大心率的85%：_____次/分

	时间（分钟）	负荷（千克）	心率（次/分）	血压（毫米汞柱）	主观用力评分
阶段1	3	0.5			
阶段2	6	1.0			
阶段3	9	1.5			
阶段4	12	0.5			

测试对象B

姓名或ID号：_____

性别：男/女（圈一个） 年龄：_____岁

身高：_____英寸 _____米 体重：_____磅 _____千克

静息血压：_____/_____毫米汞柱 静息心率：_____次/分

按年龄预测的最大心率：_____次/分

按年龄预测的最大心率的85%：_____次/分

	时间（分钟）	负荷（千克）	心率（次/分）	血压（毫米汞柱）	主观用力评分
阶段1	3	0.5			
阶段2	6	1.0			
阶段3	9	1.5			
阶段4	12	0.5			

等长收缩对血压的影响

设备

- 腿部伸展机（如果没有，请使用墙壁）
- 握力计
- 血压计
- 听诊器
- 秒表
- 个人数据表

本实验活动首先要收集个人数据表中的基本数据（例如，年龄、身高、体重）。将有两名测试对象（A和B）完成此实验活动并填写个人数据表。

上身等长运动血压

步骤1 将血压计袖带套在测试对象的手臂上。

步骤2 让测试对象静坐约3分钟。

步骤3 约3分钟后，测量并记录静息心率（触诊）和血压。

步骤4 指示测试对象用优势手用最大自主用力（maximun voluntary contraction，MVC）握住握力计（见图4.4；有关握力计的说明，请参见实验12）。在个人数据表上记录MVC。

步骤5 计算并记录30%的MVC的值，以千克为单位。

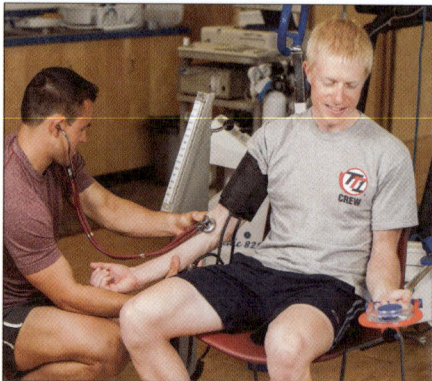

图4.4 握力运动中测量血压

步骤6 在测试对象休息约2分钟后，让测试对象以30%的MVC握住握力计1分钟。

步骤7 在1分钟等长收缩结束时，测量心率、血压并记录其主观用力评分，同时让测试对象继续保持30%的MVC。测量非运动中的非优势手臂的血压。重要的是，在测量血压过程中，非运动中的手臂要尽可能地放松。

步骤8 将数据记录在对象A的个人数据表中相应位置。

步骤9 对测试对象B重复步骤1~7，并将数据记录在对象B的个人数据表中相应的位置。

下身等长运动血压

实验的这一部分涉及下半身等长运动，可以通过靠着墙壁或腿部伸展机进行测试（见图4.5和图4.6）。

步骤1　如果使用腿部伸展机，让测试对象在机器上选择约为1RM的50%的重量，并记录在个人数据表中。

步骤2　让测试对象用完全伸展的姿势抵住重物并尽可能长时间地保持该姿势，或保持该姿势3分钟。让测试对象在肌肉力量接近衰竭时做出提示。

步骤3　当测试对象继续保持1RM的50%时，测量其心率、血压并记录其主观用力评分。在测量血压时，让测试对象尽可能地放松手臂。

步骤4　将数据记录在测试对象A的个人数据表中相应位置。

步骤5　让测试对象B重复步骤1~3。并将数据记录在对象B的个人数据表中相应的位置。

如果没有腿部伸展机，测试对象可以做"靠墙坐"的动作，有时也称为等待公共汽车（见图4.6）。

步骤1　让测试对象尽可能长时间地保持靠墙坐动作或保持动作3分钟。让测试对象在肌肉力量接近衰竭时做出提示。

步骤2　当测试对象继续保持靠墙坐动作时，测量其心率、血压并记录其主观用力评分。在测量血压时，让测试对象放松手臂。

步骤3　将数据记录在测试对象A的个人数据表中相应位置。

步骤4　对测试对象B重复步骤1~2。将数据记录在对象B的个人数据表中相应的位置。

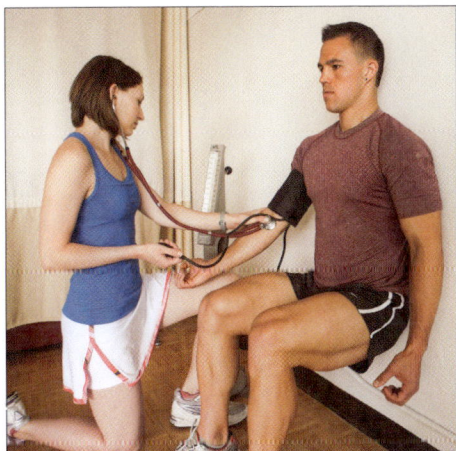

图4.5　靠墙坐期间的血压测量

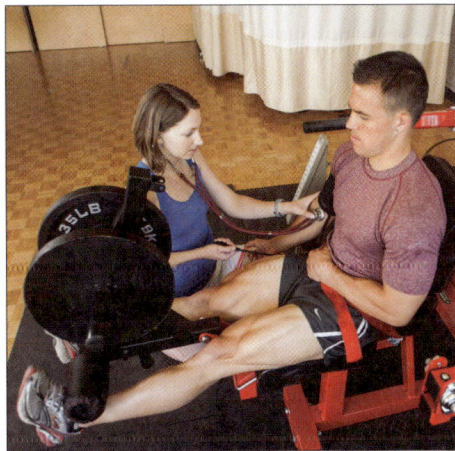

图4.6　等长腿部伸展期间的血压测量

问题集4.3

1. 填写数据表，记录测试对象的姓名、身高和体重，以及实验课中收集的心率、血压和主观用力评分数据。

2. 等长运动如何影响收缩压和舒张压？为什么？

3. 手臂运动时的血压反应与腿部运动时的血压反应相比较有何结果？对此有何解释？

4. 本实验对高血压患者的运动处方有何不同？

5. 等长动作中的峰值血压取决于什么？

实验活动4.3

个人数据表

日期：_____ 时间：_____

测试人员：_____

温度：_____华氏度 _____摄氏度 气压：_____毫米汞柱

相对湿度：_____%

测试对象A

姓名或ID号：_____

性别：男/女（圈一个） 年龄：_____岁

身高：_____英寸 _____米 体重：_____磅 _____千克

静息血压：_____/_____毫米汞柱 静息心率：_____次/分

按年龄预测的最大心率：_____次/分

按年龄预测的最大心率的85%：_____次/分

握力计最大自主用力：_____千克 30%握力计最大自主用力：_____千克

腿部伸展50% 1RM：_____千克

	时间 （分钟）	负荷 （千克）	心率 （次/分）	血压 （毫米汞柱）	主观用力评分
静息		0			
握力计					
腿部伸展					
靠墙坐					

测试对象 B

姓名或ID号：_____

性别：男/女（圈一个） 年龄：_____岁

身高：_____英寸 _____米 体重：_____磅 _____千克

静息血压：_____/_____毫米汞柱 静息心率：_____次/分

按年龄预测的最大心率：_____次/分

按年龄预测的最大心率的85%：_____次/分

握力计最大自主用力：_____千克 30%握力计最大自主用力：_____千克

腿部伸展50% 1RM：_____千克

	时间 （分钟）	负荷 （千克）	心率 （次/分）	血压 （毫米汞柱）	主观用力评分
静息		0			
握力计					
腿部伸展					
靠墙坐					

静息代谢率测定

目标

- 了解能量代谢的间接测热法。
- 了解表示代谢状态和能量利用的呼吸参数。
- 通过测量摄氧量来确定静息代谢率。
- 对通过摄氧量测定静息代谢率和估算方程确定静息代谢率两种方法进行比较。

定义

三磷酸腺苷（adenosine triphosphate，ATP）： 这种分子利用磷酸键中的能量，进行机械运动或代谢工作。

有氧代谢： 依靠氧气的氧化磷酸化作用产生ATP。

无氧代谢： 无须氧气即可产生ATP。

基础代谢率（basal metabolic rate，BMR）： 在清醒状态下维持身体的生命机能所需的最低能量水平，在睡眠8小时和禁食12小时后通过间接测热法以仰卧位测量，测试对象在实验室中过夜，以避免在测量之前的移动。

生物动能： 储存的能量转换为可用的能量形式（ATP）的代谢过程。

二氧化碳产量（$\dot{V}CO_2$）： 人体在将含碳的大量营养素转化为可用能量时产生的二氧化碳量。

间接测热法： 通过耗氧量（$\dot{V}O_2$）和二氧化碳产量（$\dot{V}CO_2$）测量能量消耗。

代谢车： 测量呼出的二氧化碳、氧气以及通气量，以计算耗氧量和二氧化碳产量的自动化机器。

代谢当量（metabolic equivalent，MET）： 维持静息状态时所需消耗的能量。假设静息时能量消耗速率为3.5毫升/（千克·分），用相对耗氧量除以3.5毫升/（千克·分）来计算MET。

耗氧量（$\dot{V}O_2$）： 一个人在特定时间内吸收和使用的氧气量。

呼吸交换率（respiratory exchange ratio，RER）： 二氧化碳产量与耗氧量之比。

静息代谢率（resting metabolic rate，RMR）： 在禁食、休息良好的状态下以仰卧位测量静息能量消耗，但与基础代谢率不同，不要求测试对象在实验室中过夜。

定态： 有氧代谢在给定的绝对强度下贡献100%能量需求的点。

总能量消耗（total energy expenditure，TEE）： 能够促进人体能量平衡的主要能量消耗过程的总和。其3个组成部分是食物的热效应、身体活动和静息代谢率。

ATP是一种高能磷酸盐，能在肌肉收缩期间提供能量。其反应方程式如下。

食物 $+O_2 \rightarrow CO_2+H_2O+ATP+$ 热量

若这种转化在氧气存在的情况下完成，

则被称为**有氧代谢**。人类也能够进行**无氧代谢**——在没有氧气的情况下产生能量，这将在实验13中进一步讨论。在运动生理学中，一般使用间接测热法估算能量消耗，从而测量**耗氧量**和**二氧化碳产量**。因此，这个过程通常被称为呼吸气体交换。这个过程可以在测试对象静息或运动时进行。测试时，必须假设测量过程中无氧代谢对能量消耗没有贡献或贡献很小，这通常在次极量强度的定态运动期间成立。**定态**表明有氧代谢参数与能量消耗平衡。为了确保在静息和运动期间的定态测量，通常需要测试对象在给定的次极量强度下运动几分钟来完成测量。

耗氧量和二氧化碳产量的测量需要特殊设备，如**代谢车**（见附录D）。其中用到的知识点是：大气中氧气占20.95%，二氧化碳占0.03%，氮气占78.09%，并且这些气体的含量在呼出的气体中有所变化。由于人体消耗了氧气，在呼出的气体中，氧气量减少，而二氧化碳含量增加，氮气量保持不变。有关这些计算和Haldane变换的更详细解释，请参阅第4章参考文献[10]和附录C。因此，耗氧量和二氧化碳产量是空气和呼出气体中这些气体的含量，以及每次呼出的空气体积的函数。因此，代谢车仅测量3个关键成分——呼出气体中的氧气和二氧化碳所占的百分比，以及该次呼出的气体的体积。由物理学可知，气体的体积受温度和压力的影响，这意味着环境气压和环境温度对测量而言很重要。许多代谢车可以测量每次呼吸的呼出气体成分、通气量、温度和压力，而其他代谢车使用

小型混合腔，需要对不连续的时间段（约15秒）内的数字进行平均值的计算。本实验的一部分需要了解如何使用相关的代谢设备（见附录D），实验室指导员将提供使用指导。

有氧代谢和呼吸交换率

了解了$\dot{V}O_2$和$\dot{V}CO_2$后，可以完成的一项重要测量是所使用的燃料类型。此时，呼吸商（respiratory quotient，RQ）或**呼吸交换率**可提供关于在定态期间的任何给定时间被氧化的常量营养素的信息。呼吸商或呼吸交换率的区别仅在于它们被测量的位置，即分别是在细胞层面和在呼出的气体中。就本实验而言，将以呼吸交换率为参考。

$RQ = \dot{V}CO_2/\dot{V}O_2$（在细胞层面测量）

$RER = \dot{V}CO_2/\dot{V}O_2$（在呼出的气体中测量）

这些比率反映了产生的二氧化碳量与消耗的氧气量的关系。由于碳水化合物、脂肪和蛋白质的化学成分存在差异，每种营养素被完全氧化成生物动能的最终产物——ATP、CO_2和H_2O时所需的氧气量不同。由于氧气的热量当量因所氧化的营养素而异，我们必须知道呼吸交换率和消耗的氧气量才可以精确估算身体的能量消耗（以千卡/分为单位）（见表5.1）。消耗每升氧气所产生的能量（千卡/升）取决于所用的底物或呼吸交换率。

碳水化合物的RER为1.0，脂肪为0.70，蛋白质为0.82。蛋白质对能量产生的贡献很低（通常低于5%）。为了真正了解蛋白质对能量产生的贡献，必须收集尿液。因

为尿素是已被氧化的氨基酸类化合物的代谢终点。然而，考虑到分析的复杂性、收集尿液的不便性以及蛋白质对能量消耗的贡献很小，RER通常指非蛋白质RER。因此，在给定时间，碳水化合物和脂肪的混合物被线粒体氧化以满足能量需求所消耗的每升氧气产生的热量相应的有所不同。表5.1反映了在给定的RER下，用于产生能量的脂肪和碳水化合物的百分比。

表5.1 RER的能量及来自碳水化合物和脂肪的百分比

	能量	百分比	
RER	千卡/升	碳水化合物	脂肪
0.71	4.69	0	100
0.75	4.74	16	84
0.80	4.80	33	67
0.85	4.86	51	49
0.90	4.92	68	32
0.95	4.99	84	16
1.00	5.05	100	0

[Reprinted, by permission from W. L. Kenney, J. H. Wilmore, and D. L. Costill, 2015, Physiology of sport and exercise, 6th ed. (Champaign, IL: Human Kinetics),124.]

通常，食用混合碳水化合物和脂肪的人在休息时的RER值约为0.85，这意味着每消耗1升氧气，会产生大约4.86千卡能量。在测量**静息代谢率**时，研究人员必须在测量周期的每一分钟都测量耗氧量和RER值，以确定每分钟产生的能量（参见突出显示的方框中的示例计算）。

许多运动生理学专业的学生从未意识到为什么碳水化合物的RER为1.0，而脂肪的RER为0.7。以下是碳水化合物和脂肪氧化的公式。

碳水化合物

$$C_6H_{12}O_6 + 6O_2 \rightarrow 6CO_2 + 6H_2O + 38ATP$$

$$RER = \dot{V}CO_2/\dot{V}O_2 = 6CO_2/6O_2 = 1.0$$

脂肪

$$C_{16}H_{32}O_2 + 23O_2 \rightarrow 16CO_2 + 16H_2O + 129ATP$$

$$RER = \dot{V}CO_2/\dot{V}O_2 = 16CO_2/23O_2 = 0.7$$

葡萄糖中包含的6个碳需要消耗6个氧分子才可以通过线粒体进行氧化磷酸化，从而完成有氧代谢。而葡萄糖氧化后产生的6个二氧化碳导致RER为1.0。相反，在16碳脂肪酸的示例中，需要消耗23个氧分子，这使RER变为0.7。知道了RER值为0.7意味着可以用RER计算出被消耗的碳水化合物和脂肪的百分比（未在表5.1中列出）。

被消耗的脂肪的百分比 = (1−RER)/(1−0.7)

然后，只需用1减去消耗的脂肪百分比，就可以计算出碳水化合物百分比（假设用非蛋白质RER）。

虽然RQ和RER是通过相同的参数（$\dot{V}O_2$和$\dot{V}CO_2$）测量的，但通常会因测量位置不同而产生不同的结果。在静息或次极量定态运动条件下，用呼出气体测量的RER反映在细胞层面上的实际气体交换情况。RQ

使用VO₂和RER预测能量消耗

在这个例子中，测试对象格雷格的体重为200磅，他以3英里/时（4.8千米/时）的速度走上了坡度为3%的斜坡。使用间接测热法，测得他的 $\dot{V}O_2$ 为15.2毫升/（千克·分），他的RER为0.92。

200磅×1千克/2.2磅≈90.9千克

15.2毫升/（千克·分）×90.9千克×1升/1000毫升=1.38升/分

1.38升/分×4.95千卡/升≈6.83千卡/分

如果格雷格以这种强度行走20分钟，他将消耗137千卡能量。通常，RER是未知的，在这种情况下，这些值被四舍五入为5.0千卡/升的耗氧量。当使用健身俱乐部或诊所中的设备来预测能量消耗时，通常就是这样做的。

为1.0反映碳水化合物的利用率为100%，并且是最高值。然而，在进行极量强度或力竭性运动时，当无氧能量产生的能量增加时，这些比率可能会有很大差异。由于极量运动导致乳酸水平升高，从而导致呼出更多的 CO_2，在这些条件下，RER将大于RQ。在最大摄氧量测试期间，记录到的RER通常在1.15以上。实际上，有效的最大摄氧量测试的标准就是RER高于1.1（本书将在实验10和11中进一步阐述这些概念）。

总能量消耗和静息代谢率

在清醒状态下维持生命机能所需的最低能量水平用基础代谢率（BMR）表示，通常以千卡/天为单位。BMR很难精确测量，因为测试对象必须睡眠至少8小时并且禁食至少12小时。这通常要求测试对象在代谢实验室中过夜。因此，大多数研究人员测量静息代谢率，这与静息能量消耗（resting energy expenditure，REE）是相同的。

测量静息代谢率仍然要求休息和禁食，但不要求在实验室过夜。对测试对象有以下要求。

- 在测量前至少48小时禁止剧烈运动。
- 在测量前12~14小时禁止进食。
- 在测量之前和氧气采样期间，在黑暗、安静的环境中（保持清醒）静静地平躺或斜躺30分钟。
- 体温正常（没有发烧）。

测试是在10~15分钟采样期间测量消耗的氧气，以确保静息稳定状态。RMR测试期间的耗氧值通常在200~300毫升/分（0.2~0.3升/分或0.8~1.43千卡/分）范围内，具体取决于个人的体形、年龄和一些其他因素。该值以相对耗氧量表示，应接近3.5毫升/（千克·分）或1代谢当量。

考虑到RMR对每天消耗的总能量的贡献，对其进行评估是非常重要的。RMR是个人总能量消耗的3个组成部分之一。对于大多数人来说，在24小时内，大约67%的TEE是RMR的结果。另外2个组成部分是食物的热效应（thermic effect of food，

TEF)［有时称为食物生热效应（dietary-induced thermogenesis，DIT）］和来自身体活动（physical activity，PA）的能量消耗。TEF和DIT都是指通过消化从饮食摄入的能量（total energy intake，TEI）所消耗的能量。该值通常仅为100~200千卡/天（TEI的7.5%），因此通常被忽略。然而，PA是TEE的一个重要组成部分。无论是在校园散步还是打一场激烈的篮球比赛，在任何有目的的活动中，都是在非静息状态下消耗能量。因此，不同个体的PA的变化范围很大，久坐不动的人的PA少于300千卡，非常活跃的人的PA超过3 000千卡。

TEE（千卡/天）=RMR+TEF+PA

RMR通常与体重的增减有关。RMR的实际使用包括建立能量消耗的基线，以设计健全的体重控制或体重管理计划。由于RMR只是TEE的两个主要组成部分之一，因此通常需要根据预测的身体活动水平（physical activity levels，PALs）估算TEE。医学研究所是美国国家科学院的卫生部门，开发了4种PAL作为预测TEE的PA部分的手段[1]。PAL等于TEE除以RMR的百分比。见表5.2。

如果PAL为1.0，则测试对象的TEE基本上与RMR相同。相反，对于PAL为1.95的非常活跃的女性，TEE是RMR的1.95倍。因此，如果她的RMR估计为1 650千卡/天，那么TEE就是1.95×1 650 ≈ 3 218千卡/天。

预测TEE的PA部分的另一个方法是使用类别描述（男性或女性）来确定以下用于估算TEE等式中的身体活动系数（physical activity coefficient，PAC；参见表5.2），结

果以千卡/天为单位。

表5.2　身体活动水平

类别	身体活动水平（PAL）	男性/女性的身体活动系数（PAC）
久坐	>1.0~<1.4	1.00/1.00
不活跃	≥1.4~<1.6	1.11/1.12
活跃	≥1.6~<1.9	1.25/1.27
非常活跃	≥1.9~<2.5	1.48/1.45

［Adapted from the Food and Nutrition Board, 2005, *Dietary reference intakes for energy, carbohydrate, fiber, fat, fatty acids, cholesterol, protein, and amino acids* (Macronutrients), 161.］

19岁以上的男性

TEE=662-9.53×年龄（岁）+［PAC×15.91×体重（千克）+539.6×身高（米）］

19岁以上的女性

TEE=354-6.91×年龄（岁）+［PAC×9.361×体重（千克）+726×身高（米）］

如果要更精确地确定身体活动的能量消耗和RMR，使用TEE进行估算会更准确；然而，PAL或PAC可以为涉及体重增减的计划提供起点。

RMR因人而异，因此前面提到的测试前的要求对于获得精确测量值来说至关重要。测试对象必须禁食和休息，因为消化一顿饭或在最近的一次运动后恢复都可能会影响RMR。即使测试对象遵守测试前的要求，也可能存在个体差异。

RMR会受以下因素影响。

- 男性的RMR通常高于女性。
- RMR随体重增加而增加。
- 体表面积大的人的RMR会更高；高个子的RMR会比矮个子高。
- 一般来说，年龄小的人的RMR较高。

TEE计算示例

测试对象是一名35岁的女性，体重70千克，身高1.68米，并认为自己活跃。以下计算表明她的TEE将会是2 493千卡/天。

$$TEE = 354 - 6.91 \times 35 + [1.27 \times (9.361 \times 70 + 726 \times 1.68)]$$
$$= 354 - 241.85 + [1.27 \times (655.27 + 1219.68)]$$
$$\approx 354 - 241.85 + 2\ 381.2 \approx 2\ 493 千卡/天$$

因为儿童和青少年需要大量的能量用于生长。

- 从20~70岁，RMR可能会下降10%~20%，估计每10年下降约2%。下降的部分原因可能是瘦体重（LBM）的减少（即肌肉减少症）。

- 当体温升高时，RMR也随之升高，可使RMR提高30%~40%。

- RMR因瘦体重增加而上升，并随瘦体重减少而下降。然而，即使RMR小幅度上升，也需要瘦体重大幅度增加。在静息时，肌肉消耗的能量极少。然而，节约能量，如摄取低热量食物，能够降低RMR。

- 禁食（负能量平衡）会让RMR降低10%~25%，具体取决于禁食或饮食的程度。

- 耐力训练可能会降低RMR，原因是训练方案导致心率、血压和呼吸频率降低——身体在日常能量需求中可能变得更高效。其他研究发现健身可能会让RMR上升。因此，这方面的研究是似是而非的。

- 环境温度的升高会导致RMR降低，而对寒冷天气的适应会让RMR上升（通常称为寒冷生热）。

- 压力会调动交感神经系统，从而使RMR上升。同样，来自肾上腺循环的儿茶酚胺（肾上腺素和去甲肾上腺素）可以让RMR上升。

- 甲状腺产生的甲状腺素的量是控制RMR的重要因素。

有关RMR的影响因素的延伸阅读，请参阅本实验参考文献清单中的以下材料：卡彭特等人[2]、科默弗等人[3]、豪根等人[7]、赫什卡等人[8]、乔根森等人[9]、莱默尔等人[11]、欧文等人[13]、施密特等人[14]、斯帕尔蒂等人[15]、斯皮克曼和塞尔曼[16]。

由于目前对RMR的理解来自使用代谢车直接测量，RMR的估算也可具备合理的有效性。以下实验活动包括RMR的估算和直接测量。

预测RMR

设备

- 台秤（数字秤或其他秤）
- 测距仪（靠墙式或独立式）或附有人体测量仪的医用秤
- RMR预测公式
- 计算器
- 个人数据表

因为在许多情况下直接测量摄氧量是不切实际的，所以可以用相关公式和计算图表来估算RMR。当然，还必须知道以下信息：身高（height，HT）、体重（weight，WT）、年龄和性别。通常，使用已知的RMR影响因素越多的公式越准确。表5.3给出了一些预测公式。这类预测公式比通过间接测量热法测量RMR更受欢迎[4, 6]。具体而言，用Harris-Benedict公式[5]和世界卫生组织（World Health Organization，WHO）[16]提供的公式估算RMR的误差在±10%内[4, 6]。当然，基于特定人群的性别、BMI、年龄或种族，可能有其他更适合的公式[6]。

表5.3 用于估算RMR的预测公式

序号	男性	女性	来源
1	66.473+13.751 6（BW）+5.003 3（HT）-6.755（年龄）	655.095 5+9.563 4（BW）+1.849 6（HT）-4.675 6（年龄）	[5]
2	879+10.2（BW）	795+7.18（BW）	[12]，仅用于女性
3	BSA×38千卡/时×24小时	BSA×35千卡/时×24小时	
4	BW×24.2千卡/千克	BW×22.0千卡/千克	
5	BW×1.0×24小时	BW×0.9×24小时	
6	15.3×BW+679	14.7×BW+496	[17]
7	9.99（BW）+6.25（HT）-4.92（年龄）+5.0	9.99（BW）+6.25（HT）-4.92（年龄）-161	[11]

注意:

①所有答案均以千卡/天为单位。

②HT-以厘米为单位的高度；BW=以千克为单位的体重；年龄=以岁为单位的年龄；BSA（body surface area）=体表面积。以平方米为单位的体表面积（BSA）等于体重×身高/3 600后的平方根。

RMR计算

步骤1 收集个人数据表中的基本数据（例如，年龄、身高、体重）。

步骤2 使用预测公式确定自己的RMR（列出所有计算公式），分别以每分钟、每小时和每天为单位表达RMR。将每个公式的结果填写到自己的个人数据表中。

步骤3　分别计算班级中男性和女性RMR的平均值，然后将自己的值与班级平均值进行比较。

问题集5.1

1. 您认为哪个公式预测的RMR最准确？为什么？

2. 您发现班级中的男性和女性的RMR之间有何差异？如何解释这种差异？

3. 使用前面的公式（见表5.2中的PAL和PAC）计算您的TEE。使用这些公式时要做哪些假设？

实验活动 5.1

个人数据表

姓名或ID号:_____ 日期:_____

测试人员:_____ 时间:_____

性别:男/女(圈一个) 年龄:_____ 岁 身高:_____ 英寸 _____ 米

体重:_____ 磅 _____ 千克 温度:_____ 华氏度 _____ 摄氏度

气压:_____ 毫米汞柱 相对湿度:_____ %

体表面积:_____ 平方米

		RMR		
		千卡/分	千卡/时	千卡/天
RMR 预测公式	1			
	2			
	3			
	4			
	5			
	6			
	7			

测量RMR

设备

- 安静的房间，有一个让测试对象躺下的地方
- 台秤（数字秤或其他秤）
- 测距仪（靠墙式或独立式）或附有人体测量仪的医用秤
- 代谢车，包括气体流量计和氧气、二氧化碳分析仪
- 汉斯·鲁道夫阀门、吹口和鼻夹
- 实验活动5.1中提供的RMR预测公式
- 计算器
- 个人数据表

代谢车RMR测试

步骤1 在2名学生自愿接受RMR测量后，其他学生分组并分别协助2名测试对象进行测量。在个人数据表上记录测试对象A和B的数据。

步骤2 如果可能，应在清晨进行测试，测试对象应禁食至少8小时。

步骤3 如果不能禁食，则测试对象应在测试前至少3小时内禁止进食，并在测试前24小时内避免剧烈运动。

步骤4 收集个人数据表中的基本数据（如年龄、身高、体重等）。

步骤5 让测试对象静卧15分钟。

步骤6 在此期间，使用表5.3中的其中一个公式计算测试对象的预测RMR，并根据计算结果填写个人数据表。

步骤7 让测试对象戴上呼吸装置（即汉斯·鲁道夫阀门和吹口），以及校准过的代谢车的鼻夹，测量时间为10分钟。收集数据时请勿打扰测试对象。

步骤8 在个人数据表上记录10分钟测量周期中每分钟结束时的VO_2（以升/分为单位）和RER。

步骤9 完成表单其余部分的计算。包括将RMR的单位换算为千卡/分、千卡/时和千卡/天，以及碳水化合物百分比和脂肪百分比，可使用表5.1中提供的相关数据。

问题集5.2

1. 将用代谢车测量的值与用预测公式预测的值进行比较。您认为哪个公式给出了最佳预测？为什么？

2. 根据您的了解，测试对象是否遵守了典型RMR测试前的要求。您认为哪些测试前指引对测量的影响最大？

3. RMR中有多少来自碳水化合物，有多少来自脂肪？该信息说明我们静息时身体的主要燃料是什么？

实验活动 5.2

个人数据表

日期: _____ 时间: _____

测试人员: _____

温度: _____ 华氏度 _____ 摄氏度 气压: _____ 毫米汞柱

相对湿度: _____%

测试对象 A

姓名或 ID 号: _____

性别: 男 / 女（圈一个） 年龄: _____ 岁

身高: _____ 英寸 _____ 米

体重: _____ 磅 _____ 千克

体表面积: _____ 平方米

		RMR		
		千卡/分	千卡/时	千卡/天
RMR 预测公式	1			
	2			
	3			
	4			
	5			
	6			
	7			

测试对象B

姓名或ID号：_____

性别：男/女（圈一个） 年龄：_____岁

身高：_____英寸_____米

体重：_____磅_____千克

体表面积：_____平方米

		RMR		
		千卡/分	千卡/时	千卡/天
RMR 预测公式	1			
	2			
	3			
	4			
	5			
	6			
	7			

使用间接测热法测量RMR：测试对象A

分钟	$\dot{V}O_2$ （升/分）	RER	碳水化合物 （%）	脂肪 （%）	千卡/分	千卡/时	千卡/天
1							
2							
3							
4							
5							
6							
7							
8							
9							
10							
平均							

使用间接量热法测量RMR：测试对象B

分钟	$\dot{V}O_2$（升/分）	RER	碳水化合物（%）	脂肪（%）	千卡/分	千卡/时	千卡/天
1							
2							
3							
4							
5							
6							
7							
8							
9							
10							
平均							

缺氧量和EPOC评估

目标

- 演示如何收集测量缺氧量和运动后过量氧耗（excess post-oxygen consumption，EPOC）的数据。
- 绘制并标记缺氧量和EPOC图。
- 用实验室收集的数据计算缺氧量和EPOC。
- 讨论与缺氧量和EPOC相关的生化概念。

定义

无氧糖酵解：可快速提供能量的代谢途径，不需要氧气并会产生乳酸。

运动后过量氧耗：停止运动后耗氧量超过静息状态耗氧量的部分（通常与氧债同义）。

乳酸堆积：过度依赖无氧代谢而导致乳酸堆积。

氧化磷酸化：以氧作为电子传递链中的最终电子受体来产生ATP。

氧债：停止运动后耗氧量超过静息状态的耗氧量的部分（通常与运动后过量氧耗同义）。

缺氧量：在从静息状态到次极量运动的过渡中，氧气消耗滞后的量。

磷酸肌酸（phosphocreatine，PCr）：高能磷酸盐，可以将磷酸基送给二磷酸腺苷（ADP），以快速重新合成ATP；不需要氧气，但没有足够的存储容量来支持超过10秒的ATP供应。

现在我们已通过实验活动5对氧气消耗和能量消耗有了总体了解，我们可以将这些概念应用于从静息状态到运动状态的过渡。耗氧意味着能量是由线粒体中的氧化磷酸化过程提供的。氧化磷酸化无疑可满足静息代谢的能量需求。然而，当身体过渡到运动状态时，能量需求增加，氧化磷酸化无法立即满足这种对ATP的需求。

从静息到运动的过渡

当一个人从静息状态过渡到次极量强度运动状态时，ATP需求立即上升到运动量所需的水平。然而，测量到的氧摄取响应存在延迟。此时是运动的初期，部分ATP由即时的短期无氧源提供，即由**磷酸肌酸**和**无氧糖酵解**提供。开始活动约3分钟后，耗氧量达到稳定状态，这表明ATP需求通过**氧化磷酸化**以有氧方式满足。在最初几分钟的运动中缺少的氧气的体积称为**缺氧量**，如图6.1所示。

在次极量强度（<极量强度的75%~80%）运动期间，任务的能量需求可以通

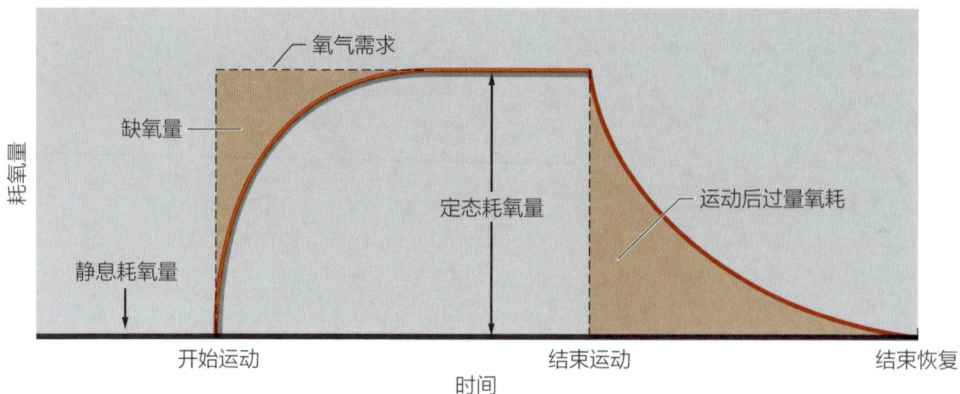

图6.1 静息到运动的过渡、稳定状态和恢复期间的耗氧量

[Reprinted, by permission, from J. H. Wilmore, D. L. Costill, and W. L. Kenney, 2015, *Physiology of sport and exercise*, 6th ed. (Champaign, IL: Human Kinetics), 129.]

过消耗氧气或通过氧化磷酸化的有氧代谢来满足。那么，定态$\dot{V}O_2$代表次极量强度运动的能量消耗（见图6.1和图6.2a）。当运动停止时，摄氧量不会立即降至静息值；相反，它会在几分钟到几小时内逐渐下降。在运动后的恢复过程中，高于静息值的耗氧量被称为氧债或**运动后过量氧耗**，如图6.1所示。

假设测试对象站在跑步机上准备运动。站在跑步机上的能量需求相对较低——对

于大多数人来说，它约等于3.5毫升/（千克/分），即1MET。当测试对象踏上跑步机并开始以适当速度移动时，能量需求或ATP需求立即呈方波式增长。然而，氧化磷酸化并不能立即满足这种新的能量需求，因此，身体依赖无氧途径来满足需求，直到有氧系统被刺激达到新的ATP生产水平。缺氧程度或数量受许多因素影响，包括运动强度、遗传基因和健身水平等。例如，受过训练的人在达到相同耗氧量时，比未

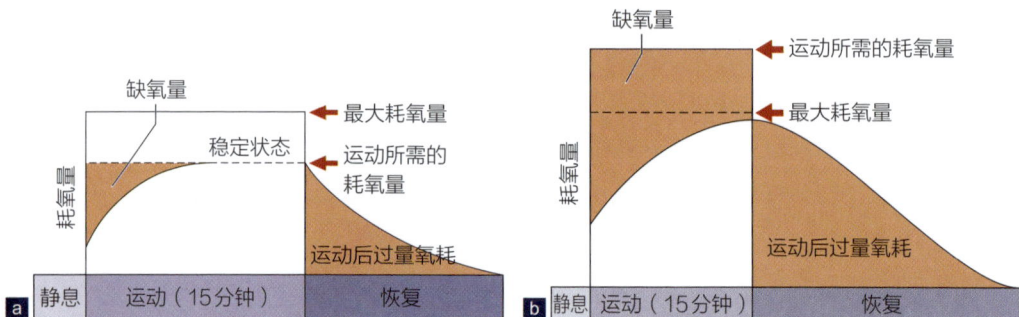

图6.2 在低强度稳定状态运动和高强度非稳定状态运动期间的耗氧量和需求

[Adapted, by permission, from NSCA, 2016, Bioenergetics of exercise and training, by T. J. Herda and J. T. Cramer. In *Essentials of strength training and conditioning*, 4th ed., edited by G. G. Haff and N. T. Triplett (Champaign, IL: Human Kinetics), 57, 58.]

经训练的人产生的缺氧量少（见图6.3）。受过训练的人较少依赖于无氧途径，因此乳酸堆积和磷酸肌酸耗竭较少，这两者都可能在某些情况下导致疲劳，并且还会提高缺氧量和EPOC。

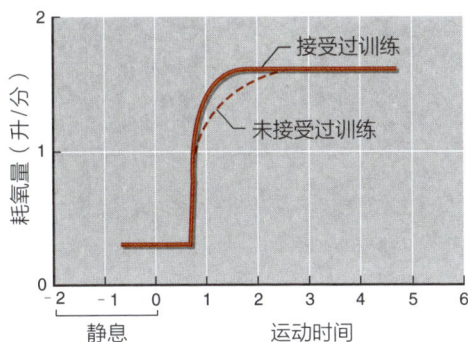

图6.3 运动时间和摄氧量之间的关系，接受过训练和未接受过训练的男性达到设定的最大耗氧量（$\dot{V}O_2max$）水平的时间

在运动和恢复期间的耗氧量

耗氧量在运动的初始阶段急剧增加，随后缓慢增加至定态，这通常被称为摄氧动力学的快速和慢速部分。有关此研究领域的更多读物，请参阅本实验参考文献3、5、6、7、8、9和10。

在耗氧量稳定期间（见图6.2a），支持次极量运动所需的能量由有氧系统或氧化磷酸化提供。因此，$\dot{V}O_2$代表该运动的总能量消耗。一旦运动停止，耗氧量（氧债或EPOC）在最初2~4分钟内迅速下降，然后较缓慢地下降至运动前的值。普遍认为快速部分是由于磷酸肌酸和氧气储存的快速重建。慢速部分曾经被认为与肝脏清除血液中的乳酸所需的氧气有关，乳酸在肝脏被转化为葡萄糖（通过Cori循环的糖原

异生）。然而，现在认为在恢复期间所摄取的氧气只有约20%用于该过程，剩下大多数与其他过程有关。同样清楚的是，恢复过程中的耗氧量水平可能会很高，其原因很多，但与高能磷酸盐储存的恢复无关，例如，心率、呼吸频率、体温、肌肉炎症、激素水平、钠钾泵活动，以及离子梯度的重建过程[2, 4]。

因此，氧债（或EPOC）的大小是这些因素变化程度的函数，并主要取决于运动强度。较高强度的运动（见图6.2b）会导致心率、通气量、体温和激素水平发生较大变化。重要的是要理解，强度非常高的运动也会导致更大的缺氧量和EPOC。实际上，当无氧途径在一轮运动期间负责满足大部分ATP需求时（极量运动<2分钟），则这一轮运动的大部分时间是缺氧的（见图6.2b）。更极端的例子是100米短跑。图6.4显示了在高强度无氧运动期间和之后对无氧和有氧作用的预测。

请注意，在100米短跑期间，耗氧量对能量产生的贡献很小；然而，运动结束后$\dot{V}O_2$继续上升，可能需要一段时间才能恢复到静息基线。同样，EPOC的恢复很大一部分是由于补充了磷酸肌酸和氧气。因为这种持续10~13秒的运动主要依赖于ATP-PC途径，所以磷酸肌酸的重组对EPOC的贡献最大。但请记住，几乎所有可以想象的运动情况都涉及3种能量途径的组合：ATP-PC、快速或无氧糖酵解和氧化磷酸化。这适用于其他看似无氧的运动（如举重等）和间歇性运动（如美式橄榄球、足球和英式橄榄球等）。对EPOC

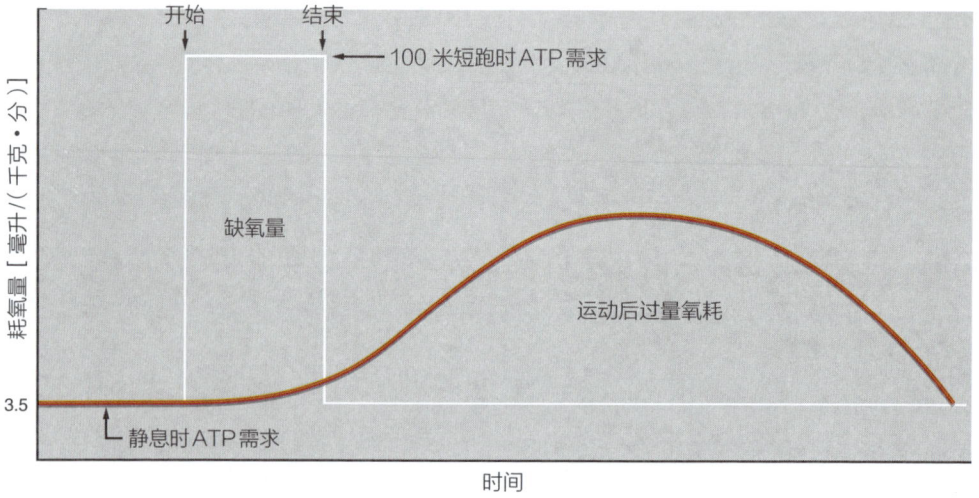

图6.4　100米短跑的缺氧量和运动后过量氧耗

也有贡献的是肌肉损伤运动后的肌肉修复，这可能导致在48小时或更长时间内的耗氧量升高[1]。

缺氧量和EPOC的计算

设备

- 台秤（数字秤或其他秤）
- 测距仪（靠墙式或独立式）或附有人体测量仪的医用秤
- 代谢车，包括气体流量计和氧气、二氧化碳分析仪
- 汉斯·鲁道夫阀门、吹口和鼻夹
- 跑步机
- 计算器
- 个人数据表

应由一名或两名学生自愿担任测试对象。理想情况下，测试对象的体能水平不同，但也可以选择体能水平相近的测试对象。其余学生分成两组，分别协助一名测试对象进行测量，并报告自己所协助的测试对象的数据。首先，收集个人数据表中的基本数据（例如，年龄、身高、体重等）。

稳定状态耗氧量

步骤1 让测试对象安静地坐5分钟，以达到静息稳定状态。

步骤2 让测试对象戴上校准过的代谢车的呼吸装置，测量时间为5分钟。读取坐姿时每分钟的值（即测试对象采用坐姿），填入个人数据表。

步骤3 让测试对象站在准备踏上跑步机的位置。选择测试对象要进行的次极量运动的速度和坡度。（选择一个次极量强度，使测试对象可以达到稳定状态。如果要比较两名不同体能水平的测试对象，他们应该以相同的强度运动。如果选择比较强度，那么一名测试对象应该选择低至中等的强度，而另一名测试对象应该选择更高的强度。）

步骤4 当技术人员准备好秒表和代谢车时，让测试对象踏上跑步机并开始跑步10分钟，同时秒表开始计时。

步骤5 根据个人数据表，自运动开始起，立即在第1分钟内每15秒记录一次代谢数据，在第2分钟内每30秒记录一次，然后每分钟记录一次。

步骤6 让测试对象立即坐8分钟。

步骤7 根据个人数据表，在运动停止后，立即在第1分钟内每15秒记录一次代谢数据，第2分钟内每30秒记录一次，然后每分钟记录一次。

计算缺氧量和EPOC

通常将使用微积分计算曲线下面积（area under a curve，AUC），以了解缺氧量和EPOC的大小。然而，并非所有运动生理学学生都具有这种数学背景知识，因此我们将使用更简单的方法来进行估算。

步骤1　计算个人数据表中保持坐姿时耗氧量的平均值和定态运动时耗氧量的平均值。计算第5到第10分钟的$\dot{V}O_2$测量值的平均值，以确定平均定态运动时的$\dot{V}O_2$。在表6.1使用的示例中，平均定态$\dot{V}O_2$是25毫升/（千克·分）。

步骤2　用平均定态$\dot{V}O_2$分别减去在静息到运动过渡期间第0.25分钟到第4分钟的每个测量值。

步骤3　将这些差值求和，获得在达到定态之前的缺氧量估测值。在表6.1中，缺氧量的测值为54.5毫升/（千克·分）。

步骤4　EPOC与本例相反，应用恢复期间（在运动后坐姿的第0.25到第4分钟）的摄氧量的总和，减去运动前保持坐姿时的摄氧量的平均值［大约是3.5毫升/（千克·分）］。

步骤5　比较缺氧量与EPOC的大小。

表6.1　缺氧量的估算示例

运动时间 （分）	测量的$\dot{V}O_2$ ［毫升/（千克·分）］	平均定态$\dot{V}O_2$－测量的$\dot{V}O_2$
0.25	6.5	25-6.5=18.5
0.5	11.7	25-11.7=13.3
0.75	15.7	25-15.7=9.3
1	19.5	25-19.5=5.5
1.5	21.3	25-21.3=3.7
2	22.8	25-22.8=2.2
3	23.5	25-23.5=1.5
4	24.5	25-24.5=0.5
估计总缺氧量 =		54.5毫升/（千克·分）

注意：

在本例中，从第5到第10分钟的平均定态$\dot{V}O_2$是25毫升/（千克·分）。

虽然这不是通过微积分或梯形图解法计算的真正的曲线下面积，但因为缺氧量和EPOC（运动和恢复的前4分钟）测量的时间相等，也可估测缺氧量和EPOC的大小。

问题集6.1

1. 您的测试对象在运动期间的定态摄氧量是多少？

2. 计算缺氧量（能量不包括在$\dot{V}O_2$或从静息到运动的过渡的前4分钟）。

3. 哪些ATP途径可用于提供缺氧所需的能量？您通过测量什么来确定ATP的来源？

4. 计算EPOC。

5. EPOC是否大于缺氧量？为什么它们在某些运动测试中可能是相等的，而在其他测试中EPOC会大于缺氧量？

6. EPOC有两个组成部分：一个是快速部分（在最初几分钟摄氧量大幅下降），另一个是慢速部分（逐渐恢复到静息值）。对这两个组成部分的存在有何解释？

7. 使用坐标纸或电子表单程序，将在课堂上收集的数据绘制成图表，确定代表缺氧量和EPOC的区域，并在这些区域中涂上阴影。图表应该与图6.2a类似，包括静息、运动和恢复间隔、氧债和缺氧量，以及缺氧量的快速和慢速部分。

8. 定态运动耗氧量与跑步机上选定速度和坡度的预测耗氧量相比如何？使用附录B中的代谢预测公式进行计算。

实验活动6

个人数据表

姓名或ID号：_____ 日期：_____

测试人员：_____ 时间：_____

性别：男/女（圈一个） 年龄：_____岁 身高：_____英寸 _____米

体重：_____磅 _____千克 温度：_____华氏度_____摄氏度

气压：_____毫米汞柱 相对湿度：_____%

次极量运动：_____英里/时和_____%坡度

	时间（分）	$\dot{V}O_2$ [毫升/（千克·分）]	$\dot{V}CO_2$ [毫升/（千克·分）]	RER	心率（次/分）
坐姿	1				
	2				
	3				
	4				
	5				
坐姿平均值					
	0.25				
	0.5				
	0.75				
	1				
	1.5				
	2				
	3				
	4				
	5				

	时间 （分）	V̇O₂ [毫升/（千克·分）]	V̇CO₂ [毫升/（千克·分）]	RER	心率 （次/分）
	6				
	7				
	8				
	9				
	10				
定态运动 平均值					
运动后坐姿	0.25				
	0.5				
	0.75				
	1				
	1.5				
	2				
	3				
	4				
	5				
	6				
	7				
	8				

次极量运动测试

定义

绝对功率: 使用测功计测量得到的运动强度,单位为瓦特或毫升/(千克·分),与体能无关。

最大心率 (maximum heart rate,HRmax): 人的心脏每分钟可以跳动的最大速度,通常用(220 − 年龄)来估计。

相对功率: 相对于个人的最大能力测量的运动强度,例如$\dot{V}O_2$max百分比、HRmax百分比或

最大功率百分比,取决于体能。

次极量: 低于极量的85%的运动强度,允许达到定态。

主观用力评分 (rating of perceived exertion,RPE): 用于评估测试对象所感知的运动难度的等级体系。

了解测试对象的心肺功能或$\dot{V}O_2$max对高危人群的运动处方或诊断都很有用。用于估算$\dot{V}O_2$max的测试可以是极量(涉及递增负荷运动直到力竭,参见实验10)或次极量(在力竭前结束)。用于估算心肺能力的次极量测试可能更具实用意义,因为它们不需要昂贵的自动化代谢实验设备。但是,确实需要一些知识和技能才可以正确地进行估算。因此,此类估算通常包含在认证考试的实践部分中(例如,ACSM认证的运动生理学家。有关认证的更多信息,请参见附录F)。

次极量测试有许多的类型,不同类型的测试的目标人群、阶段数和模式不同。为了确定次极量运动,必须量化所做的功。因此,常见的模式包括几种有助于量化功率的方法,例如台阶测试、跑步机和自行车测功计测试。在本实验中,将进行所有这些测试,包括单一阶段和多阶段测试。次极量测试需要监测心率、血压、患者症状、时间、测功计功率和主观用力评分等数据。这些实验活动不涉及直接测量呼吸气体。

由于心率与功率线性相关(见图7.1),可以用测试对象按年龄预测的最大心率推

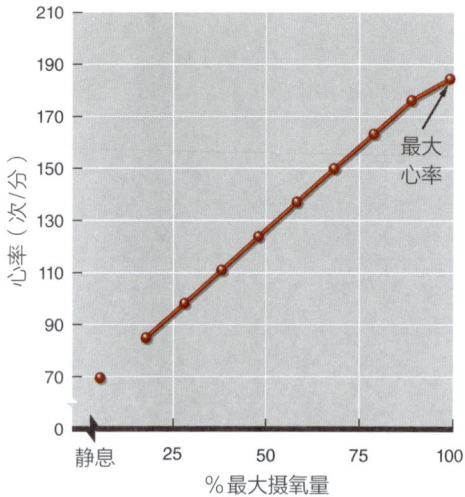

图7.1 心率对运动强度的反应

[Reprinted, by permission, from W. L. Kenney, J. H. Wilmore, and D. L. Costill, 2015, *Physiology of sport and exercise*, 6th ed. (Champaign, IL: Human Kinetics), 197.]

测次极量功率。这种方法已成为评估有氧能力、心肺健康和 $\dot{V}O_2max$ 的最流行的技术之一。

确定心率对运动的反应是运动生理学专业的学生应培养的最关键的技能之一。心率反应在预测心肺健康方面非常有用，这涉及心率、年龄和体能水平之间的关系。随着人们变得更健康，在给定的绝对次极量功率下，他们的心率会降低（见图7.2）。

这种反应是心血管适应了训练的标志之一。至关重要的是，经过训练后，在次极量强度运动状态下的心率减少不是由于 $\dot{V}O_2$ 或 CO 的减少，而是由于 SV（每搏输出量）的增加，这使较低的心率能够实现相同的 CO 和 $\dot{V}O_2$。预测的摄氧量是由预测的**最大心率**（ **HRmax** ）估算而来。因此，可以根据给定**绝对功率**的较低心率反应推断出在预测的 HRmax 处的较高强度，从而推断出较高

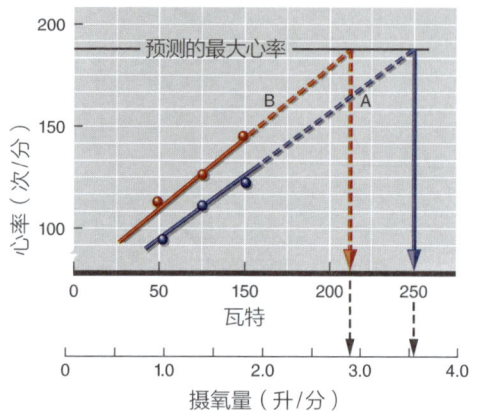

图7.2 训练对心率反应的影响

[Reprinted, by permission, from P. O. Åstrand et al., 2003, *Textbook of work physiology*, 4th ed. (Champaign, IL: Human Kinetics), 285.]

的预测摄氧量（见图7.2中的A线）。心血管适应了训练的另一种表现是在运动后的心率恢复。运动后，接受过训练的人比未接受过训练的人能更快地将心率恢复到正常的静息心率。因此，准确计时的运动后心率可用作体能的预测因子，如实验活动7.1中的台阶测试。

测试之前要考虑在多种情况下的次极量测试的假设。

- 假设测试对象在每个次极量功率下都做定态运动，所以心率和血压的测量结果处于稳定状态。
- 假设测试对象之间的效率没有明显差异。换句话说，假设所有测试对象在给定的绝对功率下消耗相同的能量（ $\dot{V}O_2$ ），并且与体能无关。然而，测试对象的个体最大能力的百分比（**相对功率**）的差异可能很大。
- 最重要的假设可能是：相同年龄的所有人的最大心率是相同的。根据

心率=220-年龄的公式所估计的最大心率误差可能很大。1个标准误差=每分钟±12次心跳。目前已经有了一条更准确的公式：最大心率=208-（0.7×年龄）[10]。

在预测最大心率时，尽管这些假设可能产生误差，但误差也可来源于蹬踏节奏（功率）不准确、测功计上的负荷不准确，以及心率和血压的测量不精确——所有这些都由测试人员控制。

测量心率

运动过程中的心率可以通过触诊、听诊、心电图或心率监测器来测量。通过触诊测量心率是一项重要技能。这几个部位可以通过触诊测量心率：桡动脉、肱动脉、颈动脉、颞动脉和股动脉等。当测试对象处于静息状态时，测量相对容易，但在运动过程中则可能因为外来噪声而使测量过程更复杂。使用秒表，数出6、10或15秒的心跳次数，并将心跳次数分别乘以10、

6或4，以确定每分钟的心跳次数。也可以通过计时30次心跳的秒数，然后使用以下公式计算每分钟心跳次数来测量心率：

$$HR（次/分）=$$
$$1\,800/30次心跳的时间（秒）$$

这种方法更准确，因为它消除了心跳次数偏差所引起的错误。无论使用哪一种方法，在开始计时的时候，都应从零开始数心跳次数。

主观用力评分

当测试对象进行运动测试时，知道他们的感受会很有用，并且测试人员经常使用主观用力评分（RPE）来解决这种需求。这种类型的量表可用于监测极量运动进行的过程。目前已经有两个主观量表[9]，都适用于极量运动测试。这两个量表都是由古纳·博格开发的；一个范围为0~10级，而另一个范围为6~20级[8]。

RPE量表包括在测试开始前要向测试对象宣读的说明[8]，其内容如下。

主观用力评分量表

15分制的博格量表从6分开始，这通常与久坐行为关联。量表上的每个奇数都分配了对发力的描述信息，其中7对应于"极轻松"，9对应于"非常轻松"，11对应于"轻松"，13对应于"有点难"，15对应于"难"，17对应于"非常难"，19对应于"极难"。有趣的是，数字15和16通常与无氧阈值或通气阈值相关。量表上的分数20表示最大强度的发力。15分制的博格量表的范围从6~20，其认为在RPE值后面加上一个0可表示近似的心率；然而，前面提到过最大心率和静息心率在个体之间的差异使该预测的准确性存疑。博格量表也可用于测量发力程度，其值的范围从0（"没感觉"）到10（"极强"）及以上，但它没有固定数字表示最大强度的发力[3, 9]。

在测试过程中，我们希望您密切关注所感觉到的运动的困难程度。这种感觉应该反映您的发力和疲劳的总量，包括对身体压力、精力和疲劳的感受。不要某一个执着于因素，如腿部疼痛、呼吸短促或运动强度，而要集中精力于您全部的内在疲劳感。尽量不要低估或高估您的发力程度，要尽可能准确地描述您的感受。

以下实验活动涉及使用踏箱、跑步机和自行车测功计进行的次极量运动测试。选择这些测试是因为它们适用于职业人士、临床病人和表面健康的人群。此外，以下实验活动还展示了3种测量人的做功输出的方法。

若遵循适当的程序，次极量测试通常是安全的，但是在某些情况下需要在达到预定的终点之前终止测试。发生以下情况时应停止运动测试：测试对象出现心绞痛（心脏疼痛）、在强度增加时心率、血压下降或意志性疲劳。有关终止测试的更多信息，请参阅ACSM的运动测试和处方指南[2]。

次极量台阶测试

设备

- 台秤（数字秤或其他秤）
- 测距仪（靠墙式或独立式）或附有人体测量仪的医用秤
- 台阶：男女使用的台阶的高度均为41.25厘米
- 节拍器
- 心率监测器（可选）
- 秒表
- 个人数据表

踏箱

若没有运动测功计，则台阶测试是计算功和做功输出的一个简单而廉价的替代方案。可以用标准木板和胶合板制作一个踏箱。使用较长的木板可以同时对多个测试对象进行测试。有些方案要求男性和女性使用不同高度的台阶。在这种情况下，可以根据要求制造台阶，使其高度可以调整。注意要准确地进行测量。台阶高度的误差再小都会改变所做的功，从而改变代谢反应。对于体能较差或患病的人来说，进行台阶测试的代谢成本可能过高，特别是超重的人（踏功率随着体重增加而增加）。预测的$\dot{V}O_2$大概在25~40毫升/（千克·分）的范围内。知道测试对象的体重、步速和高度，就可以很容易地计算出台阶测试过程中的功和功率。

$$功（千克·米）=体重（千克）\times 距离（米）/步 \times 步/分 \times 分$$
$$功率（千克·米/分）=体重（千克）\times 距离（米）/步 \times 步/分$$

皇后学院台阶测试

台阶测试对于室内和室外环境以及单人或多人测试来说都很方便。台阶测试有多种类型，最流行的类型之一是皇后学院台阶测试（Queens College Step Test）[6, 7]。像大多数台阶测试一样，该测试通过测量在运动后恢复心率来估计测试对象的体能水平（回想一下，体能水平更高的人群在次极量运动后的心率会更快地恢复到静息值）。许多可用的踏凳测试是为了消防和其他体力要求很高的职业而开发的。现在它们不再用于职业筛查，因为接受筛查的人有时会使用药物（例如，β受体阻滞剂）来降低其心率并以此夸大其体能水平［除非$\dot{V}O_2$max的预测值大于45毫升/（千克·分），否则你无法获得这类工作机会[10]］。然而，测试仍然有用，特别是对于准备参加锻炼计划的表面上看起来很健康的人群。

步骤1　由于测试的准确性依赖于心率反应，因此要尝试消除可能改变此测量结果的因素。理想情况下，测试对象在测试之前24小时内应避免运动，应禁食至少2小时，并避免食用会改变心率的食物和药物（例如，咖啡、苏打水、能量饮料、减肥药、β受体阻滞剂等）。

步骤2 两名学生一组，找到适当的空间进行测试。其中一人作为测试人员，而另一个人作为测试对象。然后，角色互换。

步骤3 收集个人数据表中的基本数据（例如，年龄、身高、体重）。然后测试对象戴上心率监测器，坐在台阶上，休息3分钟，之后测试人员触诊桡动脉的脉搏15秒，并记录测试对象的静息心率。在个人数据表上记录心率监测器显示的同步心率。

步骤4 将节拍器设置为88次/分，按"上上下下"的方式，让测试对象在节拍器每一次发出蜂鸣声时都有一只脚踏上或踏下。这种节奏使女性测试时的蹬踏频率为22步/分。对于男性，将节拍器设置为96次/分，即24步/分。允许测试对象先踏几步进行练习。

步骤5 当测试对象准备就绪时，开始测试并启动秒表（见图7.3a）。

步骤6 为避免肌肉疲劳，测试对象应在测试过程中至少更换一次先导腿。

步骤7 在测试对象蹬踏3分钟后停止蹬踏。测试人员应该触诊桡动脉的脉搏（见图7.3b）。在3分5秒准时开始计数，并计数15秒（即到3分20秒）。在个人数据表上记录其脉搏计数、恢复心率和心率监视器显示的同步心率。

步骤8 使用以下公式来计算 $\dot{V}O_2max$ 预测值，其中心率的单位是次/分。

男性的 $\dot{V}O_2max$［毫升/（千克·分）］$=111.33-(0.42 \times HR)$

女性的 $\dot{V}O_2max$［毫升/（千克·分）］$=65.81-(0.1\,847 \times HR)$

步骤9 在个人数据表和小组数据表中记录相关数据，包括表7.1中的百分等级。

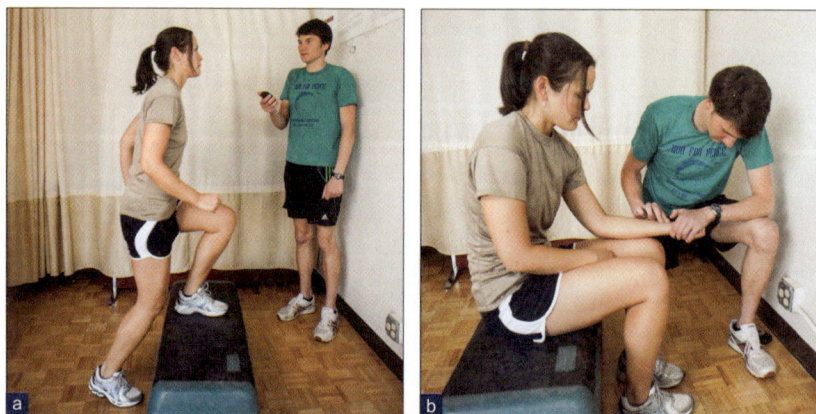

a. 开始姿势；b. 在测试结束后测量脉搏

图7.3 台阶测试

表7.1 用跑步机测功计测量的心肺功能参考标准

百分比	等级	年龄组（岁）					
		20~29	30~39	40~49	50~59	60~69	70~79
		男性					
90	优秀	61.8	56.5	52.1	45.6	40.3	36.6
80	优良	57.1	51.6	46.7	41.2	36.1	32.6
70	良好	53.7	48.0	43.9	38.2	32.9	29.5
60		50.2	45.2	40.3	35.1	30.5	26.8
50	一般	48.0	42.4	37.8	32.6	28.2	24.4
40		44.9	39.6	35.7	30.7	26.6	22.5
30	差	41.9	37.4	33.3	28.4	24.6	20.6
20		38.1	34.1	30.5	26.1	22.4	18.9
10	非常差	32.1	30.2	26.8	22.8	19.8	17.1
		女性					
90	优秀	51.3	41.4	38.4	32.0	27	23.1
80	优良	46.5	37.5	34	28.6	24.6	21.9
70	良好	43.2	34.6	31.1	26.8	23.1	20.5
60		40.6	32.2	28.7	25.2	21.2	19.3
50	一般	37.6	30.2	26.7	23.4	20.0	18.3
40		34.6	28.2	24.9	21.8	18.9	17.0
30	差	32.0	26.4	23.3	20.6	17.9	15.9
20		28.6	24.1	21.3	19.1	16.5	14.8
10	非常差	23.9	20.9	18.8	17.3	14.6	13.6

[Based on Kaminsky, Arena, and Myers 2015; Kaminskyetal. 2017.]

问题集7.1

1. 将在实验中收集的数据填写到个人数据表和实验7小组数据表的相应位置。

2. 触诊心率结果与心率监测器的测量结果相比如何？对这些差异有何解释？

3. 使用附录R中的代谢公式，台阶测试的氧气消耗是多少？

4. 如果台阶测试用于职业筛查并且体能评分要求达到45毫升/（千克·分），那么实验室中有多少人能通过测试？

5. 使用体能分数作为体能消耗较大的职业的筛查工具对所有参与者是否都是公平的？如果是，哪些职业，为什么？如果不是，为什么？

6. 在表7.1和表7.2中的$\dot{V}O_2max$的百分等级有何不同？哪种更适合台阶测试？

7. 在哪些环境中台阶测试有用？为什么？

表7.2 用自行车测功计测量心肺功能的参考标准

百分比	等级	年龄组（岁）					
		20~29	30~39	40~49	50~59	60~69	70~79
男性							
90	优秀	55.5	41.7	37.1	34.0	29.9	28.1
80	优良	51.4	36.2	34.2	30.7	26.7	24.5
70	良好	47.9	33.9	30.4	28.2	24.5	21.9
60		44.5	31.1	28.6	26.3	23.2	20.4
50	一般	41.9	30.1	27.1	24.8	22.4	19.5
40		38.3	28.1	25.4	23.6	21.4	18.5
30	差	36.2	26.9	24.0	22.6	20.2	17.5
20		33.2	25.4	22.2	21.5	19.0	16.7
10	非常差	29.5	21.8	20.6	20.4	17.3	19.3
女性							
90	优秀	42.6	30.0	26.2	22.6	20.5	18.0
80	优良	38.8	26.0	23.4	20.7	18.8	16.9
70	良好	35.6	24.2	22.0	19.3	17.8	16.1
60		33.6	22.5	20.7	18.2	16.7	15.4
50	一般	31.0	21.6	19.4	17.3	16.0	14.8
40		28.1	20.1	18.4	16.6	15.4	14.2
30	差	25.6	18.8	17.1	15.7	14.7	13.6
20		21.6	17.0	15.8	14.9	14.0	12.8
10	非常差	19.3	20.9	14.6	13.7	13.0	12.0

［ Reprinted from *Mayo Clinical Proceeding*, Vol. 92(2), L. A. Kaminsky et al., "Reference standards for cardiorespiratory fitness measured with cardiopulmonary exercise testing using cycle ergometry: data from the fitness registry and the importance of exercise national database (FRIEND) registry", 228–33, Copyright 2017 lsevier. ］

实验活动 7.1

个人数据表

姓名或ID号：_____ 日期：_____

测试人员：_____ 时间：_____

性别：男 / 女（圈一个） 年龄：_____岁 身高：_____英寸 _____米

体重：_____磅 _____千克 温度：_____华氏度 _____摄氏度

气压：_____毫米汞柱 相对湿度：_____%

体表面积：_____平方米

原始数据

按年龄预测的最大心率：_____次 / 分

静息15称脉搏数：_____ 静息心率：_____次 / 分

（心率监测器：_____次 / 分）

3:05 至 3:20 脉搏数：_____ 恢复心率：_____次 / 分

（心率监测器：_____次 / 分）

确定 $\dot{V}O_2max$

男性

$111.33 - (0.42 \times \underline{\hspace{3cm}}) = \underline{\hspace{3cm}}$

恢复心率（次 / 分）　　　　$\dot{V}O_2max$［毫升 /（千克·分）］

女性

$65.81 - (0.184\ 7 \times \underline{\hspace{3cm}}) = \underline{\hspace{3cm}}$

恢复心率（次 / 分）　　　　$\dot{V}O_2max$［毫升 /（千克·分）］

根据表 7.1 的百分等级：_____

根据表 7.1 的 $\dot{V}O_2max$ 级别：_____

根据表 7.3 的百分等级：_____

根据表 7.3 的 $\dot{V}O_2max$ 级别：_____

次极量跑步机测试

设备

- 台秤（数字秤或其他秤）
- 测距仪（靠墙式或独立式）或附有人体测量仪的医用秤
- 跑步机
- 听诊器和血压计
- 心率监测器（可选）
- 秒表
- 个人数据表

埃贝灵（Ebbeling）次极量跑步机测试

埃贝灵次极量跑步机测试是一种单阶段跑步机测试，用于评估20~59岁的低风险男性和女性的心肺健康状况[3]。该测试在对一定年龄范围内的男性和女性进行多元回归分析中显示出了高度可预测性（$R^2=0.86$）。它在选择步行速度方面也很灵活，因此适合不同体能水平的人，并且它不需要花费太多时间，在短时间内就可以进行多次测试。

步骤1　由于测试的准确性依赖于心率反应，因此要尝试消除可能改变此测量结果的因素。理想情况下，测试对象在测试之前24小时内应避免运动，应禁食至少2小时，并避免食用会改变心率的食物和药物（例如，咖啡、苏打水、能量饮料、减肥药、β受体阻滞剂等）。

步骤2　收集个人数据表中的基本数据（例如，年龄、身高、体重）。然后测试对象戴上心率监测器，以与触诊心率进行比较。

步骤3　可使用以下公式确定测试对象按年龄预测的最大心率：208-（0.7×以岁为单位的年龄），在个人数据表上记录按年龄预测的最大心率。

步骤4　测量静息血压并将其记录在个人数据表中。

步骤5　根据测试对象的年龄、性别和预期体能水平，选择3.2~7.2千米/时的步行速度。

步骤6　将坡度设为0%，让测试对象以所选速度热身4分钟。在第2和第4分钟，测量测试对象的触诊心率、血压和RPE并记录在个人数据表中。热身应该让测试对象的心率达到按年龄预测的最大心率的50%~70%。如果心率反应太低或太高，请调整跑步机速度并让测试对象重新热身。

步骤7　在4分钟的单阶段测试开始时，首先设置与热身时相同的速度，并将坡度提高到5%。在此阶段的第2和第4分钟，测量测试对象触诊心率、血压和RPE并记录在个人数据表中。

步骤8　将坡度降低到0%（同热身），让测试对象放松。在放松的第2和第4分钟，测量测试对象的触诊心率、血压和RPE并记录在个人数据表中。

步骤9　使用以下公式计算$\dot{V}O_2max$。

$$\dot{V}O_2max = 15.1 + (21.8 \times 以英里/时为单位的速度) - (0.327 \times HR) - 0.263 \times$$
$$(以英里/时为单位的速度 \times 以岁为单位的年龄) + 0.005\,04 \times$$
$$(HR \times 以岁为单位的年龄) + 5.98 \times (性别：0=女性，1=男性)$$

问题集7.2

1. 根据实验过程完成个人数据表和实验7小组数据表的相应部分。

2. 测试结果与标准值相比较如何？表7.1中提供了$\dot{V}O_2max$标准值。

3. 请比较台阶测试和跑步机测试的$\dot{V}O_2max$预测值。如何解释两者的差异？哪种测试最准确？为什么？

4. 触诊心率结果与心率监测器的结果相比如何？如何解释两者的差异？

5. 测试对象在3个阶段（热身、阶段1、放松）中是否达到定态？证明你的答案。

实验活动 7.2

个人数据表

姓名或ID号：_____ 日期：_____

测试人员：_____ 时间：_____

性别：男 / 女（圈一个） 年龄：_____岁 身高：_____英寸_____米

体重：_____磅_____千克 温度：_____华氏度_____摄氏度

气压：_____毫米汞柱 相对湿度：_____%

原始数据

按年龄预测的最大心率：_____次/分

静息血压：_____ / _____毫米汞柱 静息心率：_____次/分

按年龄预测的最大心率的50%~70%：_____ – _____次/分

	时间（分）	速度（英里/时）	坡度（%）	触诊心率（次/分）	心率监测器（次/分）	血压（毫米汞柱）	RPE
热身	2		0				
	4		0				
阶段1	6		5				
	8		5				
放松	10		0				
	12		0				

确定 $\dot{V}O_2max$

$15.1 + (21.8 \times \underline{\hspace{3cm}}) - (0.327 \times \underline{\hspace{2cm}}) - 0.263 \times (\underline{\hspace{3cm}} \times \underline{\hspace{2cm}}) +$
速度（英里/时）   心率   速度（英里/时）   年龄（岁）

$0.005\,0 \times (\underline{\hspace{2cm}} \times \underline{\hspace{2cm}}) + (5.98 \times \underline{\hspace{3cm}}) = \underline{\hspace{3cm}}$
心率   年龄（岁）   性别：0=女性，1=男性 $\dot{V}O_2max$［毫升/（千克·分）］

根据表 7.1 的百分等级：_____

根据表 7.1 的 $\dot{V}O_2max$ 级别：_____

次极量自行车测功计测试

设备

- 台秤（数字秤或其他秤）
- 测距仪（靠墙式或独立式）或附有人体测量仪的医用秤
- 蒙纳克自行车测功计
- 听诊器和血压计
- 心率监测器（可选）
- 节拍器
- 秒表
- 个人数据表

ACSM自行车测功计测试

　　ACSM自行车测功计测试是一个多阶段次极量自行车测功计测试，用于评估男性和女性的心肺健康状况[1]。该测试利用心率和做功输出之间的近线性关系来推断按年龄预测的最大心率。该方案涉及4个3分钟的连续运动阶段，测试要求至少连续2个阶段将测试对象的定态心率提高到110次/分和按年龄预测的最大心率的85%之间（20岁的人为170次/分）。每次做功持续3分钟，并且在每分钟的最后30秒期间记录测试对象的心率。在每个阶段的最后一分钟内的心率变化超过6次/分则表示非定态。在这种情况下，应再以该功率做功一分钟。测试人员应尽量减少与年龄预测的最大心率相关的误差，并在整个测试过程中观察测试对象的情况，以确保测试时的运动强度为二次极量强度。将在每个定态阶段的最后一分钟测量得到的心率与相对应的功率绘制成图表，如此就可以根据按年龄预测的最大心率推断最大功率输出，从而预测 $\dot{V}O_2max$。

　　测试人员测试时应遵循以下步骤。在整个测试中，节奏必须保持在50转/分。测试对象应该不间断地连续运动，直到其出现预期的心率反应（来自两个不同阶段的两个心率应介于110~170次/分）。

步骤1　每组中的一个人充当测试对象并进行次极量运动，而其余小组成员则作为测试人员管理测试。

步骤2　收集个人数据表中的基本数据（例如，年龄、身高、体重）。然后测试对象戴上心率监测器，以与触诊心率进行比较。

步骤3　使用以下公式确定测试对象按年龄预测的最大心率：208-（0.7×以岁为单位的年龄），在个人数据表上记录按年龄预测的最大心率。计算按年龄预测的最大心率的85%的值，并将其记录在个人数据表中。

步骤 4 选择方案的标准是体重和预期的体能。确定测试对象是否"非常活跃"的标准是：测试对象的运动量是否过了每周150分钟的中等强度运动或每周75分钟的高强度运动。根据此信息确定方案，并根据方案填写个人数据表。

步骤 5 设置自行车座椅高度，以使测试对象伸展腿部时膝盖弯曲度为5~15度（见图4.3a）。

步骤 6 让测试对象休息3分钟。然后，让测试对象坐在自行车上，在开始热身之前记录其静息心率和血压（见图7.4a）。热身时应以50转/分的速度进行蹬踏，并将阻力设定为0.0~0.5千克。

步骤 7 开始测试时，测试对象在阶段1以50转/分的速度进行蹬踏。如果自行车测功计没有配备节奏指示器，请使用节拍器，并将节拍设置为50或100次/分，让测试对象用单腿（50）或双腿（100）跟随其节奏。

步骤 8 在阶段1中，在测功计上设置适当的阻力。启动秒表以控制时间。

步骤 9 遵循表7.3中每个阶段的程序。在3分钟阶段的每分钟的最后15秒测量触诊心率。如果有心率监测器，请同步使用并将其结果与触诊心率进行比较。在个人数据表中记录每个结果。

步骤 10 从进入阶段1的第2分钟开始测量血压（见图7.4b）。

步骤 11 在整个阶段中，要注意测试对象是否保持着50转/分的节奏。

步骤 12 注意测试对象的症状（例如脸色苍白、呼吸困难）。

步骤 13 如果这是测试对象第一次尝试测试，可能很难在3分钟内完成所有必要的任务。因此，前几次测试时，可以延长阶段时间以完成必要的测量。随着练习得越来越多，要努力在预期的阶段时间内完成数据收集。

步骤 14 在阶段1之后，根据图7.5中提供的测试方案（A、B、C）调整阻力。

步骤 15 以与阶段1相同的方式完成阶段2~4的心率、血压和RPE的数据收集。

步骤 16 在整个阶段中，要注意测试对象是否保持着50转/分的节奏。如果在任何时间测试对象的心率超过其按年龄预测的最大心率的85%，则停止测试。

步骤 17 在阶段4之后，确认测得的两个定态心率在110次/分和按年龄预测的最大心率的85%（例如，20岁的人为170次/分）之间。

步骤 18 计测试对象在0.5千克的阻力下以50转/分的节奏放松。在个人数据表上每2分钟记录一次心率、血压和RPE。继续放松4分钟或直到测试对象的心率<120次/分。

步骤 19 在课堂上尝试进行2~3次测试。轮换测试角色以练习所有必要的技能。

步骤 20 按照表7.3和图7.5，将所有数据记录在个人数据表相应位置。

方案选择标准		
体重[千克（磅）]	非常活跃：否	非常活跃：是
<73（160）	A	A
74~90（161~199）	A	B
>91（200）	B	C

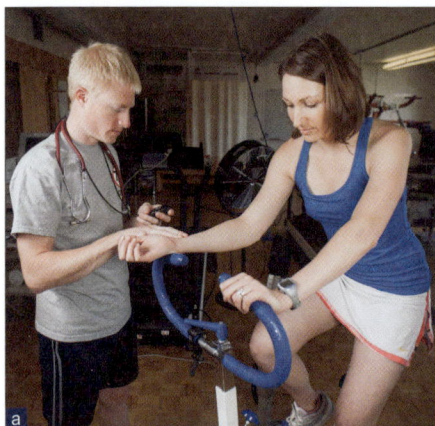

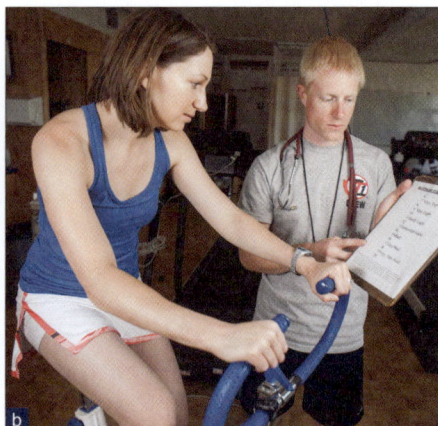

a. 在测试开始前测量静息心率；b. 在阶段1后测量RPE

图7.4　ACSM自行车测功计测试

[Based on Golding, 2000, *YMCA fitness testing and assessment manual*, 4th ed. (Champaign, IL: Human Kinetics).]

	测试方案		
阶段	A	B	C
1	150毫升/（千克·分） （0.5千克；25瓦）	150毫升/（千克·分） （0.5千克；25瓦）	300毫升/（千克·分） （1.0千克；50瓦）
2	300毫升/（千克·分） （1.0千克；50瓦）	300毫升/（千克·分） （1.0千克；50瓦）	600毫升/（千克·分） （2.0千克；100瓦）
3	450毫升/（千克·分） （1.5千克；75瓦）	600毫升/（千克·分） （2.0千克；100瓦）	900毫升/（千克·分） （3.0千克；150瓦）
4	600毫升/（千克·分） （2.0千克；100瓦）	900毫升/（千克·分） （3.0千克；150瓦）	1 200毫升/（千克·分） （4.0千克；200瓦）

图7.5　ACSM自行车测功计测试的自行车测功计工作负荷设置指南

表7.3 次极量自行车测功计测试的建议阶段程序

阶段时间 （分:秒）	程序
0:00-0:45	监控测试对象的节奏、测功计的阻力，以及测试对象的症状（例如，脸色苍白、呼吸困难）。闲聊可以帮助测试对象放松，但要继续完成任务
0:45-1:00	通过触诊测量15秒心率
1:00-1:45	监控测试对象的节奏、测功计的阻力，以及测试对象的症状（例如，脸色苍白、呼吸困难）。闲聊可以帮助测试对象放松，但要继续完成任务
1:45-2:00	通过触诊测量15秒心率
2:00-2:30	在这个阶段测量测试对象的血压，确保测试对象不要紧握把手。测试对象还需要继续保持50转/分的节奏
2:30-2:45	测量测试对象在这个阶段的RPE
2:45-3:00	通过触诊测量15秒心率

[Based on Golding, 2000, *YMCA fitness testing and assessment manual*, 4th ed. (Champaign, IL: Human Kinetics).]

公式

计算在蒙纳克自行车测功计上的功率

$$功率（千克·米/分）=转/分×阻力（千克）×6米/转$$

预测在自行车测功计上的耗氧量

$$\dot{V}O_2[毫升/(千克·分)]=[1.8×功率（千克·米/分）/体重（千克）]+$$
$$7毫升/(千克·分)$$

将单位转换为瓦特

$$瓦特=（千克·米/分）/6.12$$

估算 $\dot{V}O_2$max

体重在自行车测功计的工作中不是一个重要影响因素。因此，耗氧量通常以升/分为单位表示。然而，当比较不同测试对象之间的数据时（见表7.3），$\dot{V}O_2$max最好以毫升/（千克·分）为单位表示。我们将尝试用两种方法来用收集的数据估算$\dot{V}O_2$max。

方法A

首先，使用坐标纸或计算机电子表单，以4个阶段中每个阶段的最后一个心率为因变量（y轴），以功率为自变量（x轴）绘制坐标系。绘制与期望范围内的心率（110次/分至85%的最大心率）的最贴合直线。如果有一个或多个测量的心率落在期望范围之外，则淘汰这些数据点，用此线推算出按年龄预测的最大心率，从这个点画一条垂直于x轴的线，以确定最大功率的预测值。使用以下公式，用估算的最大功率来估算（$\dot{V}O_2$max）。

$$\dot{V}O_2max [毫升/（千克·分）]=[1.8×最大功率（千克·米/分）/体重（千克）]+$$
$$7毫升/（千克·分）$$

方法B

该方法以数字方式估算$\dot{V}O_2max$，不需要坐标纸。

首先，确定引起期望范围内的心率反应（110次/分和85%的最大心率）的两个定态功率的次极量$\dot{V}O_2$。使用ACSM的自行车代谢公式（自行车工作负荷在300~1 200千克·米/分之间），公式如下。

$$\dot{V}O_2 [毫升/（千克·分）]=[1.8×功率（千克·米/分）/体重（千克）]+$$
$$7毫升/（千克·分）$$

其次，确定心率和$\dot{V}O_2$的线性关系的斜率m。

$$斜率m=（SMA-SMB）/（HRA-HRB）$$

其中，

SMA=来自阶段A的次极量预测$\dot{V}O_2$ [毫升/（千克·分）]

SMB=来自阶段B的次极量预测$\dot{V}O_2$ [毫升/（千克·分）]

HRA=来自阶段A的定态心率（次/分）

HRB=来自阶段B的定态心率（次/分）

注意：阶段A和阶段B不是指阶段1和阶段2，而是指达到目标心率（在110次/分和按年龄预测的最大心率的85%之间）的两个阶段。

最后，用以下公式计算出$\dot{V}O_2max$。

$$\dot{V}O_2max=SMB+m×（HRmax-HRB）$$

用功率估算$\dot{V}O_2$的公式对于估算300~1 200（千克·米）/分（50~200瓦）的次极量定态工作负荷下的耗氧量有效。因此，如果工作负荷超过此范围之外，则须谨慎使用。用次极量心率反应估计耗氧量的另一个误差来源于估算最大心率的公式（220-年龄），这个公式只能提供粗略估计（误差为±12次/分）。

问题集7.3

1. 使用方案A和B估算ACSM自行车测试的$\dot{V}O_2max$（绝对值和相对值）。

2. 画出图表，说明在自行车测功计上的工作负荷（千克·米/分）与$\dot{V}O_2$［毫升/（千克·分）］之间的关系，包括SMA、SMB和预测的$\dot{V}O_2max$。

3. 绘制图表，说明运动测试过程中SBP、DBP和工作负荷之间的关系。

4. ACSM自行车测试的$\dot{V}O_2$估算值是多少？使用这两种方法，百分等级和分级是什么？这是衡量健康状况的准确方法吗？为什么是或者为什么不？

5. 给出以下组别的男性和女性的标准$\dot{V}O_2max$值：精英马拉松运动员、短跑运动员、奥林匹克举重运动员、男性大学生和女性大学生。估算这些值时必须使用实验室手册以外的参考源（例如，教科书或网络）。

6. 使用不同方法计算的$\dot{V}O_2max$结果有何不同（即绘图与数字，方案A与B）？对于每个方法，至少说出一个误差来源。

7. 用次极量心率反应估算最大有氧能力有哪些误差来源？（提示：考虑测试中固有的假设）

实验活动 7.3

个人数据表

姓名或ID号：＿＿＿＿＿＿＿＿＿＿＿＿＿＿＿＿＿　　　日期：＿＿＿＿＿＿＿＿

测试人员：＿＿＿＿＿＿＿＿＿＿＿＿＿＿＿＿＿　　　时间：＿＿＿＿＿＿＿＿

性别：男 / 女（圈一个）　年龄：＿＿＿＿＿＿岁　身高：＿＿＿＿＿＿英寸　＿＿＿＿＿米

体重：＿＿＿＿＿＿磅　＿＿＿＿＿＿千克　温度：＿＿＿＿＿华氏度　＿＿＿＿＿摄氏度

气压：＿＿＿＿＿＿＿＿＿＿毫米汞柱　相对湿度：＿＿＿＿＿＿＿＿＿＿＿＿＿％

原始数据

非常活跃? 是 / 否

按年龄预测的最大心率：＿＿＿＿＿＿＿＿＿＿　次 / 分

静息血压：＿＿＿＿＿＿＿＿ / ＿＿＿＿＿＿＿＿毫米汞柱　静息心率：＿＿＿＿＿＿＿＿＿次 / 分

按年龄预测的最大心率的85%：＿＿＿＿＿＿ – ＿＿＿＿＿＿次 / 分

	时间（分）	负荷（千克）	触诊心率（次/分）	心率监测器（次/分）	血压（毫米汞柱）	RPE
第1阶段	1				——	——
	2					——
	3				——	
第2阶段	4					
	5					——
	6				——	
第3阶段	7				——	——
	8					——
	9					
第4阶段（如有必要）	10				——	——
	11					——
	12				——	

恢复

时间 （分）	负荷 （千克）	触诊心率 （次/分）	心率监测器 （次/分）	血压 （毫米汞柱）	RPE
2	0.5				
4	0.5				

功率（千克·米/分）= 负荷（千克）× 转/分 ×6米/转

阶段1：_____千克 ×50转/分 ×6米/转=_____千克·米/分

阶段2：_____千克 ×50转/分 ×6米/转=_____千克·米/分

阶段3：_____千克 ×50转/分 ×6米/转=_____千克·米/分

阶段4：_____千克 ×50转/分 ×6米/转=_____千克·米/分

确定 $\dot{V}O_2max$

方法A

$$1.8 \times \underset{\text{估计的功率（千克·米/分）}}{\underline{\hspace{3cm}}} / \underset{\text{体重（千克）}}{\underline{\hspace{2cm}}} +7毫升/（千克·分）= \underset{\dot{V}O_2max[\text{毫升/（千克·分）}]}{\underline{\hspace{3cm}}}$$

表7.3中的百分等级：_____

表7.3中的 $\dot{V}O_2max$ 级别：_____

方法B

$$1.8 \times \underset{\text{阶段A功率（千克·米/分）}}{\underline{\hspace{3cm}}} / \underset{\text{体重（千克）}}{\underline{\hspace{2cm}}} +7毫升/（千克·分）= \underset{\text{SMA}}{\underline{\hspace{1.5cm}}}$$

$$1.8 \times \underset{\text{阶段B功率（千克·米/分）}}{\underline{\hspace{3cm}}} / \underset{\text{体重（千克）}}{\underline{\hspace{2cm}}} +7毫升/（千克·分）= \underset{\text{SMB}}{\underline{\hspace{1.5cm}}}$$

$$(\underset{\text{SMA}}{\underline{\hspace{1.5cm}}} - \underset{\text{SMB}}{\underline{\hspace{1.5cm}}})/(\underset{\text{HRA}}{\underline{\hspace{1.5cm}}} - \underset{\text{HRB}}{\underline{\hspace{1.5cm}}})= \underset{\text{斜率m}}{\underline{\hspace{1.5cm}}}$$

$$\underset{\text{SMB}}{\underline{\hspace{1.5cm}}} + \underset{\text{斜率m}}{\underline{\hspace{1.5cm}}} \times (\underset{\text{HRmax}}{\underline{\hspace{1.5cm}}} - \underset{\text{HRB}}{\underline{\hspace{1.5cm}}})= \underset{\dot{V}O_2max[\text{毫升/（千克·分）}]}{\underline{\hspace{3cm}}}$$

表7.3中的百分等级：_____

表7.3中的 $\dot{V}O_2max$ 级别：_____

有氧动力现场测试

目标

- 解释多种有氧动力现场测试的方法。
- 进行库珀2.4千米跑步/步行测试、库珀12分钟跑步/步行测试和罗克波特健身步行测试。
- 使用几种不同类型的现场测试估算最大有氧动力。
- 评估有氧动力的现场测试结果。

定义

有氧动力： 通过有氧代谢重新合成ATP的最大能力，最好通过递增负荷运动测试来判断。

有氧动力的现场测试： 在现场测试（不需要实验室环境）中，测试对象要定时完成设定的距离或在设定时间内完成尽可能长的距离。

递增负荷运动测试（graded exercise test，GXT）： 逐渐增加强度，用来测试心血管的健康状况和功能（通过增加速度、阻力、倾斜角度或其某种组合来增加强度）的测试。

组内相关系数（intraclass correlation coefficient，ICC）： 反映测量可靠性的指标。

极量测试： 测试要求测试对象达到意志性力竭状态，目的是评估最大心率、最大摄氧量或有氧动力。

触诊： 通过触摸来检查，通常在没有心率监测器时用于估算心率。

r： 多元回归相关系数，表示自变量组合和因变量之间的线性相关程度，介于−1和1之间。

回归方程： 用于关联两个或多个变量的统计方法。

估算标准误差（standard error of the estimate，SEE）： 反映预测公式准确性的指标，值越小表示估算得越准确。

次极量有氧动力测试： 用于估算$\dot{V}O_2max$的测试，通常在实验室环境中进行，测试内容包括步行、慢跑、跑步或骑自行车。

$\dot{V}O_2max$： 最大摄氧量或有氧动力。

许多人认为测量**有氧动力**（或体能）是评估的确定一个人心肺健康的重要方法之一。测量有氧动力的方法有很多种：通过直接测量$\dot{V}O_2max$（最大摄氧量，见实验10）、通过实验室中的次极量运动测试（见实验7）或基于现场的设置[4]来估算有氧动力。

评估心肺能力的最佳方法通常是在**递增负荷运动测试**过程中直接测量耗氧量[5]。虽然这种方法被视为黄金标准，但它需要专门的设备和训练有素的人员，这些专业人员可以在受控条件下执行测试[16]。此外，极量测试可能是某些人的禁忌[2]。

确定有氧动力的另一种方法是次极量测试。与极量测试相比，这种测试通常需要较少的医疗监督、人员和器材[2]。次极量测试往往需要更少的时间，并且因为测试时使用固定的工作负荷，所以这种测试非常适合用于以预定时间增量评估心率和血压。同时，**次极量有氧动力测试**也有其自身的局限性。

- $\dot{V}O_2max$ 是预测的而不是直接测量的。
- 与次极量测试结合使用的许多公式存在10%~20%的预测误差。
- 这种类型的测试在某些测试中提供的诊断功能有限。
- 因为这些测试不能测量最大心率，所以在制订运动处方时的用处有限。

次极量测试的理论基础以心率、耗氧量和工作负荷[5]之间的关系为中心。具体而言，心率、耗氧量和工作负荷之间的线性关系（见图7.1）使得可以通过在次极量测试过程中的工作负荷和测试对象的心率来预测耗氧量（参见实验7）。基于这些关系可以采用多项次极量测试，但是由于需要专业器材，在某些情况下此方法并不实用。

估算有氧动力的另一种方法是使用极量或次极量**有氧动力现场测试**。这些测试是实验室评估测试的简单替代方案，因为它们只需要极少的器材，并且可以同时对多人进行测试[1, 2]。这种测试分为两大类：测量完成设定距离所需时间，以及测量在一定时间内完成的距离[2]。有氧动力的现场测试结果可通过专门的预测公式估算$\dot{V}O_2max$。基于现场测试的评估的主要缺点如下。

- 对于某些人来说，这种类型的测试可能是极量测试。
- 测试对象在测试过程中采取的运动和节奏策略会对最终结果产生深远的影响。
- 这种类型的测试无法在测试过程中全面监控心率和血压。

对于在测试前筛查中被鉴定为有中高风险的心肺或肌肉骨骼并发症的久坐人群，一般不建议进行现场测试[6]。

最常见的有氧动力现场测试是库珀2.4千米跑步/步行测试、库珀12分钟跑步/步行测试，以及罗克波特健身步行测试。这些测试适合各种人群，并且只需极少的器材[11]。库珀2.4千米跑步/步行测试和库珀12分钟跑步/步行测试被认为是极量测试，而罗克波特测试是次极量测试[13]。它们都有助于合理地估算有氧动力。

库珀2.4千米跑步/步行测试

在用于估算有氧动力的现场测试中，这是比较流行的测试之一[1, 2, 13]。因为它被归类为极量现场测试，所以测试对象必须在运动前进行筛查，以确定测试对象是否有已知的心脏病或会引发心脏病的风险因素。美国运动医学学院认为，该测试不适用于没有接受过训练的人患有心脏病或已知有心脏病危险因素的人[2]。

库珀2.4千米跑步/步行测试通过测量跑步或步行2.4千米所需的时间来估算耗氧量。即使在测试过程中允许步行，但目标是尽可能快地完成距离[13]——测试对象越快完成距离，其$\dot{V}O_2max$越高。可以通过以下回归方程估算测试对象的$\dot{V}O_2max$。

男性

$\dot{V}O_2max$［毫升/（千克·分）］=91.736－［0.165 6×体重（千克）］－［2.767×2.4千米跑步时间（分）］

女性

$\dot{V}O_2max$［毫升/（千克·分）］=88.020－［0.165 6×体重（千克）］－［2.767×2.4千米跑步时间（分）］

这些公式已被证明是高度可靠的，并且其估算标准误差（SEE）约为6%的最大摄氧量[9, 12]。两个公式都有效的另一个原因是：其与实际极量测试结果存在高度相关性（$r=0.90$），以及其估算的标准误差相对较低[13]。

另一种用2.4千米跑步或步行时间估算$\dot{V}O_2max$的方法要使用以下公式。

$\dot{V}O_2max$［毫升/（千克·分）］=65.404+（7.707×性别）－［0.159×体重（千克）］－［0.843×时间（分）］

其中性别=1则为男性，性别=0则为女性。

多元回归相关系数（$r=0.86$）和估算标准误差［3.37毫米/（千克·分钟）］说明该公式的结果是有效的。由于ICC比较高（ICC=0.93），该结果是可靠的。

库珀12分钟跑步/步行测试

库珀12分钟跑步/步行测试最初被库珀[6]用于开发估算$\dot{V}O_2max$的回归方程。该测试以12分钟尽力跑步的速度（150~300

米/分）和定态$\dot{V}O_2$[3]之间确定的线性关系为基础。据最初的调查报告称，回归方程与使用巴尔克方案确定的实际最大摄氧量高度相关（$r=0.897$）[4]。尽管原来的工作报告已清楚地证明该测试是有效的，但是最近的工作报告对于测量得到的最大摄氧量和在库珀12分钟跑步/步行测试中估算得到的最大摄氧量，相关系数差异更大，范围从$r=0.28$到$r=0.94$[16]。这种更大的差异可能部分可由用于确定实际最大容量的标准$\dot{V}O_2max$试验的类型来解释[15]。尽管在有效性方面存在这种差异，但普遍认为库珀12分钟跑步/步行测试可以准确预测最大摄氧量[2, 6, 11, 15, 16]。

由于此测试的目标是在规定的时间内完成尽可能长的距离，可以将其视为极量现场测试[11]，因此，与库珀2.4千米测试一样，美国运动医学学院通常不建议没有接受过训练的人、患有心脏病或已知心脏病危险因素的人进行该测试[2]。用库珀12分钟跑步/步行测试估算$\dot{V}O_2max$需用到以下公式。

$\dot{V}O_2max$［毫升/（千克·分）］=［0.026 8×距离（米）］－11.3

罗克波特健身步行测试

罗克波特健身步行测试由罗克波特研究所开发，用于评估20~69岁的男性和女性的心肺健康状况。克莱因等人[14]将该测试进一步开发为使用1.6千米步行方案估算$\dot{V}O_2max$的次极量现场测试。该测试的多元回归相关系数（$r=0.93$）较高和估算标准误差（0.325升/分）[13]较低，这表明用该测试估算$\dot{V}O_2max$是有效的[11]。芬斯特梅克、普劳曼和卢尼[8]对原始方程的交叉验证表明，罗克波特健身步行测试对于65~79岁的女性是有效且适用的。对于年龄在30~79岁之间的男性和女性可使用以下公式。

男性（30~79岁）

$\dot{V}O_2max$［毫升/（千克·分）］=139.168-（0.387 7×年龄）-［0.169 2×体重（磅）］-［3.264 9×步行时间（分）］-［0.156 5×心率（次/分）］

注意：该公式的多元回归相关系数为0.83~0.88，估算标准误差为4.5~5.3毫升/（千克·分）。

女性（30~79岁）

$\dot{V}O_2max$［毫升/（千克·分）］=132.853-（0.387 7×年龄）-［0.169 2×体重（磅）］-［3.264 9×步行时间（分）］-［0.156 5×心率（次/分）］

注意：该公式的多元回归相关系数为0.59~0.88，估算标准误差为2.7~5.3毫升/（千克·分）。

尽管罗克波特健身步行测试一般会产生有效且可靠的数据，但一些研究表明，原始公式高估了男女大学生的$\dot{V}O_2max$[7, 9]。基于这些发现，多格内尔等人[5]修改了原始公式，以更好地估计18~29岁男性和女性的$\dot{V}O_2max$，修改后的公式如下。

男性（18~29岁）

$\dot{V}O_2max$［毫升/（千克·分）］=97.660-［0.095 7×体重（磅）］-［1.453 7×步行时间（分）］-［0.119 4×心率（次/分）］

注意：该公式的相关系数为0.50~0.85，估算标准误差为3.5~5.8毫升/（千克·分）。

触诊心率的程序

可以通过触诊几个动脉部位来检查心率[11]。

- 肱动脉：在肱二头肌腹以下、手臂的前内侧上方的肘窝上方2~3厘米处。
- 颈动脉：颈部喉侧面。
- 桡动脉：拇指的前外侧，与拇指根部对齐。
- 颞动脉：在太阳穴处，与发际线一致。

触诊时，使用中指和食指的指尖，不要使用拇指，因为它有自己的脉搏，可能导致心率计数出错。在运动和静息时最常见的触诊部位是颈动脉和桡动脉。触诊颈动脉时要小心，因为对该部位施加的压力过大会导致压力感受器响应，从而显著降低心率并导致测试对象昏倒。如果在数心跳的同时启动秒表，请将第1次心跳数作0，然后在预设持续时间内继续数。如果秒表已在运行，则从1开始数[1, 11]。当使用罗克波特健身步行测试时，在测试停止后立即触诊心率15秒。在此15秒内数出总心跳次数后，将该数字乘以4并在罗克波特健身步行测试公式中使用该结果。

女性（18~29岁）

$\dot{V}O_2max$ ［毫升/（千克·分）]=88.768-［0.095 7×体重（磅）]-［1.453 7×步行时间（分）]-［0.119 4×心率（次/分）]

注意：该公式的多元回归相关系数为0.38~0.85，估算标准误差为3.0~4.8毫升/（千克·分）。

计算成人 $\dot{V}O_2max$ 的另一种方法需使用以下公式。

$\dot{V}O_2max$ ［毫升/（千克·分）]=132.853+（性别×3.315）-（0.387 7×年龄）-［0.169 2×体重（千克）]-［3.264 9×步行时间（分）]-［0.156 5×心率（次/分）]

对于大学生，可以使用以下公式。

$\dot{V}O_2max$ ［毫升/（千克·分钟）]=88.768+（性别×8.892）-［0.210 9×体重（千克）]-［1.453 7×步行时间（分）]-［0.119 4×心率（次/分）]

在这些公式中，性别=1为男性，性别=0为女性。

罗克波特健身步行测试相对容易执行，但它要求测试对象在完成测试后立即触诊其心率15秒。因此，测试对象必须能够执行此程序（请参阅上文突出显示的方框中的内容）。

库珀2.4千米跑步/步行测试和库珀12分钟跑步/步行测试

设备

- 测量2.4千米距离，最好是在一条400米的跑道上
- 医用秤、测距仪或等效的电子秤
- 秒表
- 个人数据表
- Excel或等效的电子表单程序

图8.1显示了传统的400米的跑道，其中每段直道和弯道长100米，每个长度的一半是50米。根据跑道的不同，距离可能略有不同。因此，在选择跑道时请务必了解跑道上的各种长度。

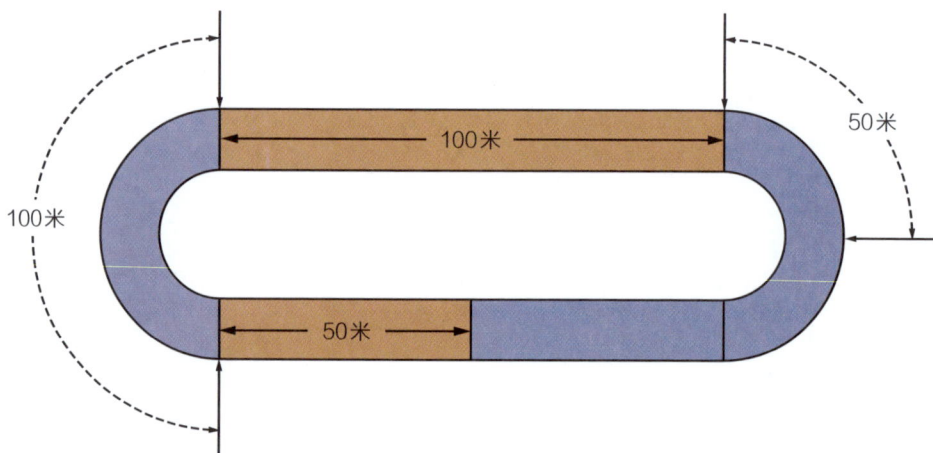

图8.1 400米跑道的尺寸

热身

与任何基于表现的测试一样，测试对象接受测试前应该进行结构化热身。通常，当测试对象为运动员或其他健康的人时，可以花5分钟进行一般热身活动（如慢跑、骑自行车、跳绳等），然后花5分钟进行动态拉伸热身（如高抬腿、弓步行走、蹲踞式行走、踢臀跑、蠕虫爬行、跨步跳等）。对于久坐或未经训练的人，则进行不太激烈的热身（如摆腿、摸脚趾等）。热身后，确保测试对象清楚地了解测试的目标是在尽可能短的时间内完成距离。

库珀2.4千米跑步/步行测试

步骤1　收集个人数据表中的基本数据（如年龄、身高、体重等）。

步骤2　让每名测试对象完成约10分钟的结构化热身。

步骤3　在开始测试之前，向测试对象清楚地解释每个人应该尽可能快地跑步或步行2.4千米的距离。

步骤4　在跑步或步行开始的同时启动秒表。

步骤5　当测试对象完成跑步或步行的距离时，将其时间记录到个人数据表上，精确到1秒。

步骤6　在完成测试后，每个测试对象都应该进行放松活动，包括慢走、拉伸等。

步骤7　使用个人数据表中的公式来估算每个测试对象的$\dot{V}O_2max$，然后将结果记录在小组数据表中。

库珀12分钟跑步/步行测试

步骤1　收集个人数据表中的基本数据（如年龄、身高、体重等）。

步骤2　让每名测试对象完成5分钟的一般热身，然后完成5分钟的动态拉伸热身。

步骤3　向测试对象清楚地解释测试的目标是在规定的12分钟内跑步或步行尽可能长的距离。

步骤4　在开始12分钟跑步/步行测试的同时启动秒表。

步骤5　鼓励测试对象。

步骤6　定期查看时间并向正在进行测试的测试对象提供反馈。例如，"剩下5分钟""剩下1分钟""10秒……5秒……停"。

步骤7　根据测试对象完成的圈数和在跑道上停下的位置估算所完成的距离，在个人数据表上记录此距离。

步骤8　给予足够的时间让测试对象进行放松活动，包括慢走、拉伸等。

步骤9　使用个人数据表中的公式来估算每个测试对象的$\dot{V}O_2max$，然后将结果记录在小组数据表中。

问题集8.1

1. 有氧动力的现场测试和实验室测量之间的潜在关系的生理学原因是什么?
2. 根据您的结果,对照表8.1和表8.2中列出的标准值和百分等级,对您的有氧动力进行评级。
3. 您的有氧动力成绩与班级平均成绩相比如何?
4. 根据班级平均水平,如何评价同学们的总体有氧动力?
5. 与有氧动力测试相关的哪些因素可能导致有氧动力估算值的变化?

表8.1　库珀2.4千米跑步/步行时间(分:秒)的百分等级

年龄(岁)	20~29		30~39		40~49		50~59		60~69	
百分位数	男性	女性	男性	女性	男性	女性	男性	女性	男性	女性
90	9:34	10:59	9:52	11:43	10:09	12:25	11:09	13:58	12:10	15:32
80	10:08	11:56	10:38	12:53	11:09	13:38	12:08	15:14	13:25	16:46
70	10:49	12:51	11:09	13:41	11:52	14:33	12:53	16:26	14:33	18:05
60	11:27	13:25	11:49	14:33	12:25	15:17	13:53	17:19	15:20	18:52
50	11:58	14:15	12:25	15:14	13:05	16:13	14:33	18:05	16:19	20:08
40	12:29	15:05	12:53	15:56	13:50	17:11	15:14	19:10	17:19	20:55
30	13:08	15:56	13:48	16:46	14:33	18:26	16:16	20:17	18:39	22:34
20	13:58	17:11	14:33	18:18	15:32	19:43	17:30	21:57	20:13	23:55
10	15:14	18:39	15:56	20:13	17:04	21:52	19:24	23:55	23:27	26:32

[Adapted, by permission, from Cooper Institute, *Physical fitness assessments and norms for adults and law enforcement* (Dallas, TX: The Cooper Institute).]

表8.2　库珀12分钟跑步/步行距离的百分等级

年龄(岁)	20~29				30~39				40~49				50~59				≥60			
性别	男性		女性		男性		女性		男性		女性		男性		女性		男性		女性	
百分位数	英里	千米	英里	千米	英里	千米	英里	千米	英里	千米	英里	千米	英里	千米	英里	千米	英里	千米	英里	千米
90	1.74	2.78	1.54	2.46	1.71	2.74	1.45	2.32	1.65	2.64	1.41	2.26	1.57	2.51	1.29	2.06	1.49	2.38	1.29	2.06
80	1.65	2.64	1.45	2.32	1.61	2.58	1.38	2.21	1.54	2.46	1.32	2.11	1.45	2.32	1.21	1.94	1.37	2.19	1.18	1.89
70	1.61	2.58	1.37	2.19	1.55	2.48	1.33	2.13	1.47	2.35	1.25	2.00	1.38	2.21	1.17	1.87	1.29	2.06	1.13	1.81
60	1.54	2.46	1.33	2.13	1.49	2.38	1.27	2.03	1.42	2.27	1.21	1.94	1.33	2.13	1.13	1.81	1.24	1.98	1.07	1.71
50	1.50	2.40	1.29	2.06	1.45	2.32	1.25	2.00	1.37	2.19	1.117	1.87	1.29	2.06	1.10	1.76	1.19	1.90	1.03	1.65
40	1.45	2.32	1.25	2.00	1.39	2.22	1.21	1.94	1.33	2.13	1.13	1.81	1.25	2.00	1.06	1.70	1.15	1.84	0.99	1.58
30	1.41	2.26	1.21	1.94	1.35	2.16	1.16	1.86	1.29	2.06	1.10	1.76	1.21	1.94	1.02	1.63	1.11	1.78	0.97	1.55
20	1.34	2.14	1.16	1.86	1.29	2.06	1.11	1.78	1.23	1.97	1.05	1.68	1.15	1.84	0.98	1.57	1.05	1.68	0.94	1.50
10	1.27	2.03	1.10	1.76	1.21	1.94	1.05	1.68	1.17	1.87	1.01	1.62	1.09	1.74	0.93	1.49	0.95	1.52	0.89	1.42

[Adapted, by permission, from Cooper Institute, *Physical fitness assessments and norms for adults and law enforcement* (Dallas, TX: The Cooper Institute).]

实验活动8.1

个人数据表

姓名或ID号：_____   日期：_____

测试人员：_____   时间：_____

性别：男/女（圈一个）年龄：_____岁

身高：_____英寸 _____米

体重：_____磅 _____千克

温度：_____华氏度 _____摄氏度

气压：_____毫米汞柱

相对湿度：_____%

测试地点
- ☐ 室外场地
- ☐ 室内场地
- ☐ 室内跑道
- ☐ 室外跑道
- ☐ 健身房
- ☐ 其他_____

鞋类
- ☐ 慢跑鞋
- ☐ 步行鞋
- ☐ 网球鞋
- ☐ 篮球鞋
- ☐ 跑鞋
- ☐ 交叉训练鞋
- ☐ CrossFit鞋
- ☐ 其他_____

库珀2.4千米跑步/步行测试

男性

公式1

$$\dot{V}O_2max\ [\text{毫升}/(\text{千克}\cdot\text{分})]=91.736-(0.165\ 6\times\underset{\text{体重（千克）}}{\underline{\hspace{2cm}}})-(2.767\times\underset{\text{时间（分）}}{\underline{\hspace{2cm}}})$$

$$\dot{V}O_2max=\underline{\hspace{4cm}}\text{毫升}/(\text{千克}\cdot\text{分})$$

公式2

$$\dot{V}O_2max\ [\text{毫升}/(\text{千克}\cdot\text{分})]=65.404+(7.707\times\underset{\text{性别}}{\underline{\hspace{1.5cm}}})-0.159\times\underset{\text{体重（千克）}}{\underline{\hspace{2cm}}}-0.843\times\underset{\text{时间（分）}}{\underline{\hspace{2cm}}}$$

$$\dot{V}O_2max=\underline{\hspace{4cm}}\text{毫升}/(\text{千克}\cdot\text{分})\quad\text{百分等级：}\underline{\hspace{3cm}}$$

女性

公式1

$$\dot{V}O_2max\ [\text{毫升}/(\text{千克}\cdot\text{分})]=88.020-(0.165\ 6\times\underset{\text{体重（千克）}}{\underline{\hspace{2cm}}})-(2.767\times\underset{\text{时间（分）}}{\underline{\hspace{2cm}}})$$

$$\dot{V}O_2max=\underline{\hspace{4cm}}\text{毫升}/(\text{千克}\cdot\text{分})$$

公式2

$$\dot{V}O_2max\ [\text{毫升}/(\text{千克}\cdot\text{分})]=65.404+(7.707\times\underset{\text{性别}}{\underline{\hspace{1.5cm}}})-0.159\times\underset{\text{体重（千克）}}{\underline{\hspace{2cm}}}-0.843\times\underset{\text{时间（分）}}{\underline{\hspace{2cm}}}$$

$$\dot{V}O_2max=\underline{\hspace{4cm}}\text{毫升}/(\text{千克}\cdot\text{分})\quad\text{百分等级：}\underline{\hspace{3cm}}$$

库珀12分钟跑步/步行测试

总距离：_____码×0.914 4=_____米

$$\dot{V}O_2max\ [\text{毫升}/(\text{千克}\cdot\text{分})]=0.026\ 8\times\underset{\text{距离（米）}}{\underline{\hspace{2.5cm}}}-11.2$$

百分等级：_____

罗克波特健身步行测试

设备

- 测量1.6千米距离，最好是在一条400米的跑道上（见图8.1）
- 医用秤、测距仪或等效的电子秤
- 心率监测器（可选）
- 秒表
- 个人数据表
- 小组数据表
- Excel或等效的电子表单程序

热身

在开始测试之前，必须指导测试对象如何使用触诊方法测量其心率，确保他们能够测量其心率并知道如何数心跳。谨慎的做法是，在让测试对象练习触诊时，测试人员也执行触诊，以确保测试对象获得的结果是准确的。或者可以让测试对象佩戴心率监测器，或让测试人员测量测试对象的心率。在本实验活动中，学生应该自己触诊他们的心率。

接下来，测量并记录测试对象的体重，在估算公式中将使用该体重。然后让测试对象进行适当的热身，包括一般热身和动态拉伸热身。当测试对象为运动员或其他健康的人时，可以花5分钟进行一般热身活动（如慢跑、骑自行车、跳绳等），然后花5分钟进行动态拉伸热身（如摆腿、踮脚行走、弓步行走、屈膝、高抬腿等）。对于久坐或未经训练的人，则进行不太激烈的热身活动（如摆腿、摸脚趾等）。热身后，确保测试对象清楚地了解目标是尽可能快地行走1.6千米的距离，并且在此测试过程中不允许慢跑或跑步。具体测试步骤如下。

1英里罗克波特健身步行测试

这是评估心肺健康状况的理想测试。对于未经训练的人来说尤其有用，因为它使用步行和心率来估算有氧动力。

步骤1　收集个人数据表中的基本数据（如年龄、身高、体重等）。

步骤2　让每名测试对象完成5分钟的一般热身，然后完成5分钟的动态拉伸热身。

步骤3　向测试对象清楚地解释本测试的目标是尽可能快地行走1.6千米的距离，并且在此测试过程中不允许慢跑或跑步。

步骤4 在步行测试开始的同时启动秒表。

步骤5 在个人数据表上记录测试对象完成此距离所需的时间。时间精确到0.01分钟。例如，如果时间是12分35秒，则将35秒除以60秒/分，等于0.58分钟，从而使时间为12.58分钟。

步骤6 在测试对象越过1.6千米标记后立即测量其心率。触诊心率15秒，然后将结果乘以4，或者让测试对象佩戴心率监测器以测量其心率。将心率记录在个人数据表的相应位置。

步骤7 给予测试对象足够的时间进行放松活动，包括慢走、拉伸等。

步骤8 使用个人数据表中的公式来估算每个测试对象的$\dot{V}O_2max$，然后将结果记录在小组数据表中。将结果与表8.3和表8.4中的标准值进行比较。

表8.3 18~29岁和30~69岁的测试对象的1.6千米步行测试标准值（分）

年龄（岁）	18~29		30~69	
类别	男性	女性	男性	女性
远高于平均水平	>57.8	>45.4	>59.0	>45.0
高于平均水平	51.0~57.8	40.7~45.4	49.2~59.0	37.2~45.0
平均	41.5~50.9	34.1~40.6	35.4~49.2	26.4~37.1
低于平均水平	34.7~41.4	29.4~34.0	25.5~35.3	18.6~26.3
远低于平均水平	<34.7	<29.4	<25.5	<18.6

[Data from Bean and Adams 2011; Kline et al 1987; Dolgener et al 1994; George et al. 1993.]

表8.4 18~30岁的测试对象的1.6千米步行测试标准值（分:秒）

百分位数	男性（n=400）	女性（n=426）
90	11:08	11:45
75	11:42	12:49
50	12:38	13:15
25	13:38	14:12
10	14:37	15:03

[Reprinted, by permission, from J. Morrow, A. Jackson, J. Disch, and D. Mood, 2010, *Measurement and evaluation in human performance*, 4th ed. (Champaign, IL: Human Kinetics), 201.]

问题集8.2

1. 根据您的结果，对照表8.3和表8.4中列出的标准值和百分等级，对您的有氧体能进行评级。您的评级与班级平均水平相比如何？

2. 绘制个人成绩和班级平均成绩的条形图。您的成绩与班级平均水平有何差异？是高于还是低于平均水平？

3. 使用各公式所得出的值是否产生了不同的结果？如果是的话，可能是什么原因？

4. 罗克波特健身步行测试有哪些限制？

5. 根据班级平均水平，如何评价同学的整体健康状况？

6. 有哪些问题与心率触诊相关？是否有任何程序问题？如果是，有哪些问题？

实验活动8.2

个人数据表

姓名或ID号：_____　　日期：_____

测试人员：_____　　时间：_____

性别：男 / 女（圈一个）　年龄：_____岁　　测试地点　　　　鞋类

身高：_____英寸 _____米　　　　□ 室外场地　　　□ 慢跑鞋

体重：_____磅 _____千克　　　　□ 室内场地　　　□ 步行鞋

温度：_____华氏度 _____摄氏度　　□ 室内跑道　　　□ 网球鞋

气压：_____毫米汞柱　　　　　　　　　　□ 室外跑道　　　□ 篮球鞋

相对湿度：_____%　　　　　　　　　　　□ 健身房　　　　□ 跑鞋

　　　　　　　　　　　　　　　　　　　　　　□ 其他_____　□ 交叉训练鞋

原始数据　　　　　　　　　　　　　　　　　　　　　　　□ CrossFit鞋

原始时间：_____（分:秒）　转换后的时间：_____（分）　　□ 其他_____

体重：_____千克×2.2=_____磅

确定 $\dot{V}O_2max$

男性（18~29岁）

$$\dot{V}O_2max\,[\text{毫升}/(\text{千克}\cdot\text{分})]=97.660-(0.095\,7\times\underset{\text{体重（千克）}}{\underline{\qquad}})-$$

$$(1.453\,7\times\underset{\text{步行时间（分）}}{\underline{\qquad}})-(0.119\,4\times\underset{\text{心率（次/分）}}{\underline{\qquad}})$$

$\dot{V}O_2max=$_____毫升/（千克·分）　　等级：_____　　百分位数：_____

女性（18~29岁）

$$\dot{V}O_2max\,[\text{毫升}/(\text{千克}\cdot\text{分})]=88.768-(0.095\,7\times\underset{\text{体重（千克）}}{\underline{\qquad}})-$$

$$(1.453\,7\times\underset{\text{步行时间（分）}}{\underline{\qquad}})-(0.119\,4\times\underset{\text{心率（次/分）}}{\underline{\qquad}})$$

$\dot{V}O_2max=$_____毫升/（千克·分）　　等级：_____　　百分位数：_____

大学生

$$\dot{V}O_2max\,[\text{毫升}/(\text{千克}\cdot\text{分})]=88.768+(\underset{\text{性别}}{\underline{\quad}}\times8.892)-(\underset{\text{体重（千克）}}{\underline{\qquad}}\times0.210\,9)-$$

$$(\underset{\text{步行时间（分）}}{\underline{\qquad}}\times1.453\,7)-(\underset{\text{心率（次/分）}}{\underline{\qquad}}\times0.119\,4)$$

$\dot{V}O_2max=$_____毫升/（千克·分）　　等级：_____　　百分位数：_____

高强度体能测试

目标

- 熟悉评估高强度跑步表现的方法。
- 了解如何进行莱杰20米往返跑测试。
- 了解执行Yo-Yo间歇性恢复测试（1级和2级）的方法。
- 使用30-15间歇性体能测试来量化V_{IFT}，并将这些结果应用于训练。
- 解释高强度间歇性体能测试的结果。

定义

30-15间歇性体能测试（30-15$_{IFT-28m}$）：在28米的球场上进行的测试，可用于评估高强度跑步表现[22, 23]。

30-15间歇性体能测试（30-15$_{IFT-40m}$）：在40米的球场上进行的测试，可用于评估高强度跑步表现[22, 23]。

高强度间歇性训练（high-intensity interval training，HIIT）：通常包括重复轮次的短时间到长时间的高强度运动，其中穿插了恢复时间[13]。

间隔往返跑测试（interval shuttle run test，ISRT）：次极量和极量现场测试，目的是测量间歇性耐力[32]。

莱杰（Léger）20米往返跑测试（20m shuttle run test，20mSRT）：用于估算VO_2max和最大有氧速度的多阶段往返跑测试[30, 31]。

最大有氧速度（maximal aerobic speed，MAS）：引起$\dot{V}O_2max$的最低速度[9]。

最大跑步速度（maximal running speed，MRS）：在高强度测试结束时达到的最大速度[9]。

V_{IFT}：在30-15间歇性体能测试结束时达到的速度[10]。

Yo-Yo间歇性恢复测试（Yo-Yo Intermittent Recovery Test，Yo-Yo IRT）：间歇性体能测试，用于评估重复执行高强度练习的能力[3]。

Yo-Yo间歇性恢复测试1级（Yo-Yo IRT1）：用于评估执行激活有氧能量系统的间歇性练习的能力[3]。

Yo-Yo间歇性恢复测试2级（Yo-Yo IRT2）：用于评估在具有高无氧需求的重复性练习后的恢复能力[3]。

许多运动项目在很大程度上均以间歇训练方式进行[1, 4, 19, 34]。有科学文献能充分证明，进行速度、灵活性、力量、爆发力以及重复短暂的超极量练习的能力与其在以间歇性活动为主导的运动项目中的表现高度相关[2, 4]。在准备间歇性运动时，经常使用各种形式的高强度间歇训练来增强心肺功能、代谢功能以及身体表现[13]。

HIIT通常在跑步或骑自行车训练中使用，包括若干轮次的短时间到长时间的高强度运动，其中穿插了恢复时间[5]。

HIIT通常与运动表现有关，并已经是一种有效的训练工具。HIIT可用于对抗心脏代谢疾病[37, 42]，增强血管功能，提高心血管健康水平[35]，降低胰岛素抵抗力[25]，改善代谢健康状况[25]。在与低至中等强度的持续耐力训练相比较时会有如下变化。

增加

脂联素

一氧化氮的可用性

β细胞功能

心脏功能

享受运动

高密度脂蛋白

胰岛素敏感性

Ca^{2+}再摄取的最大速率

PGC-1α

生活质量

$\dot{V}O_2$峰值

降低

血压

空腹血糖

脂肪酸合成酶

脂肪酸转运蛋白

炎症

氧化应激

甘油三酯

[Adapted from *British Journal of Sports Medicine*, "Highintensity interval training in patients with lifestyle-induced cardio-metabolic disease: a systematic review and meta-analysis," K. S. Weston, U. Wisloff, and J. S. Coombes, 48: 1227–1234, ©2014, with permission from BMJ Publishing Group Ltd.]

尽管HIIT是一种有用的训练工具，但临床人群应谨慎使用。HIIT的安全性在与临床患者或高危人群一起工作的健康方面的专业人员间是一个有争议的话题[43]。在罗格纳莫等人探讨冠心病患者参与HIIT的心血管风险的一项研究中[36]认为，HIIT和中等强度训练均表现出低风险。然而，哈勒[21]建议应谨慎使用罗格纳莫等人提供的数据[36]，因为在HIIT期间，根据患者运动小时数计算的心血管并发症发生率比正常值高出5倍以上。因此，对于某些临床人群来说，HIIT的不良反应风险可能超过益处。为了避免引发HIIT的禁忌证，韦斯顿等人[43]建议在与临床人群合作时必须先进行仔细筛查，以确保以安全和适当的方式使用HIIT。HIIT的潜在禁忌证如下。

- 不稳定型心绞痛。
- 失代偿性心力衰竭。
- 近期的心肌梗死（<4周）。
- 近期的冠状动脉旁路移植术或经皮冠状动脉介入治疗（<12个月）。
- 限制运动的心脏病（瓣膜病，先天性、缺血性和肥厚性心肌病）。
- 复杂的室性心律失常或心脏传导阻滞。
- 严重的慢性阻塞性肺疾病、脑血管疾病或不受控制的外周血管疾病。
- 不受控制的糖尿病。
- 血压>180/110（或不受控制）的高血压。
- 严重的神经病变。

[Adapted from *British Journal of Sports Medicine*, "Highintensity interval training in patients with lifestyle-induced cardio-metabolic disease: a systematic review and meta-analysis," K. S. Weston, U. Wisloff, and J. S.

Coombes, 48: 1227–1234, ©2014, with permission from BMJ Publishing Group Ltd.]

无论使用HIIT的是哪种人群，其使用的测试方法都应包含间歇性训练[9, 10]。一直以来，高强度的间歇性训练都是基于**最大有氧速度**设计的，最大有氧速度是引起$\dot{V}O_2max$的最低速度，通常通过气体交换分析来确定[5, 6, 9]。传统上，这些测试由往返跑组成，通常包括加速、减速和方向变化阶段，既可以满足与许多间歇性运动项目相关的需求，又可以增强心肺的外周功能[9]。为了使这些测试更加实用，相关研究人员已经开发了许多现场测试来确定最大有氧速度并间接反映$\dot{V}O_2max$[9, 29-31]。通常，这些测试以连续直线跑动[29]或往返跑测试[30, 31]为基础，并用于确定**最大跑步速度**，在测试结束时最大跑步速度与最大有氧速度相近[9]。然而，正如布赫海特[9]所指出的，这些确定最大跑步速度的测试与间歇性运动、通常用于制订个性化HIIT计划的方法，以及与间歇或往返跑测试相关的表现的生理决定因素有着根本性的区别。

仔细查阅科学文献和应用文献可以发现，评估此类耐力的最有效测试方案应包含间歇性测试和往返跑测试[9]。从业者经常使用的两个间歇性测试是**间歇性往返跑测试**[32]和Yo–Yo间歇性恢复测试[26]。虽然这些测试经常被使用，但它们只能测量间歇性有氧表现指标[9, 20, 27]，并不能用来预测可用于制订HIIT计划的最大跑步速度[9]。为了解决这些测试无法来预测可用于制订计划的最大跑步速度的问题，布赫海特[9, 10]

开发了在40米的球场上进行的**30-15间歇性体能测试**（30-15$_{IFT-40m}$）。该测试现已被修改为在28米的球场上进行，被称为**30-15间歇性体能测试**（30-15$_{IFT-28m}$）。这项测试的优势在于它结合了间歇性训练中的生理变量，包括改变方向时展现的爆发性力量、有氧性能和在每轮练习之间的恢复能力等。其实现方法是同时使用间歇性测试和往返跑测试来预测最大跑步速度。

莱杰20米往返跑测试

1982年，莱杰和兰伯特[30]首次提出了极量多阶段20米往返跑测试——**莱杰20米往返跑测试**，也称为蜂鸣测试（beep test），作为用最大速度预测$\dot{V}O_2max$的方法。原始方案为在20米的跑道上进行连续跑步测试，通常在体育馆中的非光滑表面跑道上进行，持续时间为2分钟（见图9.1）[30]。

20mSRT的原始方案为速度从8千米/时开始，每2分钟增加0.5千米/时，直到运动

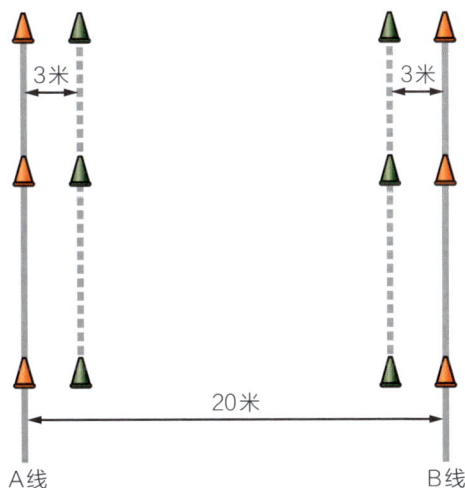

图9.1　莱杰20米往返跑测试的场地布置

员不再能够跟上预先录制的音频信号[24]。然后将在测试停止时达到的最大速度放入回归方程中，以预测$\dot{V}O_2max$［毫升/（千克·分）］。

$\dot{V}O_2max$［毫升/（千克·分）］=
5.857×［最大速度（千米/时）］-19.458

后来莱杰等人[31]对原始的测试进行了修改，将分配给每个级别的时间减少到1分钟，同时起始速度保持8千米/时不变，并且每分钟（级别）增加0.5千米/时。这种连续跑步测试要求运动员完成尽可能多的级别，并且只有当运动员无法跟上录音的节奏或者连续3次无法根据音频信号到达每个20米线前的3米区域时才停止测试[9]。完成往返跑测试后，记录往返跑的级别和次数。本章已经提供了针对各种人群的标准数据，包括完成的往返跑的级别和次数（见表9.1和表9.2）。

总的来说，这项测试对于6~19岁的青少年[31, 33]和20~45岁的成人[31]来说非常可靠。布赫海特[9]指出，通过20米往返跑测试可以测量最大有氧速度，这个速度可以被认为是最大跑步速度。

无论对哪个年龄组使用此版本的20米往返跑测试都可以使用以下公式根据MRS_{20mSRT}和测试对象的年龄估算测试对象的$\dot{V}O_2max$［毫升/（千克·分）］。

$\dot{V}O_2max$［毫升/（千克·分）］=31.025+
3.238×［最大速度（千米/时）］-
3.248×（年龄）+0.153 6×（年龄×最大速度）

2011年，马哈尔及其同事[33]重新评估了20米往返跑测试，试图完善10~16岁儿童的体能分类和$\dot{V}O_2max$［毫升/（千克·分）］的预测方法。该研究得出了以下二次预测公式。

$\dot{V}O_2max$［毫升/（千克·分）］=41.767 99+
（0.492 61×圈数）-（0.029 0×圈数^2）-
（0.616 13×BMI）+（0.347 87×性别×年龄）

表9.1 12~17岁青少年20米往返跑测试的标准数据

年龄（岁）	12		13		14		15		16		17	
百分比	M	F	M	F	M	F	M	F	M	F	M	F
95	10/5	8/7	11/5	8/8	11/4	8/5	11/9	8/9	12/2	8/9	12/5	9/9
90	9/8	7/9	10/7	8/0	10/8	7/6	11/1	8/0	11/3	8/3	11/7	8/9
80	8/9	6/4	9/8	7/1	10/0	7/1	10/3	7/2	10/5	7/3	10/7	8/1
70	8/1	5/8	9/1	6/4	9/5	6/3	9/9	6/4	9/9	6/6	9/8	7/1
60	7/4	5/3	8/2	5/7	9/0	5/8	9/1	5/4	9/2	5/8	9/2	6/2
50	7/0	5/1	7/8	5/2	8/4	5/3	8/5	4/9	8/7	5/2	8/6	5/7
40	6/2	4/5	7/2	4/8	7/5	5/0	7/6	4/4	8/1	4/9	8/1	5/0
30	5/5	4/0	6/4	4/3	6/8	4/3	6/8	4/1	7/5	4/3	7/5	4/4
20	4/9	3/4	5/8	3/8	6/1	3/4	6/1	3/4	6/8	3/4	6/9	4/1
10	3/8	3/1	4/4	3/2	5/1	3/1	5/2	3/2	5/7	3/4	6/4	3/4

注意：

级别/往返跑，例如，10/5=10级，往返5次；M=男性，F=女性。

［Adapted, by permission 20-m Shuttle Run Booklet. ©Australian Sports Commission 2005.］

表9.2　各种运动项目的20米往返跑测试的标准数据

运动项目	性别	运动队级别	年龄/位置	次数	级别/往返跑次数	
					平均 ± 标准偏差	范围
澳式橄榄球	男性	国际学校（AIS）	约18岁	214	13/5 ± 1/0	10/2~15/7
曲棍球	女性	国家队	击球手	5	11/9 ± 0/6	11/1~12/4
		国家队	中场	8	12/0 ± 0/6	11/1~12/8
		国家队	后卫	6	12/6 ± 0/11	11/3~13/7
		国家队	21岁以下	21	11/9 ± 1/1	9/2~13/9
		国家队	17岁以下	13	10/8 ± 1/2	8/9~13/3
		州队	开球	10	10/7 ± 0/9	9/4~12/1
	男性	国家队	击球手	6	14/9 ± 0/7	14/1~15/8
		国家队	中场	8	14/12 ± 0/7	13/11~15/11
		国家队	后卫	7	14/11 ± 1/1	13/2~16/4
		国家队	21岁以下	18	14/4 ± 0/10	13/5~16/3
		州队	开球	11	12/12 ± 2/0	10/5~15/2
网球	女性	国际学校（AIS）/国内校队	16岁以上	18	11/2 ± 1/2	8/9~12/8
		国内校队	15~16岁	26	10/1 ± 1/5	7/2~12/8
		国内校队	13~14岁	49	10/2 ± 1/4	6/7~13/2
		国内校队	11~12岁	25	10/1 ± 1/4	6/2~12/2
	男性	国际学校（AIS）/国内校队	16岁以上	55	13/4 ± 1/0	11/1~15/4
		国内校队	15~16岁	41	13/2 ± 1/1	8/9~15/5
		国内校队	13~14岁	55	11/9 ± 1/1	9/1~14/5
		国内校队	11~12岁	30	10/6 ± 1/8	6/9~13/9

［Reprinted, by permission, from S. Woolford et al., 2013, Field testing principles and protocols. In *Physiological tests for elite athletes*, edited by R. K. Tanner and C. J. Gore (Champaign, IL: Human Kinetics), 244.］

其中性别取值为男孩=1，女孩=0。与经典的估算方法相比，这个新公式的估算标准误差较低［SEE=6.17毫升/（千克·分）］[33]。

此外，马哈尔等人[33]创建了另一个线性预测公式。

$\dot{V}O_2max$［毫升/（千克·分）］=40.345 33+（0.214 26×圈数）−（0.794 62×BMI）+（4.272 93×性别）+（0.794 44×年龄）

其中性别取值为男孩=1，女孩=0。与二次预测公式相比，这个新公式的估算标准

误差略高［SEE=6.29毫升/（千克·）］。

20米往返跑测试也已经针对成人进行了修改。2003年，司提克兰等人[39]针对18~38岁的成人提出了两个公式，一个用于男性，另一个用于女性，公式如下。

男性

$\dot{V}O_2max$［毫升/（千克·分）］=2.75×（后半程速度−阶段完成速度）+28.8

女性

$\dot{V}O_2max$［毫升/（千克·分）］=2.85×（后半程速度−阶段完成速度）+25.1

这两个公式都可以预测$\dot{V}O_2$，并且比莱杰等人创建的公式更准确[31]。

Yo-Yo间歇性恢复测试

Yo-Yo间歇性恢复测试评估重复进行高强度练习的能力[3, 26, 28, 44]。Yo-Yo间歇性恢复测试1级考察进行可激活有氧能量系统的间歇性练习的能力，而Yo-Yo间歇性恢复测试2级评估在由无氧系统贡献大量能量的练习后的恢复能力[3]。在每个版本的Yo-Yo间歇性恢复测试过程中，心率都会逐渐增加，这反映出了摄氧量的增加[26, 28]。虽然两项测试都显示出这一总体趋势，但是Yo-Yo间歇性恢复测试2级显示在此测试过程中的心率增长速度更快[3]。无论如何，这两项测试都可用于评估参与间歇性运动的人的最大心率、完成的最大距离，以及身体能力[26, 28]。

两种版本的测试都需要25米的跑道，其中包含20米的跑步区和5米的恢复区（见图9.2）。测试对象以递增的速度进行两次20米往返跑，其中穿插了10秒的主动恢复时间，即在恢复区中慢跑5米[44]。

对于Yo-Yo间歇性恢复测试1级，测试开始时测试对象的速度为10千米/时，包括4个以10~13千米/时（0~160米）的速度来回跑步，另外7个来回速度为13.5~14千米/时（160~440米）[15, 26]。从此时开始，每跑8个来回后，速度增加0.5千米/时，直到测试对象力竭（见表9.3）[26]。

两个级别之间的主要区别在于，Yo-Yo间歇性恢复测试2级以更高的速度（即11.5千米/时）开始[14]。在第一阶段之后，速度增加0.5千米/时，导致完成的距离增加。一般来说，Yo-Yo间歇性恢复测试1级持续10~20分钟，一般适用于受过训练的人，但由于起始速度较慢，较少训练的人也可以使用[3]。Yo-Yo间歇性恢复测试2级会持续5~15分钟，通常适用于更高级的运动员[44]。

无论执行哪个级别的Yo-Yo间歇性恢复测试，如果测试对象在连续两次测试中无法在限定时间内到达起跑线，或无法完成另一轮往返跑[14, 15]，则终止测试。完成

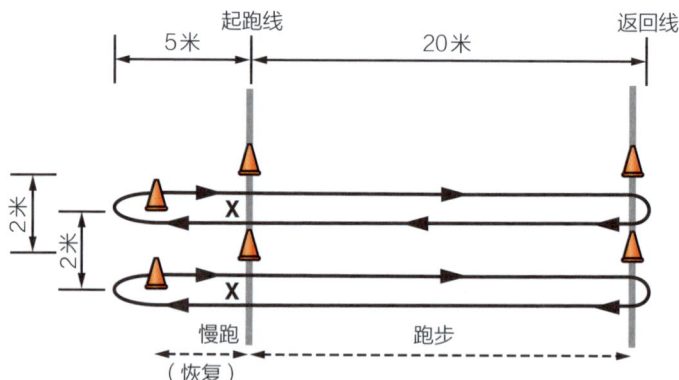

图9.2 Yo-Yo间歇性恢复测试（Yo-Yo IRT）的场地布置

［Reprinted, by permission, from S. Woolford et al., 2013, Field testing principles and protocols. In *Physiological tests for elite athletes*, edited by R. K. Tanner and C. J. Gore (Champaign, IL: Human Kinetics), 245.］

的总距离是主要的测量指标，并且在最后一轮2×20米结束时达到的速度被认为是最大速度（V_{max}）[15]。

表9.3　Yo-Yo IRT1和Yo-Yo IRT2方案

	Yo-Yo IRT1					Yo-Yo IRT2			
阶段	速度（千米/时）	往返跑来回（2×20米）	分段的距离（米）	累计距离（米）	阶段	速度（千米/时）	往返跑来回（2×20米）	分段的距离（米）	累计距离（米）
1	10	1	40	40	1	11.5	10	200	200
2	12	1	40	80	2	12	11	220	420
3	13	2	80	160	3	12.5	11	220	640
4	13.5	3	120	280	4	13	11	220	860
5	14	4	160	440	5	13.5	12	240	1 100
6	14.5	8	320	760	6	14	12	240	1 340
7	15	8	320	1 080	7	14.5	13	260	1 600
8	15.5	8	320	1 400	8	15	13	260	1 860
9	16	8	320	1 720	9	15.5	13	280	2 140
10	16.5	8	320	2 040	10	16	14	280	2 420
11	17	8	320	2 360	11	16.5	14	280	2 700
12	17.5	8	320	2 680	12	17	15	300	3 000
13	18	8	320	3 000	13	17.5	15	300	3 300
14	18.5	8	320	3 320	14	18	15	300	3 600
15	19	8	320	3 640					

[Reprinted, by permission, from C. Castagna et al., 2006, "Aerobic fitness and yo-yo continuous and intermittent tests perfor-mances in soccer players: A correlation study," *Journal of Strength Conditioning Research* 20: 320–325.]

以上两项测试的结果均可代入以下公式，通过所完成的距离估算$\dot{V}O_2max$[3]。

Yo-Yo间歇性恢复测试1级

$\dot{V}O_2max$［毫升/（千克·分）］=

IR1距离（米）×0.008 4+36.4

Yo-Yo间歇性恢复测试2级

$\dot{V}O_2max$［毫升/（千克·分）］=

IR2距离（米）×0.013 64+45.3

尽管可以通过测试估算$\dot{V}O_2max$，但结果往往并不准确，因为测试也反映在运动和恢复过程中的无氧反应[3]。然而，两个级别的Yo-Yo间歇性恢复测试都是用于估算人数较多的$\dot{V}O_2max$的，这两个级别的测试方法是测量速度快且成本低的方法。在现场测试中，最多30人可以在不到20分钟内完成测试[3]。

总体而言，Yo-Yo间歇性恢复测试1级和Yo-Yo间歇性恢复测试2级都非常可靠。例如，Yo-Yo间歇性恢复测试1级通常在重复试验中的多元回归相关系数（r=0.93~0.95）限高且变异系数（CV%=4.9%~8.7%）相对较低。Yo-Yo间歇性恢复测试2级通常在重复试验中显示的多元回归相关系数（r=0.97~0.99）较高且变异系数（7.1%~10.4%）相对较低[3]。两个级别测试都高度依赖于运动量，因此为了保证准确的结果，必须鼓励测试对象在停止测试之前达到最高水平[44]。

30-15间歇性体能测试

30-15间歇性体能测试首先由布赫海特[7-9]提出，也称为莱杰20米往返跑测试[29]。它具有高度针对性，适用于运动员为间歇性运动项目做准备的训练课，因此很适合用于测定HIIT计划[10]。最近，这项测试已经在参与多方向间歇性团体运动项目的运动员中流行起来，如足球[17,41]、联合式橄榄球（每队15人）[18]、联盟式橄榄球（每队13人）[38]和团队手球[7,8]等。该测试由30秒往返跑和15秒恢复时间组成，通常从8千米/时的速度开始，后续每个阶段增加0.5千米/时[10,11]。高级运动员可以从10或甚至12千米/时的速度开始，并同样后续每个阶段增加0.5千米/时，以节省时间[11]。

传统上，测试场地上有3条线。A线和C线相距40米，用于界定测试区域。B线界定测试区域的中间位置（即距离A线和C线20米）（见图9.3）。在场地终端（即靠近A和C线的位置）和B线附近还要划出一个3米长的区域。

预先录制的蜂鸣声用于在测试过程中控制测试对象的节奏，提示他们进入场地中间或末端的3米区域时调整其跑步速度[7,10]。在15秒恢复期间，测试对象向前走到距离最近的线（不是跑步区终端就是中间，这取决于他们完成最后一次跑步的位置[10]），这条线是他们开始下一轮冲刺的地方。因为测试受到变向能力的影响，所以每次改变方向时要从跑步周期中减去

0.7秒[9,16]。

例如，跑步速度为8.5千米/时的运动员在30秒内可跑完70.8米的直线距离。如果使用40米往返跑，运动员将从A线开始测试，越过B线到C线，然后返回[10]。其结果是在30秒的时间段内有一次方向改变（1×0.7秒），跑步的总距离69.2米。

运动员将在B线后8.5米处停止跑步，然后在15秒恢复期间走到A线，并从A线开始下一阶段的测试。若运动员以11.5千米/时的速度跑完91.4米，他将从A线开始，完成一次完整的往返跑，并在向B线移动时在距离A线9.5米处停下。然后，该运动员将在15秒的恢复期间走到B线，从B线开始下一阶段的测试[10]。运动员应完成尽可能多的测试阶段，当其不能跟上录音提示的速度或者连续3次无法跟随蜂鸣声及时到达任意一个3米区域时终止测试[10]。完成测试后，将在最后一个阶段达到的速度记录为该运动员的V_{IFT}[7,10]。

总的来说，已确定30-15$_{IFT}$是非常可靠的测试，其测量典型误差值为0.3千米/时（95%置信限，0.26~0.48）[9,10]。这表明一个阶段的变化幅度（即0.5千米/时）是有意义的[10]。30-15$_{IFT}$也显示出在达到V_{IFT}的同时可达到$\dot{V}O_2max$[12]，因此V_{IFT}可通过以下公式估算$\dot{V}O_2max$[10]。

$$\dot{V}O_2max_{30-15IFT}[毫升/（千克·分）]=28.3-2.15×（S）-0.714×（A）-0.035\,7×（W）+0.058\,6×（A）×V_{IFT}+1.03×（V_{IFT}）$$

其中S=性别（1=男性；2=女性），A=年龄，W=体重（千克）。

传统上，30-15$_{IFT}$一直是在40米的场地上

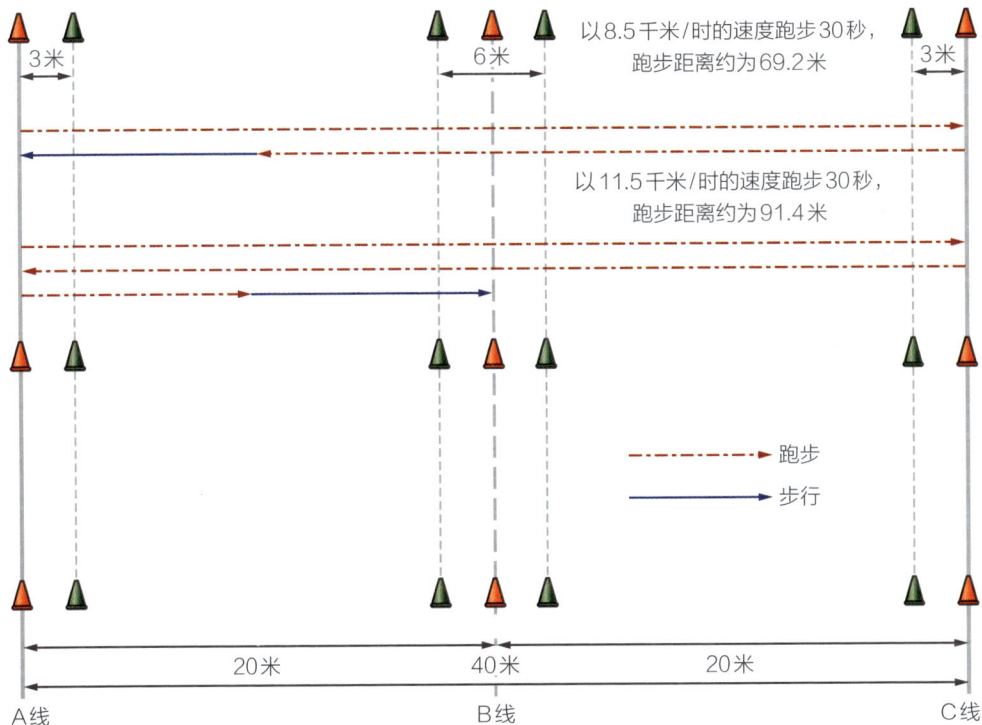

图9.3 在40米场地上的30-15$_{IFT-40m}$布置

[Adapted, by permission, from M. Buchheit, 2008, "The 30–15 intermittent fitness test: accuracy for individualizing interval training of young intermittent sport players," *Journal of Strength Conditioning and Research* 22: 365–374.]

进行的测试, 但是, 它已经被修改为在较小的区域中进行, 例如篮球场[22, 40]。为此, 在改版的30-15间歇性体能测试 (30-15$_{IFT-28m}$) 中, 往返长度被缩短至28米, 这相当于篮球场的长度 (见图9.4)[22, 23]。

30-15$_{IFT-28m}$和30-15$_{IFT-40m}$之间的主要区别在于30-15$_{IFT-28m}$的方向变化次数更多。两个测试的运动持续时间相同 (即30秒), 速度增量相同 (即0.5千米/时), 并且恢复周期相同 (即15秒)[23]。

一旦完成30-15测试并确定V$_{IFT}$后, 其结果可用于制订个性化的训练计划[11]。例如, 如果15秒-15秒HIIT跑步训练 (跑步=15秒; 恢复=15秒) 的设计强度为V$_{IFT}$的

95%, 则可将距离设定为75米。其实现方法是将速度的单位从千米/时转换为米/秒, 然后用时间乘以V$_{IFT}$的百分比[11]。为方便起见, 将V$_{IFT}$除以3.6就可将千米/时转换为米/秒。因此, 距离将用如下公式确定。

$$V_{IFT}（米/秒）=[V_{IFT}（米/时）]/3.6=19/3.6 \approx 5.28$$

$$距离（米）=V_{IFT}（米/秒）\times \%V_{IFT} \times 时间（秒）=5.28 \times 0.95 \times 15 \approx 75$$

可以根据一组测试对象完成该计算, 然后设计个性化的训练。例如, 如果有一个小组需要进行15秒-15秒跑步训练, 则每个人所完成的距离将基于各自的V$_{IFT}$进行计算[11]。图9.5提供了相应的示例。

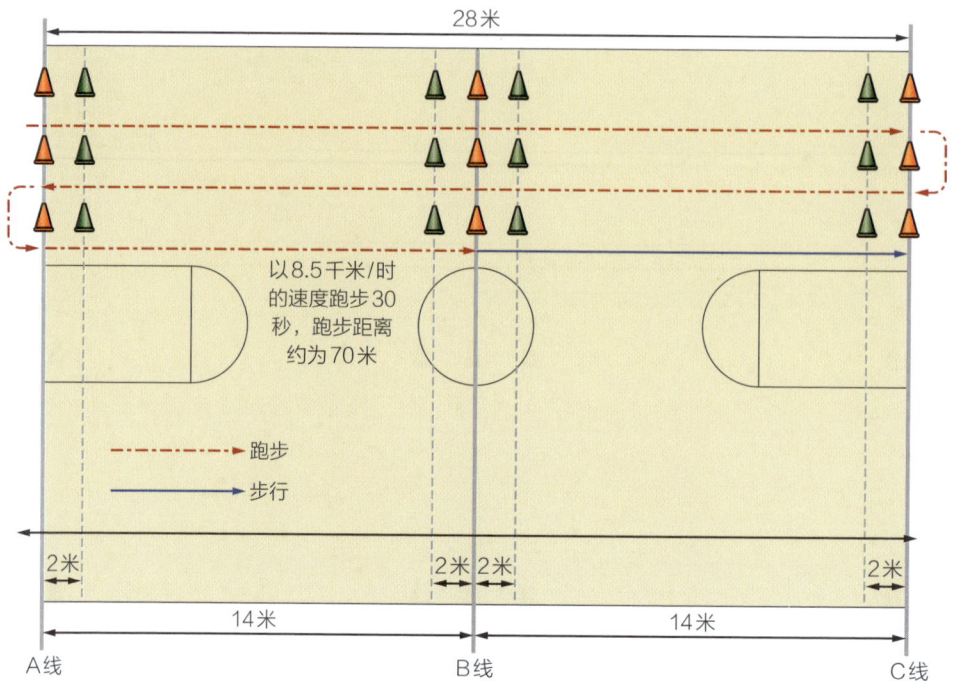

以8.5千米/时
的速度跑步30
秒，跑步距离
约为70米

- ----→ 跑步
———→ 步行

2米

2米 2米

2米

14米

14米

A线

B线

C线

图9.4 在28米篮球场上的30-15$_{IFT-28m}$布置

[Based on Haydar and Buchheit 2009.]

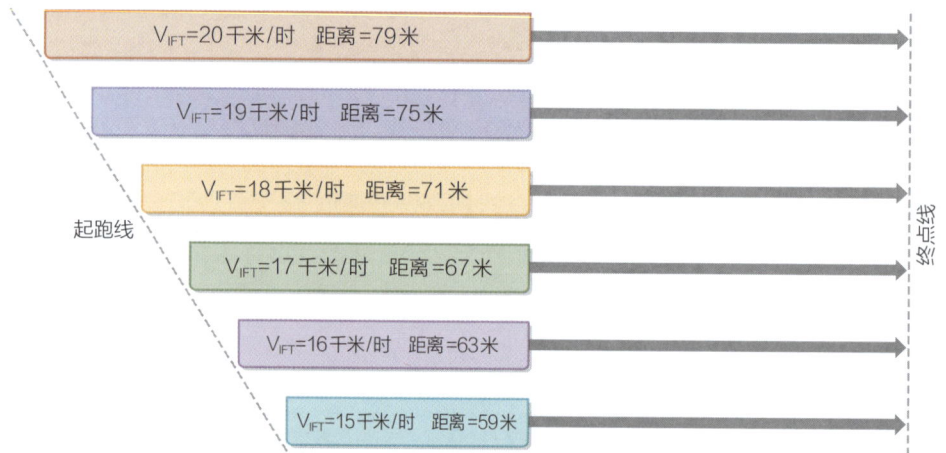

V_{IFT}=20千米/时　距离=79米

V_{IFT}=19千米/时　距离=75米

V_{IFT}=18千米/时　距离=71米

V_{IFT}=17千米/时　距离=67米

V_{IFT}=16千米/时　距离=63米

V_{IFT}=15千米/时　距离=59米

起跑线

终点线

图9.5 用于直线HIIT训练（15秒-15秒，速度为V_{IFT}的95%）的跑步区域示例

[Adapted, by permission, from M. Buchheit, 2008, "The 30–15 intermittent fitness test: accuracy for individualizing interval training of young intermittent sport players," *Journal of Strength Conditioning and Research* 22: 365–374.]

对于这种类型的训练，所有人将以相同的V_{IFT}的百分比的速度跑步，但需跑完不同的距离。

莱杰20米往返跑测试（20mSRT）

设备

- 23米球场（其中20米长的区域用于测试）
- 测量轮或50米以上的卷尺
- 训练锥（12个训练锥，6个为一种颜色，6个为另一种颜色）
- 20mSRT音频文件
- 音响系统（如果非电池供电，则包括电源延长线）
- 个人数据表

图9.1展示了在该实验活动中使用的莱杰20米往返跑测试的20米场地布置方式。该测试需要一个可以进行20米往返跑的空间。通常会选择在标准的体育馆场地上进行布置，例如篮球场或排球场。使用测量轮或卷尺确定测试的边界。在0米和20米处放置相同颜色的训练锥，以确定往返跑测试的终点（A线和B线）。然后在距离每条线3米处分别放一个不同颜色的训练锥，用于定义往返跑道的终点。

热身

与任何基于运动表现的测试一样，测试对象应该进行结构化热身。通常，当测试对象是运动员或其他体能较好的人时，用5分钟进行一般的热身活动（例如，慢跑、骑自行车、跳绳等），然后用5分钟进行动态拉伸（例如，高抬腿、弓步行走、蹲踞式行走、踢臀跑、蠕虫爬行、跨步跳等）。对于久坐或未经训练的人，应进行强度较低的热身活动（例如，摆腿、摸脚趾等）。

莱杰20米往返跑测试

步骤1 按照图9.1布置测试区域。在A线和B线处放置相同颜色的训练锥，然后在距离A线和B线3米处放置另一种颜色的训练锥。

步骤2 将音响系统放在接近测试区的位置。如果有需要，请使用延长线为音响系统供电。请务必测试音响系统的音量，以确保测试对象可以在规定测试区域中的所有位置都听得到音响的声音。

步骤3 收集个人数据表中的基本数据（例如，年龄、身高、体重等）。

步骤4 让每个测试对象完成约10分钟的结构化热身。

步骤5 向测试对象清楚地解释如何进行测试以及他们必须完成的步骤，规定当他们听到表示1分钟时间段结束的声音时，他们必须位于其中一条20米线的3米区域内。务必让测试对象明白，如果他们无法保持节奏或连续3次无法进入3米区域，则测试终止。

步骤6 提醒测试对象测试的目标和要求。此时，询问测试对象是否准备好进行测试或是否有任何问题。如果没有问题，让测试对象在A线集合并准备好在音响系统发出信号时开始测试。

步骤7 测试对象准备好开始测试后，开始播放音频文件。在播放时，发出信号表示测试将从第一阶段开始，即测试对象应以8千米/时的速度开始测试，并且每个后续阶段的速度依次递增0.5千米/时。

步骤8 在个人数据表上记录测试对象完成的级别和往返跑次数。如果测试对象完成一次往返跑，则划掉相应的序号（或在序号上打叉）；如果测试对象错过了恢复区，请圈住该数字，表示这是错过的恢复区。

步骤9 如果测试对象无法保持跑步速度或连续错过3个恢复区，则终止测试，并在个人数据表上记录测试对象完成的最后一个阶段的速度。并将这个速度作为 MRS_{20mSRT}。

步骤10 使用个人数据表中列出的公式，估算每个测试对象的 $\dot{V}O_2max$，然后将结果记录在个人数据表中。

问题集9.1

1. 根据估算的 $\dot{V}O_2max$ 结果，将测试对象的有氧动力与表7.1中列出的标准值和百分等级进行比较。

2. 比较用经典公式和改版公式估算的 $\dot{V}O_2max$ 值，二者是否存在差异？

3. 讨论用莱杰20米往返跑测试如何确定最大跑步速度。

实验活动9.1

个人数据表

姓名或ID号：＿＿＿＿＿＿＿＿＿＿＿＿＿＿＿＿　日期：＿＿＿＿＿＿＿＿＿＿＿＿

测试人员：＿＿＿＿＿＿＿＿＿＿＿＿＿＿＿＿　时间：＿＿＿＿＿＿＿＿＿＿＿＿

性别：男/女（圈一个）　年龄：＿＿＿＿＿＿＿＿岁

身高：＿＿＿＿＿＿＿英寸　＿＿＿＿＿＿＿＿米

体重：＿＿＿＿＿＿＿磅　＿＿＿＿＿＿＿千克

温度：＿＿＿＿＿华氏度　＿＿＿＿＿＿摄氏度

气压：＿＿＿＿＿＿＿＿＿＿＿＿＿毫米汞柱

相对湿度：＿＿＿＿＿＿＿＿＿＿＿＿＿%

测试地点
- 室外场地
- 室内场地
- 室内跑道
- 室外跑道
- 健身房
- 其他＿＿＿＿＿

鞋类
- 慢跑鞋
- 步行鞋
- 网球鞋
- 篮球鞋
- 跑鞋
- 交叉训练鞋
- CrossFit鞋
- 其他＿＿＿＿＿

级别	往返跑次数	千米/时	往返跑序号														
1	7	8	1	2	3	4	5	6	7								
2	8	8.5	1	2	3	4	5	6	7	8							
3	8	9	1	2	3	4	5	6	7	8							
4	9	9.5	1	2	3	4	5	6	7	8	9						
5	9	10	1	2	3	4	5	6	7	8	9						
6	10	10.5	1	2	3	4	5	6	7	8	9	10					
7	10	11	1	2	3	4	5	6	7	8	9	10					
8	11	11.5	1	2	3	4	5	6	7	8	9	10	11				
9	11	12	1	2	3	4	5	6	7	8	9	10	11				
10	11	12.5	1	2	3	4	5	6	7	8	9	10	11				
11	12	13	1	2	3	4	5	6	7	8	9	10	11	12			
12	12	13.5	1	2	3	4	5	6	7	8	9	10	11	12			
13	13	14	1	2	3	4	5	6	7	8	9	10	11	12	13		
14	13	14.5	1	2	3	4	5	6	7	8	9	10	11	12	13		
15	13	15	1	2	3	4	5	6	7	8	9	10	11	12	13		
16	14	15.5	1	2	3	4	5	6	7	8	9	10	11	12	13	14	
17	14	16	1	2	3	4	5	6	7	8	9	10	11	12	13	14	
18	15	16.5	1	2	3	4	5	6	7	8	9	10	11	12	13	14	15
19	15	17	1	2	3	4	5	6	7	8	9	10	11	12	13	14	15
20	16	17.5	1	2	3	4	5	6	7	8	9	10	11	12	13	14	15	16
21	16	18	1	2	3	4	5	6	7	8	9	10	11	12	13	14	15	16

最终级别：＿＿＿＿＿＿　往返跑次数：＿＿＿＿＿＿　速度：＿＿＿＿＿＿

经典公式：$\dot{V}O_2max_{20mSRT}$ ［毫升/（千克·分）］=＿＿＿＿＿ =5.857 × ＿＿＿＿＿ −19.458
最大速度（千米/时）

改版公式：$\dot{V}O_2max_{20mSRT}$ ［毫升/（千克·分）］=＿＿＿＿＿

$31.025 + 3.238 \times$ (＿＿＿＿＿) $- 3.248 \times$ ＿＿＿＿＿ $+ 0.153\ 6 \times$ (＿＿＿＿＿ × ＿＿＿＿＿)
最大速度（千米/时）　年龄（岁）　年龄（岁）　最大速度（千米/时）

Yo-Yo间歇性恢复测试（Yo-Yo IRT）

设备

- 25米的场地或球场（其中20米长的区域需要用于跑步，5米长的区域用于恢复）
- 测量轮或50米以上的卷尺
- 训练锥（16个训练锥，全部颜色相同）
- Yo-Yo IRT1和Yo-Yo IRT2音频文件
- 音响系统（如果非电池供电，则包括电源延长线）
- 个人数据表

图9.2展示了本实验活动中使用的Yo-Yo间歇性恢复测试（Yo-Yo IRT）的20米场地布置方式。该测试需要一个可以进行25米往返跑的空间。通常会选择在标准的体育馆场地上进行布置，例如篮球场或排球场。使用测量轮或卷尺确定测试的边界。分别在0米和20米线处放置2个训练锥，以确定测试的边界（起跑线和转身线）。然后在起跑线前面5米处放置2个彼此相距2米的训练锥，训练锥放在起跑线上，以限定恢复区的边界。

热身

与任何基于运动表现的测试一样，测试对象应该进行结构化的热身。通常，当测试对象是运动员或其他体能较好的人时，用5分钟进行一般的热身活动（例如，慢跑、骑自行车、跳绳等），然后用5分钟进行动态拉伸（例如，高抬腿、弓步行走、蹲踞式行走、踢臀跑、蠕虫爬行、跨步跳等）。对于久坐或未经训练的人，应进行强度较低的热身活动（例如，摆腿、摸脚趾等）。

在进行该实验活动之前，要确定测试对象的体能状况。如果测试对象没有接受过良好训练，请选择1级测试。如果测试对象接受过良好训练，请选择2级测试。

Yo-Yo IRT1

步骤1 按照图9.2布置测试区。测量出25米的长度，包括恢复线、起跑线和转身线。恢复线距离起跑线5米，而转身线距离起跑线20米。放在起跑线和转身线上的训练锥相距2米，将训练锥放在恢复线上并与放在起跑线上的训练锥对齐，以确定中间区域。

步骤2 将音响系统放在接近测试区的位置。如果有需要，请使用延长线为音响系统供电。请务必测试音响系统的音量，以确保测试对象可以在规定测试区域中的所有位置都听得到音响的声音。

步骤3 收集个人数据表中的基本数据（例如，年龄、身高、体重等）。

步骤4　让每个测试对象完成约10分钟的结构化热身。

步骤5　向测试对象清楚地解释如何进行测试以及他们必须完成的测试步骤。规定在听到第一个音频信号时，测试对象将从起跑线跑向转身线。在听到第二个音频信号时，测试对象应该到达并在转身线处转身，并且他们应该在听到下一个音频信号时到达起跑线。当测试对象越过起跑线时，他们应减速（即慢跑）并继续向前移动到恢复线，在那里他们应转身并返回起跑线。回到起跑线后，测试对象将停下并等待下一个音频信号。并且应提醒测试对象，在每次冲刺开始之前，他们需要在起跑线上静止不动。

步骤6　提醒测试对象，当他们在听到每个音频信号时要将一只脚放在或超过起跑线或转身线上。

步骤7　播放音频以开始测试。该测试的第一阶段开始的速度为10千米/时，并将按预定的强度加快速度（见表9.3）。

步骤8　当测试对象完成一次往返时，在个人数据表上划掉相应的序号（或在序号上打叉）。

步骤9　第一次没有到达起跑线时，测试对象会收到警告；第二次发生这种情况时，测试对象退出测试。在个人数据表上圈住相应的往返序号，以指明这一点。将这些数据记录到小组数据表上。

步骤10　当测试对象退出测试时，记录其在进行该级别的最后一个阶段的速度和往返跑次数。使用表9.3中提供的信息确定完成的总距离，在个人数据表上记录测试对象行进的距离（请注意，即使测试对象没有以所要求的速度完成最后一次2×20米的往返跑，该距离也应包含在最终结果中）。

步骤11　然后使用间歇恢复速度和所获得的间隔分数来计算测试中所完成的总距离。

步骤12　使用个人数据表上的Yo-Yo IRT1公式计算测试对象的$\dot{V}O_2max$［毫升/（千克·分）］。

Yo-Yo IRT2

步骤1　按照图9.2布置测试区。测量出25米的长度，包括恢复线、起跑线和转身线。恢复线距离起跑线5米，而转身线距离起跑线20米。放在起跑线和转身线上的训练锥相距2米，将训练锥放在恢复线上并与放在起跑线上的训练锥对齐，以确定中间区域。

步骤2　将音响系统放在接近测试区的位置。如果有需要，请使用延长线为音响系统供电。请务必测试音响系统的音量，以确保测试对象可以在规定测试区域中的所有位置都听得到音响的声音。

步骤3　收集个人数据表中的基本数据（例如，年龄、身高、体重等）。

步骤4 让每个测试对象完成约10分钟的结构化热身。

步骤5 向测试对象清楚地解释如何进行测试以及他们必须完成的测试步骤。规定在听到第一个音频信号时,测试对象将从起跑线跑向转身线。在听到第二个音频信号时,测试对象应该到达并在转身线处转身,并且他们应该在听到下一个音频信号时到达起跑线。当测试对象越过起跑线时,测试对象应减速(即慢跑)并继续向前移动到恢复线,在那里测试对象应转身并返回起跑线。回到起跑线后,测试对象将停下并等待下一个音频信号。并且应提醒测试对象,在每次冲刺开始之前,他们需要在起跑线上静止不动。

步骤6 提醒测试对象,当他们在听到每个音频信号时要将一只脚放在或超过起跑线或转身线上。

步骤7 播放音频以开始测试。该测试的第一阶段开始的速度为11.5千米/时,并将按预定的强度加快速度(见表9.3)。

步骤8 当测试对象完成一次往返时,在个人数据表上划掉相应的序号(或在序号上打叉)。

步骤9 第一次没有到达起跑线时,测试对象会收到警告;第二次发生这种情况时,测试对象退出测试。在个人数据表上圈住相应的往返序号,以指明这一点。

步骤10 当测试对象退出测试时,记录其在进行该级别的最后一个阶段的速度和往返跑次数。使用表9.3中提供的信息确定完成的总距离,在个人数据表上记录测试对象行进的距离(请注意,即使测试对象没有以所要求的速度完成最后一次2×20米的往返,该距离也包含在最终结果中)。

步骤11 然后使用间歇恢复速度和所获得的间隔分数来计算测试中所完成的总距离。

步骤12 使用个人数据表上的Yo-Yo IRT2公式估算测试对象的$\dot{V}O_2max$[毫升/(千克·分)]。

问题集9.2

1. 根据估算的$\dot{V}O_2max$结果,将测试对象的有氧动力与表7.1中列出的标准值和百分等级进行比较。

2. 解释Yo-Yo IRT1和Yo-Yo IRT2之间的主要区别。

3. 讨论最大有氧速度(MAS)和最大跑步速度(MRS)之间的区别。

实验活动9.2

个人数据表

姓名或ID号：＿＿＿＿＿＿＿＿＿＿＿＿＿＿＿＿　　日期：＿＿＿＿＿＿＿＿＿＿＿＿＿＿＿

测试人员：＿＿＿＿＿＿＿＿＿＿＿＿＿＿＿＿　　时间：＿＿＿＿＿＿＿＿＿＿＿＿＿＿＿

性别：男 / 女（圈一个）　年龄：＿＿＿＿＿＿＿岁

身高：＿＿＿＿＿＿＿英寸＿＿＿＿＿＿＿米

体重：＿＿＿＿＿＿＿磅＿＿＿＿＿＿＿千克

温度：＿＿＿＿＿＿＿华氏度＿＿＿＿＿＿＿摄氏度

气压：＿＿＿＿＿＿＿＿＿＿＿＿＿毫米汞柱

相对湿度：＿＿＿＿＿＿＿＿＿＿＿＿＿＿＿％

测试地点
- □ 室外场地
- □ 室内场地
- □ 室内跑道
- □ 室外跑道
- □ 健身房
- □ 其他＿＿＿＿＿＿

鞋类
- □ 慢跑鞋
- □ 步行鞋
- □ 网球鞋
- □ 篮球鞋
- □ 跑鞋
- □ 交叉训练鞋
- □ CrossFit鞋
- □ 其他＿＿＿＿＿＿

Yo-Yo IRT1										
级别	往返跑次数	千米/时	2×20往返的序号							
1	1	10	1							
2	1	12	1							
3	2	13	1	2						
4	3	13.5	1	2	3					
5	4	14	1	2	3	4				
6	8	14.5	1	2	3	4	5	6	7	8
7	8	15	1	2	3	4	5	6	7	8
8	8	15.5	1	2	3	4	5	6	7	8
9	8	16	1	2	3	4	5	6	7	8
10	8	16.5	1	2	3	4	5	6	7	8
11	8	17	1	2	3	4	5	6	7	8
12	8	17.5	1	2	3	4	5	6	7	8
13	8	18	1	2	3	4	5	6	7	8
14	8	18.5	1	2	3	4	5	6	7	8
15	8	19	1	2	3	4	5	6	7	8

最后阶段速度：＿＿＿＿＿＿＿＿Yo-Yo IRT1

行进距离：＿＿＿＿＿＿＿＿米

完成的往返数：＿＿＿＿＿＿＿＿Yo-Yo IRT1

$$\dot{V}O_2max_{Yo-Yo\ IRT1}\ [毫升/(千克 \cdot 分)]=\underline{\quad\quad\quad}=\underline{\frac{\quad\quad\quad}{Yo-Yo\ IRT1距离（米）}}\times 0.008\ 4+36.4$$

级别	往返跑次数	千米/时	2×20往返的序号
			Yo-Yo IRT2
1	10	11.5	1 2 3 4 5 6 7 8 9 10
2	11	12	1 2 3 4 5 6 7 8 9 10 11
3	11	12.5	1 2 3 4 5 6 7 8 9 10 11
4	11	13	1 2 3 4 5 6 7 8 9 10 11
5	12	13.5	1 2 3 4 5 6 7 8 9 10 11 12
6	12	14	1 2 3 4 5 6 7 8 9 10 11 12
7	13	14.5	1 2 3 4 5 6 7 8 9 10 11 12 13
8	13	15	1 2 3 4 5 6 7 8 9 10 11 12 13
9	13	15.5	1 2 3 4 5 6 7 8 9 10 11 12 13
10	14	16	1 2 3 4 5 6 7 8 9 10 11 12 13 14
11	14	16.5	1 2 3 4 5 6 7 8 9 10 11 12 13 14
12	15	17	1 2 3 4 5 6 7 8 9 10 11 12 13 14 15
13	15	17.5	1 2 3 4 5 6 7 8 9 10 11 12 13 14 15
14	15	18	1 2 3 4 5 6 7 8 9 10 11 12 13 14 15

最后阶段速度：_____Yo-Yo IRT2

行进距离：_____米

完成的往返数：_____Yo-Yo IRT2

$\dot{V}O_2max_{\text{Yo-Yo IRT2}}$ ［毫升/(千克·分)］=_____ = $\underset{\text{Yo–Yo IRT2距离（米）}}{\underline{\qquad\qquad}}$ × 0.013 64+45.3

30-15间歇性体能测试（30-15$_{IFT-40m}$）

设备

- 40米场地
- 测量轮或50米以上的卷尺
- 训练锥（21个训练锥，其中9个是一种颜色，12个是另一种颜色）
- 30-15$_{IFT-40m}$音频文件
- 音响系统（如果非电池供电，则包括电源延长线）
- 个人数据表

图9.3展示了在此实验活动中使用的30-15$_{IFT-40m}$的40米场地布置方式。该测试需要一个可以进行40米往返跑的场地。使用测量轮或卷尺，确定40米往返跑测试的边界。在0米、20米和40米处放置相同颜色的训练锥，分别界定A线、B线和C线。界定这3条线后，在距离A线和C线3米处，以及在距离B线的每侧3米处各放一个不同颜色的训练锥，以界定恢复区。

热身

与任何基于运动表现的测试一样，测试对象应该进行结构化的热身。通常，当测试对象是运动员或其他体能较好的人时，用5分钟进行一般的热身活动（例如，慢跑、骑自行车、跳绳），然后用5分钟进行动态拉伸（例如，高抬腿、弓步行走、蹲踞式行走、踢臀跑、蠕虫爬行、跨步跳）。对于久坐或未经训练的人，进行强度较低的热身活动（例如，摆腿、触脚趾）。在热身之后，确保测试对象理解测试的目标是尽可能完成多个30秒阶段的跑步。当测试对象不能再保持所要求的跑步速度或者连续3次无法在由音频信号确定的15秒恢复期内到达3米恢复区时，测试结束。确保测试对象了解各个恢复区的位置以及用来表示这些区域的训练锥的颜色。

30-15$_{IFT-40m}$

步骤1 按照图9.3布置好测试区域。在A线、B线和C线上放置相同颜色的训练锥，然后在距离A线和C线3米处各放一个不同颜色的训练锥，同时在距离B线两侧3米处分别放好训练锥。

步骤2 将音响系统放在接近测试区的位置。如果有需要，请使用延长线为音响系统供电。请务必测试音响系统的音量，以确保测试对象可以在规定测试区域中的所有位置都听得到音响的声音。

步骤3 收集个人数据表中的基本数据（例如，年龄、身高、体重等）。

步骤4 让每个测试对象完成约10分钟的结构化热身。

步骤5　向测试对象清楚地解释如何进行测试以及他们必须完成的步骤。具体说明当听到提醒30秒结束的声音时，测试对象有15秒可以向前走到最近的线，然后开始下一阶段的测试。此外，务必要让测试对象知道在开始下一阶段时，他们必须已经到达标志线或在恢复区内。还需要向测试对象解释当他们不能再保持速度或连续3次错过恢复区时，测试就结束了。

步骤6　提醒测试对象关于测试的目标和要求。此时，询问测试对象是否准备好进行测试或是否有任何问题。如果没有问题，让测试对象在A线集合并准备好在音响系统发出信号时开始测试。

步骤7　当测试对象准备好开始测试后，开始播放音频文件。在测试对象听到开始信号时，测试就从测试的第一阶段开始，初始速度为8千米/时，并且后续每个阶段的速度递增0.5千米/时。如果测试对象体能非常好或是间歇性运动项目的运动员，可以考虑以10千米/时或12千米/时的速度开始测试。

步骤8　在个人数据表中与阶段相对应的方框里记录测试对象在指定时间段内完成的阶段。如果测试对象错过了恢复区，则在该阶段对应的方框中将其记录为错过的恢复区。

步骤9　如果测试对象不能保持跑步速度或连续错过3个恢复区，则终止测试，并在该实验活动的个人数据表上将测试对象完成的最后一个阶段的速度记录为 V_{IFT}。

步骤10　使用个人数据表和小组数据表中列出的公式，估算测试对象的 $\dot{V}O_2max$，然后将结果记录下来。

问题集9.3

1. 详细说明 V_{IFT} 代表的含义以及如何使用它来确定训练计划。

2. 根据结果，设计一个15秒–15秒（跑步–恢复）直线跑步训练计划。

3. 根据结果，设计一个30秒–30秒（跑步–恢复）直线跑步训练计划。

4. 根据估算的 $\dot{V}O_2max$ 结果，将测试对象的有氧动力与表7.1中列出的标准值和百分等级进行比较。

实验活动9.3

个人数据表

姓名或ID号：_____ 日期：_____

测试人员：_____ 时间：_____

性别：男/女（圈一个）年龄：_____岁

身高：_____英寸 _____米

体重：_____磅 _____千克

温度：_____华氏度 _____摄氏度

气压：_____毫米汞柱

相对湿度：_____%

测试地点
- □ 室外场地
- □ 室内场地
- □ 室内跑道
- □ 室外跑道
- □ 健身房
- □ 其他_____

鞋类
- □ 慢跑鞋
- □ 步行鞋
- □ 网球鞋
- □ 篮球鞋
- □ 跑鞋
- □ 交叉训练鞋
- □ CrossFit鞋
- □ 其他_____

阶段初始速度：□8千米/时　□10千米/时　□12千米/时

	千米/时	完成	错过			千米/时	完成	错过
阶段1	8				阶段21	18		
阶段2	8.5				阶段22	18.5		
阶段3	9				阶段23	19		
阶段4	9.5				阶段24	19.5		
阶段5	10				阶段25	20		
阶段6	10.5				阶段26	20.5		
阶段7	11				阶段27	21		
阶段8	11.5				阶段28	21.5		
阶段9	12				阶段29	22		
阶段10	12.5				阶段30	22.5		
阶段11	13				阶段31	23		
阶段12	13.5				阶段32	23.5		
阶段13	14				阶段33	24		
阶段14	14.5				阶段34	24.5		
阶段15	15				阶段35	25		
阶段16	15.5				阶段36	25.5		
阶段17	16				阶段37	26		
阶段18	16.5				阶段38	26.5		
阶段19	17				阶段39	27		
阶段20	17.5				阶段40	27.5		

最后阶段速度：_____V_{IFT}

$$\dot{V}O_2max_{30-15IFT}\ [\text{毫升}/(\text{千克} \cdot \text{分})] = _____$$

$$28.3 - (2.15 \times \underset{\text{性别}}{\_\_\_}) - (0.714 \times \underset{\text{年龄}}{\_\_\_}) - (0.035\,7 \times \underset{\text{体重}}{\_\_\_}) + (0.058\,6 \times \underset{\text{年龄}}{\_\_\_} \times \underset{V_{IFT}}{\_\_\_}) + (1.03 \times \underset{V_{IFT}}{\_\_\_})$$

改版30-15间歇性体能测试（30-15_{IFT-28m}）

设备

- 28米篮球场
- 训练锥（21个训练锥，其中9个是一种颜色，12个是另一种颜色）
- 30-15_{IFT-28m}音频文件
- 音响系统（如果非电池供电，则包括电源延长线）
- 个人数据表

图9.4展示了在此实验活动中使用的30-15_{IFT-28m}的28米场地布置方式。该测试需要一个可以进行28米往返跑的场地。使用测量轮或卷尺，确定28米往返跑测试的边界。在0米、14米和28米处放置相同颜色的训练锥，分别界定A线、B线和C线。界定这3条线后，在距离A线和C线2米处，以及在距离B线的每侧2米处各放一个不同颜色的训练锥，以界定恢复区。

热身

与任何基于运动表现的测试一样，测试对象应该进行结构化的热身。通常，当测试对象是运动员或其他体能较好的人时，用5分钟进行一般的热身活动（例如，慢跑、骑自行车、跳绳），然后用5分钟进行动态拉伸（例如，高抬腿、弓步行走、蹲踞式行走、踢臀跑、蠕虫爬行、跨步跳）。对于久坐或未经训练的人，进行强度较低的热身活动（例如，摆腿、触脚趾）。在热身之后，确保测试对象理解测试的目标是尽可能完成多个30秒阶段为跑步。当测试对象不能再保持所要求的跑步速度或者连续3次无法在由音频信号确定的15秒恢复期内到达2米恢复区时，测试结束。确保测试对象了解各个恢复区的位置以及用来表示这些区域的训练锥的颜色。

30-15_{IFT-28m}

步骤1 按照图9.4布置好测试区域。在A线、B线和C线上放置相同颜色的训练锥，然后在距离A线和C线2米处各放一个不同颜色的训练锥，同时在距离B线两侧2米处分别放好训练锥。

步骤2 将音响系统放在接近测试区的位置。如果有需要，请使用延长线为音响系统供电。请务必测试音响系统的音量，以确保测试对象可以在规定测试区域中的所有位置都听得到音响的声音。

步骤3 收集个人数据表中的基本数据（例如，年龄、身高、体重等）。

步骤4 让每个测试对象完成约10分钟的结构化热身。

步骤5　向测试对象清楚地解释如何进行测试以及他们必须完成的步骤。具体说明当听到提醒30秒结束的声音时，测试对象有15秒可以向前走到最近的线，然后开始下一阶段的测试。此外，务必要让测试对象知道在开始下一阶段时，他们必须已经到达标志线或在恢复区内。还需要向测试对象解释，当他们不能再保持速度或连续3次错过恢复区时，测试就完成了。

步骤6　提醒测试对象关于测试的目标和要求。此时，询问测试对象是否准备好进行测试或是否有任何问题。如果没有问题，让测试对象在A线集合并准备好在音响系统发出信号时开始测试。

步骤7　当测试对象准备好开始测试后，开始播放音频文件。在测试对象听到开始信号时，测试就从测试的第一阶段开始，初始速度为8千米/时，并且后续每个阶段的速度递增0.5千米/时。如果测试对象体能非常好或是间歇性运动项目的运动员，可以考虑以10千米/时或12千米/时的速度开始测试。

步骤8　在个人数据表中与阶段相对应的方框里记录测试对象在指定时间段内完成的阶段。如果测试对象错过了恢复区，则在该阶段对应的方框中将其记录为错过的恢复区。

步骤9　如果测试对象不能保持跑步速度或连续错过3个恢复区，则终止测试，并该实验活动的个人数据表上将测试对象完成的最后一个阶段的速度记录为V_{IFT}。

步骤10　使用个人数据表中列出的公式，估算测试对象的$\dot{V}O_2max$，然后将结果记录下来。

问题集9.4

1. 详细说明V_{IFT}代表的含义以及如何使用它来确定训练计划。

2. 根据结果，设计一个15秒–15秒（跑步–恢复）直线跑步训练课。

3. 根据结果，设计一个30秒–30秒（跑步–恢复）直线跑步训练课。

4. 根据估算的$\dot{V}O_2max$结果，将测试对象的有氧动力与表7.1中列出的标准值和百分等级进行比较。

实验活动9.4

个人数据表

姓名或ID号：_____ 日期：_____

测试人员：_____ 时间：_____

性别：男/女（圈一个） 年龄：_____岁

身高：_____英寸 _____米

体重：_____磅 _____千克

温度：_____华氏度 _____摄氏度

气压：_____毫米汞柱

相对湿度：_____%

测试地点
- ☐ 室外场地
- ☐ 室内场地
- ☐ 室内跑道
- ☐ 室外跑道
- ☐ 健身房
- ☐ 其他_____

鞋类
- ☐ 慢跑鞋
- ☐ 步行鞋
- ☐ 网球鞋
- ☐ 篮球鞋
- ☐ 跑鞋
- ☐ 交叉训练鞋
- ☐ CrossFit鞋
- ☐ 其他_____

阶段初始速度：☐8千米/时　☐10千米/时　☐12千米/时

	千米/时	完成	错过		千米/时	完成	错过
阶段1	8			阶段21	18		
阶段2	8.5			阶段22	18.5		
阶段3	9			阶段23	19		
阶段4	9.5			阶段24	19.5		
阶段5	10			阶段25	20		
阶段6	10.5			阶段26	20.5		
阶段7	11			阶段27	21		
阶段8	11.5			阶段28	21.5		
阶段9	12			阶段29	22		
阶段10	12.5			阶段30	22.5		
阶段11	13			阶段31	23		
阶段12	13.5			阶段32	23.5		
阶段13	14			阶段33	24		
阶段14	14.5			阶段34	24.5		
阶段15	15			阶段35	25		
阶段16	15.5			阶段36	25.5		
阶段17	16			阶段37	26		
阶段18	16.5			阶段38	26.5		
阶段19	17			阶段39	27		
阶段20	17.5			阶段40	27.5		

最后阶段速度：_____ V_{IFT}

$$\dot{V}O_2max_{30-15IFT}\ [\text{毫升}/(\text{千克·分})] = \underline{\qquad}$$

$$28.3 - (2.15 \times \underset{\text{性别}}{\underline{\quad}}) - (0.714 \times \underset{\text{年龄}}{\underline{\quad}}) - (0.035\,7 \times \underset{\text{体重}}{\underline{\quad}}) + (0.058\,6 \times \underset{\text{年龄}}{\underline{\quad}} \times \underset{V_{IFT}}{\underline{\quad}}) + (1.03 \times \underset{V_{IFT}}{\underline{\quad}})$$

最大耗氧量测量

- 理解体能评估中的最大耗氧量概念，并描述影响$\dot{V}O_2max$的因素。
- 定义最大耗氧量和通气阈值。
- 复习使用跑步机时的测量单位。
- 了解在递增负荷运动测试期间确定$\dot{V}O_2max$的标准。
- 使用开放式测热法在递增负荷跑步机运动[布鲁斯跑步机方案]过程中测量$\dot{V}O_2max$。
- 使用开放式测热法在自行车测功计上的递增负荷运动测试过程中测量$\dot{V}O_2max$。
- 将$\dot{V}O_2$、$\dot{V}O_2$、$\dot{V}_E$、呼吸交换率和心率的变化转化为功率输出的函数。

定义

递增负荷运动测试（graded exercise test，GXT）：用于评估最大耗氧量的测功计方案；每个阶段持续1~3分钟，每个阶段的强度递增，直至力竭。

间接测热法：通过记录在呼出气体中的耗氧量和二氧化碳产量来测量能量消耗。

最大有氧动力：在体育活动过程中对氧气的吸收、输送和使用可以达到的最大速率。

最大耗氧量（maximal oxygen consumption，$\dot{V}O_2max$）：一个人在运动过程中可以达到的最高耗氧率，通常以绝对单位升/分或相对单位毫升/（千克·分钟）表示。

耗氧量（oxygen consumption，$\dot{V}O_2$）：个人在给定时间吸入和使用的氧气量。

呼吸交换率（respiratory exchange ratio，RER）：二氧化碳产量（$\dot{V}CO_2$）与耗氧量（$\dot{V}O_2$）之比。

定态：有氧代谢在给定的绝对强度下贡献100%能量需求的点。

通气阈值：在增加运动强度时，通气的增加量与身体呼出的过量二氧化碳开始不成比例的点。

最大耗氧量是人体中的线粒体进行氧化磷酸化所消耗的氧气的速率达到最大值。因此，它是能量氧化系统在运动过程中产生ATP的最大能力。此外，它是心脏、肺和血液将氧气输送到工作的肌肉的能力，以及肌肉利用氧化磷酸化以有氧方式产生ATP的

能力的函数[5]。**最大有氧动力**与$\dot{V}O_2max$同义，表示在体育活动过程中对氧气的吸收、输送和使用可以达到的最大速率。还有另外几个术语也被用于表示这种能力，其中包括心肺耐力、有氧体能、心肺体能和心血管耐力。就本实验而言，将之称为最大

摄氧量或$\dot{V}O_2max$。

通常使用间接测热法，在跑步机或自行车测功计上通过递增负荷运动测试测量$\dot{V}O_2max$（见图10.1）。测试开始的做功速率相对轻松，随着强度增加而做功逐渐变得困难。每个阶段代表着一段时间（通常为1~3分钟），也就是当工作负荷保持不变并且测试对象可以达到定态的时间。如果使用自动系统（代谢车），则可连续地测量$\dot{V}O_2$（每一次呼吸或利用混合腔），也可以在每个阶段结束时手动测量$\dot{V}O_2$（即手动收集要分析的呼气袋，参见附录C）。鼓励测试对象运动至意志疲劳。如果满足以下4条标准中的2条，则在测试期间测量到的最高$\dot{V}O_2$值被视为$\dot{V}O_2max$[2]。

- 尽管工作速率增加，但$\dot{V}O_2$达到平稳状态（即增加≤150毫升/分）。
- 最后阶段中的心率不超过测试对象按年龄预测的最大心率10次/分。
- 呼吸交换率（RER）在最后工作阶段大于1.10。
- 使用原始博格量表，主观用力评分大于17。

如果不满足这4条标准中的2条，则测试对象即使出现意志疲劳也可能没有达到真正的$\dot{V}O_2max$。

$\dot{V}O_2max$测试通常被认为是评估心肺体能的最佳非侵入式测量。它与最大CO（心输出量）密切相关，因此是反映心脏泵血能力的极佳指标。然而，对于耐力活动的表现，它并不是特别好的预测因子。

图10.2显示了$\dot{V}O_2$对强度增加的反应过程。注意初始的强度增加如何仍然能够在有氧条件下得到满足，即达到定态。随着功率的增加，总能量消耗与功率线性相关。然而，$\dot{V}O_2$不能满足全部的能量需求。事实上，作为达到$\dot{V}O_2max$的要求，氧气消耗量在最后的功率增加过程中趋于平稳。在如此高的强度下，只可能依靠无氧能量贡献能量（通气反应将在本实验后面的"通气阈值"部分进行描述）。

测试对象的$\dot{V}O_2max$可能受以下几个因素的影响。

- 遗传——$\dot{V}O_2max$水平的25%~50%是遗传的。
- 性别——男性值比同一年龄组的女

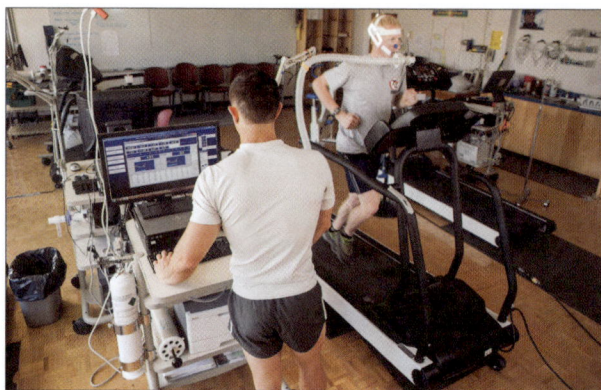

图10.1 $\dot{V}O_2max$测试器材

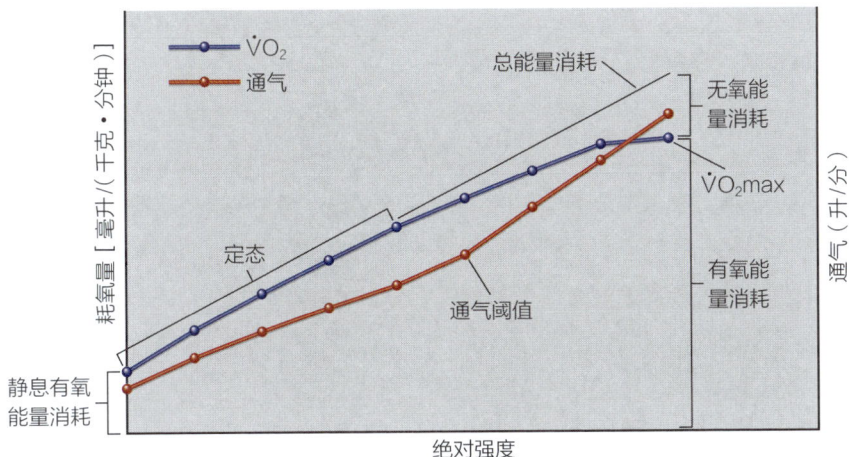

图10.2 在强度递增的运动过程中的耗氧量和通气量
©Charles Dumke

性值高15%~20%。

- 年龄——从30岁开始，每增加10年则$\dot{V}O_2max$下降约8%，这种与年龄相关的损失可以通过运动训练减缓。

- 训练状态——通过训练可将$\dot{V}O_2max$提高6%~25%（参加有氧训练的人的$\dot{V}O_2max$值更高）

- 运动方式——结果受所选择运动的影响，募集更多的肌肉会提高$\dot{V}O_2max$值。

选择测试方案

$\dot{V}O_2max$测试可以在多种测功计上进行，例如跑步机、阶梯踏步机、划船机、固定自行车等，甚至允许测试对象使用四轮滑雪板或滚轴溜冰鞋的宽型跑步机。测试对象使用到的肌肉越多，$\dot{V}O_2max$通常会更高。男性的最高$\dot{V}O_2max$值纪录［94毫升/（千克·分）］和女性的最高$\dot{V}O_2max$值纪录［77毫升/（千克·分）］的保持者都是越野滑雪运动员[10]。当然，实验室可用的测功计的功率可能有限，但在运动员测试时，应该选择与其运动项目最相似的测功计。如果不能找到与运动项目相似的测功计，或者在未经训练的对象测试时，最常选择的是跑步机和自行车测功计。不同性别和年龄组的测试对象在跑步机和自行车测功计上的百分位数标准值见表7.1和表7.3。

$\dot{V}O_2max$也可能取决于测试方案。有许多跑步机和自行车测功计方案可供选择，而运动生理学家需要掌握的一个技能就是可以选择一种能提供可解释结果的测试方案。在选择方案时，要尽量遵守以下准则。

- 测试应该是渐进的，每次工作负荷的增幅应该相等。不应该在早期阶段使用较小的增幅，然后在方案后期改为较大的增幅。每个阶段的增幅应相等，最好在0.5~3MET之间，具体取决于测试对象的体能水平。

- 每个阶段时长应该是1~3分钟，目标是在每个阶段结束时让测试对象达到定态。这表明阶段可以较短，每个阶段的MET强度增幅也可以较小。

- 整个测试应持续8~15分钟。如果持续时间太短，测试对象不太可能达到定态，并且无氧代谢部分比例通常较大。如果持续时间太长，其他疲劳机制可能导致测试对象在达到$\dot{V}O_2max$之前无法继续测试。

$\dot{V}O_2$的最大测量值可取决于所选择的测试方案、所选的变式或测试对象付出的努力等因素。因此，$\dot{V}O_2$的最大测量值可能小于或等于$\dot{V}O_2max$，通常称之为$\dot{V}O_2$峰值（$\dot{V}O_2peak$）。例如，在摆臂测试中测量的$\dot{V}O_2peak$将小于在跑步机测试中测量的全身$\dot{V}O_2max$。

并非每个人都能进行$\dot{V}O_2max$测试。运动至力竭会产生一些风险，包括头晕、脸色苍白、心绞痛（胸痛）、恶心、呼吸困难（呼吸过度或呼吸短促）、心律失常、心肌梗死和死亡等。由于存在这种风险，ACSM制订了极量运动测试的禁忌证清单。完整清单请参阅美国运动医学学院的Guidelines for Exercise Testing and Prescription[1]。参与测试是自愿的。测试对象应该被告知他们可以在测试之前或测试过程中随时退出。有关在测试开始后需终止测试的症状，请参阅美国运动医学学院的Exercise Testing and Prescription[1]。

使用主观用力评分量表监控进度

在进行$\dot{V}O_2max$测试时，测试对象戴着吹口或面罩时不能说话。然而，对于测试人员来说，了解测试对象的感受是很有用的，因此常常会使用主观用力评分量表。这种类型的测量可用于监测极量运动的进度。目前有两个主观量表[6, 9]可用于测试，并且两者都适合在极量运动测试过程中使用。主观用力评分量表包括测试前说明，有助于向测试对象澄清其用法[7, 9]。在测试开始之前，请宣读此说明。

在测试过程中，我们希望您密切关注所感觉到的运动困难程度，这种感觉应该反映您的发力和疲劳的总量，包括对身体压力、精力和疲劳的感受。不要执着于某一个因素，如腿部疼痛、呼吸短促或运动强度，而要集中精力于您全部的内在疲劳感。尽量不要低估或高估您的疲劳感，要尽可能准确地描述您的感受。

有趣的是，体能较好的测试对象比没受过训练的测试对象更善于评价其发力程度。事实上，体能较差的测试对象的主观用力评分很快就会从适度上升到必须退出测试。即便如此，主观用力评分的有效性已经在健康和患病人群中经受住了考验[8]。因为主观用力评分也可能受到外部信息（例如，心率、功率等）的影响，所以不要让测试对象知道自己的代谢数据，这是很重要的。这种信息可能会导致他们改变其努力程度或直接放弃测试。

利用呼吸交换率估算消耗物的使用情况

如实验5中所讨论的，耗氧量与产生的二氧化碳量的比率被称为呼吸交换率。首先复习并阐释一下这个概念，通过测量$\dot{V}CO_2$和$\dot{V}O_2$可以计算出RER（$\dot{V}CO_2/\dot{V}O_2$）。RER可用于确定运动过程中消耗的混合物，其值通常介于0.70（100%脂肪）和1.0（100%碳水化合物）之间，因此表明这两种化合物的混合物有助于能量生产。

为了通过RER估算运动过程中消耗的脂肪和碳水化合物的量，必须做出一些假设。首先，蛋白质的分解对运动过程中的总体能量消耗的贡献很小（通常<5%）。因此，在实验室测量的RER有时被称为无蛋白质RER。此外，测试对象必须处于定态，这意味着如果功率没有变化，$\dot{V}O_2$和RER也不应该改变。RER受到运动过程中产生的CO_2影响。随着$\dot{V}O_2max$测试中的运动强度增加，RER也增加，这是由于供能方式由原来的以消耗脂肪为主转变为以消耗碳水化合物为主。考虑到这一点，在次极量定态做功期间的RER可用于帮助有兴趣最大限度提高绝对脂肪氧化作用的客户确定准确的训练区间。在实验5中讨论过当已知$\dot{V}O_2$以升/分为单位时，如何将RER转换为以千卡/分为单位。当测试对象达到$\dot{V}O_2max$时，RER也很有用。可以观察到，除了常量营养素（脂肪和碳水化合物）氧化外，二氧化碳的产生也可能来自其他来源。这些信息有助于了解RER为什么会超过1.0。实际上，这是证明$\dot{V}O_2max$测试有效的标准之一（RER>1.1）。

通气阈值

$\dot{V}O_2$作为输出功率的线性函数，在递增负荷运动测试过程中逐渐上升至$\dot{V}O_2max$。

另外，通气量作为输出功率的函数，仅在$\dot{V}O_2$为$\dot{V}O_2max$的50%~75%的运动过程中线性增加，高于该值时，VE增加得更快（见图10.2）。

高于此通气阈值的$\dot{V}_E$的增长与$\dot{V}CO_2$的增长和血液乳酸的急剧增长相一致，这是因为无氧能量的贡献增加（见图10.2）。记住，乳酸在血液中解离成乳酸根离子和H^+，H^+与碳酸氢根离子结合形成碳酸，碳酸又分解成H_2O和CO_2。

$$La^-H^+ + HCO_3^- \rightleftharpoons H_2CO_3 \leftrightarrow H_2O + CO_2$$

血液中二氧化碳的积累导致呼出气体中的二氧化碳（$\dot{V}CO_2$）增加，血液中二氧化碳的增加刺激通气量的增加。因此，通气阈值代表血乳酸的突然增加以及随后的血液pH值的降低。在测试过程中，这种非代谢或过量的二氧化碳会影响在测试过程中测得的$\dot{V}CO_2$，这就是RER在高强度下可以超过1.0的原因。许多人误认为在做极量运动时的沉重呼吸是试图获得更多的氧气。事实上，在海拔低于2 000米的地方，通气量主要随着二氧化碳的排放量的改变而改变，而不是随氧气的消耗量而改变。在图10.2中，请注意通气阈值的增加并未与更高的$\dot{V}O_2$对应。实际上，随着无氧代谢贡献的增加，有氧代谢所对应的$\dot{V}O_2$不再能够满足整个能量消耗的需求（因此处于非定态）。在实验11中会进一步讨论该概念。在$\dot{V}O_2max$测试过程中可以监测通气量，以测量运动强度并预测意志疲劳点。

递增负荷跑步机 $\dot{V}O_2max$ 测试

设备

- 台秤（数字秤或其他秤）
- 测距仪（靠墙式或独立式）或附有人体测量仪的医用秤
- 跑步机
- $\dot{V}O_2$ 和 $\dot{V}CO_2$ 收集系统（代谢车）
- 呼吸阀组件、吹口（或面罩）、软管、鼻夹
- 心率监测器
- 秒表
- 主观用力评分量表
- 个人数据表

测量 $\dot{V}O_2max$ 的布鲁斯（Bruce）跑步机测试

实验的每一部分至少要有一名测试对象在跑步机上进行极量测试。测试对象到达测试场地时应准备好适当的运动鞋和服装，测试前要充分休息，并且已禁食至少2小时。

步骤1 收集个人数据表中的基本数据（例如，年龄、身高、体重等）。使用以下公式确定测试对象按年龄预测的最大心率：$208-[0.7\times$ 年龄（岁）]。在个人数据表上记录按年龄预测的最大心率。

步骤2 在实验室指导员解释使用代谢车的程序后，开始校准和操作代谢车。将测试对象的数据输入代谢车。

步骤3 选择一个人作为监督者，站在跑步机后面（有些测试对象会因强度较高而眩晕或将脚踩在跑步机边缘）。其他人监测测试对象的心率、呼吸交换率和呼出气体的体积，以及总时间和阶段时间，并将这些信息记录在个人数据表上。

步骤4 帮助测试对象佩戴心率监测器和面罩准备测试。

步骤5 在测试开始之前，向测试对象宣读本实验前面提供的RPE说明，允许测试对象在戴上代谢设备之前提出问题。

步骤6 当测试对象站在跑步机上时，让测试对象戴上吹口或面罩。

步骤7 测量测试对象的站立心率和代谢数据。

步骤8 让测试对象以不大于第一阶段的强度进行3~5分钟的热身。

步骤9 一旦测试对象开始第一阶段就启动秒表，因为布鲁斯跑步机测试中的总时间可用于准确估算 $\dot{V}O_2max$。

步骤10 遵循图10.3中确定每个阶段的做功输出。在每个阶段的最后30秒收集数据，并在个人数据收集表上具体记录每个阶段的HR、$\dot{V}O_2$、$\dot{V}CO_2$、RER、$\dot{V}_E$和RPE。

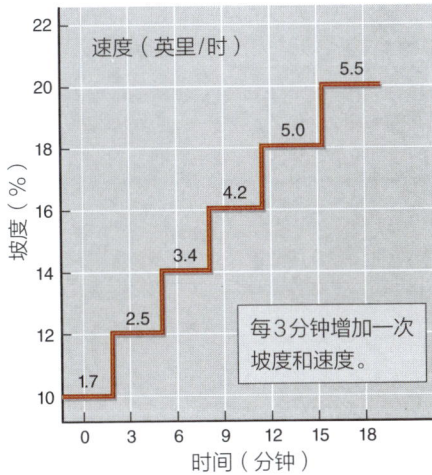

图10.3 布鲁斯跑步机测试

[Reprinted, by permission, from J. Hoffman, 2006, *Norms for fitness, performance, and health* (Champaign, IL: Human Kinetics), 24.]

步骤11 在每个阶段结束时提高速度和百分比等级，直到测试对象无法再继续测试。

步骤12 观察测试对象是否出现需要终止测试的体征和症状。鼓励可以有效地激励测试对象达到极量运动状态。

步骤13 因为测试对象不能通过面罩或吹口进行沟通，所以可以使用几种常见的手势信号。例如，测试对象竖起大拇指表示感觉良好且愿意继续。测试对象竖起食指表示需要在约1分钟内停止测试，让测试人员可以准备结束测试并收集所有测量结果的最大数据。

步骤14 在达到$\dot{V}O_2$max测试标准即停止测试的标志出现时停止测试，或在测试对象抓住扶手停止运动时停止测试。将跑步机的速度减少至3英里/时并将坡度降至0%。让测试对象继续戴着吹口放松5分钟（在放松过程中记录RER）。立即记录测试所用总时间，用于估算$\dot{V}O_2$max。

步骤15 放松很重要，这可以让测试对象保持活动，以避免测试对象下肢血液淤积或出现晕厥。放松至少应持续5分钟，在此过程中，监测测试对象的心率。适当的放松会使测试对象在离开测功计之前达到约120次/分的心率。在放松过程中继续注意测试对象的体征和症状。

布鲁斯跑步机测试的相关公式

由于标准布鲁斯跑步机测试[2]已经被使用了很长时间，已经掌握了通过测试的总时长估算$\dot{V}O_2max$的公式。因此，如果严格遵守方案各阶段时间，则可以使用以下公式来估算$\dot{V}O_2max$[3]。

男性

$$\dot{V}O_2max \ [毫升/(千克 \cdot 分)] = 14.76 - (1.379 \times 时间) + (0.451 \times 时间^2) - (0.012 \times 时间^3)$$

女性[6]

$$\dot{V}O_2max \ [毫升/(千克 \cdot 分)] = (4.38 \times 时间) - 3.90$$

这些公式与$\dot{V}O_2max$的测量值显著相关（男性和女性相关公式的r分别为0.98和0.91），因此如果无法用代谢车进行呼吸气体分析，这些公式可能会有用。

使用以下公式计算跑步机上每个做功阶段的功率。

$$功率输出（千克 \cdot 米/分）= 测试对象的体重（千克）\times$$

$$跑步机速度（米/分）\times 跑步机坡度（用小数表示）$$

其中：跑步机坡度=坡度百分比/100。例如，2%的坡度=2/100=0.02。要将英里/时转换为米/分（1英里/时=26.8米/分）。

问题集10.1

1. 制作一张数据表，记录测试对象完成的每个阶段的HR、$\dot{V}O_2$、$\dot{V}_E$、RPE和RER的值。

2. 分别以测试对象的$\dot{V}O_2$、HR和RER为y轴，以功率（千克·米/分或瓦）为x轴，绘制坐标图。

3. 测试对象达到$\dot{V}O_2max$了吗？证明你的答案。

4. 确定测试对象的相对$\dot{V}O_2max$值［毫升/（千克·分）］和绝对$\dot{V}O_2max$值（升/分）。哪个指标能更好地反映心肺健康水平？为什么？

5. 针对已收集数据的测试对象，以$\dot{V}_E$为y轴，以HR为x轴，绘制坐标图。是否有测试对象出现明显的通气阈值？当时的绝对心率是多少？最大心率的百分比是多少？为什么$\dot{V}_E$通常会在较重的工作负荷下急剧增加？

6. 达到$\dot{V}O_2max$时的RER通常大于1.0。如果RER为1.0表示100%碳水化合物氧化，那么RER为什么会超过1.0？

7. 将收集到的数据与表7.1中的标准值进行比较。根据标准值，测试对象的百分等级如何？

8. 使用布鲁斯跑步机测试相关的预测公式，根据测试总时长计算的预测值与$\dot{V}O_2max$的测量值相比如何？

9. 如何提高个人的$\dot{V}O_2max$？尽可能具体地阐述。

实验活动10.1

个人数据表

姓名或ID号：_____ 日期：_____

测试人员：_____ 时间：_____

性别：男 / 女（圈一个） 年龄：_____岁 身高：_____英寸 _____米

体重：_____磅 _____千克 温度：_____华氏度_____摄氏度

气压：_____毫米汞柱 相对湿度：_____%

按年龄预测的最大心率：_____次 / 分

阶段时间（分）	速度（英里/时）	坡度（%）	功率[毫升/（千克·分）]	心率（次/分）	$\dot{V}_E$（升/分）	$\dot{V}O_2$（升/分）	$\dot{V}O_2$[毫升/（千克·分）]	MET	$\dot{V}CO_2$（升/分）	RER	RPE
0	0	0	休息								

自行车测功计 $\dot{V}O_2max$ 测试

设备

- 台秤（数字秤或其他秤）
- 测距仪（靠墙式或独立式）或附有人体测量仪的医用秤
- 自行车测功计
- $\dot{V}O_2$ 和 $\dot{V}CO_2$ 收集系统（代谢车）
- 呼吸阀组件、吹口（或面罩）、软管、鼻夹
- 心率监测器
- 秒表
- 主观用力评分量表
- 个人数据表

自行车测功计测试

自行车测功计测试相对简单。如果实验室有电子制动的自行车，那么测试对象可以使用自选节奏，并对应地调整测功计的阻力。如果使用机械制动的自行车测功计，例如蒙纳克（Monark）品牌的设备，则测试对象需要以固定的节奏骑车，因为每分钟转数是自行车的功率组成部分之一。建议使用节拍器使测试对象在做功时保持固定的节奏（60~100转/分），阶段时长应为2或3分钟。

确定方案的主要考虑因素是初始做功输出、每个阶段的时长以及阶段之间的增加幅度。初始做功输出是关于体能和测试对象骑车熟练度的函数。体能较差的测试对象的初始功率为25~75瓦（150~450千克·米/分），而体能较好并且能更熟练骑车的测试对象的初始功率可为75~150瓦（450~920千克·米/分）。类似地，对体能较差的测试对象来说，阶段之间功率的增加幅度应该较小（例如，10~15瓦或60~90千克·米/分）；对体能较好并且骑车经验丰富的测试对象来说，增加幅度可达25~50瓦（150~300千克·米/分）。

$\dot{V}O_2max$ 测试要准确，则测试应持续8~15分钟。与布鲁斯跑步机测试一样，有几个连续自行车测功计测试可供使用，其中最流行的两个是阿斯特朗德测试和麦卡德尔测试方案[4]。然而，这些方案并没有什么特别之处，实际上它们所要求的节奏低于许多测试对象所倾向的节奏（分别为50和60转/分）。针对男性的阿斯特朗德测试的初始功率为600千克·米/分（约100瓦），每2分钟增加300千克·米/分（约50瓦），同时蹬踏节奏为50转/分；针对女性的阿斯特朗德测试，其初始功率为300千克·米/分，并且以50转/分的节奏每2分钟增加150千克·米/分（约2瓦）。相比之下，麦卡德尔方案与性别无关。其初始功率为900千克·米/分（约150瓦），并且以60转/分的节奏每2分钟增加240千克·米/分（约40瓦）[4]。因此，这些方案应仅用于体能较好并且拥有骑车经验的测试对象。这些方案可以原原本本地执行，也可以作为学生为其测试对象设计个性化测试方案的标准。阶段时长（2或3分

钟）和节奏（60~90转/分）一旦确定下来，就应该在整个测试中保持一致。

自行车测功计$\dot{V}O_2$max测试

实验的每个部分至少要有一名测试对象在自行车测功计上进行极量测试。测试对象到达测试场地时应准备好适当的运动鞋和服装，测试前要充分休息，并且已禁食至少2小时。

步骤1 收集个人数据表中的基本数据（例如，年龄、身高、体重等）。使用以下公式确定测试对象按年龄预测的最大心率：$208-[0.7×$年龄（岁）$]$。在个人数据表上记录按年龄预测的最大心率。

步骤2 在实验室指导员解释使用代谢车的程序后，开始校准和操作代谢车。将测试对象的数据输入代谢车。

步骤3 帮助测试对象佩戴心率监测器和面罩准备测试。

步骤4 在测试开始之前，向测试对象宣读本实验前面提供的RPE说明，允许测试对象在戴上代谢设备之前提出问题。

步骤5 当测试对象坐在自行车测功计上时，让测试对象戴上吹口或面罩。

步骤6 测量测试对象的静息心率和代谢数据。

步骤7 让测试对象以不大于第一阶段的强度进行3~5分钟的热身。

步骤8 选择其中一个自行车测功计测试方案（阿斯特朗德、麦卡德尔或自创测试方案）确定每个阶段的做功输出。

步骤9 在每个阶段的最后30秒收集数据，记录每个阶段的HR、$\dot{V}O_2$、$\dot{V}CO_2$、RER、$\dot{V}_E$和RPE。

步骤10 在每个持续2或3分钟的阶段结束时，根据测试方案准确地增加阻力，直到测试对象无法再继续测试。在整个测试过程中，监控节奏，确保测试对象保持规定的功率。

步骤11 观察测试对象是否出现需要终止测试的体征和症状。鼓励可以有效地激励测试对象达到极量运动状态。

步骤12 因为测试对象不能通过面罩或吹口进行沟通，可以使用几种常见的手势信号。例如，测试对象竖起大拇指表示感觉良好且愿意继续。测试对象竖起食指表示需要在约1分钟内停止测试，让测试人员可以准备结束测试并收集所有测量结果的最大数据。

步骤13 在达到$\dot{V}O_2$max测试标准即停止测试的标志出现时停止测试，或在测试对象无法继续保持规定的节奏时停止测试。立即降低工作负荷（至第一阶段的千克·米/分），让测试对象继续戴着吹口开始放松（在放松过程中记录RER）。

步骤14 放松很重要，这可以让测试对象保持活动，以避免测试对象下肢的血液淤积或出现晕厥。放松至少应持续5分钟，在此过程中，监测测试对象的心率。适当的放松会使测试对象在离开测功计之前达到约120次/分的心率。在放松过程中继续注意测试对象的体征和症状。

自行车测功计测试相关的功率公式

使用以下公式计算固定自行车上每个工作阶段的功率。

功率输出（千克·米/分）= 蹬踏节奏（转/分）×
飞轮距离（米/转）× 飞轮阻力（千克）

骑自行车的功率的单位通常为瓦，要将功率单位从千克·米/分转换为瓦（1瓦 = 6.12千克·米/分）。如果自行车可以移动，则通过蹬踏一圈让自行车移动的距离就是飞轮距离。对于变速自行车，飞轮距离会随着每档变速齿轮而改变；对于固定式自行车，飞轮距离是固定的。要测量飞轮距离，首先测量飞轮的周长，然后计算一个完整踏板行程的飞轮转数（在飞轮上贴胶带对计算会有帮助）。许多常用的实验室自行车测功计（如蒙纳克）的飞轮距离为6米/转。有关校准自行车测功计的更多信息，请参阅附录E。

问题集10.2

1. 制作一张数据表，记录测试对象完成的每个阶段的HR、$\dot{V}O_2$、$\dot{V}_E$、RPE和RER的值。

2. 分别以测试对象的$\dot{V}O_2$、HR和RER为y轴，以功率（千克·米/分）为x轴，绘制坐标图。

3. 测试对象达到$\dot{V}O_2$max了吗？证明你的答案。

4. 确定测试对象的相对$\dot{V}O_2$max值［毫升/（千克·分）］和绝对$\dot{V}O_2$max值（升/分）。哪个指标能更好地反映心肺健康水平？为什么？

5. 针对收集数据的测试对象，以$\dot{V}_E$为y轴，以HR为x轴，绘制坐标图。是否有测试对象出现明显的通气阈值？当时的绝对心率是多少？最大心率的百分比是多少？为什么$\dot{V}_E$通常会在较重的工作负荷下急剧增加？

6. 达到$\dot{V}O_2$max时的RER通常大于1.0。如果RER为1.0表示100%碳水化合物氧化，那么RER为什么会超过1.0？

7. 将收集到的数据与表7.3中的标准值进行比较。根据标准值，测试对象的百分等级如何？

8. 通过该测试测量的$\dot{V}O_2$max与使用附录B中的预测公式计算得出的预测$\dot{V}O_2$相比如何？两者为什么会不同？

9. 如何可以提高个人的$\dot{V}O_2$max？尽可能具体地阐述。

10. 为什么预测的男性的$\dot{V}O_2$max值会更高？这表明什么因素对于提高$\dot{V}O_2$max很重要？

实验活动10.2

个人数据表

姓名或ID号：＿＿＿＿＿＿＿＿＿＿＿＿＿＿＿＿＿＿＿　日期：＿＿＿＿＿＿＿＿＿＿＿＿＿＿＿＿＿

测试人员：＿＿＿＿＿＿＿＿＿＿＿＿＿＿＿＿＿＿＿＿　时间：＿＿＿＿＿＿＿＿＿＿＿＿＿＿＿＿＿

性别：男/女（圈一个）年龄：＿＿＿＿＿＿＿岁　身高：＿＿＿＿＿＿＿英寸＿＿＿＿＿＿＿米

体重：＿＿＿＿＿＿＿磅＿＿＿＿＿＿＿千克　温度：＿＿＿＿＿＿华氏度＿＿＿＿＿＿摄氏度

气压：＿＿＿＿＿＿＿＿＿＿＿＿＿毫米汞柱　相对湿度：＿＿＿＿＿＿＿＿＿＿＿＿＿＿＿％

按年龄预测的最大心率：＿＿＿＿＿＿＿次/分

阶段时间（分）	速度（英里/时）	坡度（%）	功率[毫升/（千克·分）]	心率（次/分）	$\dot{V}_E$（升/分）	$\dot{V}O_2$（升/分）	$\dot{V}O_2$[毫升/（千克·分）]	MET	$\dot{V}CO_2$（升/分）	RER	RPE
0	0	0	休息								

血乳酸阈值评估

目标

- 了解乳酸阈值（lactate threshold，LT）的概念及其对于预测耐力表现的重要性。
- 学习通过乳酸分析和无创呼吸气体分析测量乳酸阈值的过程。
- 比较评估乳酸阈值的方法。

定义

快速（或无氧）糖酵解： 快速提供能量的代谢途径，将六碳葡萄糖水解成两个三碳乳酸分子的过程，不需要氧气参与。

乳酸根离子： 在乳酸释放质子后残留的阴离子。

乳酸阈值： 运动过程中强度增加至乳酸盐产生率超过清除率的点；随着强度的增加，乳酸盐增幅>1毫摩尔/升之前的点。

乳酸： 由丙酮酸形成的三碳分子（$C_3H_6O_3$）；作为羧酸，在大多数条件下它解离时会释放出一

个质子（残留的阴离子被称为乳酸根离子）。

代谢性酸中毒： 由代谢产生的酸性物质引起的血液和肌肉pH降低的状态，这些酸性物质被认为至少部分来自高强度运动期间快速糖酵解产生的乳酸。

乳酸激增点（onset of blood lactate accumulation，OBLA）： 在强度递增的运动方案过程中，血液乳酸水平达到4.0毫摩尔/升的点。

乳酸是**快速（或无氧）糖酵解**的产物。它由乳酸脱氢酶（lactate dehydrogenase，LDH）催化反应形成丙酮酸的反应式如下。

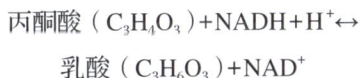

$$丙酮酸（C_3H_4O_3）+NADH+H^+ \leftrightarrow$$
$$乳酸（C_3H_6O_3）+NAD^+$$

丙酮酸是糖酵解的终点，有两种可能的命运——转化为乳酸或乙酰辅酶A，后者存在于线粒体中，通过丙酮酸脱氢酶（pyruvate dehydrogenase，PDH）催化的反应形成。丙酮酸转化为哪种产物很重要，因为它还涉及无氧或有氧代谢。因此，运

动生理学家对测量乳酸产量很有兴趣。

乳酸和乳酸根离子通常同义使用，然而这是不正确的。**乳酸根离子**是乳酸分子释放出质子后的阴离子。在肌细胞的细胞质和血液中，乳酸通常以乳酸根离子和H^+的形式存在（因此在本实验中使用术语乳酸根离子）。由于失去了质子，人们认为在运动过程中乳酸能促进肌肉和血液的pH发生变化，从而导致**代谢性酸中毒**。然而，它在肌肉代谢性酸中毒的促进程度存在争议（有关讨论，请参阅本实验参考文献列

表中的 13~16）。

即使在静息的条件下，人体也会不断产生乳酸根离子。多年来，乳酸根离子被认为是糖酵解产生的废物，会导致肌肉疲劳和酸痛。事实上，乳酸根离子可以像许多其他含碳化合物一样用作能量来源。然而，随着运动强度的增加，血液中乳酸根离子的浓度由于许多因素而增加，这些因素包括ATP产量的增加和乳酸根离子的清除量的减少。随着运动强度的增加，对ATP的需求也会增加，这可能超过线粒体通过常量营养素的氧化磷酸化来满足有氧需求的能力。此外，募集更多的快肌纤维（其线粒体较少），会促进产生更多乳酸根离子。随着运动强度的增加，更少的脂肪和更多的碳水化合物被用作能量来源，并且这种糖酵解流量的增加有助于产生更多的乳酸根离子。随着运动强度的增加，激素（肾上腺素和去甲肾上腺素）通过刺激糖原分解（通过糖原磷酸化酶）增加糖酵解流量。许多运动生理学文献也认为减少氧气是产生更多乳酸根离子的原因，但在正常海拔高度时，这并不是最好的解释[1, 8]。实际上，乳酸根离子产量的增加可归因于氧化磷酸化不能满足运动的能量需求。由于ATP需求超过线粒体在有氧条件下产生ATP的能力，因此ATP的合成需要进行更多的无氧代谢。

几乎任何代谢活性组织（例如，肌肉、心脏、肝脏、肾脏等）都可以去除血液乳酸根离子（及其随后的氧化）。由于可清除乳酸的组织（例如，非工作肌肉、肝脏、肾脏等）的血流量减少，在高运动强度下清除的血液乳酸根离子量减少。因此，当乳酸产量超过清除量时，这通常表明运动强度超出能够以有氧方式满足ATP需求的运动强度。这一事实使血乳酸成为一个有用的指标，用于评估以有氧方式产生能量而不会在血液中积聚大量乳酸的能力，这最好是通过在递增强度至意志疲劳的测试过程中反复抽血来证明。乳酸产量超过清除量的点被称为乳酸拐点。因此，在给定的绝对强度下的血乳酸浓度（以毫摩尔/升为单位）可用作反映个人有氧能量产生能力的指标，对有氧运动员来说是有效的体能指标。

快速糖酵解可以高速提供ATP，这使其在无氧运动过程中成为能量的主要来源。无氧代谢为3分钟以下的竭尽全力的运动贡献大部分能量[12]。快速糖酵解运动的典型例子是400米短跑。表11.1说明了400米跑步对血乳酸水平的影响。依赖于快速糖酵解的无氧运动的其他例子包括温盖特测试（Wingate test，WAnT）[15]和堪萨斯深蹲测试[9]。正如在实验活动11.3及表11.1所示，进行这些无氧运动后的血乳酸可能超过15毫摩尔/升。由于涉及运动，在无氧运动测试过程中很少采集血样。事实上，研究认为血乳酸在运动后2~10分钟才会在血液中达到峰值，这是肌肉中产生的乳酸涌进血液所需的时间。如表11.1所示的在跑完400米后肌肉乳酸与血乳酸水平，有助于理解这一点。

表11.1 在跑完400米的5分钟后血液和肌肉中的pH和乳酸浓度

跑步者	时间（秒）	肌肉		血液	
		pH	乳酸（毫摩尔/千克）	pH	乳酸（毫摩尔/升）
1	61.0	6.68	19.7	7.12	12.6
2	57.1	6.59	20.5	7.14	13.4
3	65.0	6.59	20.2	7.02	13.1
4	58.5	6.68	18.2	7.10	10.1
平均	60.4	6.64	19.7	7.10	12.3

[Reprinted, by permission, from W. L. Kenney, J. H. Wilmore, and D.L. Costill, 2015, *Physiology of sport and exercise*, 6th ed. (Champaign, IL: Human Kinetics), 217。]

确定拐点

多年来，已经有许多方法来定义和描述最能反映耐力表现的递增测试中的乳酸拐点[1, 8, 10]。这个拐点非常重要，因为它表明当一个人从主要进行有氧代谢（因此这种运动应该持续一段时间）转换为主要进行无氧代谢（可能会加速疲劳）。在次极量运动强度下的血乳酸值与静息值相近（0.9~2.0毫摩尔/升）。随着强度继续增加，血乳酸浓度高于静息值并加速上升（见图11.1）。血乳酸浓度呈现非线性增加的点称为**乳酸阈值**。

耐力表现取决于在尽可能高的强度下长时间运动而不受疲劳和乳酸堆积的影响的能力[2, 5, 10, 13]。这些因素依赖于乳酸阈值，因为它们在一定百分比的$\dot{V}O_2max$下发生，并决定乳酸浓度开始上升的点。对于不同人群，达到乳酸阈值所需的$\dot{V}O_2max$百分比不同：

未受过训练或久坐的人在其$\dot{V}O_2$为$\dot{V}O_2max$的50%~60%时达到乳酸阈值；

训练有素的长跑运动员在其$\dot{V}O_2$为$\dot{V}O_2max$的75%以上时达到乳酸阈值。

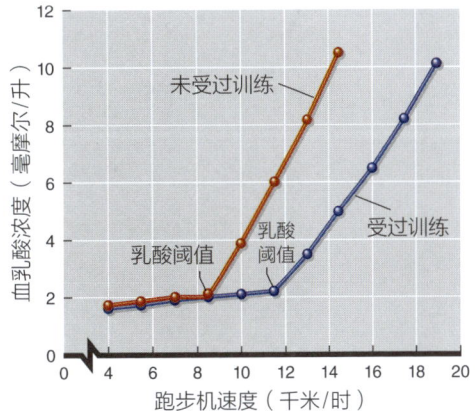

图11.1 递增强度运动中的血乳酸浓度增加情况
[Adapted, by permission, from W. L. Kenney, J. H. Wilmore, and D. L. Costill, 2015, *Physiology of sport and exercise*, 6th ed. (Champaign, IL: Human Kinetics), 277.]

研究表明，耐力赛的表现与乳酸阈值的关系比与$\dot{V}O_2max$的关系更密切[4, 8, 10, 13, 15]，这可以解释为什么具有相同$\dot{V}O_2max$的运动员在耐力赛期间的表现往往不同。它还有助于解释表现持续提高而$\dot{V}O_2max$没有增加的情况。确定乳酸阈值可以帮助设计训练计划，以提高耐力运动员的比赛成绩。如果运动员知道自己在感受到乳酸堆积的影响之前可以在训练中达到的$\dot{V}O_2max$百分比，他们就可以通过间歇训练来提高乳酸阈值。在乳酸阈值处或附近进行训练可使如图11.1所示的曲线向右移动。当然，为了做到这一点，必须知道什么时候达到乳酸阈值，然后以该百分比的 $\dot{V}O_2max$ 和心率进行训练。与乳酸阈值相关的训练的更多信息可以参考彼得·詹森的著作 *Lactate Threshold Training*[11]。

要确定乳酸拐点，定义最明确的方法就是**乳酸激增点**和乳酸阈值。乳酸激增点是递增运动测试中血乳酸含量为4毫摩尔/升时相应的功率[17]。乳酸阈值是在连续功率中观察到非线性增幅超过1毫摩尔/升时的功率[6, 8]。一般来说，乳酸激增点出现时的运动强度和 $\dot{V}O_2max$ 百分通常比乳酸阈值出现时更高（见图11.1和图11.2）。因此，乳酸阈值可以更好地预测持续时间为60~75分钟的运动表现，而乳酸激增点可以更好地预测持续时间为20~40分钟的运动表现[7]。

选择测试方法

有几种方法可用于测量血乳酸。测量血乳酸时一般需要少量的血液样本，绝大部分情况下只需要扎手指就可以了。乳酸和葡萄糖可以通过自动化机器在几分钟内完成测量。由于要应用于耐力运动员的训练，也可以使用在市场上买到的便携式分析仪。这些装置的工作原理类似于葡萄糖分析仪，将一滴血沾到插在机器上的试纸上，只需几秒就可以产生结果。还可以通过其他自动化机器测量乳酸根离子。图

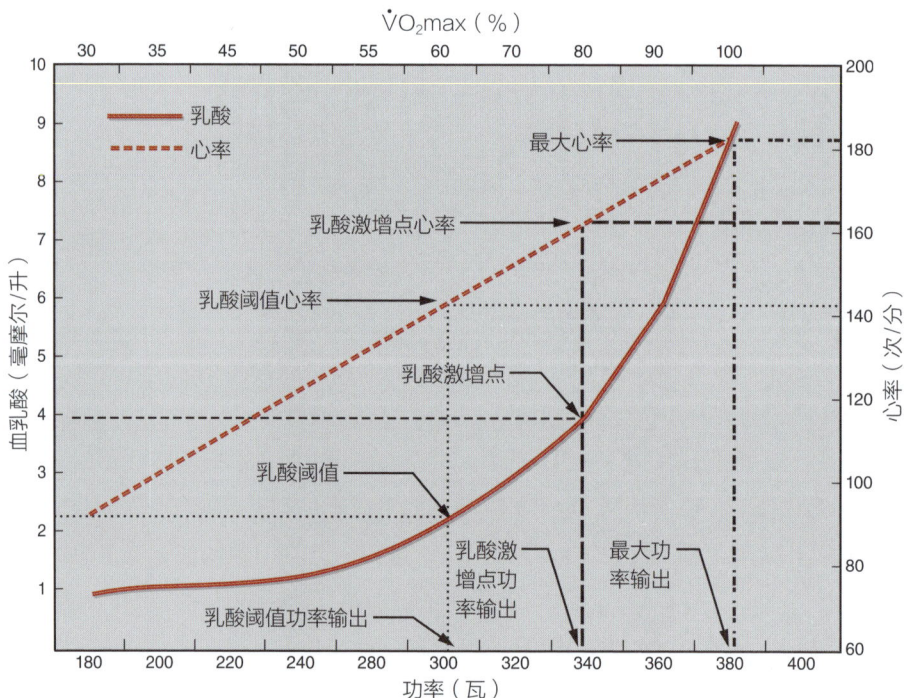

图11.2 有关乳酸阈值和乳酸激增点的定义

[Adapted, by permission, from T. Bompa and G. G. Haff, 2009, *Periodization: Theory and methodology of training*, 5th ed. (Champaign, IL: Human Kinetics), 295.]

11.3是一台便携式乳酸分析仪。最后，可以使用光谱仪分析乳酸根离子，这是最准确的方法，但需要更多的血液样本，并且需要更长的时间才可以完成分析。实验室很可能配有便携式分析仪，实验室指导员应示范使用方法。

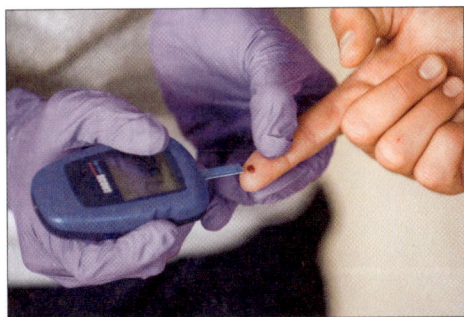

图11.3 便携式乳酸分析仪

通气阈值的作用

如实验10中所述，$\dot{V}O_2$ 在递增负荷运动测试过程中作为输出功率的线性函数会增加至 $\dot{V}O_2max$。另外，通气量仅需要在 $\dot{V}O_2$ 内为 $\dot{V}O_2max$ 的 50%~75% 的运动过程中作为输出功率的函数线性增加，高于该水平时，$\dot{V}_E$ 增加得更快（见图10.2）。

高于此通气阈值的 $\dot{V}_E$ 的增长与 $\dot{V}CO_2$ 的增长和血液乳酸的急剧增长相一致。记住，乳酸在血液中解离成乳酸根离子和 H^+，H^+ 与碳酸氢根离子结合形成碳酸，然后碳酸又分解成 H_2O 和 CO_2，其反应式如下。

$$La^-H^+ + HCO_3^- \leftrightarrow H_2CO_3 \leftrightarrow H_2O + CO_2$$

血液中二氧化碳的积累导致呼出气体中的二氧化碳增加，血液中二氧化碳的增加刺激通气量的增加。因此，通气阈值代表血乳酸的突然增加以及随后血液pH值降低。这种来自乳酸缓冲的非代谢性或过量的二氧化碳可以防止血液pH降低，有助于来自常量营养素的分解代谢的 $\dot{V}CO_2$ 的增加。记住，$RER = \dot{V}CO_2/\dot{V}O_2$ 可以解释为什么在高强度运动下RER会超过1.0。关于强度递增运动中的乳酸、通气量、耗氧量与无氧和有氧代谢贡献之间的关系，见图11.4。

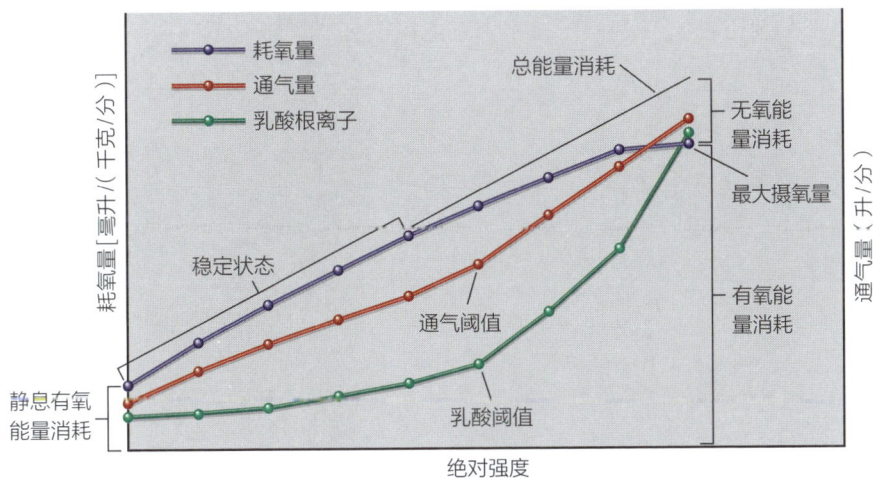

图11.4 运动后清除血乳酸的主动与被动恢复过程

©Charles Dumke

重要的是要了解碳酸氢盐并不能清除乳酸根离子，它只能缓冲质子。如上所述，乳酸根离子只能通过被肌肉、肝脏或肾脏等组织吸收的方式来清除。这个过程可以在运动过程中或运动后发生，取决于具体情况。

血乳酸的测量使增加运动强度至力竭的递增测试更加复杂。在每个阶段都需要采集少量血样，这增加了执行测试所需的人数。还需要更多的实验用品（例如，乳酸分析仪、手套、纱布、酒精棉、创可贴）。因此，通气阈值通常用于估算乳酸阈值。在本实验中，还将介绍通气阈值与乳酸阈值的关系。

静息时的血乳酸浓度测量

设备

- 乳酸分析仪与试纸
- 采血针
- 检查手套
- 酒精棉
- 无菌纱布、创可贴

实验前提示

采集一滴血是一种简单、相对无创的测量方法。但是，血液是体液，因此必须小心处理。处理血液时应戴手套，注意要将有血污的物品丢弃到指定用于存储生物废物的垃圾箱中。由于手套上有残留的血液，学生很容易将血液污染传播到实验室中的其他器材或其他地方，这是一个常见的错误。另外，一定要注意潜在的污染。有些机构可能会要求测试对象在参加本实验之前通过血源性病原体安全检验，实验室指导员应对所在机构的这种安全要求有更多的了解。

如本实验开始时所述，可以通过几种方法测量血液样本中的乳酸。由于便携式乳酸分析仪容易买到并且比较便宜，假定将在以下步骤中使用它。请注意，便携式分析仪可能要求每批乳酸试纸都进行校准，可遵循制造商的乳酸检测仪校准指南进行校准，可以从耳垂或指尖采集血液。然而，对学生来说，从指尖采血更常用、更容易，因此假设在本实验中使用指尖采血的方式。实验室指导员应阐明实际使用的乳酸分析仪的使用方法。

乳酸分析仪测试

步骤1　实验室指导员应示范在实验室中用乳酸分析仪采集血液样本的程序。假设使用便携式乳酸分析仪，校准相对容易。每批乳酸试纸都自带需要在分析仪中确认的代码，可以通过插入代码试纸或手动输入来确认。机器应该在插入乳酸试纸后识别出乳酸试纸，并准备好接受一滴血液。

步骤2　让测试对象静坐约3分钟后再采集其静息血样。

步骤3　戴着检查手套，用酒精棉清洁测试对象的指尖。等待酒精挥发，以保证在采血过程中血液不会与酒精混合。

步骤4　用采血针刺破擦拭过的手指，必要时搏动式挤压（不要只是一直压住不松开）手指，以挤出血液。

步骤5 让乳酸分析仪试纸与血滴接触，开始测量。毛细作用会将血液吸入试纸的储液器中，小心不要将气泡引入试纸储液器。

步骤6 用无菌纱布擦去测试对象手指上剩余的血液，必要时贴上创可贴。

步骤7 记录数据。

问题集 11.1

1. 编制一张数据表，记录全班的静息乳酸值。

2. 静息乳酸值因性别而异吗？为什么会出现这种情况？

3. 这些值说明了静息状态下乳酸的产量是多少？

4. 如何解释静息乳酸值大于2.0毫摩尔/千克？

递增式自行车测试的乳酸阈值

设备

- 台秤（数字秤或其他秤）
- 测距仪（靠墙式或独立式）或附有人体测量仪的医用秤
- 自行车测功计
- 代谢车，包括气体流量计及 O_2 和 CO_2 分析仪
- 心率监测器
- 乳酸分析仪与试纸
- 检查手套
- 采血针
- 酒精棉
- 无菌纱布和创可贴
- 个人数据表

实验前提示

采集一滴血是一种简单、相对无创的测量方法。但是，血液是体液，因此必须小心处理。处理血液时应戴手套，注意要将有血污的物品丢弃到指定用于存储生物废物的垃圾箱中。由于手套上有残留的血液，学生很容易将血液污染传播到实验室中的其他器材或其他地方，这是一个常见的错误。另外，一定要注意潜在的污染。有些机构可能会要求测试对象在参加本实验之前通过血源性病原体安全检验，实验室指导员应对所在机构的这种安全要求有更多的了解。

如本实验开始时所述，可以通过几种方法测量血液样本中的乳酸。由于便携式乳酸分析仪容易买到并且比较便宜，假定将在以下步骤中使用它。请注意，便携式分析仪可能要求每批乳酸试纸都进行校准，可遵循制造商的乳酸监测仪校准指南进行校准。可以从耳垂或指尖采集血液。然而，对学生来说，从指尖采血更常用、更容易，因此假设在本实验中使用指尖采血的方式。实验室指导员应阐明特定乳酸分析仪的使用方法。

乳酸阈值的递增式自行车测试

选出一名学生作为测试对象，确定其在递增式测试过程中的乳酸阈值。其他学生将执行采血、控制自行车测功计的工作负荷、测量RPE和心率，以及控制代谢车等任务来帮助完成测试。

步骤1　收集个人数据表中的基本数据（例如，年龄、身高、体重等）。

步骤 2 让测试对象舒适地坐在自行车测功计上，调整测功计，使测试对象的腿处于向下位置时，膝关节略微弯曲（5~15度）。

步骤 3 实验室指导员解释使用代谢车的程序，由学生操作代谢车并进行测试，包括校准和数据记录。将测试对象的数据输入代谢车。

步骤 4 帮助测试对象佩戴心率监测器和面罩准备测试。

步骤 5 在测试开始之前，向测试对象宣读本实验前面提供的RPE说明，允许测试对象在戴上代谢设备之前提出问题。

步骤 6 当测试对象坐在自行车测功计上时，让测试对象戴上吹口或面罩。

步骤 7 让测试对象静坐约3分钟，以达到静息稳态。

步骤 8 实验室指导员应示范在实验室中用乳酸分析仪采集血液样本的程序。简而言之，戴着检查手套，用酒精棉清洁测试对象的指尖。等待酒精挥发，以保证在采血过程中血液不会与酒精混合。用采血针刺破擦拭过的手指，必要时搏动式挤压（不要只是一直压住不松开）手指，以挤出血液。让乳酸分析仪试纸与血滴接触，开始测量。用无菌纱布擦去手指上剩余的血液，必要时贴上创可贴。

步骤 9 测量并记录测试对象的静息心率、RPE和来自代谢车的数据。

步骤 10 让测试对象以不大于第一阶段的运动强度进行3~5分钟的热身。

步骤 11 选择适合测试对象的自行车测试方案（见实验10），例如阿斯特朗德或麦卡德尔测试方案。然而，这些方案中有些阶段只持续2分钟，对于采血可能会有难度。因此，建议体能一般的测试对象以0.5转/分的节奏蹬踏，初始阻力为0.5千克，然后每3分钟增加0.5千克。如果是体能较好的测试对象，则从1或1.5千克的阻力开始。

步骤 12 在每个阶段的最后30秒收集以下数据：功率、心率、$\dot{V}O_2$、$\dot{V}CO_2$、RER、$\dot{V}_E$和RPE，将结果记录在个人数据表上。

步骤 13 在每个阶段的最后一分钟采集血液样本。准备好酒精、纱布、试纸和分析仪，尽快获得血液样本，这样做可能需要几个学生。理想情况是不中断阶段计时，但出于本实验目的，可以延长阶段时长，直到获得良好的血液样本。不要试图从先前的刺破的部位采血——这样做可能会延长采血时间，并且可能会将凝固的血液沾到试纸上。每个阶段都使用新的采血针和新的采血部位。

步骤 14 观察测试对象是否出现需要终止测试的体征和症状。鼓励可以有效地激励测试对象达到极量运动状态。

步骤15 因为测试对象不能通过面罩或吹口进行沟通，可以使用几种常见的手势信号。例如，测试对象竖起大拇指表示感觉良好且愿意继续。测试对象竖起食指表示需要在1分钟内停止测试，让测试人员可以准备结束测试并收集所有测量结果的最大数据。

步骤16 在达到$\dot{V}O_2$max测试标准即停止测试的标志出现时停止测试（关于终止测试的标准见实验7），或当测试对象因意志疲劳而停止运动时停止测试。此时，将自行车的工作负荷降低到方案初始阶段的工作负荷，让测试对象继续戴着吹口放松5分钟（在放松过程中记录RER）。

步骤17 放松可以让测试对象保持活动，以避免测试对象下肢的血液淤积或出现晕厥，这是很重要的。放松至少应持续5分钟，在此过程中，监测测试对象的心率。适当的放松会使测试对象在离开测功计之前达到约120次/分的心率。

步骤18 在放松过程中继续注意测试对象的体征和症状。

步骤19 记录每个阶段的数据，并填写测试对象的个人数据表。

自行车测功计的功和功率公式

通过调整蒙纳克自行车测功计的飞轮皮带上的张力来精确设置功率，同时使测试对象以恒定的节奏蹬踏。飞轮周长是指踏板旋转一周时，飞轮上的给定点将行进6米。因此，飞轮速度等于踏板每分钟转数×6米/转。与跑步机一样，在没有阻力的情况下进行的蹬踏，不计入自行车测功计所做的功。可以使用以下公式计算在蒙纳克自行车测功计上的功和功率：

$$功 = 力 \times 距离$$
$$自行车所做的功 = 阻力（千克） \times （踏板转/分 \times 6米/转 \times 总运动时间）$$
$$功率 = 力 \times 速度$$
$$自行车的功率 = 阻力（千克） \times （踏板转/分 \times 6米/转）$$

请注意，功率公式的结果的单位为千克·米/分，这意味着可以将其除以6.12，将单位转换为瓦。

问题集 11.2

1. 编制一张图表，说明血乳酸浓度（毫摩尔/升）和功率（千克·米/分或瓦）之间的关系。

2. 编制一张图表，说明心率（次/分）和功率（千克·米/分或瓦）之间的关系。

3. 编制一张图表，说明 $\dot{V}_E$（升/分）和功率（千克·米/分或瓦）之间的关系。

4. 回想一下实验10的讨论，测试对象是否符合达到真正的 $\dot{V}O_2max$ 的标准？

5. 测试对象在什么工作负荷、心率和最大心率的百分比下达到乳酸阈值？ OBLA？通气阈值？（提示：最好用表单回答。）

6. 乳酸阈值与通气阈值是否在相同的工作负荷下出现？为什么是或者为什么不？

7. 如何解释同一名测试对象在自行车测功计和跑步机上达到不同的 $\dot{V}O_2max$ 值？

8. 什么原因导致以在递增测试中的动态运动过程中，发生以乳酸阈值为标志的血乳酸堆积突然增加？

9. 解释乳酸阈值对运动表现预测的重要性。

实验活动 11.2

个人数据表

姓名或ID号：_____ 日期：_____

测试人员：_____ 时间：_____

性别：男/女（圈一个）年龄：_____岁 身高：_____英寸_____米

体重：_____磅_____千克 温度：_____华氏度_____摄氏度

气压：_____毫米汞柱 相对湿度：_____%

模式和方案：_____ 代谢车：_____

阶段时间（分）	阻力（千克）	功率（千克·米/分）	心率（次/分）	$\dot{V}_E$（升/分）	$\dot{V}O_2$（毫升/分）	$\dot{V}O_2$[毫升/（千克·分）]	MET	$\dot{V}CO_2$[毫升/（千克·分）]	RER	RPE	乳酸
0	休息	休息									

无氧运动后的血乳酸浓度

设备

- 台秤（数字秤或其他秤）
- 测距仪（靠墙式或独立式）或附有人体测量仪的医用秤
- 蒙纳克自行车或用于执行温盖特测试的等效测功计（例如，蒙纳克814E、824E或834E，全部自带插销和车篮，用于对其施加外部负荷，如图13.9所示）
- 旋转计数器，计算测试过程中踏板的转数
- 计时装置（例如，倒计时定时器、秒表、安装在自行车测功计上的定时器等）
- 心率监测器
- 乳酸分析仪与试纸
- 检查手套
- 采血针
- 酒精棉
- 无菌纱布和创可贴
- 个人数据表

实验前提示

乳酸通常在运动后几分钟内被清除。运动后清除血液中的乳酸主要依靠血液流向肌肉、肝脏、心脏和肾脏等组织，这个过程通常通过放松运动来促进（见图11.5）。这一过程在更多依赖于快速糖酵解的运动后特别重要——运动越依赖无氧，乳酸产生越多，因此清除血液中的乳酸所需的时间越长。在本实验活动中，将使用温盖特测试来证明快速糖酵解对能量的贡献以及在运动后清除乳酸的能力。

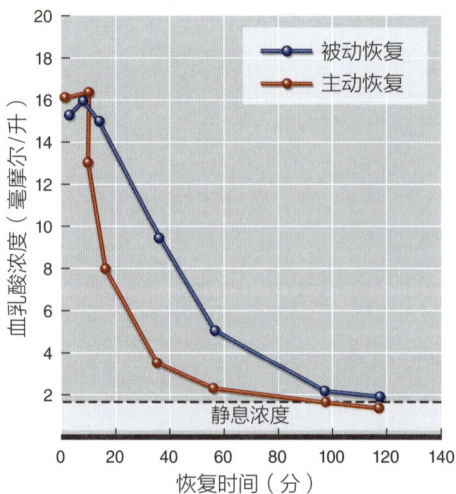

图11.5 运动后血乳酸清除的主动与被动恢复过程

[Reprinted, by permission, from W. L. Kenney, J. H. Wilmore, and D. L. Costill, 2015, *Physiology sport and exercise*, 6th ed. (Champaign, IL: Human Kinetics), 218.]

在温盖特测试之后的血乳酸浓度水平

两名体形相近的学生将一起进行温盖特测试。在测试之后，一名学生作为静坐测试对象（sitting subject，SS）将安静地坐着，不做放松运动，而另一名学生作为放松运动测试对象（cool-down subject，CDS）将以低负荷继续蹬踏。

步骤1 设置自行车测功计，并检查它是否处于正常工作状态。

步骤2 收集个人数据表中的基本数据（例如，年龄、身高、体重等）。

步骤3 根据测试对象的训练状态计算每个测试对象的规定负荷（见表13.3），在个人数据表上记录该数据。

步骤4 让测试对象舒适地坐在自行车测功计上，调整测功计，使测试对象的腿处于向下位置时，膝关节略微弯曲（5~15度）（见图4.3a）。

步骤5 完整地向测试对象解释测试方案，并强调这是持续30秒的须测试对象全力以赴的测试。

步骤6 让测试对象执行表13.4中列出的标准化热身和恢复运动。

步骤7 指导测试对象将蹬踏速度提高到接近最大值。指示负责设置阻力的人施加负荷，告诉负责计时的人启动计时器，并在测试对象达到最大蹬踏速度时喊"开始"。

步骤8 听到"开始"命令后，负责计数的人应开始数踏板转数（如果使用的是计算机化系统，则无须执行此步骤）。

步骤9 负责计数的人应该告诉负责记录的人在测试过程中每个5秒间隔（即5、10、15、20、25和停止）结束时测试对象完成的转数。

步骤10 在30秒时，计时的人喊"停止"，负责设置阻力的人将负荷减小到0。此时，SS应该坐在自行车测功计旁边的椅子上。CDS应在低负荷下蹬踏30分钟，同时采集血液样本。

步骤11 在测试之后的前10分钟内，每2分钟采集一次CDS和SS的血样（参见该实验前的活动了解程序），然后在接下来的30分钟内每5分钟采集一次。在两名测试对象的个人数据表中记录血乳酸结果。

步骤12 为了将规定的负荷转换为以牛顿为单位的重量，请将负荷量乘以9.806 65。根据总转数、飞轮距离（6米）以及间隔的持续时间计算功率。计算每个时间间隔的功率，并将其记录在两名测试对象的个人数据表上的相应位置。

步骤13 将每个时间间隔计算的功率除以测试对象的体重，以确定相对功率（瓦/千克）。将这些计算结果记录在两名测试对象的个人数据表中。

步骤14 计算在30秒时间间隔内完成的绝对功率和相对功率，并将这些计算结果记录在两名测试对象的个人数据表中。

步骤15 计算在30秒测试过程中完成的绝对和相对功率的平均值，并将这些数据记录在两名测试对象的个人数据表中。

步骤16 完成SS和CDS的绝对功率、相对功率、功、平均功率和疲劳指数的计算。

问题集11.3

1. 在进行温盖特测试后产生大量乳酸的生理原因是什么？

2. 编制一张图表，说明两名测试对象的血乳酸浓度和运动后时间之间的关系。

3. 在进行温盖特测试后，乳酸峰值出现在什么时间点？这种延迟响应的原因是什么？

4. 数据表明主动放松有何重要性？这对哪项运动特别重要？

实验活动11.3

个人数据表

日期：_____ 时间：_____

测试人员：_____

温度：_____华氏度_____摄氏度 气压：_____毫米汞柱

相对湿度：_____%

温盖特测试数据：有放松的测试对象（CDS）

姓名或ID号：_____

性别：男/女（圈一个）年龄：_____岁

身高：_____英寸_____米 体重：_____磅_____千克

$$规定的负荷 = \underline{\quad\quad}_{\text{体重（千克）}} \times \underline{\quad\quad}_{\text{力负荷（千磅）/体重（千克）}^{①}} = 千磅$$

①默认情况下，使用0.075千磅/千克或见表13.3。

$$力（牛顿）= \underline{\quad\quad}_{\text{以千磅为单位设定的力}} \times 9.806\,65 = \underline{\quad\quad} 牛顿$$

温盖特测试数据：静坐测试对象（SS）

姓名或ID号：_____

性别：男/女（圈一个）年龄：_____岁

身高：_____英寸_____米 体重：_____磅_____千克

$$规定的负荷 = \underline{\quad\quad}_{\text{体重（千克）}} \times \underline{\quad\quad}_{\text{力负荷（千磅）/体重（千克）}^{②}} = 千磅$$

②默认情况下，使用0.075千磅/千克或见表13.3。

$$力（牛顿）= \underline{\quad\quad}_{\text{以千磅为单位设定的力}} \times 9.806\,65 = \underline{\quad\quad} 牛顿$$

踏板转数

时间间隔（秒）	转数（CDS）	转数（SS）
0~5		
5~10		
10~15		
15~20		
20~25		
25~30		

CDS 的绝对功率数据

时间间隔（秒）	功率（瓦）
0~5	功率 =（_____千磅 × _____转数/5秒×12×6米）/6.12=_____
5~10	功率 =（_____千磅 × _____转数/5秒×12×6米）/6.12=_____
10~15	功率 =（_____千磅 × _____转数/5秒×12×6米）/6.12=_____
15~20	功率 =（_____千磅 × _____转数/5秒×12×6米）/6.12=_____
20~25	功率 =（_____千磅 × _____转数/5秒×12×6米）/6.12=_____
25~30	功率 =（_____千磅 × _____转数/5秒×12×6米）/6.12=_____

SS 的绝对功率数据

时间间隔（秒）	功率（瓦）
0~5	功率 =（_____千磅 × _____转数/5秒×12×6米）/6.12=_____
5~10	功率 =（_____千磅 × _____转数/5秒×12×6米）/6.12=_____
10~15	功率 =（_____千磅 × _____转数/5秒×12×6米）/6.12=_____
15~20	功率 =（_____千磅 × _____转数/5秒×12×6米）/6.12=_____
20~25	功率 =（_____千磅 × _____转数/5秒×12×6米）/6.12=_____
25~30	功率 =（_____千磅 × _____转数/5秒×12×6米）/6.12=_____

CDS 的相对功率数据

时间间隔（秒）	相对功率（瓦/千克）
0~5	相对功率 =_____功率（瓦）/_____体重（千克）=_____
5~10	相对功率 =_____功率（瓦）/_____体重（千克）=_____
10~15	相对功率 =_____功率（瓦）/_____体重（千克）=_____
15~20	相对功率 =_____功率（瓦）/_____体重（千克）=_____
20~25	相对功率 =_____功率（瓦）/_____体重（千克）=_____
25~30	相对功率 =_____功率（瓦）/_____体重（千克）=_____

SS 的相对功率数据

时间间隔（秒）	相对功率（瓦/千克）
0~5	相对功率 =_____功率（瓦）/_____体重（千克）=_____
5~10	相对功率 =_____功率（瓦）/_____体重（千克）=_____
10~15	相对功率 =_____功率（瓦）/_____体重（千克）=_____
15~20	相对功率 =_____功率（瓦）/_____体重（千克）=_____
20~25	相对功率 =_____功率（瓦）/_____体重（千克）=_____
25~30	相对功率 =_____功率（瓦）/_____体重（千克）=_____

CDS 的做功数据

时间间隔（秒）	工作
0~30	总做功量 =_____力（牛顿）×_____总转数 ×6 米 =_____焦耳
	相对做功量 =_____总做功量（焦耳）/_____体重（千克）=_____焦耳/千克

SS 的做功数据

时间间隔（秒）	工作
0~30	总做功量 =_____力（牛顿）×_____总转数 ×6 米 =_____焦耳
	相对做功量 =_____总做功量（焦耳）/_____体重（千克）=_____焦耳/千克

CDS 的平均功率输出

时间间隔（秒）	平均功率输出
0~30	平均功率输出 =_____（总做功量（焦耳））/30 秒 =_____焦耳/秒
	相对平均功率输出 =_____（平均功率（瓦））/_____（体重（千克））=_____瓦/千克

SS 的平均功率输出

时间间隔（秒）	平均功率输出
0~30	平均功率输出 =_____（总做功量（焦耳））/30 秒 =_____焦耳/秒
	相对平均功率输出 =_____（平均功率（瓦））/_____（体重（千克））=_____瓦/千克

计算疲劳指数

计算CDS和SS测试对象的疲劳指数。

疲劳指数（CDS）=[（ _____ − _____ ）/ _____] × 100 = _____ %
　　　　　　　　　最高功率（瓦）　　　最低功率（瓦）　　　最高功率（瓦）

疲劳指数（SS）=[（ _____ − _____ ）/ _____] × 100 = _____ %
　　　　　　　　　最高功率（瓦）　　最低功率（瓦）　　　最高功率（瓦）

温盖特测试后的乳酸结果

	CDS	SS
峰值功率（瓦）		
平均功率（瓦）		
测试后2分钟的乳酸（毫摩尔/升）		
测试后4分钟的乳酸（毫摩尔/升）		
测试后6分钟的乳酸（毫摩尔/升）		
测试后8分钟的乳酸（毫摩尔/升）		
测试后10分钟的乳酸（毫摩尔/升）		
测试后15分钟的乳酸（毫摩尔/升）		
测试后20分钟的乳酸（毫摩尔/升）		
测试后25分钟的乳酸（毫摩尔/升）		
测试后30分钟的乳酸（毫摩尔/升）		

肌肉适能测量

目标

- 熟悉各种评估肌肉力量和耐力的方法。
- 区分确定肌肉力量的直接和间接方法。
- 了解执行 1 次重复最大重量（1-repetition maximum，1RM）卧推和蹬腿测试的正确方法。
- 介绍在估计肌肉力量时所使用的预测公式。

定义

1次重复最大重量： 一次可以提起的最大重量或负荷量。

交换握： 优势手翻转向上，另一只手翻转向下的握法。

肌肉耐力： 肌肉重复施加次最大力量的能力[2, 4]。

肌肉适能： 肌肉耐力和最大力量的组合。

肌肉力量： 肌肉或肌肉群在单次收缩过程中可产生的最大力量[12, 23]。

预测公式： 为了通过一个或一系列其他变量预测另一个变量而建立的公式（在本实验中，通过提起的负荷量和执行的重复次数来预测1RM力量）。

旋前握法： 正握。

最大重复次数（repetition maximum，RM）： 在规定的重复次数范围内可以提起的最大重量（例如，1RM是可以提起一次的最重的重量，而10RM是可以提起10次的最重的重量）。

旋后握法： 反握。

健康的肌肉骨骼系统或**肌肉适能**对身体健康有益，包括降低患心脏病、骨质疏松症、葡萄糖耐受不良和肌肉骨骼损伤的风险[2, 25]。健康的肌肉骨骼系统还有助于提高日常生活活动的能力，并与生活质量直接相关[25, 50]。最重要的是，高水平的肌肉适能代表积极的健康状况，而较低水平的肌肉适能则代表较差的健康状况[50]。研究有充分证据表明：提升肌肉适能有助于降低各种原因的死亡风险[8]。具体而言，肌肉质量

和力量的减少标志着肌肉适能水平的下降，这似乎是衰老的重要风险因素[20]。

由于肌肉适能是健康的重要贡献因素，应在综合健康和保健筛查过程中对其进行评估[23, 44]。美国运动医学院将肌肉或肌肉适能定义为肌肉力量和肌肉耐力的组合[2]。**肌肉力量**是指肌肉或肌肉群在单次收缩过程中可产生的最大力量[12, 23]，而**肌肉耐力**是指重复施加次最大力量的能力[2, 4]。可以用几种方法评估肌肉力量和耐力，并且通常基

于所测试的肌肉群、可用器材和测试对象的能力来选择测试方案。

文献中报告的结果进行比较。

在进行肌肉适能评估时，应该帮助测试对象熟悉器材和方案，以确保测试过程尽可能可靠[2]。还应该在标准化条件下执行所有方案。美国运动医学院建议按以下6个步骤（包括使用适当的提举技术并让个人熟悉器材）进行测试，以提高肌肉适能评估的准确性和可靠性（见表12.1）。

肌肉力量的评估

没有某一种测试可以评估全身的肌肉力量或耐力。相反，肌肉适能测试对于测试的肌肉群、运动速度、收缩的类型和活动范围，以及用于评估的器材类型是有针对性的[2]。因此，有时很难将个人结果与科学

表12.1 美国运动医学学院关于肌肉力量和耐力测试标准化条件的建议

指导规则	基本原理
保持技术正确规范	保持技术正确规范可确保正确安全地进行练习
保持一致的重复持续时间或移动速度	保持一致的重复速度可以更容易解释结果
全活动范围	使用全活动范围可以更容易解释结果并最大限度地提高安全性
使用保护员	在诸如卧推或后深蹲等练习中必须使用保护员，以最大限度地提高安全性
熟悉器材	所有测试对象都应熟悉器材和方案，以最大限度地提高评估的可靠性
正确热身	与所有测试一样，采用适当的热身，以最大限度地提高运动表现，同时最大限度地降低测试过程中的潜在风险

[Adapted from ACSM 2010.]

肌肉力量可以用动态或静态的方法进行评估。动态评估涉及移动外部负荷或身体部位，而静态评估则不会要求明显的肌肉或肢体移动[2]。肌肉力量评估也可以分为两大类：**1次重复最大重量**测试和静态（或等长）测试。

1RM测试

传统上，1RM测试是评估动态肌肉力量的金标准。它要求测试对象以可控方式在活动范围内动态施加最大力，同时保持技术正确规范[2, 5]。当第一次与测试对象进行此评估时，通常很难获得准确可靠的1RM，这是因为可能要经过多次尝试，又或者因

为测试对象的技术水平可能不稳定[5, 31]。然而，如果测试对象熟悉在评估中使用的练习和方案，1RM测试就可以非常可靠。总体而言，1RM测试表现出较高的重复测试可靠性，其ICC介于0.79~0.99[28]。

可以通过以下方法在自由重量练习和基于机器的练习中应用1RM程序[2, 28, 45]。

• 让测试对象估计自己的1RM。这对于受过训练的测试对象来说比较容易，因为可以使用他们训练时的负荷量来估算1RM。对于未经训练的测试对象或新手来说，确定自感最大重量更加困难，并且该探索过程需要花费相当多时间。在大多数情况下，体重被用作感知的1RM，从而计算

这些测试对象的测试负荷量。

- 测试对象以自感最大重量的40%~60%进行5~10次重复动作作为热身。

- 休息1分钟后，测试对象进行3~5次重复动作，阻力为自感最大重量的60%~80%。

- 休息3分钟后，测试对象进行1次重复动作，阻力等于自感最大重量的90%。

- 如果操作正确，上一步应使测试对象接近1RM。此时，保守地增加阻力，让测试对象进行1次重复动作。如果完成提举，测试对象应休息3分钟，然后再增加负荷量。继续这个过程（休息3分钟，然后增加负荷量）直到测试对象无法再完成规范的动作。为了最大限度地提高过程的可靠性，应在3~5组测试内达到1RM。

- 将测试对象成功完成的最重的重量记录为1RM值。

通常，1RM测试对大多数人群都是安全的[28]。针对儿童、老年人和运动员进行的1RM测试调查发现，在根据标准程序进行测试并对其进行适当监督的情况下，很少或不会出现受伤[9, 12, 19, 22, 28, 42, 43]。总的来说，调查强调了一个事实，即1RM测试对于测试对象和运动员是安全的，但它也强调了让测试对象熟悉测试过程以及确保有测试人员进行适当监督的重要性。测试监督员必须评估测试对象的技术并确定测试对象是否应继续进行测试。

确定1RM后，可以通过多种方式反映结果。第一种方法是只报告该测试对象提升的最大负荷量（以千克为单位）。这种方法在试图跟踪测试对象的肌肉适能状况时是可以接受的，但在个体之间进行比较时却不那么有用[6]。评估或比较个体的1RM的最常用方法是将1RM除以体重，并将结果与标准表（见表12.2和表12.3）中的数据进行比较[23]。

表12.2　基于年龄和性别的1RM卧推标准值

年龄（岁）		20~29		30~39		40~49		50~59		≥60	
描述	%等级	M	F	M	F	M	F	M	F	M	F
远高于平均水平	90	1.48	0.54	1.24	0.49	1.10	0.46	0.97	0.40	0.89	0.41
	80	1.32	0.49	1.12	0.45	1.00	0.40	0.90	0.37	0.82	0.38
高于平均水平	70	1.22	0.42	1.04	0.42	0.93	0.38	0.84	0.35	0.77	0.36
	60	1.14	0.41	0.98	0.41	0.88	0.37	0.79	0.33	0.72	0.32
平均水平	50	1.06	0.40	0.93	0.38	0.84	0.34	0.75	0.31	0.68	0.30
	40	0.99	0.37	0.88	0.37	0.80	0.32	0.71	0.28	0.66	0.29
低于平均水平	30	0.93	0.35	0.83	0.34	0.76	0.29	0.68	0.26	0.63	0.28
	20	0.88	0.33	0.78	0.32	0.72	0.27	0.63	0.23	0.57	0.26
远低于平均水平	10	0.80	0.30	0.71	0.27	0.65	0.23	0.57	0.19	0.53	0.25

注意：
表中的值以1RM（千克）/体重（千克）为单位；M=男性，F=女性。

[Adapted, by permission, from V. Heyward and A. L. Gibson, 2014, *Advanced fitness assessment and exercise prescription*, 7th ed. (Champaign, IL; Human Kinetics), 162. Data for women provided by the George Washington University Medical Center, Washington, D. C., 1998. Data for men provided by the Cooper Institute for Aerobics Research, 2005, *The Physical Fitness Specialist Manual* (The Cooper Institute, Dallas, TX).]

表12.3 基于年龄和性别的1RM蹬腿标准值

| 年龄（岁） | | 20~29 | | 30~39 | | 40~49 | | 50~59 | | ≥60 | |
描述	%等级	M	F	M	F	M	F	M	F	M	F
远高于平均水平	90	2.27	2.05	2.07	1.73	1.92	1.63	1.80	1.51	1.73	1.40
	80	2.13	1.66	1.93	1.50	1.82	1.46	1.71	1.30	1.62	1.25
高于平均水平	70	2.05	1.42	1.85	1.47	1.74	1.35	1.64	1.24	1.56	1.18
	60	1.97	1.36	1.77	1.32	1.68	1.26	1.58	1.18	1.49	1.15
平均水平	50	1.91	1.32	1.71	1.26	1.62	1.19	1.52	1.09	1.43	1.08
	40	1.83	1.25	1.65	1.21	1.57	1.12	1.46	1.03	1.38	1.04
低于平均水平	30	1.74	1.23	1.59	1.16	1.51	1.03	1.39	0.95	1.30	0.98
	20	1.63	1.13	1.52	1.09	1.44	0.94	1.32	0.86	1.25	0.94
远低于平均水平	10	1.51	1.02	1.43	0.94	1.35	0.76	1.22	0.75	1.16	0.84

注意：

表中的值以1RM（千克）/体重（千克）为单位；M=男性，F=女性。

[Adapted, by permission, from V. Heyward and A. L. Gibson, 2014, *Advanced fitness assessment and exercise prescription*, 7th ed. (Champaign, IL; Human Kinetics), 162. Data for women provided by the George Washington University Medical Center, Washington, D.C., 1998. Data for men provided by the Cooper Institute for Aerobics Research, 2005, *The Physical Fitness Specialist Manual* (The Cooper Institute, Dallas, TX).]

美国运动医学院建议在健康和保健筛查时使用卧推和蹬腿来评估上身和下身的力量[2]。但也可以通过用于测量1RM值的6个特定练习来评估整体力量体能：卧推、臂弯举、背阔肌高位下拉、蹬腿、腿部伸展和屈腿。每个1RM除以体重，以转换为分数的相对力量水平；对结果求和，以确定总体力量体能分数，然后按分数进行分类（见表12.4）。

预测1RM

在某些情况下，直接的1RM测试可能不可行或不安全。在这些情况下，可以用力量耐力测试作为确定肌肉力量的间接方法[9]。根据1RM的百分比与可以执行的重复次数之间的负线性关系可预测或间接确定1RM[5]。该线性关系表明，每执行一次最大重复次数，1RM的百分比降低2%~2.5%。因此，1RM是一次可以提举的最大阻力，并代表100%的1RM负荷，而提升5次负荷量

将与大约90%的1RM负荷相关联[5]。有两种间接方法可以确定1RM负荷：最大重复次数测试[27]和使用预测公式[1, 14, 15, 18, 30, 32, 35, 36, 39, 40, 49]。

使用最大重复次数测试

估算1RM的其中一种方法是使用最大重复次数（RM）测试或力量耐力测试。为了估算1RM使用该测试时，负荷量范围应该在可执行5~10次重复动作以内（即测试对象可以保持技术正确规范，完成5~10次重复的最大负荷量）。确立了用特定负荷量的最大重复次数后，就可以将其与1RM估算表（见表12.5）结合使用，通过特定练习来预测测试对象的最大肌肉力量[9]。

使用1RM预测公式

另一种间接方法是测试对象进行重复次数少于10次的力量耐力测试[1, 14, 16, 37, 51]。在这种方法中，可以选择多个预测公式（见表12.6）[1, 14, 15, 17, 18, 30, 32, 35, 37, 39, 40, 49]。在使用

较大的负荷量配合较少的重复次数时，预测通常更准确[1]。

表12.4 男性大学生和女性大学生在选定1RM测试中的相对力量比率

	卧推		背阔肌高位下拉		蹬腿		腿部伸展		屈腿		臂弯举	
分数	M	F	M	F	M	F	M	F	M	F	M	F
10	1.50	0.90	1.20	0.85	3.00	2.70	0.80	0.70	0.70	0.60	0.70	0.50
9	1.40	0.85	1.15	0.80	2.80	2.50	0.75	0.65	0.65	0.55	0.65	0.45
8	1.30	0.80	1.10	0.75	2.60	2.30	0.70	0.60	0.60	0.52	0.60	0.42
7	1.20	0.70	1.05	0.73	2.40	2.10	0.65	0.55	0.55	0.50	0.55	0.38
6	1.10	0.65	1.00	0.70	2.20	2.00	0.60	0.52	0.50	0.45	0.50	0.35
5	1.00	0.60	0.95	0.65	2.00	1.80	0.55	0.50	0.45	0.40	0.45	0.32
4	0.90	0.55	0.90	0.63	1.80	1.60	0.50	0.45	0.40	0.35	0.40	0.28
3	0.80	0.50	0.85	0.60	1.60	1.40	0.45	0.40	0.35	0.30	0.35	0.25
2	0.70	0.45	0.80	0.55	1.40	1.20	0.40	0.35	0.30	0.25	0.30	0.21
1	0.60	0.35	0.75	0.50	1.20	1.00	0.35	0.30	0.25	0.20	0.25	0.18

解释

为了确定力量体能类别，对所测试的6个练习的积分求和：

总分	力量体能类别
48~60	优秀
37~47	良好
25~36	平均水平
13~24	一般
0~12	差

注意：

通过将1RM（千克）除以测试对象体重（千克）来确定相对值；M=男性，F=女性。

[Adapted, by permission, from V. Heyward and A. L. Gibson, 2014, *Advanced fitness assessment and exercise prescription*, 7th ed. Champaign, IL: Human Kinetics, 164.]

表12.5 1RM估算

最大重复次数（RM）	1	2	3	4	5	6	7	8	9	10	12	15
%1RM	100	95	93	90	87	85	83	80	77	75	67	65
负荷量（磅或千克）	10	10	9	9	9	9	8	8	8	8	7	7
	20	19	19	18	17	17	17	16	15	15	13	13
	30	29	28	27	26	26	25	24	23	23	20	20
	40	38	37	36	35	34	33	32	31	30	27	26
	50	48	47	45	44	43	42	40	39	38	34	33
	60	57	56	54	52	51	50	48	46	45	40	39
	70	67	65	63	61	60	58	56	54	53	47	46
	80	76	74	72	70	68	66	64	62	60	54	52
	90	86	84	81	78	77	75	72	69	68	60	59
	100	95	93	90	87	85	83	80	77	75	67	65

最大重复次数（RM）	1	2	3	4	5	6	7	8	9	10	12	15
110	105	102	99	96	94	91	88	85	83	74	72	
120	114	112	108	104	102	100	96	92	90	80	78	
130	124	121	117	113	111	108	104	100	98	87	85	
140	133	130	126	122	119	116	112	108	105	94	91	
150	143	140	135	131	128	125	120	116	113	101	98	
160	152	149	144	139	136	133	128	123	120	107	104	
170	162	158	153	148	145	141	136	131	128	114	111	
180	171	167	162	157	153	149	144	139	135	121	117	
190	181	177	171	165	162	158	152	146	143	127	124	
200	190	186	180	174	170	166	160	154	150	134	130	
210	200	195	189	183	179	174	168	162	158	141	137	
220	209	205	198	191	187	183	176	169	165	147	143	
230	219	214	207	200	196	191	184	177	173	154	150	
240	228	223	216	209	204	199	192	185	180	161	156	
250	238	233	225	218	213	208	200	193	188	168	163	
260	247	242	234	226	221	206	208	200	195	174	169	
270	257	251	243	235	230	224	216	208	203	181	176	
280	266	260	252	244	238	232	224	216	210	188	182	
290	276	270	261	252	247	241	232	223	218	194	189	
300	285	279	270	261	255	249	240	231	225	201	195	
310	295	288	279	270	264	257	248	239	233	208	202	
320	304	298	288	278	272	266	256	246	240	214	208	
330	314	307	297	287	281	274	264	254	248	221	215	
340	323	316	306	296	289	282	272	262	255	228	221	
350	333	326	315	305	298	291	280	270	263	235	228	
360	342	335	324	313	306	299	288	277	270	241	234	
370	352	344	333	322	315	307	296	285	278	248	241	
380	361	353	342	331	323	315	304	293	285	255	247	
390	371	363	351	339	332	324	312	300	293	261	254	
400	380	372	360	348	340	332	320	308	300	268	260	
410	390	381	369	357	349	340	328	316	308	274	267	
420	399	391	378	365	357	349	336	323	315	281	273	
430	409	400	387	374	366	357	344	331	323	288	280	
440	418	409	396	383	374	365	352	339	330	295	286	
450	428	419	405	392	383	374	360	347	338	302	293	
460	437	428	414	400	391	382	368	354	345	308	299	
470	447	437	423	409	400	390	376	362	353	315	306	
480	456	446	432	418	408	398	384	370	360	322	312	
490	466	456	441	426	417	407	392	377	368	328	319	
500	475	465	450	435	425	415	400	385	375	335	325	
510	485	474	459	444	434	423	408	393	383	342	332	
520	494	484	468	452	442	432	416	400	390	348	338	
530	504	493	477	461	451	440	424	408	398	355	345	

最大重复次数 （RM）	1	2	3	4	5	6	7	8	9	10	12	15
	540	513	502	486	470	459	448	432	416	405	362	351
	550	523	512	495	479	468	457	440	424	413	369	358
	560	532	521	504	487	476	465	448	431	420	375	364
	570	542	530	513	496	485	473	456	439	428	382	371
	580	551	539	522	505	493	481	464	447	435	389	377
	590	561	549	531	513	502	490	472	454	443	395	384
	600	570	558	540	522	510	498	480	462	450	402	390

[Adapted, by permission, from National Strength and Conditioning Association, 2016, Resistance training, by J. M. Sheppard and N. T. Triplett. In *Essentials of strength training and conditioning*, 4th ed., edited by G. G. Haff and N. T Triplett (Champaign, IL: Human Kinetics), 455, 456.]

表12.6　1RM预测公式

参考文献	公式	常数误差	ICC
亚当斯[5]	$1RM=RepWt/(1-0.02 \times RTF)$	0.7	0.90
布朗[13]	$1RM=(RTF \times 0.033\,8+0.984\,9) \times RepWt$	0.9	0.95
梅休等人[34]	$1RM=RepWt/(0.522+0.419e^{-0.055 \times RTF})$	0.2	0.96
雷诺兹等人[39]	$1RM=0.025(RepWt \times RTF)+RepWt$	−0.8	0.96
奥康纳等人[40]	$1RM=RepWt/(0.555\,1e^{-0.0723 \times RTF+0.4847})$	0.8	0.96
塔克等人[49]	$1RM=1.139 \times RepWt+0.352 \times RTF+0.243$	0.4	0.93

注意：

① 1RM=1次重复最大重量；RepWt=重复重量，负荷量<1RM以重复执行；RTF=失败前的重复次数。

② 常数误差=预测1RM−实际1RM。

[Adapted from Mayhew et al. 2008.]

等长力量测试

还可以通过静态测试或等长测试来评估力量，在这些测试中没有可见的移动并且发力肌肉的长度是恒定的。等长测试通常用于特定的肌肉群和关节角度，因此这些测试在描述人的整体力量时的能力有限[2, 41]。任何等长测试的结果都受到诸如关节角度、测试方案、反馈和个人动力等因素的影响[22, 28]。由于在任何关节的活动范围内的任何一点的作用力都有所不同，因此在使用这种类型的测试时，接受评估的关节角度

是一致的，这一点非常重要（见图12.1）。

可以使用等长测功计对等长力量和耐力进行评估，这种测功计可以评估握力（见图12.2a）、背部和腿部力量（见图12.2b），以及上半身的力量。最简单的是通过握力测功计完成等长评估，以这种方法得到的结果与肌肉质量[24]和前臂肌肉的功能相关。总的来说，握力测试是非常可靠的（ICC>0.90）[33]，也是评估力量的有效方法[5]。可以将每只手的力量水平相加，计算出一个表示综合力量水平的得分（见表12.7）。

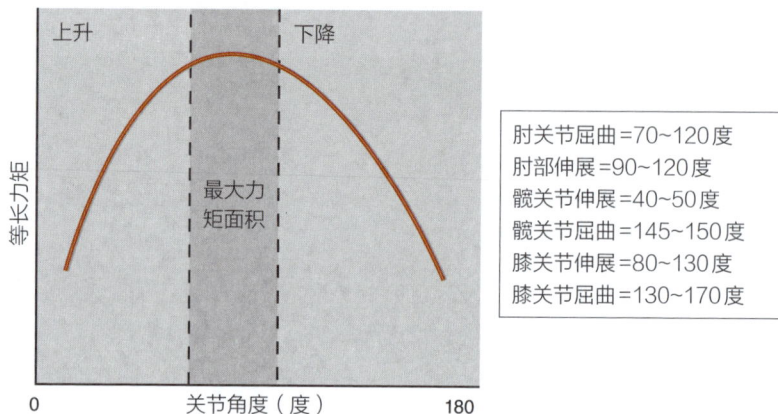

图12.1 人体力量曲线示例
[Reprinted, by permission, from P. J. Maud and C. Foster, 2005, *Physiological assessment of human fitness*, 2nd ed. (Champaign, IL: Human Kinetics), 131.]

表12.7 基于年龄和性别的综合握力标准值

年龄（岁）	15~19				20~29				30~39			
性别	M		F		M		F		M		F	
类别	千克	千牛顿	千克	千牛顿	千克	千牛顿	千克	千牛顿	千克	千牛顿	千克	千牛顿
优秀	≥108	≥1.06	≥68	≥0.67	≥115	≥1.13	≥70	≥0.69	≥115	≥1.13	≥71	≥0.70
非常好	98~107	0.96~1.05	60~67	0.59~0.66	104~114	1.02~1.12	63~69	0.62~0.68	104~114	1.02~1.12	63~70	0.62~0.69
良好	90~97	0.88~0.95	53~59	0.52~0.58	95~103	0.93~1.01	58~62	0.57~0.61	95~103	0.93~1.01	58~62	0.57~0.61
一般	79~89	0.77~0.87	48~52	0.47~0.51	84~94	0.82~0.92	52~59	0.51~0.58	84~94	0.82~0.92	51~57	0.50~0.56
需要提高	≤78	≤0.76	≤47	≤0.46	≤83	≤0.81	≤51	≤0.50	≤83	≤0.81	≤50	≤0.49
年龄（岁）	15~19				20~29				30~39			
性别	M		F		M		F		M		F	
类别	千克	千牛顿	千克	千牛顿	千克	千牛顿	千克	千牛顿	千克	千牛顿	千克	千牛顿
优秀	≥108	≥1.06	≥69	≥0.68	≥101	≥0.99	≥61	≥0.60	≥100	≥0.98	≥54	≥0.53
非常好	97~107	0.95~1.05	61~68	0.60~0.67	92~100	0.90~0.98	54~60	0.53~0.59	91~99	0.89~0.97	48~53	0.47~0.52
良好	88~96	0.86~0.94	54~60	0.53~0.59	84~91	0.82~0.89	49~53	0.48~0.52	84~90	0.82~0.88	45~47	0.44~0.46
一般	80~87	0.78~0.85	49~53	0.48~0.52	76~83	0.75~0.81	45~48	0.44~0.47	73~83	0.72~0.81	41~44	0.40~0.43
需要提高	≤79	≤0.77	≤48	≤0.47	≤75	≤0.74	≤44	≤0.43	≤72	≤0.71	≤40	≤0.39

注意：
M=男性，F=女性。

[Sources: adapted from Canadian Physical Guidelines 2011, 2012. Canadian Society for Exercise Physiology and from V. Heyward and A. L. Gibson, 2014, *Advanced fitness assessment and exercise prescription*, 7th ed. (Champaign, IL; Human Kinetics), 157.]

可以通过测力板和定制等长训练架（见图12.2c）的组合来进行更复杂的多关节等长测试（例如，悬垂高拉、后深蹲、卧推）[28, 48]。这种方法的可靠性和有效性通常与姿势和方案的标准化有关[47]。当使用标准化姿势时，这些测试方法是非常可靠的[21, 46, 48]。

等长力量测试可以测量产生的峰值力和达到峰值力的时间[5]。通过较复杂的等

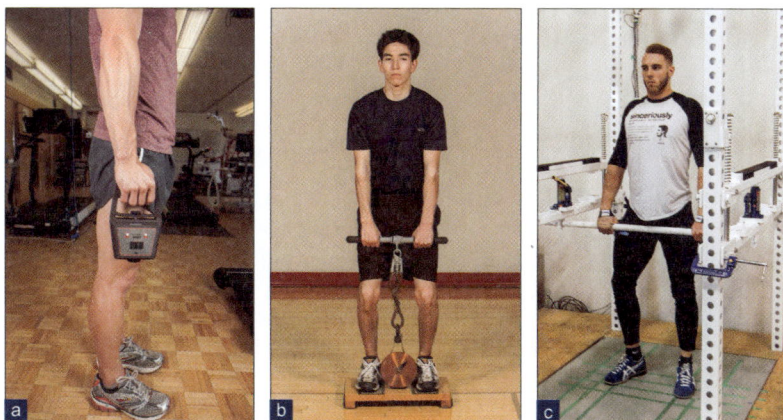

a. 握力；b. 背部及腿部力量；c. 力量爆发力训练架可用于测试各种等长动作

图12.2 等长测功计可用于评估

[©Greg Haff.]

长测试程序可以得到详细的力 – 时间曲线，可以根据以下3个因素分析该曲线（见图12.3）[22]：总峰值力（有时称为最大肌力），力的发展速率（有时称为爆发力）和初始力量[47]。

肌肉耐力的评估

肌肉耐力是指神经肌肉系统执行以下两种行为之一的能力：通过动态练习，在一段时间内让肌肉反复收缩，直到发生疲劳；在静态练习中让特定百分比的最大肌力保持一段时间[2]。通常，肌肉耐力由一个人使用某个百分比的1RM可以执行的总重复次数表示。评估肌肉耐力的方法包括YMCA卧推测试和俯卧撑测试[2, 4, 23]。

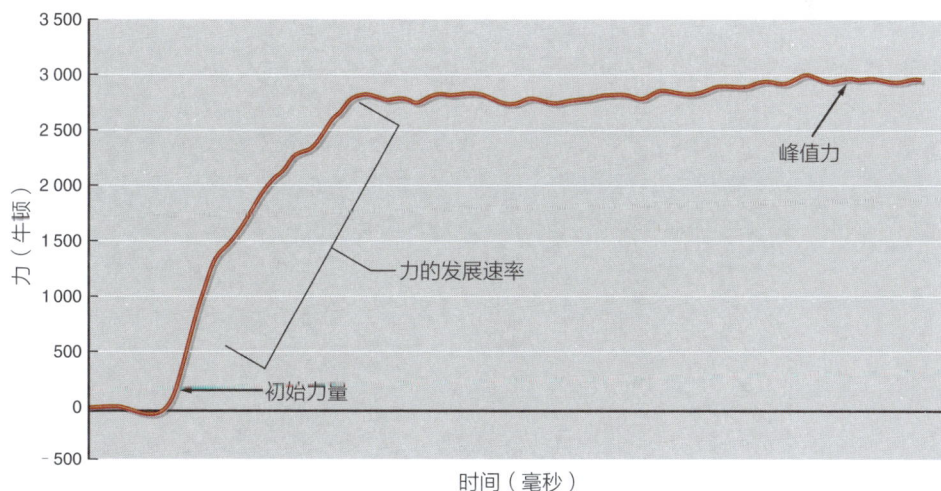

图12.3 等长力 – 时间曲线

YMCA卧推测试

YMCA卧推测试是肌肉耐力的经典测试方法。它可以评估上半身的肌肉耐力，特别是胸大肌、三角肌前束和肱三头肌。这种广泛使用的肌肉耐力测试要求测试对象仰卧在长凳上并以30次/分的节奏推恒定负荷，直到他们出现意志疲劳或无法维持规定的节奏[26]时停止测试。金等人[26]的报告指出在YMCA卧推测试中，可通过以下预测公式估算最大卧推力量。

男性1RM（千克）=1.55×（以30次/分的节奏执行重复次数）+37.9

女性1RM（千克）=0.31×（以30次/分的节奏执行重复次数）+19.2

一旦确定了最大重复次数，就可以将其与标准表（见表12.8）中的数据进行比较，对测试对象的上半身肌肉耐力力量进行分级。

表12.8 卧推的肌肉耐力标准值

年龄（岁）	18~25		26~35		36~45		46~55		56~65		>65	
% 等级	M	F	M	F	M	F	M	F	M	F	M	F
90	49	49	48	46	41	41	33	33	28	29	22	22
80	34	30	30	29	26	26	21	20	17	17	12	12
70	26	21	22	21	20	17	13	12	10	9	8	6
60	17	13	16	16	12	10	8	6	4	4	3	2
50	5	2	4	2	2	2	1	0	0	0	0	0

注意:

分数计算基础为1分钟内完成的重复次数，男性使用80磅的负荷量，女性使用35磅的负荷量；M=男性，F=女性。

[Adapted, by permission, from V. Heyward and A. L. Gibson, 2014, Advanced fitness assessment and exercise prescription, 7th ed. (Champaign, IL: Human Kinetics), 165.]

俯卧撑测试

采用俯卧撑测试，对上半身（胸大肌、三角肌前束和肱三头肌）肌肉耐力进行测试时，没有时间限制，并且只需要很少的器材[23]。俯卧撑测试方法以连续的方式进行，并且要求测试对象的背部始终挺直。如果连续两次不能保持正确的动作，则停止测试。然后使用表单列出总重复次数的得分，将其与标准值进行比较（见表12.9）。

表12.9 基于年龄和性别的俯卧撑测试标准值

年龄（岁）	15~19		20~29		30~39		40~49		50~59		60~69	
类别	M	F	M	F	M	F	M	F	M	F	M	F
优秀	≥ 39	≥ 33	≥ 36	≥ 30	≥ 30	≥ 27	≥ 25	≥ 24	≥ 21	≥ 21	≥ 18	≥ 17
非常好	29~38	25~32	29~35	21~29	22~29	20~26	17~24	15~23	13~20	11~20	11~17	12~16
良好	23~28	18~24	22~28	15~20	17~21	13~19	13~16	11~14	10~12	7~10	8~10	5~11
一般	18~22	12~17	17~21	10~14	12~16	8~12	10~12	5~10	7~9	2~6	5~7	2~4
需要提高	≤ 17	≤ 11	≤ 16	≤ 9	≤ 11	≤ 7	≤ 9	≤ 4	≤ 6	≤ 1	≤ 4	≤ 1

注意：

M=男性，F=女性。

[Source: The Canadian Physical Activity, Fitness & Lifestyle Approach: CSEP-Health & Fitness Program's Health-Related Appraisal and Counselling Strategy, 3rd Edition ©2003. Canadian Society for Exercise Physiology.]

最大上半身力量

设备

- 卧推机，杠铃
- 医用秤或等效的电子秤
- 测距仪
- 计算器
- 秒表
- 个人数据表
- Excel 或等效的电子表单程序

热身

　　无论使用哪种方法评估肌肉力量，每个测试对象都应进行结构化热身，为将要进行的测试做好准备。热身应该包括5分钟的一般热身和5分钟的动态拉伸热身[8]。一般热身活动包括轻量慢跑、骑自行车和跳绳等。动态拉伸活动可包括俯卧撑、手臂画圈和摆臂，以及针对上半身的其他活动。完成热身后，测试对象就可以开始测试了。

1RM 卧推测试

　　卧推测试需要水平的长凳和可自由配速的器械，以组合出各种负荷量。例如，可能需要各种重量的杠铃（例如，5千克、15千克、20千克等），具体取决于所测试的群体。理想情况下，应该备有范围从0.5~25千克的杠铃装置，以组合出各种负荷量。在进行卧推测试时，保护者必须做出适当的保护动作（见图12.4）。简而言之，当举起杠铃将其从架子上移出，以及将杠铃重新放上架子时，保护者应站在卧推架后面并使用交换握动作（即一只手使用旋后握法，另一只手使用旋前握法）。对测试对象而言，保持与地板和长凳的5个接触点（头部、肩部和上背部、右脚、左脚和臀部）也很重要。在开始1RM测试之前，请与测试对象沟通，以估计其自感最大力量。对于未受过训练的测试对象来说，这个过程可能有点难度，因为确定的自感最大重量可能较高，但也只是推测。估算1RM的一种方法是用测试对象的体重进行估算。通常的做法就是将测试对象的体重乘以校正因子。例如，如果女性测试对象的体重为60千克，想要估算其卧推自由重量的1RM，就用60乘以校正因子0.35，得出的1RM估算值为21千克。对于男性测试对象，用于卧推自由重量的校正因子是0.60。基于该校正因子，70千克男性的卧推自由重量的1RM估算值将是42千克。使用此方法时，通常建议男性使用的最大重量为79千克，女性使用的最大重量为64千克。对运动员来说，确定自感最大重量相对容易，因为可以使用实际的1RM或根据其个人训练重量进行估算。该值应记录在实验活动12.1的个人数据表中，并用于计算进行测试所需的等于自感最大重量的40%~60%的负荷量、等于自感最大重量的60%~80%的负荷量和等于自感最大重量的90%的负荷量。确定负荷量后，按照以下步骤进行评估。

a. 举起杠铃将其从架子上移出；b. 开始姿势；c. 向下姿势；d. 向上移动；e. 将杠铃重新放上架子

图12.4 卧推系列

步骤1　在卧推区域中布置好进行测试所需的所有器材。

步骤2　收集个人数据表中的基本数据（例如，年龄、身高、体重等）。让测试对象穿好鞋子。

步骤3　指导测试对象进行10分钟的热身，其中包括动态热身拉伸（例如摆臂等），帮助测试对象为卧推测试做好准备。

步骤4　根据测试对象的热身重量（自感最大重量的40%~60%）给杠铃加重量。保护员应站在卧推架后面的适当位置进行保护（见图12.4a）。

步骤5　指示测试对象以5点接触姿势躺在长凳上（见图12.4a）。当测试对象躺在长凳上时，放在卧推架上的杠铃应位于其眼睛的正上方。每次进行重复时应该从这个位置开始。

步骤6　根据测试对象的口令，使用交换握将杠铃从架子上抬起。将杠铃移动到测试对象胸部正上方的位置，然后将杠铃交给测试对象（见图12.4b）。

步骤7　让测试对象有控制地降低杠铃，让杠铃在大约乳头高度处接触胸部，同时保持5点接触姿势并且吸气（见图12.4c）。在此运动过程中，保护员双手应以交换握姿势放在杠铃附近，但不要碰到杠铃。

步骤8　测试对象应向上推杠铃，直到肘部完全伸直，同时保持5点接触姿势并呼气（见图12.4d）。在规定的重复次数（5~10次）结束时，或者在达到自感最大重量时，用交换握抓住杠铃并将其放回到架子上（见图12.4e）。

步骤9　在测试对象以自感最大重量的40%~60%的负荷量完成5~10次重复之后，快速将负荷量更改为事先确定的第2组负荷量。在更改负荷量期间，测试对象应该有1分钟的休息时间。

步骤10　在1分钟的休息结束之后，重复步骤5~8，并让测试对象使用等于自感最大力量的60%~80%的负荷量进行3~5次重复。

步骤11　在完成第2组后，测试对象休息3分钟，同时将负荷量改为等于自感最大重量的90%的负荷量。

步骤12　在休息3分钟之后，重复步骤5~8，并让测试对象使用等于自感最大重量的90%的负荷量进行1次重复。

步骤13　在测试对象休息3分钟的同时，增加负荷量。如果试举看起来相对容易，将负荷量增加5~10千克。但是，如果试举比较困难，则根据可用的配重片将负荷量增加1~5千克。

步骤14　重复步骤12和13，继续让测试对象仅进行1次重复动作，直至达到1RM。

步骤15　如果试举不成功，将负荷减少1~10千克，但要让负荷量大于最后一次成功试举的负荷量，让测试对象休息3分钟。

步骤16　休息3分钟后，重复步骤5~8，让测试对象再次试举。

步骤17　如果试举成功，增加少量负荷量（1~5千克）并重复步骤16。如果试举不成功，则将1RM负荷确定为成功完成的最大负荷量。在个人数据表和小组数据表的相应位置记录举起的最大重量。

步骤18　将测试对象举起的最大重量除以测试对象的体重，并将结果记录在个人数据表和小组数据表的相应位置，然后将该值与卧推标准值表中的数据（见表12.2）进行比较。根据结果，在个人数据表中记录测试对象的力量等级和百分比等级。

卧推1RM预测测试

在将RM测试作为预测1RM的工具时，在测试过程中使用的目标负荷量，测试对象能够重复举起其的次数应少于10次[29]。选择该重复次数范围是因为在预测过程中使用较大的负荷量会让1RM预测值的准确度更高[1]。在本实验中，将使用1RM来计算测试中使用的目标负荷量，其等于1RM的87%，它对应于针对大多数人确立的5RM[9, 52]。确定目标负荷量后，使用以下步骤开始测试。

步骤1　布置好卧推区域，并准备好适当的配重铃片。

步骤2　收集个人数据表中的基本数据（例如，年龄、身高、体重等）。指示测试对象穿上自己的鞋子并进入测试区域。

步骤3　向测试对象解释测试过程。然后让其进行10分钟的热身，其中包括5分钟的一般热身（例如，骑自行车、慢跑、跳绳），然后是针对上半身的5分钟的动态拉伸热身。

步骤4　使用测试对象的1RM来确定测试的目标负荷量，这将被视作用于测试的重复重量（RepWt）（千克）。

步骤5　给杠铃装配等于目标负荷量的50%的铃片。

步骤6　指导测试对象仰卧在长凳上，测试对象的身体与长凳应有5个接触点（头部、肩部和上背部、臀部、左脚和右脚）。

步骤7　保护者应采取保护姿势，如图12.4a所示。

步骤8　指导测试对象使用旋前握法抓住杠铃，双手分开与肩同宽。

步骤9　当测试对象抓住杠铃时，使用交换握将杠铃从卧推架上抬起（见图12.4b）。测试对象在抓住杠铃时应保持手臂伸直。

步骤10　让测试对象肘部向下移动经过躯干并稍微远离身体，吸气并有控制地降低杠铃，直到杠铃触及胸部（见图12.4c）。一旦杠铃触及胸部，指示测试对象向上推杠铃并呼气，直到双臂完全伸直（见图12.4d）。这种动作应该重复6次。在测试对象每一次重复动作时，保护者可以使用交换握姿势跟随杠铃移动，以便在有需要时帮助测试对象。

步骤11　完成该组的最后一次重复动作后，帮助测试对象将杠铃放在架子上（见图12.4e）。

步骤12　将重量调整到相当于目标负荷量的70%。在此期间，测试对象休息3分钟。

步骤13　重复步骤6~11。

步骤14　让测试对象休息3分钟，并将重量调整为对应于目标负荷量的90%。

步骤15　重复步骤6~11。

步骤16 将测试对象的重量调整到目标负荷量（1RM预测值的87%），同时让测试对象休息3分钟。在3分钟后，重复步骤6~11，同时让测试对象尽可能多地重复动作。

步骤17 如果测试对象使用目标负荷量完成的重复次数少于10次，则测试完成。在个人数据表的相应位置记录完成的总重复次数（total number of repetition，RTF）以及使用的负荷量。然后转至步骤21。

步骤18 如果测试对象的重复次数超过10次，则让测试对象休息3分钟并将负荷量增加2.5%~5.0%。

步骤19 重复步骤6~11，同时让测试对象尽可能多地重复动作。

步骤20 在测试对象完成步骤19之后，测试人员可以完成步骤17。继续该过程，直至达到测试对象举起某重量的次数少于10次。

步骤21 使用亚当斯[5]的公式，计算测试对象的1RM的预测值。

$$1RM的预测值（千克）=RepWt（千克）/（1-0.02×RTF）$$

将用于RM测试的结果代入RepWt（千克）的位置，并将完成的重复次数代入相应位置。使用计算器计算并将结果记录在个人数据表和小组数据表中。

步骤22 使用布朗[34]的公式，计算测试对象的1RM的预测值。

$$1RM的预测值（千克）=（RTF×0.033\,8+0.984\,9）×RepWt（千克）$$

将用于RM测试的结果代入RepWt（千克）的位置，并将完成的重复次数代入相应位置。使用计算器计算并将结果记录在个人数据表和小组数据表中。

步骤23 使用梅休等人[34]的公式，计算测试对象的1RM的预测值。

$$1RM的预测值（千克）=RepWt（千克）/（0.522+0.419e^{-0.055×RTF}）$$

将用于RM测试的结果代入RepWt（千克）的位置，并将完成的重复次数代入相应位置。使用计算器计算并将结果记录在个人数据表和小组数据表中。

步骤24 使用奥康纳等人[39]的公式，计算测试对象的1RM的预测值。

$$1RM的预测值（千克）=0.025×［RepWt（千克）×RTF］+RepWt（千克）$$

将用于RM测试的结果代入RepWt（千克）的位置，并将完成的重复次数代入相应位置。使用计算器计算并将结果记录在个人数据表和小组数据表中。

步骤25 使用雷诺兹等人[40]的公式，计算测试对象的1RM的预测值。

$$1RM的预测值（千克）=RepWt（千克）/（0.555\,1e^{-0.0723×RTF+0.4847}）$$

将用于RM测试的结果代入RepWt（千克）的位置，并将完成的重复次数代入相应位置。使用计算器计算并将结果记录在个人数据表和小组数据表中。

步骤26 使用塔克等人[49]的公式，计算测试对象的1RM的预测值。

$$1RM的预测值（千克）=1.139×RepWt（千克）+0.352×RTF+0.243$$

将用于RM测试的结果代入RepWt（千克）的位置，并将完成的重复次数代入相应位置。使用计算器计算并将结果记录在个人数据表和小组数据表中。

问题集 12.1

1. 为什么测试肌肉力量很重要？

2. 在进行1RM卧推测试时，作为测试人员需要记住哪些重要因素？作为测试对象需要记住哪些重要因素？

3. 你的卧推预测1RM是多少？是否有任何公式的计算结果与你之前确定1RM不同？是否整个班级都有这种相似的情况？

4. 为什么1RM预测可能与实际的1RM不同？（提示：有生理原因吗？）

5. 使用Excel或等效的电子表单程序，创建一个包含所有1RM预测值和实际1RM的图表。哪个公式估算的1RM最准确？哪个公式误差最大？如何解释用于预测1RM的回归公式之间的差异？

6. 解释1RM测试和RM测试的优缺点。哪种测试更安全，为什么？

7. 在预测1RM值时，为什么重复次数少于10次很重要？重复次数少于10次的生理原因是什么？

实验活动12.1

个人数据表

姓名或ID号：＿＿＿＿＿＿＿＿＿＿＿＿＿＿＿＿　　　日期：＿＿＿＿＿＿＿＿＿＿＿＿＿＿

测试人员：＿＿＿＿＿＿＿＿＿＿＿＿＿＿＿＿＿　　时间：＿＿＿＿＿＿＿＿＿＿＿＿＿＿

性别：男／女（圈一个）　年龄：＿＿＿＿＿＿岁　身高：＿＿＿＿＿＿英寸＿＿＿＿＿＿米

体重：＿＿＿＿＿＿磅＿＿＿＿＿＿千克　温度：＿＿＿＿＿华氏度＿＿＿＿＿摄氏度

气压：＿＿＿＿＿＿＿＿＿＿＿＿毫米汞柱　相对湿度：＿＿＿＿＿＿＿＿＿＿＿＿＿＿％

1RM卧推测试

	自感最大重量	负荷	千克	完成
第1组	5~10次重复，负荷量均为自感最大重量的40%~60%			❏
第2组	3~5次重复，负荷量均为自感最大重量的60%~80%			❏
第3组	1次重复，负荷量均为自感最大重量的90%			❏
第4组	1RM试举			❏
第5组	1RM试举			❏

注意：

第1组和第2组之间休息1分钟；在第3、4和5组之前休息3分钟。

绝对1RM=＿＿＿＿＿＿＿＿千克

相对1RM=负荷（千克）/体重（千克）=＿＿＿＿＿＿＿＿

力量类别=% 等级=＿＿＿＿＿＿＿＿

备注：

卧推预测最大重量测试

组	负荷	重复次数	完成的重复次数	完成
热身第1组		6		❏
3分钟休息				
热身第2组		6		❏
3分钟休息				
热身第3组		6		❏
3分钟休息				
测试第1组		至失败		❏
3分钟休息				
测试第2组		至失败		❏

注意：

如果测试第1组的重复次数超过10次，则在增加重量后重复测试。

卧推1RM预测公式

阻力（RepWt）		千克	注：该阻力为1RM的87%。
重复次数（RTF）			
1RM预测	亚当斯[5]		
	布朗[13]		
	梅休等人[34]		
	奥康纳等人[39]		
	雷诺兹等人[40]		
	塔克等人[49]		

最大下半身力量

设备

- 蹬腿机和负重片
- 医用秤或等效的电子秤
- 测距仪
- 计算器
- 秒表
- 个人数据表
- Excel或等效的电子表单程序

热身

无论使用哪种方法评估肌肉力量，每个测试对象都应进行结构化热身，为将要进行的测试做好准备。热身应该包括5分钟的一般热身和5分钟的动态拉伸热身[8]。一般热身运动包括轻量慢跑、骑自行车和跳绳等。对于该测试，动态拉伸活动可包括自重深蹲、摆腿、弓步行走、高抬腿和躯干转体等。完成热身后，测试对象就可以开始测试了。

1RM蹬腿测试

1RM蹬腿测试的过程类似于卧推测试。测试对象坐在蹬腿机上，双脚与肩同宽放在脚踏平台上（见图12.5a）。调整机器，确保测试对象坐在机器上的正确位置。脚和椅子的位置应使测试对象的腿可以完全伸展（见图12.5b），并且在到达最低位置时，膝盖应弯曲约90度（见图12.5c）。应监督测试过程，以确保测试对象的臀部和背部在整个举重过程中与后垫保持接触。咨询测试对象，以确定自感最大重量并将此负荷量记录在个人数据表的相应位置，然后用于计算1RM测试方案中包含的各组测试所需的负荷量。

步骤1　准备蹬腿机进行测试。

步骤2　收集个人数据表中的基本数据（例如，年龄、身高、体重等）。让测试对象穿上自己的鞋子。

步骤3　指导测试对象完成10分钟的热身，包括针对下半身的动态练习（例如，自重深蹲、抱膝行走、玩具士兵、弓步行走等）。

步骤4　热身后，让测试对象坐进蹬腿机。根据需要调整机器，确保测试对象坐的位置正确，并且双脚处于适当的位置（见图12.5a）。用热身负荷量（自感最大重量的40%~60%）装载蹬腿机。

步骤5　让测试对象从脚踏平台上移除支撑装置，抓住手柄或座椅，开始蹬腿（见图12.5b）。

a. 脚的位置；b. 起始姿势；c. 向下向上动作

图12.5 蹬腿系列

步骤6 指导测试对象臀部和膝盖缓慢屈曲，降低脚踏平台。膝盖应弯曲直到大腿的上平面平行于脚踏平台（见图12.5c）。在举重的这一部分过程中提醒测试对象吸气。

步骤7 在到达最低位置后，测试对象应伸展腿部，这将使脚踏平台向上移动（见图12.5c）。在举重的这一部分过程中，鼓励测试对象呼气并完全伸直双腿（见图12.5b）。

步骤8 热身后，将负荷量增加到测试对象的自感最大重量的60%~80%。休息1分钟后，让测试对象重复步骤5~7。

步骤9 在完成第2组后，指示测试对象休息3分钟，同时增加负荷量至测试对象自感最大重量的约90%。休息3分钟后，让测试对象重复步骤5~7，但是只重复一次蹬腿动作。

步骤10 根据测试对象的表现状态，增加下一组的负荷量。例如，如果测试对象看起来难以完成规定的重复次数，则负荷量增加幅度小一点；相反，如果看起来相对轻松，则增加更大的重量。应当注意既不要过快地增加负荷量，也不要过于保守。在休息3分钟后，让测试对象重复步骤5~7，但只重复一次推举动作。

步骤11 重复步骤10,直到测试对象可以用正确的动作蹬起最重的重量的极限。

步骤12 在个人数据表上的相应位置记录最大负荷量,作为测试对象的蹬腿1RM。

步骤13 用测试对象蹬起的最大重量除以测试对象体重,并将结果记录在个人数据表的相应位置。将此值与蹬腿标准值表中的数据进行比较(见表12.3),根据结果,在个人数据表中记录测试对象的力量水平和百分比等级。

蹬腿1RM预测测试

对于蹬腿RM测试过程中所使用的目标负荷量,测试对象能够重复蹬起的次数应少于10次。在本实验中,将使用1RM来计算测试中所使用的目标负荷量,其等于1RM的87%,它对应于针对大多数人确立的5RM[8, 48]。确定目标负荷量后,使用以下步骤进行测试。

步骤1 在蹬腿区域中准备好适当的配重铃片。

步骤2 收集个人数据表中的基本数据(例如,年龄、身高、体重等)。指示测试对象重新穿上鞋子并进入测试区域。

步骤3 向测试对象解释测试过程,然后让其进行10分钟的热身,其中包含5分钟的一般热身(例如,骑自行车、慢跑或跳绳等),然后进行5分钟的针对下半身的动态拉伸热身。

步骤4 用目标负荷量的50%的重量装载蹬腿机。可以使用实际或预测的1RM来计算目标负荷量,其在所有预测公式中以RepWt表示。

步骤5 指示测试对象坐进蹬腿机,并且双脚放在脚垫上(见图12.5a)。调整蹬腿机,以确保测试对象坐的位置正确。

步骤6 让测试对象从脚踏平台上移除支撑装置,然后抓住手柄或座椅,开始蹬腿(见图12.5b)。

步骤7 指导测试对象让臀部和膝盖缓慢屈曲,降低脚踏平台。膝盖应弯曲,直到大腿的上平面平行于脚踏平台(见图12.5c)。在蹬腿的这一部分过程中,提醒测试对象吸气。在到达最低位置后,测试对象应伸直双腿,这将使脚踏平台向上移动(见图12.5c)。膝关节完全伸直后,测试对象应重复此步骤,共重复6次。

步骤8 将重量调整为目标负荷量的70%。在此期间,测试对象休息3分钟。

步骤9 让测试对象重复步骤6和步骤7。

步骤10 在测试对象休息3分钟的同时,将重量调整为目标负荷量的80%。

步骤11 让测试对象重复步骤6和步骤7。

步骤12　在测试对象休息3分钟的同时，将重量调整至目标负荷量（1RM的87%）。在3分钟后，让测试对象重复步骤6和步骤7，同时让测试对象进行尽可能多地重复动作。

步骤13　如果测试对象在目标负荷量下完成的重复次数少于10次，则测试完成。在个人数据表的相应位置记录完成的总重复次数以及使用的负荷量。然后转至步骤17。

步骤14　如果测试对象的重复次数超过10次，则让测试对象休息3分钟并将负荷量增加2.5%~5.0%。

步骤15　让测试对象重复步骤6和步骤7，同时让测试对象尽可能多地重复动作。

步骤16　在测试对象完成步骤15之后，测试人员可以完成步骤13。继续该过程，直到测试对象达到举起某一重量的次数少于10次。完成的总重复次数（RTF）被视为失败前完成的重复次数。

步骤17　使用亚当斯[5]的公式，计算测试对象的1RM的预测值。

$$1RM的预测值（千克）=RepWt（千克）/（1-0.02×RTF）$$

将用于RM测试的结果代入RepWt（千克）的位置，并将完成的重复次数代入相应位置。使用计算器计算并将结果记录在个人数据表中。

步骤18　使用布朗[13]的公式，计算测试对象的1RM的预测值。

$$1RM的预测值（千克）=（RTF×0.033\ 8+0.984\ 9）×RepWt（千克）$$

将用于RM测试的结果代入RepWt（千克）的位置，并将完成的重复次数代入相应位置。使用计算器计算并将结果记录在个人数据表中。

步骤19　使用梅休等人[34]的公式，计算测试对象的1RM的预测值。

$$1RM的预测值（千克）=RepWt（千克）/（0.522+0.419e^{-0.055×RTF}）$$

将用于RM测试的结果代入RepWt（千克）的位置，并将完成的重复次数代入相应位置。使用计算器计算并将结果记录在个人数据表中。

步骤20　使用奥康纳等人[39]的公式，计算测试对象的1RM的预测值。

$$1RM的预测值（千克）=0.025×[RepWt（千克）×RTF]+RepWt（千克）$$

将用于RM测试的结果代入RepWt（千克）的位置，并将完成的重复次数代入相应位置。使用计算器计算并将结果记录在个人数据表中。

步骤21 使用雷诺兹等人[40]的公式，计算测试对象的1RM的预测值。

$$1RM的预测值（千克）=RepWt（千克）/（0.555\ 1e^{-0.072\ 9 \times RTF+0.484\ 7}）$$

将用于RM测试的结果代入RepWt（千克）的位置，并将完成的重复次数代入相应位置。使用计算器计算并将结果记录在个人数据表中。

步骤22 使用塔克等人[49]的公式，计算测试对象的1RM的预测值。

$$1RM的预测值（千克）=1.139 \times RepWt（千克）+0.352 \times RTF+0.243$$

将用于RM测试的结果代入RepWt（千克）的位置，并将完成的重复次数代入相应位置。使用计算器计算并将结果记录在个人数据表中。

问题集12.2

1. 进行1RM测试的基本程序是什么？
2. 你的个人结果与班级平均值和本实验活动中提供的标准值的比较结果如何？
3. 使用Excel或等效的电子表单程序，根据班级、男性和女性的数据绘制图表。根据此图表，你对这些数据有什么看法？
4. 使用班级结果，进行T检验，将男性绝对和相对数据与女性绝对和相对力量数据进行比较。
5. 使用Excel或等效的电子表单程序，创建一个包含所有1RM预测值和实际1RM的图表。哪个公式估算的1RM最准确？哪个公式误差最大？这在男性和女性中是否一致？

实验活动 12.2

个人数据表

姓名或ID号：_____ 日期：_____

测试人员：_____ 时间：_____

性别：男／女（圈一个） 年龄：_____岁 身高：_____英寸_____米

体重：_____磅_____千克 温度：_____华氏度_____摄氏度

气压：_____毫米汞柱 相对湿度：_____%

1RM蹬腿最大重量测试

	自感最大重量	负荷	千克	完成
第1组	5~10次重复，负荷量约为自感最大重量的40%~60%			❏
第2组	3~5次重复，负荷量约为自感最大重量的60%~80%			❏
第3组	1次重复，负荷量约为自感最大重量的90%			❏
第4组	1RM试举			❏
第5组	1RM试举			❏

注意：
第1组和第2组之间休息1分钟；在第3、4和5组之前休息3分钟。

绝对1RM=_____千克

相对1RM=负荷（千克）/体重（千克）=_____

力量类别=% 等级=_____

备注：

预测蹬腿最大重量测试

组	负荷	重复次数	完成的重复次数	完成
热身第1组		6		❏
3分钟休息				
热身第2组		6		❏
3分钟休息				
热身第3组		6		❏
3分钟休息				
测试第1组		至失败		❏
3分钟休息				
测试第2组		至失败		❏

注意：
如果测试第1组的重复次数超过10次，则在增加重量后重复测试。

1RM腿部推举预测公式

			千克	注：该阻力约为1RM的87%。
阻力（RepWt）			千克	注：该阻力约为1RM的87%。
重复次数（RTF）				
1RM 预测	亚当斯[5]			
	布朗[13]			
	梅休等人[34]			
	奥康纳等人[39]			
	雷诺兹等人[40]			
	塔克等人[49]			

最大握力

设备

- 手握测力计（液压、弹簧，其他）
- 医用秤或等效的电子秤
- 测距仪
- 秒表
- 个人数据表
- Excel或等效的电子表单程序

热身

　　无论使用哪种方法评估肌肉力量，每个测试对象都应进行结构化热身，为将要进行的测试做好准备。热身应该包括5分钟的一般热身和5分钟的动态拉伸热身[8]。一般热身运动包括轻量慢跑、骑自行车和跳绳等。动态拉伸热身可包括手腕、手指和肘部的旋转等。完成热身方案后，测试对象就可以开始测试了。

等长握力测试

　　评估握力通常用手握测力计完成。在多种可用的类型中，液压和弹簧（见图12.2a）式手握测力计最为常见。但基本测试程序都是相同的。

- **步骤1**　准备好测试所需的所有器材，并布置测试区域。确保测力计的指针归零。
- **步骤2**　收集个人数据表中的基本数据（例如，年龄、身高、体重等）。指示测试对象穿上自己的鞋子。
- **步骤3**　让测试对象进行10分钟的热身。
- **步骤4**　指示测试对象站立并面向前方。
- **步骤5**　调整测力计手柄，使中指的中间部分成直角。调节手柄的方法取决于具体的器材，具体请参阅器材制造商的说明。
- **步骤6**　在个人数据表的相应方框中记录手柄设置，在所有后续测试中使用此设置。
- **步骤7**　让测试对象将前臂与上臂保持90~180度的夹角，上臂保持垂直状态，使手臂处于直角屈曲或伸直的姿势。
- **步骤8**　确保测试对象将手腕和前臂保持侧立。

步骤9　向测试对象发出以下指令[7, 31]。

- 在让测试对象开始测试之前询问"你准备好了吗",当测试对象回答"是"时,转到下一个指令。
- "尽可能用力地挤压"。当测试对象开始测试时说这句话。
- "更用力!更用力!放松"。在测试对象进行测试时说这句话,然后测试结束。

步骤10　让测试对象用每只手进行2次或3次测试(双手交替进行)[36, 38]。每次测试后应休息1分钟[21]。

步骤11　每次测试后,在个人数据表的相应位置记录生成的最大力,以千克为单位。

步骤12　每次测试后,将指针归零。

步骤13　将每只手的最佳握力成绩记录在个人数据表的相应位置。

步骤14　对右手和左手的最佳握力成绩求和,得出总分。将此总分除以测试对象的体重(千克),并记录在个人数据表的相应位置。

问题集12.3

1. 执行手握测力计测试时有哪些重要注意事项?

2. 为什么在每次测试后要重置指针?如果没有重置,测试将受何影响?

3. 你的结果与班级的结果相比如何?

4. 使用Excel或等效的电子表单程序,根据班级、男性和女性的数据绘制图表,并在图表上列出标准差。根据此图表,你对这些数据有什么看法?

5. 根据最强壮的5个男性和最强壮的5个女性的相对力量数据和绝对力量数据绘制图表。根据此图表,你对该班级有什么看法?

实验活动12.3

个人数据表

姓名或ID号：_____ 日期：_____

测试人员：_____ 时间：_____

性别：男/女（圈一个） 年龄：_____岁 身高：_____英寸 _____米

体重：_____磅 _____千克 温度：_____华氏度 _____摄氏度

气压：_____毫米汞柱 相对湿度：_____%

握力

圈出前两次试握中成绩最好的一次；在3次试握中的最好成绩下面画线。

仪器	手柄设定位置		试握1		试握2		试握3	
			R	L	R	L	R	L
液压	1 2 3 4 5（圈住相应的数字）							
弹簧	毫米	手柄设置						
其他	设置							

注意:

R=右，L=左。

最佳试握成绩	右手	+	左手	=	总和			等级
液压		+		=		千克	千牛顿	
弹簧		+		=		千克	千牛顿	
其他		+		=		千克	千牛顿	

握力与体重的比率	握力总和=_____千牛顿	÷	体重=_____千克	=		比率
优势手与非优势手的比率	优势手=_____千牛顿	÷	非优势手=_____千克	=		比率

备注:

上半身肌肉耐力

设备

- 卧推机，杠铃
- 地板垫（用于俯卧撑）
- 节拍器
- 个人数据表
- Excel或等效的电子表单程序

热身

无论使用哪种方法评估肌肉力量，每个测试对象都应进行结构化热身，为将要进行的测试做好准备。热身应该包括5分钟的一般热身和5分钟的动态拉伸热身[8]。一般热身运动包括轻量慢跑、骑自行车和跳绳等。动态拉伸热身可包括手臂画圈和摆臂等，以及针对上半身的其他活动。完成热身后，测试对象就可以开始测试了。

YMCA卧推测试

该测试需要卧推机、杠铃（配有适当重量的铃片）和节拍器。男性使用80磅的杠铃，女性使用35磅的杠铃。在测试过程中，将节拍器设置为60次/分，以建立30次/分的速率。如果测试对象不能保持该速率，则测试结束。

步骤1   在测试区域准备适当重量的铃片，以及长凳和节拍器。

步骤2   将节拍器设置为60次/分，以建立必要的节奏（30次/分）。

步骤3   收集个人数据表中的基本数据（例如，年龄、身高、体重等）。

步骤4   保护者采取保护姿势，同时指导测试对象仰卧在长凳上。向测试对象解释在测试过程中必须保持5点接触姿势（见图12.6a）。

步骤5   在让测试对象躺在长凳上后，使用交换握姿势将杠铃从架子上抬起（见图12.6b），同时测试对象使用旋前握法握住杠铃，双手距离略大于肩宽。在整个测试过程中，采用交换握姿势保护测试对象，以便在测试对象力竭时提供帮助。

步骤6   让测试对象将杠铃降低到起始位置，杠铃靠在胸部，并且肘关节屈曲（见图12.6c）。

步骤7   指示测试对象以30次/分的节奏将杠铃推至双臂完全伸直的位置（见图12.6d），然后让杠铃降低至胸部。只要测试对象能够保持规定的节奏，测试对象应继续重复该动作。在每次重复过程中，确保测试对象的姿势正确，并数出测试对象卧推成功的次数。

a. 举起杠铃；b. 开始姿势；c. 向下姿势；d. 向上移动；e. 将杠铃重新放上架子

图12.6 卧推系列

步骤8 当测试对象不能再保持30次/分的节奏时，帮助其将杠铃放回架子上（见图12.6e）。

步骤9 记录测试对象完成的总重复次数，并将结果与表12.8中列出的数据进行比较，以确定测试对象的百分比等级。将结果记录在个人数据表的相应位置。

步骤10 使用正文262页上列出的公式，估算测试对象的卧推1RM。将此值记录在个人数据表中。

俯卧撑测试

美国运动医学院建议使用俯卧撑测试来评估上半身肌肉耐力[2, 3]。这是一项理想的现场测试，因为它不需要特殊器材。进行俯卧撑测试时，确保测试对象的背部始终保持平直。男性测试对象应采取标准的俯卧撑姿势，双手分开与肩同宽，背部挺直，脚趾作为支点（见图12.7a）。女性则使用改版的跪姿俯卧撑姿势，双腿并拢，小腿与垫子或地板接触，脚踝跖屈，背部挺直，双手距离近似肩宽（见图12.8a）。

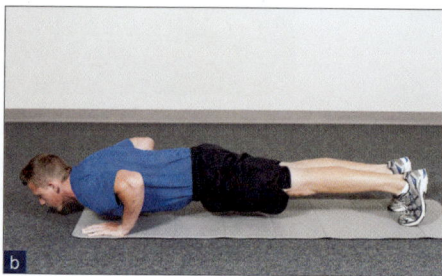

a. 标准起始姿势；b. 标准下降姿势

图12.7 俯卧撑测试

a. 改版起始姿势；b. 改版下降姿势

图12.8 改版俯卧撑测试

步骤1　布置测试区域并向测试对象解释测试的基本内容。

步骤2　收集个人数据表中的基本数据（例如，年龄、身高、体重等）。指示测试对象重新穿上鞋子并进入测试区域。

步骤3　让测试对象进行10分钟的热身，包括一般性热身和针对上半身肌肉的动态拉伸热身。

步骤4 指示测试对象采取正确的起始姿势（男性使用图12.7a中的标准姿势；女性使用图12.8a中的改版姿势）。

步骤5 让测试对象降低身体，同时挺直背部，直到下巴接触到垫子（见图12.7b和图12.8b）。在测试过程中，腹部任何时候都不应接触垫子。

步骤6 一旦下巴接触到垫子，测试对象就应该伸展手臂向上推，直至身体达到双臂伸直的位置。记录下俯卧撑成功的次数。

步骤7 测试对象应在没有休息的情况下重复步骤5和步骤6，直到不再能够保持挺直背部的姿势，或无法再完成俯卧撑。

步骤8 在个人数据表上的相应位置记录完成的俯卧撑总数。将测试对象的结果与表12.9中的数据进行比较，并记录相应的级别。

问题集12.4

1. 你在YMCA卧推测试和俯卧撑测试中的上半身肌肉耐力等级是多少？与班级的结果和标准表中列出的值比较有何结论？

2. 班级中的男性和女性的上半身肌肉耐力是否存在差异？你有没有预计到这个结果？为什么？

3. 你的俯卧撑测试结果与标准值相比如何？肌肉耐力等级是否与YMCA卧推测试结果相近？

4. 使用Excel或等效的电子表单程序，对俯卧撑次数和YMCA卧推测试中的重复次数进行相关性分析。两者是否相关？如果是，它们可能如何相关？

5. 使用Excel或等效的电子表单程序，对俯卧撑次数和计算得出的1RM预测值进行相关性分析。两者是否相关？如果是，它们可能如何相关？

实验活动12.4

个人数据表

姓名或ID号:_____ 日期:_____

测试人员:_____ 时间:_____

性别: 男/女(圈一个) 年龄:_____岁 身高:_____英寸 _____米

体重:_____磅 _____千克 温度:_____华氏度 _____摄氏度

气压:_____毫米汞柱 相对湿度:_____%

YMCA卧推测试		备注
重复次数		
百分比等级		
1RM预测	男性	
	女性	

俯卧撑测试		备注
重复次数		
等级		

无氧体能测量

目标

- 解释各种无氧功率和无氧运动能力测试。
- 了解用于评估无氧功率和无氧运动能力的基本程序。
- 描述一个使用跳跃测试评估拉伸-缩短周期的方法。
- 探讨温盖特无氧测试。
- 探讨各种无氧代谢能力测试标准值。

定义

无氧运动能力:在10~120秒的运动过程中的平均功率,评估无氧运动能力的测试通常会强调ATP-PC和糖酵解能量系统的使用,术语平均功率通常与无氧运动能力同义使用。

无氧功率:在持续10秒或更短时间的运动中的平均或峰值功率,通常评估无氧功率所使用的测试会强调磷酸肌酸或ATP-PC系统的使用,并要求测试对象在短时间内进行强度非常高的运动。

离心利用率(eccentric utilization ratio,EUR):代表使用拉伸-缩短周期的能力;通过静态纵跳结果除以反向纵跳结果来估算[44],并且通常用峰值功率和垂直位移计算。

疲劳率:能力下降的速度,可以认为是从最高功率到测试结束时的功率值的下降程度[29],因此通常用这两个值之间的百分比变化来表示。

测力板:测量地面反作用力的装置,通常是评估纵跳能力的黄金标准。

水平功率:通常通过冲刺测试(例如40米冲刺)来估算。

Margaria-Kalamen测试:用于评估无氧峰值功率的阶梯测试[40]。

平均无氧功率:在强调无氧能量供应机制的运动能力测试过程中达到的平均功率。

平均功率:在指定时间间隔或测试过程中达到的平均功率。

峰值无氧功率:在无氧系统作为主要能量供应者的测试过程中达到的最高功率(这些测试通常持续不到10秒)。

峰值功率:在测试过程中达到的最高功率[25]。

功率:做功的速率[36];用功除以时间(功率=功/时间)或力乘以速度(功率=力×速度)来计算。

爆发力耐力:重复地实现高功率输出或保持功率输出水平的能力。

疲劳的比率:表示测试过程中的功率下降程度的比率,又称疲劳指数。

反应力量指数(reactive strength index,RSI):通常在跳深测试过程中进行评估;量化为腾空时间与地面接触时间的比率。

拉伸-缩短周期(stretch-shortening cycle,SSC):肌肉主动拉伸(即离心动作)后立即缩短（即向心动作）的过程。

纵跳垫： 该装置用于测量腾空时间，然后可通过腾空时间确定跳跃高度和功率。

总功： 平均功率和时间的乘积。

温盖特无氧测试： 在自行车测功计上进行的无氧运动功率和无氧能力测试，通常持续30秒，使用的阻力等于0.075千磅/千克。

无氧体能评估是评估运动员和测试对象身体整体能力的重要部分。有充分的证据表明，高功率输出的表现能力是在体育活动中取得成功的主要因素[6, 55]。例如，卡洛克等人发现一个运动员的举重能力与在跳跃任务中产发爆发力的能力高度相关[10]。同样，在美式橄榄球和足球运动员中，其表现能力与表达高功率输出的能力密切相关，如跳跃能力和冲刺能力[6, 14, 15, 55]。由于这些相关性，爆发力是在运动科学和运动环境中最常测试的能力之一[55]。因此，了解评估爆发力的各种方法对于运动员或运动科学专业的学生来说很重要。

无氧体能也可能与日常活动的执行能力有关。表达高功率输出的能力不足的人往往会在执行日常生活中的简单任务时受阻。但是，如果他们通过锻炼提高其功率，他们可以明显提高其在这些任务中的能力。表达高功率输出的能力在日常活动中的重要性意味着运动生理学学生必须了解用于评估功率的测试，以及如何进行这些测试。

通常，**功率**可以定义为做功的速率[36]，而**无氧功率**是在有氧代谢对能量贡献很少的条件下做功的速率[42]。无氧功率测试通常以磷酸肌酸或ATP–PC系统作为主要能量供应者的活动，而**无氧运动能力**测试通常以糖酵解系统作为主要能量供应者的活动。通常，无氧功率测试持续不到10秒；而无氧运动能力测试的持续时间在10秒以上，但不超过2分钟。

评估无氧运动能力的测试通常可以用于计算峰值功率、平均功率或疲劳率。**峰值功率**是指在特定测试过程中达到的最高功率，而**平均功率**是指在测试过程中的平均功率。有时平均功率被称为无氧运动能力[29]或**爆发力耐力**。**疲劳率**是指测试过程中的功率下降程度。通常在测试过程中根据爆发力耐力或无氧运动能力来计算疲劳率，以峰值功率的百分比表示[29]。根据所使用的系统和技术，无氧运动能力和无氧功率测试还可能涉及其他变量的计算，例如达到峰值功率的时间、功率变化的速率和运动的速度。

无氧功率和无氧运动能力测试有许多。在下面的实验活动中会介绍5个测试，都可以测量无氧峰值功率，其中2个测试可以测量峰值无氧功率和无氧运动能力（见表13.1）。还会介绍用于估算**水平功率**的测试。

用于估算水平功率的冲刺能力测试

通常可以在许多运动场合中测量冲刺能力。冲刺能力很大程度上取决于身体施加垂直力的能力、生物能系统满足活动的代谢需求的能力，以及个人的肌肉纤维类型[56]。

表13.1　无氧功率测试的分类

| | 由测试量化的变量 | |
测试	峰值无氧代谢能力	无氧运动能力
反向纵跳测试	是	
静态纵跳测试	是	
Margaria-Kalamen测试	是	
Bosco 60秒连续跳跃测试	是	是
温盖特无氧自行车测试	是	是

水平冲刺测试通常用于评估产生水平爆发力的能力，但它们不涉及功率的测量[1]。对于冲刺活动，已知的变量只有运动员的体重、冲刺的水平距离以及完成该距离的时间。因此，根据以下公式来估算水平功率。

水平功率（千克·米/秒）=
力（千克）× 平均速度（米/秒）

该等式也可表示为，

水平功率（牛顿·米/秒）=
力（牛顿）× 平均速度（米/秒）

在这两个公式中都用个人的体重表示力，并通过距离除以完成该距离所花费的时间来计算平均速度。例如，体重100千克的运动员在22秒内完成了200米的距离，所实现的水平功率将达到909（千克·米/秒）。该值可用如下公式计算。

水平功率（千克·米/秒）=100千克 ×
（200米/22秒）≈ 100千克 × 9.09米/秒=
909千克·米/秒

因此，如果两个体重相近的人完成相同的距离，则更快的人的功率更高。

因此，通常用冲刺活动来测试水平功率，例如30码、40码和60码冲刺[25]。在进行冲刺测试时，可以使用秒表或电子计时器来量化运动员的冲刺时间。秒表通

常与电子计时器的相关性很高（r=0.98，r^2=0.95），但使用秒表时通常会有0.24秒的误差。使用以下公式可以将秒表时间转换为等效的电子计时器时间。

电子计时器时间（秒）=1.011 3 ×
秒表时间（秒）+0.225 2

这两种计时方法所取得的结果存在差异，因此在将结果与文献[25]中列出的标准值进行比较时要知道使用的是哪种计时方法，这很重要。

用于确定垂直功率的跳跃能力测试

垂直功率或跳跃能力是用于评估运动人群无氧功率最流行的现场测试之一[25]。垂直功率或跳跃能力与多种体育活动相关，包括竞技举重[10, 17]、场地自行车冲刺[55]和短跑[27]。跳跃能力也被证明可以区分美式橄榄球[14]和足球运动员[15]的比赛水平和比赛能力。由于跳跃测试很简单，通常在现场能力测试组合中都会包括跳跃测试[16, 20, 54]。

用于测试垂直功率的纵跳测试有两种类型：反向纵跳和静态纵跳。反向纵跳要求运动员以站立姿势开始，慢慢变为深蹲

姿势，然后立即尽可能高地往上跳（见图 13.1）。静态纵跳或深蹲跳[7]要求运动员下蹲至大腿上平面平行于地面（膝盖角度约为90度），在倒计时过程中保持这个姿势（"3，2，1，跳"），然后尽可能快和尽可能高地往上跳[18]（见图13.2）。通常首选静态纵跳，因为反向纵跳能力可能受到测试对象本身技能水平的影响[52]。然而，在测试组合中通常两种类型的跳跃都会用到，在这种情况下，反向纵跳测试先于静态纵跳

测试。无论使用哪种跳跃测试，测试过程的目标都是确定个人可以实现的纵跳高度，可以通过多种方法完成该目标[35]。

测力台

在评估跳跃能力和功率时，通常使用测力台[26]。在测力板上进行纵跳的过程中达到的垂直高度可通过量化腾空时间（即在跳跃过程中从起跳离开测力台到落地的时间）来确定——运动员跳得越高，腾空

a. 开始姿势；b. 下降；c. 最大高度；d. 落地
图13.1 反向纵跳姿势

a. 开始姿势；b. 起跳姿势；c. 最大高度；d. 落地

图13.2 静态纵跳姿势

时间越长。因此，可通过以下公式来估算垂直高度[8]。

垂直高度（米）=［9.81（米/秒²）× 腾空时间（秒）× 腾空时间（秒）]/8

使用测力台确定垂直高度是很可靠的（ICC=0.94~0.99）[19, 32, 37]。在使用测力台确定跳跃活动过程中的功率时，可以使用两种方法。

第一种方法是测量在纵跳过程中产生的力，然后推算在跳跃过程中的移动速度。

纵跳过程中产生的力通过测量在移动过程中产生的地面反作用力直接评估[11]。然后将移动过程中每个时间点的力除以测试对象的质量，以确定加速度。然后用计算得出的加速度减去由于重力引起的加速度，以表示在运动时由个体产生的加速度。再通过每个时间点的加速度和时间的乘积确定移动速度[11]。最后用推算出来的速度乘以力，以计算在跳跃活动中的功率。大体上，这种用于量化纵跳功率的方法是高度可靠的（ICC=0.93~0.98）[32, 33]。

　　用于估算功率的第二种方法是使用测力台测量在纵跳过程中的腾空时间，以计算在跳跃过程中实现的垂直高度[8]。如果测试对象在跳跃或落地时试图通过蜷腿来延长腾空时间，则可能会降低测试的可靠性或准确性。因此，为了确保测试对象落地动作是正确的，监督跳跃和落地过轻是非常重要的。如果正确地执行跳跃，则可以将所确定的垂直高度代入本实验中列出的其中一个垂直功率估算公式。

纵跳垫

　　另一种评估垂直跳跃高度的方法是使用纵跳垫[35]。纵跳垫（通常大小为0.685 8米×0.685 8米）包含嵌入式微开关，用于测量起跳和落地之间的时间间隔，并将其量化为腾空时间。与测力台一样，腾空时间可用于确定垂直高度。在使用纵跳垫时，测试对象站在垫子上，并进行反向纵跳或静态纵跳（见图13.3）。然后将测试得出的腾空时间代入本实验中列出的用于确定垂

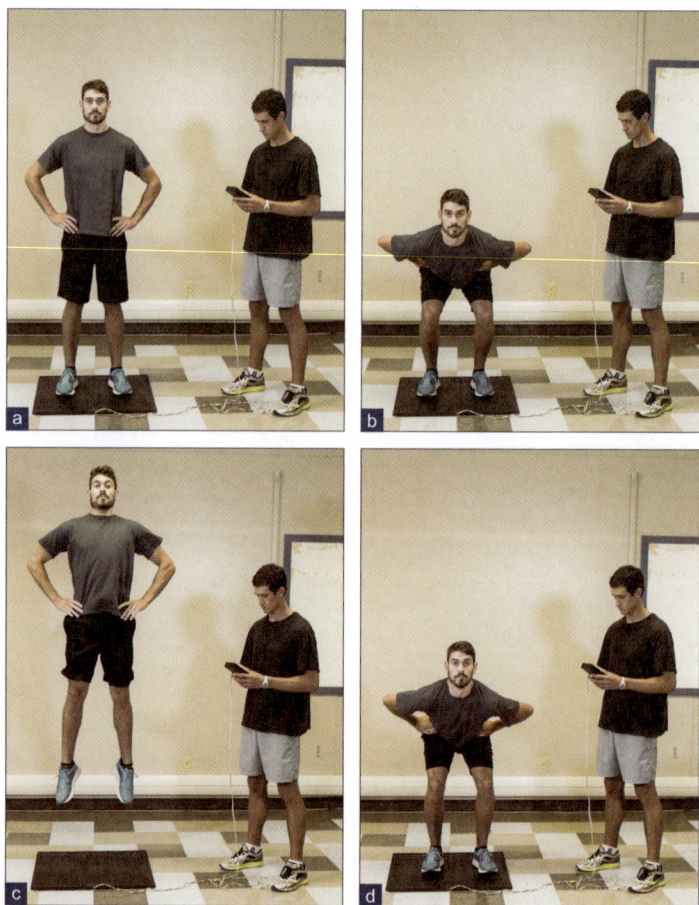

a. 开始姿势；b. 下降；c. 最大高度；d. 落地

图13.3 在纵跳垫上进行的反向纵跳测试

直高度的公式中。

据报告，用纵跳垫确定的垂直高度是高度可靠的（ICC=0.96~0.98）[10]。与测力台一样，必须监督跳跃和落地动作，以确保估算的高度的准确性。一旦推算出垂直高度，就将其代入本实验后面列出的其中一个功率估算公式（"估算垂直功率的公式"）。表13.2列出了跳跃任务过程中的腾空时间和腿部功率的标准数据。

表13.2　腾空时间和腿部功率的标准数据

百分比	等级	女性		男性	
		腾空时间（毫秒）	功率（瓦）	腾空时间（毫秒）	功率（瓦）
>81	优秀	>519	>983	>668	>1393
61~80	良好	506~519	770~983	634~668	1 283~1 393
41~60	一般	487~505	726~769	606~633	1 118~1 282
21~40	较差	456~486	661~725	556~605	1 027~1 117
<20	非常差	<456	<661	<556	<1 027
平均		487	818	607	1 229
标准差		50	232	43	261

[Adapted, by permission, from T. Skinner, R. U. Newton, and G. G. Haff, 2014, Neuromuscular strength, power, and strength endurance. In *ESSA's student manual for health, exercise, and sport assessment*, edited by J. S. Coombes and T. Skinner (Australia: Elsevier), 160–161.]

反应力量指数

有些运动项目要求运动员在落地后快速跳跃或改变方向，对于这类运动员来说，**反应力量指数**是一项有用的指标[53]。评估RSI最常用的方法是跳深测试，运动员从箱子上落下，落在测力台或纵跳垫上，然后起跳，要求尽可能高地向上跳（见图13.4）。

这种测试评估的是测试对象从已知高度落地时肌肉快速从离心动作过渡到向心

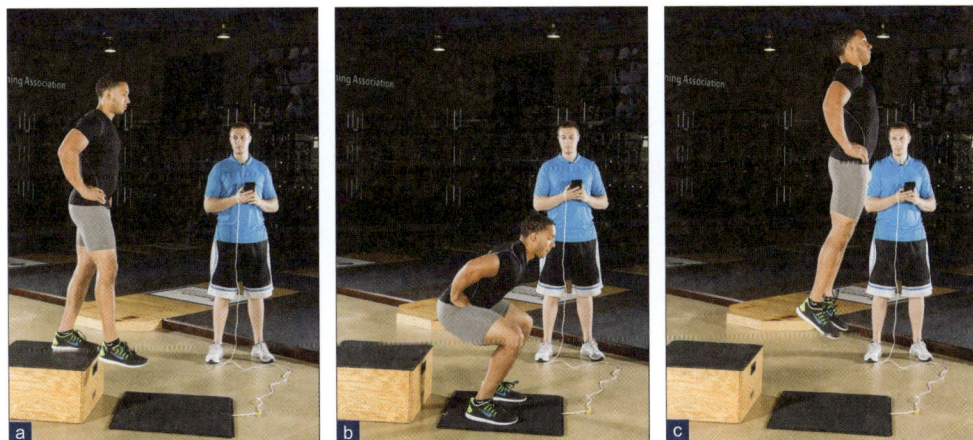

a. 开始姿势；b. 接触垫子；c. 最大跳跃高度
图13.4　用于估算RSI的箱子跳深测试

动作的能力[48]。该测试方案最初由澳大利亚体育学院于20世纪90年代中期提出[58]，并已成为体育科学家和力量科学家常用的运动能力测试。该测试通过从0.3~0.6米的一系列跳跃高度确定RSI，以量化运动员在一系列拉伸负荷下的反应能力。然后按如下公式计算RSI。

RSI=跳跃高度（米）/接触时间（秒）

0.3~0.6米的跳跃高度是可靠（ICC=0.96~0.99）和精确的（CV=2.1%~3.1%）[41]。

RSI测试的结果可用于确定哪些跳跃高度最适合用于优化运动能力。具体而言，产生最高RSI得分的跳跃高度就是执行跳深测试的最佳跳跃高度[48]（见图13.5）。

贝蒂等人的研究[3]表明，与较弱的运动员相比，较强的运动员在标准RSI测试中的表现明显更好。其部分原因是较强的运动员能够更好地承受离心拉伸负荷。

跳跃摸高测试

跳跃摸高测试是确定垂直跳跃高度的最基本方法，通常以原始的Sargent跳跃测试为基础[35]。该方法测量测试对象的站立摸高与测试对象跳起来后可以摸到的高度之间的差异。为了确定其站立摸高，让测试对象双脚并拢，优势臂靠近墙壁[1]。然后，测试对象将手伸向尽可能高的位置，并将手掌贴在标记刻度上，所达到的最高点就是站立摸高。接下来，测试对象尽可能高地跳跃并将手伸向尽可能高的点。然后计算出站立摸高与在跳跃过程中实现的最大高度之间的差值，这就是垂直高度[35]。

垂直高度（厘米）=
跳跃高度（厘米）-站立摸高（厘米）

另一种跳跃摸高方法将使用例如Vertec的商用设备，无须墙壁即可测量站立摸高

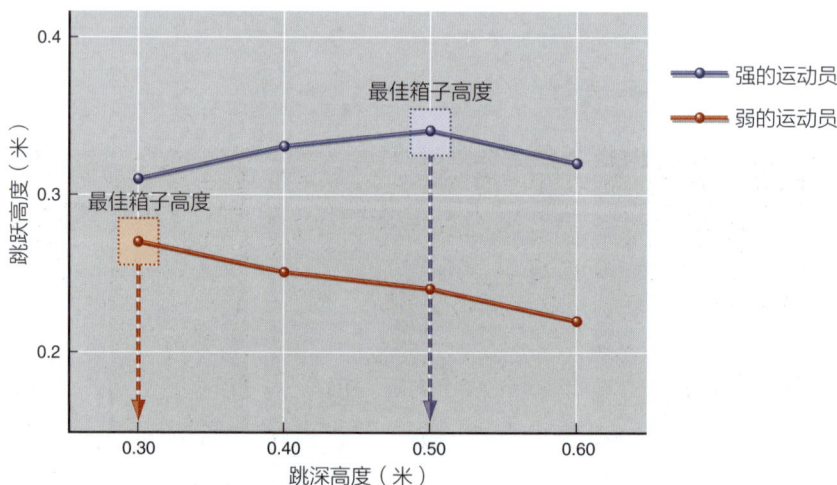

图13.5 使用跳深确定最佳箱子高度

[Based on Beattie et al. 2017.]

和跳跃高度。该设备包含可伸缩的金属杆和塑料旋转叶片，叶片之间的间隔为1.3毫米[35]。与经典的跳跃摸高测试一样，首先要确定站立摸高，在使用设备时，让测试对象用优势手伸向尽可能高的位置，并推开塑料旋转叶片，同时保持双脚平放于地面（见图13.6a）。因为设备可以升高到特定的已知高度，并且每块叶片的间隔均为1.3毫米，所以很容易获得站立摸高。根据运动员的跳跃能力，可以升高叶片。此时，测试对象进行无助跑的双腿起跳，尝试推开尽可能多的水平叶片（见图13.6b）。最大高度即为测试对象所移动的最高叶片。然后通过与经典跳跃摸高测试相同的公式计算垂直跳跃高度[35]。

虽然该测试非常可靠，但跳跃摸高测试本身就有一些局限性。具体而言，它对了解跳跃运动的力和速度方面几乎没有帮助。此外，研究表明，与视频分析和纵跳垫相比，这种方法估算出的垂直高度偏低[38]。

估算垂直功率的公式

虽然经典纵跳测试很重要，但它也有一些缺点。具体而言，它仅能测量垂直跳跃高度，并不能真正测量功率[25]。为了弥补这种缺陷，可以使用相关公式来估算在纵跳过程中的功率。常用的公式是路易斯公式[25]。

$$功率（瓦）= \sqrt{4.9} \times 体重（千克）\times \sqrt{跳跃高度（米）}$$

尽管路易斯公式在教练、体育教育工作者和体育科学家中非常流行，但其估算得出的功率并不能准确地表示峰值功率和平均功率[21]。为了解决这些不准确性，哈曼等

a. 站立摸高；b. 测试的跳跃部分

图13.6 使用垂直弹跳测试器进行站立摸高和跳跃摸高测试的姿势

人[21]开发了两个基于测力板数据和回归分析来估算峰值功率和平均功率的公式。

峰值功率（瓦）=61.9×跳跃高度（厘米）+
36×体重（千克）+1 822

平均功率（瓦）=21.2×跳跃高度（厘米）+
23×体重（千克）-1 393

尽管这两个公式确实改进了路易斯公式，但它们是基于小样本量（$n=17$）和相对同质的群体推导出来的。结果，其有效性在科学文献中受到质疑。赛耶等人[52]质疑哈曼峰值功率和平均功率公式的有效性，因为它们是使用静态纵跳测试得出的。相比之下，进行反向纵跳测试的人会因拉伸反射产生更大的力[4]。具体而言，反向纵跳可达到的垂直高度比静态纵跳高10%~23%[52]。为了解决这些问题，赛耶等人[52]使用测力板系统来测试大规模异质对象（$n=108$）的反向纵跳和静态纵跳能力。在对这些数据进行回归分析后，他们推导出以下公式。

峰值功率（瓦）=60.7×跳跃高度（厘米）+
45.3×体重（千克）-2 055

该公式被证明是用于估算静态纵跳或反向纵跳的峰值功率输出的有效的方法，并且它在研究和应用中变得越来越流行。据研究，该公式是高度可靠的（ICC=0.99）[10, 19]。

约翰逊和巴阿蒙德提出了另一种评估垂直跳跃过程中的峰值功率和平均功率的方法[30]。他们的公式与赛耶公式的不同之处在于其涉及跳跃者的身高公式如下。

峰值功率（瓦）=78.5×跳跃高度（厘米）+
60.6×体重（千克）-15.3×身高（厘米）-1 308

平均功率（瓦）=41.4×跳跃高度（厘米）+
31.2×体重（千克）-13.9×身高（厘米）+431

用于估算爆发力耐力的Bosco测试

爆发力耐力可以定义为重复执行跳跃等对爆发力要求较高的运动的能力。其中一种最常用的爆发力耐力估算方法是Bosco测试[8]，这是一个持续15~60秒的重复跳跃测试，要求运动员尽可能快地跳并跳得尽可能的高[9]。

通过跳跃次数和腾空时间总和来计算功率[8]。然后可以将这些数据代入以下公式，以计算机械功率。

机械功率（瓦/千克）=
$$(g^2 \times T_f \times T_t) / [4 \times n \times (T_t - T_f)]$$

其中$g=9.81$米/秒^2，T_f=总腾空时间，T_t=总时间，n=跳跃次数。公式适用于各种时长的测试，但最常见的测试时长为60秒，在这种情况下，公式如下。

机械功率（瓦/千克）=
$$(g^2 \times T_f \times 60) / [4 \times n \times (60 - T_f)]$$

通过Bosco测试计算出的机械功率值可代表测试对象的爆发力耐力，因为它代表平均功率。

无论测试时间是多长，都应在测力台或纵跳垫上进行此测试，以收集量化爆发力耐力所需的数据。

确定离心利用率

利用拉伸-缩短周期（SSC）的能力对多项体育活动都非常重要。SSC指肌肉执行离心动作后立即执行向心动作。肌肉被激活，拉伸，然后立即收缩，与只有向心肌肉动作相比，这个过程增加了产生的力和爆发力。与仅涉及肌肉的向心动作的静态纵跳相比，在反向纵跳过程中SSC使跳跃过程中的功率更高。量化训练对个人利用SSC的能力的影响，对于体育科学家及力量和体能训练专业人员来说尤为重要。这种方法涉及量化离心利用率，测量该比率可以深入了解SSC对运动员的能力的贡献。

为了计算EUR，测试对象必须进行静态纵跳测试和反向纵跳测试。可通过以下公式计算EUR。

EUR=反向纵跳/静态纵跳

然后，也可以将反向纵跳和静态纵跳的高度或功率代入该公式。麦圭根等人[44]认为，EUR对训练应激源敏感，可用于监测定期训练计划的训练成果。作为监测工具，EUR值较高表示对SSC的依赖性较大，而该值较低则表示对SSC的依赖性较小。例如，麦圭根等人[44]的研究中的数据显示，曲棍球运动员在赛季前的EUR值（1.26）高于休赛期的EUR值（1.05）。这些发现似乎是合乎逻辑的，因为赛季前训练的目标通常是提高功率，而休赛期训练的目标通常是增强力量。由于较高的功率与使用SSC的能力相关，因此很明显，当训练目标是提高爆发力时，应注意提高EUR。耐力运动员的EUR始终很低，这个事实清楚地表明了训练对EUR的影响，因为耐力运动员的训练目标通常不是功率最大化，而且其训练可能会对II型纤维体积产生负面影响。

确定无氧功率的温盖特无氧测试

最流行的无氧功率测试是温盖特无氧测试，它是由以色列温盖特研究所开发的[29]。以0.075（千磅/千克）的负荷量进行30秒的经典WAnT，其目的是测试无氧运动能力[29]。WAnT似乎非常适合这种用途，因为在测试过程中，人体60%~85%的能量供应来自ATP-PC和糖酵解能量系统[5, 13, 45]。测试的前3~15秒消耗的能量一般来自ATP-PC系统，而测试的其余部分消耗的能量则来自糖酵解系统[59]。

该测试可用于确定在使用设定阻力且在预定持续时间内全力以赴骑自行车过程中的峰值无氧功率、最低无氧功率输出、平均无氧功率、总功和疲劳率。峰值无氧功率是测试期间产生的最高机械功率。它一般在测试过程的前5秒出现[59]，并且通常用做的功除以时间，计算出任意3或5秒时间段内的平均功率。

峰值无氧功率=功/时间=（力×位移）/时间

如果以5秒为一个时间间隔，执行6个间隔，选取完成转数最大的一个5秒间隔，用其转数乘以飞轮距离，然后除以5秒，即可计算这5秒内的功率。使用蒙纳克自行车时，飞轮的周长为1.62米，踏板旋每转一周，飞轮转3.7圈，因此每转的总距离为6米[1]。计算公式如下。

峰值无氧功率（瓦）=［力（牛顿）×（最大转数×6米）]/5秒

测量相对功率通常也很重要，可以使用以下公式计算相对于体重的峰值功率[29]。

相对功率（瓦/千克）=功率（瓦）/体重（千克）

也可以使用以下公式计算相对于瘦体重的功率[29]。

功率（瓦/千克）=

功率（瓦）/瘦体重（千克）

最低无氧功率是指在30秒测试过程中任一单独的3秒或5秒间隔内达到的最低功率。该值通常出现在测试的最后3~5秒内，用于计算疲劳指数[59]。

如果知道在30秒自行车测试结束时完成的总转数，以及飞轮距离（使用蒙纳克自行车测功计时为6米），则可以计算出总功[1]。计算公式如下。

总功（焦耳）=设定的力（牛顿）×

（30秒内的转数×飞轮距离）

因此，使用蒙纳克自行车测功计时，可以使用以下公式计算总功。

总功（焦耳）=设定的力（牛顿）×

（30秒内的转数×6米）

通过将总功除以个人的体重，也可以按体重将总功标准化。计算公式如下。

相对做功（瓦）=总功（焦耳）/

体重（千克）=设定的力（牛顿）×

（30秒内的转数×6米）/体重（千克）

平均无氧功率是指在30秒测试过程中保持的平均功率[59]。它可以通过求在测试的10个3秒或6个5秒间隔的功率的平均值[29]，或用总功除以测试的持续时间[1]来计算。使用蒙纳克自行车测功计时，该值可以使用以下公式计算。

平均无氧功率（瓦）=功/时间=设定的力（牛顿）×（30秒内的转数×6米）/30秒

通过将总功除以个人的体重，也可以按体重将平均功率输出标准化。计算公式如下。

相对平均功率（瓦/千克）=

平均功率（瓦）/体重（千克）

疲劳率也被称为疲劳指数，表示为测试过程中的功率下降程度[29]。通常用以下公式计算。

疲劳指数（%）=（峰值功率−最低功率）/

峰值功率×100

通常，从最初5秒（峰值功率）到最后5秒（最低功率）的疲劳率≥40%[1, 59]。

使用WAnT时，需要考虑的两个因素是持续时间和施加的阻力。WAnT的持续时间通常为30秒，但在仅测量峰值功率时可使用时间较短（如5秒）的测试[50]。

对于儿童、老年人和久坐的人，WAnT的阻力通常设定为0.075千磅/千克[1, 29]。一些研究人员也会对运动员使用这种阻力[53]，但一般建议运动员使用0.090~0.100千磅/千克（见表13.3）[29]。以下是确定进行WAnT时的阻力或力的基本方法。

力（牛顿）=体重（千克）×

9.81米/秒²×阻力系数

因此，针对久坐的成年人，可以使用以下公式来确定进行WAnT的阻力。

力（牛顿）=体重（千克）×

9.81米/秒²×0.075

针对运动员，可以使用以下公式：

力（牛顿）=体重（千克）×

9.81米/秒²×0.100

最后，对于测量峰值和平均功率，WAnT 一直被证明是高度可靠的（ICC=0.89~0.96）[29]。这种高可靠性证明了测试的可重复性，并确保运动能力的变化与实际变化相关，测试的误差也较小。此外，科学文献中提供了大量关于各种群体的 WAnT 测试结果的标准数据可供使用。详细的标准数据可参阅因巴尔等人的报告[29]。

表13.3　WAnT 的最优负荷

测试对象		力负荷（千磅）/体重（千克）	参考文献
成年男性	久坐	0.075	因巴尔等人[29]
	活跃	0.098	埃文斯和奎尼[13]
	运动员	0.098	埃文斯和奎尼[13]
	体校学生	0.087	道特恩和巴－奥尔[12]
	休闲运动	0.085	瓦格斯等人[57]
	田径运动员	0.100	柯克西等人[34]
青少年男性	摔跤手	0.090	米尔扎伊等人[46]
成年女性	久坐	0.075	因巴尔等人[29]
	体校学生	0.085	道特恩和巴－奥尔[12]
	田径运动员	0.100	柯克西等人[34]

确定无氧功率的 Margaria-Kalamen 楼梯测试

在运动环境和临床环境中更流行的无氧登阶测试之一是 Margaria 楼梯测试[40]。经过修改的、现代版的 Margaria-Kalamen 测试[31]旨在测试无氧功率。具体而言，由于其持续时间相对较短（通常不足 5 秒），因此可测试磷酸肌酸系统对能量输出的贡献[40]。

这项测试需要一条 6 米长的楼梯，其至少应有 9 个楼梯级，每级阶梯的高度在 174~175 厘米之间[54]。通常建议在第 3 级和第 9 级放置电子计时垫或光电管以确保准确计时[49]，使用秒表仔细计时也可以提供稍微不准确但仍然合理的数据[54]。该测试要求测试对象尽可能快地上楼梯，并且一步上 3 级楼梯（即踏上第 3、第 6 和第 9 级楼梯）。测试环境的布置要点如图 13.7 所示。

可以使用以下公式计算此测试的功率：

功率（千克·米/秒）=体重（千克）× 距离（米）/时间（秒）

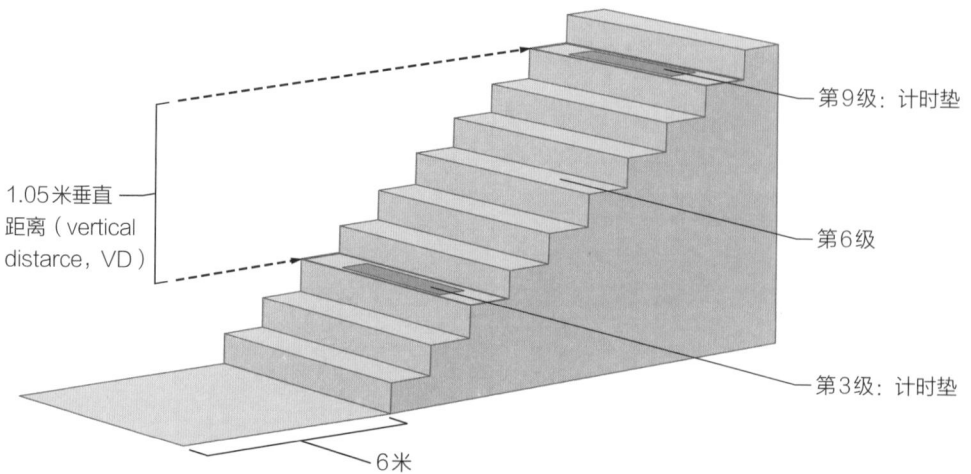

图13.7 Margaria-Kalamen楼梯测试的布置

其中，体重是测试对象的体重，以千克为单位，距离是第3级和第9级之间的垂直高度，时间是测试对象从第3级移动到第9级台阶所需的时间。因此，基于图13.7中显示的布置，该公式可以修改如下。

功率（千克·米/秒）=［体重（千克）×1.05米/时间（秒）］

如果要将功率的单位转换为瓦特，则用千克·米/秒为单位的功率值乘以9.807（重力加速度）。

Margaria–Kalamen楼梯测试被认为是非常可靠的（$r=0.85$），这证明了测试的可重复性，且CV<4%[39]。尽管如此，测试时也应小心谨慎，经验不足或未经训练的人可能难以完成测试所要求的一步3级，从而增加受伤或结果不准确的风险。

冲刺能力测试

设备

- 可用于80~100米短跑的跑道或其他区域
- 4个秒表或电子计时门系统
- 计算器
- 个人数据表
- Excel或等效的电子表单程序

测试环境布置

冲刺测试要求有可用于80~100米短跑的跑道或其他区域，并且可以在上面标记以下距离：9.14米、36.6米、45.7米和54.9米。让4名计时人员分别对每段距离进行计时，计时人员的位置应使他们可以看到冲刺的开始和结束。测试区域的布置要点如图13.8所示。

在开始冲刺能力测试之前，让测试对象完成结构化的热身，包括5分钟的一般热身活动（例如，慢跑、骑自行车、跳绳等），然后进行5分钟的动态拉伸热身（例如，摆腿、高抬腿、蹲踞式行走、弓步行走、踢臀跑、蠕虫爬行、跨步跳等）。接下来，让测试对象在54.9米的距离内进行中速跑。具体而言，测试对象应该进行一系列逐渐加快的中速冲刺，测试对象还应该练习起跑动作。建议测试对象不要使用起跑器或将脚顶在另一个人的脚上，因为该动作要求一定的技术技能水平，并且不是每次都能完全复制该姿势。测试对象应采用站姿，降低重心，稍微前倾[1]。一旦完成热身，就可以开始测试了。

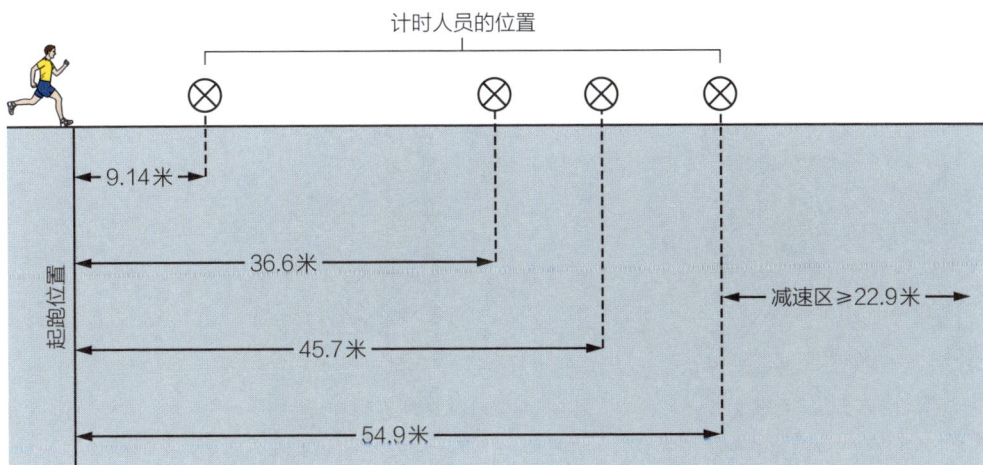

图13.8 冲刺能力测试的布置

冲刺能力测试

步骤1　布置冲刺区域，在9.14米、36.6米、45.7米和54.9米处放置标记。在冲刺区域结束的地方，安排一个至少22.9米长的减速区（见图13.8）。

步骤2　收集个人数据表中的基本数据（例如，年龄、身高、体重等）。在继续测试之前，测试对象应该穿上自己的鞋子。

步骤3　让测试对象进行结构化热身，为冲刺做好准备（见表13.4）。

步骤4　指示4名计时人员站在图13.8中所示的位置，确保他们可以看到冲刺的开始和结束。

步骤5　指示计时人员在测试对象的第一次移动时启动其秒表计时。告诉测试对象，测试的目的是尽可能快地跑完该距离，并且计时人员将在测试对象第一次移动时启动秒表计时。

步骤6　让测试对象走上起跑线并摆出起跑姿势。

步骤7　在开始测试之前，让测试对象和所有计时人员确认他们已准备就绪。

步骤8　鼓励测试对象尽可能快地跑过9.14米、36.6米、45.7米和54.9米的标记线，然后在指定区域内减速。

步骤9　当测试对象通过计时员所站的个人终点线（9.14米、36.6米、45.7米或54.9米）时，计时员应停止计时。例如，当测试对象通过9.14米时，此处的计时人员应该停止计时并记录短跑运动员的成绩。

步骤10　记录每段距离的到达时间，精确到0.1秒，并将其记录在个人数据表的相应位置。

步骤11　在开始下一次冲刺之前，让测试对象休息并恢复3分钟。重复步骤4~10。

步骤12　完成测试后，让测试对象进行5~10分钟的放松活动。

步骤13　计算测试结果。计算每段距离的2次试跑成绩的平均值，并将结果记录在个人数据表的相应位置。

步骤14　使用以下公式计算每段冲刺距离的速度。

$$速度（米/秒）=距离（米）/时间（秒）$$

将计算结果记录在个人数据表中。

步骤15　使用以下公式计算每段距离的水平功率输出。

$$功率（牛顿·米/秒）=力×速度=体重（牛顿）×速度（米/秒）$$

将计算结果记录在个人数据表中。

步骤16　使用下面的公式计算这些标记线之间的加速度：0~9.14米、0~36.6米、0~45.7米、0~54.9米、9.14~36.6米、36.6~45.7米，以及45.7~54.9米。

$$加速度（米/秒^2）=最终速度（米/秒）-$$
$$初始速度（米/秒）/间隔时间（秒）$$

将计算结果记录在个人数据表和小组数据表上。例如，如果短跑运动员在2秒内跑了9.14米，那么最终速度将是4.57米/秒。由于测试对象以站姿开始，初始速度将等于0米/秒。因此，加速度的计算公式如下。

$$加速度（米/秒^2）=（4.57米/秒-0米/秒）/2秒=2.285米/秒^2$$

因此，测试对象的加速度为2.285米/秒^2。

步骤17　将该测试的结果与表13.5中的结果进行比较。

步骤18　使用Excel或等效的电子表单程序，根据在每段距离实现的个人速度和班级的速度绘制图表。

表13.4　冲刺的热身

时间（分:秒）		活动
0:00-5:00	一般热身	如慢跑、骑自行车和跳绳等活动
5:00-10:00	动态拉伸热身	如摆腿、高抬腿、蹲踞式行走、弓步行走、踢臀跑、蠕虫爬行和跨步跳等活动
10:00-15:00	冲刺专项热身	一系列逐渐加快的中速冲刺（同时练习正确的起跑姿势）
15:00-17:00	恢复	主动式休息，帮助测试对象准备全力冲刺测试

表13.5　36.6米冲刺的百分比等级

年龄（岁）	12~13		14~15		16~18	
百分比	男	女	男	女	男	女
90	5.41	5.79	5.02	5.36	4.76	4.93
80	5.63	6.14	5.15	5.68	4.85	5.22
70	5.77	6.49	5.24	6.01	4.90	5.52
60	5.84	6.84	5.32	6.33	4.98	5.82
50	5.97	7.19	5.46	6.65	5.10	6.11
40	6.08	7.54	5.54	6.97	5.13	6.41
30	6.25	7.89	5.78	7.30	5.21	6.71
20	6.32	8.24	6.02	7.62	5.30	7.00
10	6.64	8.59	6.08	7.95	5.46	7.31
平均	5.99	7.19	5.51	6.65	5.08	6.11

[Adapted from Hoffman 2002; Housh et al. 2009.]

问题集 13.1

1. 根据你的测试结果，哪些能量系统有助于提高你的冲刺能力？

2. 如果冲刺距离延长到400米，各种能量系统的贡献会有何变化？

3. 在哪段间隔（0~9.14米、9.14~36.6米、36.6~45.7米以及45.7~54.9米）达到了最大速度？你的个人数据与班级数据比较如何？

4. 在冲刺过程中的哪个点达到了最大加速度？你的个人数据与班级数据比较如何？

5. 对于36.6米距离的冲刺能力，班级数据与标准表（见表13.5）比较如何？

6. 各段间隔的功率是否存在差异？如是，可能是什么原因？

7. 冲刺时间和功率的结果是否存在性别差异？如何从生理角度解释这些差异？

8. 详细解释肌纤维类型和冲刺能力之间的关系。（提示：什么类型的纤维对冲刺很重要？为什么？）

实验活动 13.1

个人数据表

姓名或ID号：_____ 日期：_____

测试人员：_____ 时间：_____

性别：男 / 女（圈一个）年龄：_____岁

身高：_____英寸 _____米

体重：_____磅 _____千克

温度：_____华氏度 _____摄氏度

气压：_____毫米汞柱

相对湿度：_____%

测试地点

□ 室外场地
□ 室内场地
□ 室内跑道
□ 室外跑道
□ 健身房
□ 其他_____

鞋类

□ 慢跑鞋
□ 步行鞋
□ 网球鞋
□ 篮球鞋
□ 跑鞋
□ 交叉训练鞋
□ CrossFit 鞋
□ 其他_____

冲刺时间

四舍五入并精确到0.1秒。

9.14米冲刺			
试验	距离（米）	时间（秒）	速度（米/秒）
1	9.14		
2	9.14		
平均	——		

36.6米冲刺			
试验	距离（米）	时间（秒）	速度（米/秒）
1	36.6		
2	36.6		
平均	——		

45.7米冲刺			
试验	距离（米）	时间（秒）	速度（米/秒）
1	45.7		
2	45.7		
平均	——		

54.9米冲刺			
试验	距离（米）	时间（秒）	速度（米/秒）
1	54.9		
2	54.9		
平均	——		

计算水平功率

功率（牛·米/秒）=力 × 速度=体重（牛顿）× 速度（米/秒）

距离（米）	体重（牛顿）		速度（米/秒）		功率（牛顿·米/秒）
9.14		×		=	
36.6		×		=	
45.7		×		=	
54.9		×		=	

为了将体重转换为以牛顿为单位，将以千克为单位的体重乘以9.81米·秒$^{-2}$。

计算加速度

加速度（米/秒^2）=最终速度（米/秒）–初始速度（米/秒）/间隔时间（秒）

间隔	加速度计算			加速度（米/秒^2）
0~9.14米的加速度	_____（米/秒）–	_____（米/秒）/	_____（秒）	
9.14~36.6米的加速度	_____（米/秒）–	_____（米/秒）/	_____（秒）	
36.6~45.7米的加速度	_____（米/秒）–	_____（米/秒）/	_____（秒）	
45.7~54.9米的加速度	_____（米/秒）–	_____（米/秒）/	_____（秒）	
0~36.6米的加速度	_____（米/秒）–	_____（米/秒）/	_____（秒）	
0~45.7米的加速度	_____（米/秒）–	_____（米/秒）/	_____（秒）	
0~54.9米的加速度	_____（米/秒）–	_____（米/秒）/	_____（秒）	

跳跃能力测试

设备

- 可进行动态热身的区域
- 垂直弹跳测试器或用于标记垂直高度的壁挂式跳板
- 计算器
- 个人数据表
- Excel 或等效的电子表单程序

热身

该测试要求测试区域空间足够高，并且有足够的空间供测试对象进行适当的热身。与其他身体测试一样，必须让测试对象进行适当的热身，以最大限度地提高其测试成绩。通过慢跑、骑自行车或跳绳等开始一般热身活动。然后让测试对象继续进行动态拉伸热身，主要由针对下半身的活动组成（例如，自重深蹲、蹲起、弓步行走、踢臀跑、高抬腿、蹲踞式行走等）。接下来，让测试对象完成针对纵跳测试的热身，同时练习反向纵跳（见图13.1）和静态纵跳（见图13.2）。该热身程序的介绍见表13.6。

表13.6 纵跳的热身

时间（分:秒）		活动
0:00~5:00	一般热身	如慢跑、骑自行车和跳绳等活动
5:00~10:00	动态拉伸热身	如摆腿、高抬腿、蹲踞式行走、弓步行走、踢臀跑、蠕虫爬行和跨步跳等活动
10:00~15:00	纵跳专项热身	一系列静态纵跳和反向纵跳，让测试对象练习跳跃姿势和动作
15:00~17:00	恢复	主动休息，帮助测试对象准备跳跃测试

反向纵跳测试

步骤1 布置测试区域，保证垂直弹跳测试器的周围有足够的空间。如果使用的是壁挂式跳板，请确保其标记清晰且易于使用。

步骤2 收集个人数据表中的基本数据（例如，年龄、身高、体重等）。让测试对象穿上自己的鞋子。

步骤3 指导测试对象完成结构化热身，为纵跳测试做准备（见表13.6）。

步骤4　向测试对象解释用于确定摸高的姿势。请记住，摸高的测量方法是让测试对象双脚并拢站立，并且优势侧靠近墙壁或垂直弹跳测试器。保持该姿势，让测试对象将优势手伸向尽可能高的位置，同时双脚一直平放在地板上。如果使用壁挂式测量设备，测试对象应将手掌平放在墙壁上。记录测试对象手掌到达的最高点。如果使用垂直弹跳测试器，测试对象应将手伸向尽可能高的位置，移动尽可能多的叶片。在个人数据表的相应位置将最高值记录为摸高。

步骤5　确定摸高后，向测试对象解释与反向纵跳测试相关的程序，并示范跳跃过程。

步骤6　让测试对象双脚分开大约与肩同宽，并指示测试对象在跳跃过程中保持在此姿势（见图13.1a）。在做好这个准备姿势后，指示测试对象进行反向纵跳，在蹬离地面之前降低髋部和腿同时摆臂（见图13.1b）。在腾空时，测试对象应该将手伸向墙上尽可能高的点或者击中垂直弹跳测试器的尽可能高的叶片。落地时，测试对象应弯曲膝关节以缓冲落地时所受的冲击力（见图13.1d）。

步骤7　让测试对象共进行3次反向纵跳，每次间隔2分钟。在个人数据表上记录每次跳跃中实现的纵跳高度。

步骤8　用最高纵跳高度减去摸高，并将此结果的单位转换为厘米（如果最初以英寸为单位），将所有结果的平均值记录在个人数据表的相应位置。记录这些结果。

静态纵跳测试

步骤1　在完成反向纵跳测试后，向测试对象解释并示范静态纵跳测试。与反向纵跳测试一样，让测试对象采取双脚分开大约与肩同宽的姿势（见图13.2a）。在做好这个准备姿势后，指示测试对象下蹲，使大腿上平面与地面平行（见图13.2b）。让测试对象保持这个下蹲姿势并从1数到3。然后鼓励测试对象快速伸展膝、髋和踝关节，同时向上摆臂，以触及墙上尽可能高的点或移动垂直弹跳测试器上尽可能高的叶片（见图13.2c）。鼓励测试对象在落地时弯曲膝关节，以缓冲落地的冲击力（见图13.2d）。

步骤2　让测试对象进行3次静态纵跳，每次跳跃相隔2分钟。在个人数据表上记录每次跳跃中实现的纵跳高度。

步骤3　用最高纵跳高度减去摸高，并将此结果的单位转换为厘米（如果最初以英寸为单位），将所有结果的平均值记录在个人数据表的相应位置。记录这些结果。

计算

步骤1 使用个人数据表中提供的公式计算反向纵跳和静态纵跳测试的功率。

步骤2 用反向纵跳测试的垂直高度和计算出来的功率分别除以静态跳跃测试的这两个结果，从而计算出EUR。

问题集13.2

1. 反向纵跳和静态纵跳测试的最高纵跳高度之间是否存在差异？如果是，哪些神经肌肉特征可以解释这些发现？

2. 在比较计算得出的功率时，路易斯公式与约翰逊平均功率公式和哈曼平均功率公式比较有何结果？与约翰逊和哈曼的峰值功率公式比较呢？赛耶公式呢？如果各公式的结果之间存在差异，请说明可能导致这些差异的原因。

3. 约翰逊公式和哈曼公式的结果比较如何？

4. 静态纵跳或反向纵跳的功率是否存在性别差异？如果是，哪些神经肌肉特征可以解释这些差异？

5. 你的EUR与班级纵跳高度的EUR相比如何？功率呢？

6. 详细解释哪些神经肌肉特征可能导致高EUR，以及这些特征如何受到训练的影响。

实验活动 13.2
个人数据表

姓名或ID号：_____ 日期：_____

测试人员：_____ 时间：_____

性别：男 / 女（圈一个） 年龄：_____岁

身高：_____英寸 _____米 测试地点 鞋类

体重：_____磅 _____千克

温度：_____华氏度 _____摄氏度

气压：_____毫米汞柱

相对湿度：_____%

测试地点
- ❑ 室外场地
- ❑ 室内场地
- ❑ 室内跑道
- ❑ 室外跑道
- ❑ 健身房
- ❑ 其他_____

鞋类
- ❑ 慢跑鞋
- ❑ 步行鞋
- ❑ 网球鞋
- ❑ 篮球鞋
- ❑ 跑鞋
- ❑ 交叉训练鞋
- ❑ CrossFit鞋
- ❑ 其他_____

反向纵跳测试结果

摸高＝_____英寸＝_____英寸/0.393 7＝_____厘米

试验	垂直高度（英寸）				
	纵跳高度（英寸）	−	摸高（英寸）	=	跳跃高度
1		−		=	
2		−		=	
3		−		=	
平均				=	

试验	垂直高度（厘米）				
	纵跳高度（厘米）	−	摸高（厘米）	=	跳跃高度
1		−		=	
2		−		=	
3		−		=	
平均				=	

反向纵跳功率计算

使用功率公式时，将平均位移代入下面的公式中。

路易斯功率

$$功率（瓦）=\sqrt{4.9}\times\underline{}_{\text{体重（千克）}}\times\sqrt{\underline{}_{\text{跳跃高度（米）}}}=\underline{}瓦$$

赛耶峰值功率

$$峰值功率（瓦）=60.7\times\underline{}_{\text{跳跃高度（厘米）}}+45.3\times\underline{}_{\text{体重（千克）}}-2\,055=\underline{}瓦$$

哈曼峰值功率

$$峰值功率（瓦）=61.9\times\underline{}_{\text{跳跃高度（厘米）}}+36\times\underline{}_{\text{体重（千克）}}-1\,822=\underline{}瓦$$

哈曼平均功率

$$平均功率（瓦）=21.2\times\underline{}_{\text{跳跃高度（厘米）}}+23\times\underline{}_{\text{体重（千克）}}-1\,393=\underline{}瓦$$

约翰逊峰值功率

$$峰值功率（瓦）=78.5\times\underline{}_{\text{跳跃高度（厘米）}}+60.6\times\underline{}_{\text{体重（千克）}}-15.3\times\underline{}_{\text{身高（厘米）}}-1\,308=\underline{}瓦$$

约翰逊平均功率

$$平均功率（瓦）=41.4\times\underline{}_{\text{跳跃高度（厘米）}}+31.2\times\underline{}_{\text{体重（千克）}}-13.9\times\underline{}_{\text{身高（厘米）}}+431=\underline{}瓦$$

静态纵跳测试结果

摸高 = _____英寸 = _____英寸/0.393 7 = _____厘米

试验	垂直高度（英寸）				
	纵跳高度（英寸）	−	摸高（英寸）	=	跳跃高度
1		−		=	
2		−		=	
3		−		=	
平均				=	

试验	垂直高度（厘米）				
	纵跳高度（厘米）	−	摸高（厘米）	=	跳跃高度
1		−		=	
2		−		=	
3		−		=	
平均				=	

静态纵跳功率计算

使用功率公式时，将平均位移代入下面的公式中。

路易斯功率

$$功率（瓦）=\sqrt{4.9} \times \underline{}_{体重（千克）} \times \sqrt{\underline{}_{跳跃高度（米）}} = \underline{}瓦$$

赛耶峰值功率

$$峰值功率（瓦）=60.7 \times \underline{}_{跳跃高度（厘米）} +45.3 \times \underline{}_{体重（千克）} -2\,055 = \underline{}瓦$$

哈曼峰值功率

$$峰值功率（瓦）=61.9 \times \underline{}_{跳跃高度（厘米）} +36 \times \underline{}_{体重（千克）} -1\,822 = \underline{}瓦$$

哈曼平均功率

$$平均功率（瓦）=21.2 \times \underline{}_{跳跃高度（厘米）} +23 \times \underline{}_{体重（千克）} -1\,393 = \underline{}瓦$$

约翰逊峰值功率

$$峰值功率（瓦）=78.5 \times \underline{}_{跳跃高度（厘米）} +60.6 \times \underline{}_{体重（千克）} -15.3 \times \underline{}_{身高（厘米）} -1\,308 = \underline{}瓦$$

约翰逊平均功率

$$平均功率（瓦）=41.4 \times \underline{}_{跳跃高度（厘米）} +31.2 \times \underline{}_{体重（千克）} -13.9 \times \underline{}_{身高（厘米）} +431 = \underline{}瓦$$

计算离心利用率（EUR）

使用以下公式计算 EUR。

垂直高度

$$\underline{}_{反向纵跳（厘米）} / \underline{}_{静态纵跳（厘米）} = \underline{}_{离心利用率}$$

路易斯功率

$$\underline{}_{反向纵跳（瓦）} / \underline{}_{静态纵跳（瓦）} = \underline{}_{离心利用率}$$

哈曼峰值功率

$$\underline{}_{反向纵跳（瓦）} / \underline{}_{静态纵跳（瓦）} = \underline{}_{离心利用率}$$

哈曼平均功率

$$\underline{}_{反向纵跳（瓦）} / \underline{}_{静态纵跳（瓦）} = \underline{}_{离心利用率}$$

赛耶峰值功率

$$\frac{\rule{3cm}{0.4pt}}{\text{反向纵跳（瓦）}} \Big/ \frac{\rule{3cm}{0.4pt}}{\text{静态纵跳（瓦）}} = \frac{\rule{3cm}{0.4pt}}{\text{离心利用率}}$$

约翰逊平均功率

$$\frac{\rule{3cm}{0.4pt}}{\text{反向纵跳（瓦）}} \Big/ \frac{\rule{3cm}{0.4pt}}{\text{静态纵跳（瓦）}} = \frac{\rule{3cm}{0.4pt}}{\text{离心利用率}}$$

约翰逊峰值功率

$$\frac{\rule{3cm}{0.4pt}}{\text{反向纵跳（瓦）}} \Big/ \frac{\rule{3cm}{0.4pt}}{\text{静态纵跳（瓦）}} = \frac{\rule{3cm}{0.4pt}}{\text{离心利用率}}$$

纵跳垫跳跃能力测试

设备

- 用于进行动态热身的区域
- 箱子（高度分别为20厘米、30厘米、40厘米、50厘米和60厘米）
- 纵跳垫
- 计算器
- 个人数据表
- Excel或等效的电子表单程序

热身

　　该测试要求测试区域空间足够高，并且有足够的空间供测试对象进行适当的热身。与其他身体测试一样，必须让测试对象进行适当的热身，以最大限度地提高其测试成绩。通过慢跑、骑自行车或跳绳等开始一般热身活动。然后让测试对象继续进行动态拉伸热身，主要由针对下半身的活动组成（例如，自重深蹲、俯撑腿屈伸、弓步行走、踢臀跑、高抬腿、蹲踞式行走等）。接下来，让测试对象完成针对纵跳测试的热身，同时在纵跳垫上练习反向纵跳（见图13.1）和静态纵跳（见图13.2）。该热身程序的介绍见表13.6。

反向纵跳测试

步骤1　布置测试区域，保证纵跳垫的周围有足够的空间，上方空间足够高。

步骤2　收集个人数据表中的基本数据（例如，年龄、身高、体重等）。让测试对象穿上自己的鞋子。

步骤3　指导测试对象进行结构化热身，准备纵跳测试（见表13.6）。

步骤4　解释反向纵跳的测试方案并示范进行此类跳跃所使用的姿势。

步骤5　让测试对象双脚分开大约与肩同宽（见图13.3a）。指导测试对象降低髋部和腿部，并将双手放在髋部，然后快速伸展腿部和髋部以蹬离地面（见图13.3b）。鼓励测试对象在空中尽可能地伸展身体（见图13.3c）。在落地时指示测试对象弯曲膝关节，以缓冲落地时所受的冲击力（见图13.3d）。

步骤6　让测试对象共进行3次反向纵跳，每次间隔2分钟。在个人数据表上记录每次跳跃过程中实现的腾空时间。

步骤7　计算3次反向纵跳的平均跳跃高度，并将此值记录在个人数据表的相应位置。

静态纵跳测试

步骤1　解释静态纵跳的测试方案并示范进行此类跳跃所使用的姿势。

步骤2　让测试对象采用双脚分开与肩同宽，双手放在髋部的姿势（见图13.2a）。

步骤3　指示测试对象下蹲到大腿上平面与地面平行的位置（见图13.2b），并且保持将双手放在髋部。

步骤4　喊出倒数："3，2，1，跳。"鼓励测试对象快速伸展膝、髋和踝，从纵跳垫上跳起（见图13.2c）。鼓励测试对象在落地时弯曲膝关节，以缓冲落地时所受的冲击力（见图13.2d）。

步骤5　让测试对象共进行3次静态纵跳，每次间隔2分钟。在个人数据表上记录每次跳跃过程中的腾空时间。

步骤6　计算3次静态纵跳的平均跳跃高度，并将此值记录在个人数据表的相应位置。

计算

步骤1　使用以下公式将本实验中每次跳跃的腾空时间转换为垂直高度。

垂直位移（米）=[9.81（米/秒^2）× 腾空时间（秒）× 腾空时间（秒）]/8

步骤2　使用本实验的个人数据表中提供的各个公式来计算反向纵跳和静态纵跳的功率。将这些值记录在个人数据表和小组数据表的相应位置。

步骤3　计算反向纵跳和静态纵跳中的垂直高度和功率的EUR，并将其记录在个人数据表的相应位置。

步骤4　将EUR与表13.7中的标准值进行比较。

表13.7　离心利用率（EUR）标准值

运动项目	男性	女性
曲棍球		1.02 ± 0.13
英式橄榄球联赛	1.13 ± 0.14	
足球	1.14 ± 0.15	1.17 ± 0.16
垒球	1.03 ± 0.09	1.04 ± 0.13
田径：投掷	1.11 ± 0.10	1.05 ± 0.06
田径：跳跃和短跑	1.11 ± 0.10	1.11 ± 0.10
未经训练	1.17 ± 0.17	

[Data from Data from McGuigan et al. 2006; Hawkins et al. 2009; unpublished data.]

RSI

步骤1 准备测试区域，在20厘米的箱子前面至少0.2米处放一张纵跳垫。确保箱子上方空间足够高，防止运动员碰到天花板。

步骤2 指示测试对象向前一步从箱子落下，不要走下来或向下跳或向上跳。与地面接触时，尽量缩短与地面的接触时间并尽可能高地跳起来（见图13.4a~c）。

步骤3 让测试对象站在箱子顶部开始测试。

步骤4 测试对象将双手放在髋部，从箱子落下，尽量减少与地面的接触时间，同时尽可能高地跳起来。

步骤5 在个人数据表上记录跳跃高度和从纵跳垫读取的接触时间

步骤6 重复步骤3~5。

步骤7 将箱子换成30厘米高的箱子，并重复步骤3~5共2次。

步骤8 将箱子换成40厘米高的箱子，并重复步骤3~5共2次。

步骤9 将箱子换成50厘米高的箱子，并重复步骤3~5共2次。

步骤10 将箱子换成60厘米高的箱子，并重复步骤3~5共2次。

步骤11 计算与箱高对应的RSI并将其记录在个人数据表的相应位置。计算在每个箱高进行的两次试跳的平均值，并将其记录在个人数据表中。

步骤12 确定测试对象在哪个箱子高度得到了最佳RSI并将其记录在个人数据表中。

问题集13.3

1. 反向纵跳与静态纵跳测试的最高纵跳高度是否存在差异？这符合预期吗？为什么？如果存在差异，可以用神经肌肉特征来解释吗？如何解释？

2. 在比较计算得出的功率时，路易斯公式与约翰逊平均功率公式和哈曼哈曼平均功率公式比较有何结果？与约翰逊和哈曼的峰值功率公式比较呢？赛耶公式呢？如果各公式的结果之间存在差异，请说明导致这些差异的原因。

3. 约翰逊公式和哈曼公式的结果相比较如何？

4. 静态纵跳或反向纵跳的功率是否存在性别差异？

5. 你的EUR结果与班级纵跳高度的EUR相比如何？功率呢？

6. 请具体说明在使用纵跳垫进行测试时可以提高可靠性的程序。

7. 在测试情况下使用纵跳垫的优缺点是什么？

8. 在反向纵跳和静态纵跳中达到的高度与RSI测试中使用各种跳箱所达到的高度相比如何？

实验活动13.3

个人数据表

姓名或ID号:_____ 日期:_____

测试人员:_____ 时间:_____

性别:男/女(圈一个) 年龄:_____岁

身高:_____英寸 _____米

体重:_____磅 _____千克

温度:_____华氏度 _____摄氏度

气压:_____毫米汞柱

相对湿度:_____%

测试地点
- ☐ 室外场地
- ☐ 室内场地
- ☐ 室内跑道
- ☐ 室外跑道
- ☐ 健身房
- ☐ 其他_____

鞋类
- ☐ 慢跑鞋
- ☐ 步行鞋
- ☐ 网球鞋
- ☐ 篮球鞋
- ☐ 跑鞋
- ☐ 交叉训练鞋
- ☐ CrossFit鞋
- ☐ 其他_____

反向纵跳测试结果

使用以下公式确定垂直高度。

垂直高度(米)=9.81(米·秒$^{-2}$)×腾空时间(秒)×腾空时间(秒)/8

试验	腾空时间(秒)	计算	=	高度(米)
1			=	
2			=	
3			=	
平均			=	

反向纵跳功率计算

使用功率公式时,将平均高度代入下面的公式中。

路易斯功率

功率(瓦)=$\sqrt{4.9}$ × _____ × $\sqrt{}$ =_____瓦
体重(千克)   跳跃高度(米)

赛耶峰值功率

峰值功率(瓦)=60.7 × _____ +45.3 × _____ −2 055=_____瓦
跳跃高度(厘米)   体重(千克)

哈曼峰值功率

峰值功率(瓦)=61.9 × _____ +36 × _____ −1 822=_____瓦
跳跃高度(厘米)   体重(千克)

哈曼平均功率

平均功率(瓦)=21.2 × _____ +23 × _____ −1 393=_____瓦
跳跃高度(厘米)   体重(千克)

约翰逊峰值功率

$$峰值功率（瓦）=78.5 \times \underline{\hspace{2cm}}_{\text{跳跃高度（厘米）}} +60.6 \times \underline{\hspace{2cm}}_{\text{体重（千克）}} -15.3 \times \underline{\hspace{2cm}}_{\text{身高（厘米）}} -1\,308 = \underline{\hspace{1.5cm}}瓦$$

约翰逊平均功率

$$平均功率（瓦）=41.4 \times \underline{\hspace{2cm}}_{\text{跳跃高度（厘米）}} +31.2 \times \underline{\hspace{2cm}}_{\text{体重（千克）}} -13.9 \times \underline{\hspace{2cm}}_{\text{身高（厘米）}} +431 = \underline{\hspace{1.5cm}}瓦$$

静态纵跳结果

使用以下公式确定垂直高度。

$$垂直高度（米）=[\,9.81（米/秒^2）\times 腾空时间（秒）\times 腾空时间（秒）]/8$$

试验	腾空时间（秒）	计算	=	高度（米）
1			=	
2			=	
3			=	
平均			=	

静态纵跳功率计算

使用功率公式时，将平均高度代入下面的公式中。

路易斯功率

$$功率（瓦）=\sqrt{4.9} \times \underline{\hspace{2cm}}_{\text{体重（千克）}} \times \sqrt{\underline{\hspace{2cm}}_{\text{跳跃高度（米）}}} = \underline{\hspace{1.5cm}}瓦$$

赛耶峰值功率

$$峰值功率（瓦）=60.7 \times \underline{\hspace{2cm}}_{\text{跳跃高度（厘米）}} +45.3 \times \underline{\hspace{2cm}}_{\text{体重（千克）}} -2\,055 = \underline{\hspace{1.5cm}}瓦$$

哈曼峰值功率

$$峰值功率（瓦）=61.9 \times \underline{\hspace{2cm}}_{\text{跳跃高度（厘米）}} +36 \times \underline{\hspace{2cm}}_{\text{体重（千克）}} -1\,822 = \underline{\hspace{1.5cm}}瓦$$

哈曼平均功率

$$平均功率（瓦）=21.2 \times \underline{\hspace{2cm}}_{\text{跳跃高度（厘米）}} +23 \times \underline{\hspace{2cm}}_{\text{体重（千克）}} -1\,393 = \underline{\hspace{1.5cm}}瓦$$

约翰逊峰值功率

峰值功率（瓦）=78.5 × $\underline{\hspace{2cm}}$ +60.6 × $\underline{\hspace{2cm}}$ −15.3 × $\underline{\hspace{2cm}}$ −1 308＝$\underline{\hspace{2cm}}$ 瓦
跳跃高度（厘米）　　　　体重（千克）　　　　身高（厘米）

约翰逊平均功率

平均功率（瓦）=41.4 × $\underline{\hspace{2cm}}$ +31.2 × $\underline{\hspace{2cm}}$ −13.9 × $\underline{\hspace{2cm}}$ +431＝$\underline{\hspace{2cm}}$ 瓦
跳跃高度（厘米）　　　　体重（千克）　　　　身高（厘米）

计算离心利用率（EUR）

使用以下公式计算EUR。

垂直高度

$$\frac{\underline{\hspace{2cm}}}{\text{反向纵跳（厘米）}} / \underline{\hspace{2cm}}_{\text{静态纵跳（厘米）}} = \underline{\hspace{2cm}}_{\text{离心利用率}}$$

路易斯功率

$$\frac{\underline{\hspace{2cm}}}{\text{反向纵跳（瓦）}} / \underline{\hspace{2cm}}_{\text{静态纵跳（瓦）}} = \underline{\hspace{2cm}}_{\text{离心利用率}}$$

哈曼峰值功率

$$\frac{\underline{\hspace{2cm}}}{\text{反向纵跳（瓦）}} / \underline{\hspace{2cm}}_{\text{静态纵跳（瓦）}} = \underline{\hspace{2cm}}_{\text{离心利用率}}$$

哈曼平均功率

$$\frac{\underline{\hspace{2cm}}}{\text{反向纵跳（瓦）}} / \underline{\hspace{2cm}}_{\text{静态纵跳（瓦）}} = \underline{\hspace{2cm}}_{\text{离心利用率}}$$

赛耶峰值功率

$$\frac{\underline{\hspace{2cm}}}{\text{反向纵跳（瓦）}} / \underline{\hspace{2cm}}_{\text{静态纵跳（瓦）}} = \underline{\hspace{2cm}}_{\text{离心利用率}}$$

约翰逊平均功率

$$\frac{\underline{\hspace{2cm}}}{\text{反向纵跳（瓦）}} / \underline{\hspace{2cm}}_{\text{静态纵跳（瓦）}} = \underline{\hspace{2cm}}_{\text{离心利用率}}$$

约翰逊峰值功率

$$\frac{\underline{\hspace{2cm}}}{\text{反向纵跳（瓦）}} / \underline{\hspace{2cm}}_{\text{静态纵跳（瓦）}} = \underline{\hspace{2cm}}_{\text{离心利用率}}$$

反应力量指数（RSI）

使用以下公式确定RSI。

RSI=跳跃高度（米）/接触时间（秒）

箱子高度 （厘米）	跳跃#	跳跃高度 （米）	接触时间 （秒）	计算	RSI分数
20	1				
	2				
	平均				
30	1				
	2				
	平均				
40	1				
	2				
	平均				
50	1				
	2				
	平均				
60	1				
	2				
	平均				

哪个箱子高度最适合该测试对象？

———————————

爆发力耐力测试

设备

- 可以进行动态热身的区域
- 纵跳垫
- 计算器
- 个人数据表
- Excel 或等效的电子表单程序

热身

  该测试只能在测力台或纵跳垫上进行。与其他纵跳测试一样，此测试要求测试区域具有足够大且足够高的空间，以确保安全。此外，必须让测试对象进行纵跳专项热身，为极量重复跳跃做好准备，以确保测试方案的准确性。首先进行一般热身活动，包括慢跑、骑自行车或跳绳等活动。然后让测试对象继续进行动态拉伸热身，主要由针对下半身的活动组成（例如，自重深蹲、蹲起、弓步行走、踢臀跑、高抬腿、蹲踞式行走等）。 接下来，让测试对象完成针对纵跳的热身，练习一系列要求测试对象将双手放在髋部的反向纵跳（见图13.1）。该热身程序的介绍见表13.8。

表13.8 针对多次纵跳的热身

时间（分:秒）		活动
0:00-5:00	一般热身	如慢跑、骑自行车和跳绳等活动
5:00-10:00	动态拉伸热身	如摆腿、高抬腿、蹲踞式行走、弓步行走、踢臀跑、蠕虫爬行和跨步跳等活动
10:00-15:00	纵跳专项热身	一系列反向纵跳，让测试对象练习跳跃姿势和动作
15:00-17:00	恢复	主动休息，帮助测试对象准备全力跳跃测试

爆发力耐力跳跃测试

步骤1 布置测试区域，根据制造商的标准设置纵跳垫或测力板。

步骤2 收集个人数据表中的基本数据（例如，年龄、身高、体重等）。让测试对象穿上自己的鞋子。

步骤3 指导测试对象完成结构化热身，为多次跳跃任务做好准备（见表13.8）。

步骤4 向测试对象解释爆发力耐力跳跃测试。测试对象将在1分钟的时间范围内尽可能多地进行反向纵跳，明确指出测试对象在每次跳跃时要跳得尽可能的高。

步骤5　解释在跳跃的每个接触阶段中，测试对象都应将膝盖弯曲约90度。

步骤6　首先让测试对象站在测力台上或纵跳垫上，双手放在髋部。测试人员喊出倒数："3，2，1，跳。"当说"跳"时，测试对象应该尽可能高地跳起，并继续这样做到1分钟过去。

步骤7　数出测试对象在15秒、30秒和60秒内完成的跳跃次数，将这些值记录在个人数据表的相应位置。

步骤8　总计并记录60秒测试过程中测试对象的腾空时间。

步骤9　使用以下公式计算测试对象在15秒内的机械功率。

$$机械功率（瓦/千克）=(9.81^2 \times T_f \times 15)/[4 \times n \times (15-T_f)]$$

其中 T_f=总腾空时间，n=跳跃次数。将计算结果记录在个人数据表中。

步骤10　使用以下公式计算测试对象在30秒内的机械功率。

$$机械功率（瓦/千克）=(9.81^2 \times T_f \times 30)/[4 \times n \times (30-T_f)]$$

其中 T_f=总腾空时间，n=跳跃次数。将计算结果记录在个人数据表中。

步骤11　使用以下公式计算测试对象在60秒内的机械功率。

$$机械功率（瓦/千克）=(9.81^2 \times T_f \times 60)/[4 \times n \times (60-T_f)]$$

其中 T_f=总腾空时间，n=跳跃次数。将计算结果记录在个人数据表中。

问题集13.4

1. 你的机械功率与同学相比如何？与表13.9和表13.10中的标准值相比如何？

2. 15秒、30秒和60秒间隔的机械功率相互比较如何？这是你所期望的吗？对此结果给出生理学的解释。

3. 使用Excel或等效的电子表单程序，根据你自己和班级在15秒、30秒和60秒时的机械功率绘制图表。（提示：使用时间作为 x 轴，功率作为 y 轴）

4. 该测试针对哪些生物能系统？

表13.9 持续60秒的爆发力耐力跳跃测试标准值

等级	60秒内的跳跃次数	功率输出（瓦/千克）
男性篮球运动员	56.8±4.3	19.8±2.2
男性排球运动员	50.8±2.7	19.6±2.6
青春期男性	63.2±5.8	22.2±1.8
女性运动员		12.2±2.4
男性运动员		17.8±2.7

[Data from Bosco et al. 1983; Hespanhol et al. 2007; Sands et al. 2004.]

表13.10 持续60秒的爆发力耐力跳跃测试百分比等级

百分比等级	男性		女性	
	绝对（瓦）	相对（瓦/千克）	绝对（瓦）	相对（瓦/千克）
95	2 385	29.85	961	15.32
90	1 556	19.90	885	13.46
85	1 481	18.80	848	13.34
80	1 464	17.80	810	13.26
75	1 395	17.35	746	12.80
70	1 367	17.30	740	12.52
65	1 309	16.35	730	11.94
60	1 267	16.10	723	11.80
55	1 249	16.05	705	11.60
50	1 223	15.90	703	11.60
45	1 203	15.55	698	11.42
40	1 172	15.30	667	11.04
35	1 140	15.30	639	10.76
30	1 120	15.10	623	10.08
25	1 101	14.70	619	9.70
20	1 083	14.70	594	9.52
15	1 060	14.45	583	9.40
10	986	14.10	547	9.20
5	922	12.50	470	8.48
平均	1 289	16.69	700	11.47

[Reprinted, by permission, from P. Maud and C. Foster, 2005, *Physiological assessment of human fitness*, 2nd ed. (Champaign, IL: Human Kinetics), 229.]

实验活动13.4

个人数据表

姓名或ID号：_____ 日期：_____

测试人员：_____ 时间：_____

性别：男/女（圈一个）年龄：_____岁

身高：_____英寸 _____米

体重：_____磅 _____千克

温度：_____华氏度 _____摄氏度

气压：_____毫米汞柱

相对湿度：_____%

测试地点	鞋类
□ 室外场地	□ 慢跑鞋
□ 室内场地	□ 步行鞋
□ 室内跑道	□ 网球鞋
□ 室外跑道	□ 篮球鞋
□ 健身房	□ 跑鞋
□ 其他_____	□ 交叉训练鞋
	□ CrossFit鞋
	□ 其他_____

机械功率计算

	15秒间隔	30秒间隔	60秒间隔
完成的跳跃次数（牛顿）			
总腾空时间（T_f）			

使用以下公式计算机械功率。

15秒　机械功率（瓦/千克）$= (9.81^2 \times T_f \times 15)/[4 \times n \times (15 - T_f)]$

30秒　机械功率（瓦/千克）$= (9.81^2 \times T_f \times 30)/[4 \times n \times (30 - T_f)]$

60秒　机械功率（瓦/千克）$= (9.81^2 \times T_f \times 60)/[4 \times n \times (60 - T_f)]$

时间间隔（秒）	计算	机械功率（瓦/千克）
15		
30		
60		

温盖特无氧测试

设备

- 用于执行WAnT的蒙纳克自行车或等效测功计（包含可在其上施加外部负荷的插销或篮子）
- 旋转计数器（用于计算测试中的蹬踏转数）
- 计时装置（例如，安装在自行车测功计上的实验室计时器、秒表或计时器等）
- 校准过的平台杠杆秤或电子数字秤
- 计算器
- 个人数据表
- Excel或等效的电子表单程序

实验介绍

　　WAnT应使用可在整个测试过程中即时施加精确的恒定力的自行车测功计进行。为了最大限度地提高测试的准确性，必须选择合适的自行车测功计。通常情况下，测试人员选择蒙纳克自行车或等效的测功计，其篮子装置可施加阻力（见图13.9）。测试应在通风良好的区域进行。

图13.9　蒙纳克自行车测功计

　　表13.11列出了测试方案，包括4个阶段：热身、恢复、30秒WAnT和放松。

- 热身：与所有测试方案一样，适当的热身对于最大限度地降低测试对象的受伤风险且提高其表现至关重要。WAnT包括标准化的预热，其中测试对象以60~70转/分的速度，使用20%的目的负荷量骑自行车总共4~5分钟。在每分钟结束时，测试对象进行持续4~6秒的全力冲刺。每分钟均增加一次负荷量，直到使用目标负荷量进行最后一次4~6秒的冲刺。

- 恢复：完成热身后，测试对象应该花2~5分钟恢复。这段时间测试对象通常在最小阻力下骑自行车。

- 30秒WAnT：WAnT包括两个阶段，让测试对象可以逐渐提高自行车的每分钟转速。第一阶段持续5~10秒，要求测试对象以20~50转/分的速度进行蹬踏，此时阻力为目标负荷量的1/3。第二阶段要求测试对象将蹬踏速率提高到最大值，这通常需要2~5秒。然后施加目标负荷量，同时测试对象以尽可能高的速度骑自行车，直到30秒结束。

- 放松：完成WAnT后，测试对象必须进行2~5分钟的放松运动。在此期间，测试对象应该以25~100瓦的功率进行蹬踏，以促进测试后的恢复。

因此，WAnT的基本结构是标准化的，但可以根据测试对象的个人需求进行修改。一些典型的修改包括将持续时间延长至60秒，或将持续时间缩短至5秒、10秒或15秒，还可以修改测试过程中使用的负荷量。

如果不使用电子化的自行车测功计进行测试，则需要4名测试人员：计时员、阻力设定员、计数员和记录员。首先，从计时员喊"开始"起测试开始，计时员保持对测试时间的控制，在测试过程中以5秒为间隔喊出时间，并在达到30秒的时限时喊"停止"[2]。阻力设定员应确定目标的负荷量，确保在正确的时间施加并保持负荷量，并在测试对象在做放松运动时降低负荷。

表13.11　WAnT程序

步骤	阶段	持续时间	活动
1	热身	4~5分钟	以舒适的速度（60~70转/分）骑自行车，使用的阻力等于为后续测试计算的负荷量的20%。在每分钟结束时，执行4~6秒的冲刺。每次冲刺时应该增加阻力，直到使用规定的负荷量进行最后一次冲刺
2	恢复	2~5分钟	休息或在最小的阻力下缓慢地骑行
3	WAnT	5~10秒	使用的阻力等于目标负荷量的1/3，以20~50转/分的速度进行蹬踏
		2~5秒	将蹬踏速度提高到最大速度，达到最大蹬踏速度时应该施加目标负荷量
		30秒	使用目标负荷量，以尽可能高的速度骑自行车
4	放松	2~5分钟	以低至中等功率水平（25~100瓦）蹬踏2~5分钟。如果重复测试，则应延长放松时间

[Adapted, by permission, from SHAPE America, 1989, "Norms for the Wingate Anaerobic Test with comparison to another similar test," *Research Quarterly for Exercise and Sport* Vol. 60(2): 144–151.]

计数员的主要工作是量化每个5秒间隔内的踏板转数。踏板转数指踏板从其始发位置开始完全旋转一周的次数。计数员将每个阶段的踏板转数告知记录员，记录员将整个测试期间的转数写入个人数据表。虽然这个手动过程是有效的，但计算机使测试过程更简单[47]，更准确（自动计算转数），并且需要的测试人员更少。

30秒 WAnT

步骤1 设置自行车测功计并检查其是否处于正常工作状态。

步骤2 收集个人数据表中的基本数据（例如，年龄、身高、体重等）。让测试对象穿上自己的鞋子。

步骤3 根据测试对象的训练情况计算目标负荷量（见表13.3），将此负荷量记录在个人数据表中。

步骤4 调整自行车测功计，使其适合测试对象，即当测试对象坐在自行车上时，伸展的腿稍微弯曲（5~15度）（腿部角度见图4.3a，基本身体姿势见图13.10）。

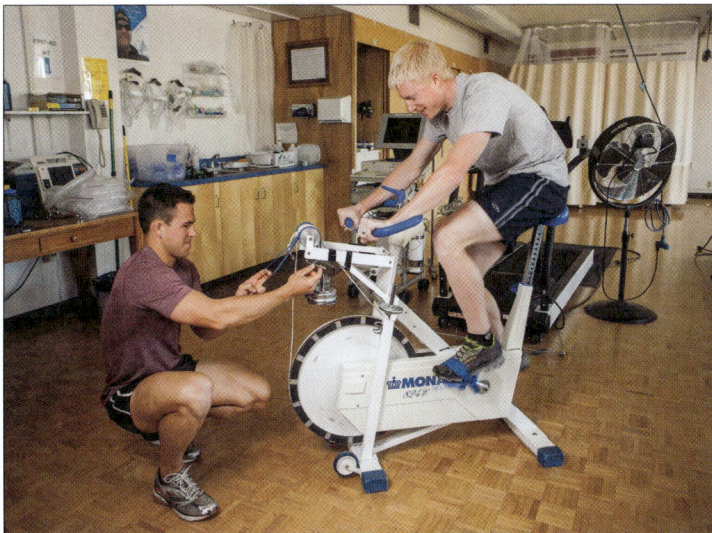

图13.10 WAnT 中的身体姿势

步骤5 向测试对象解释测试方案，强调测试对象要在30秒内全力以赴。

步骤6 让测试对象进行表13.11中列出的标准化热身和恢复。

步骤7 开始测试时，测试对象使用的阻力为目标负荷量的1/3，以20~50转/分的速度蹬踏5~10秒。

步骤8 指示测试对象将蹬踏速度提高到最大速度。指示阻力设定员施加负荷，计时员启动计时器，并在测试对象达到最大蹬踏速度时喊"开始"。

步骤9 听到"开始"命令后，计数员应开始数踏板转数。（如果使用计算机化系统，则不执行此步骤）

步骤10 计数员在测试过程中应在每个5秒时间间隔结束时（即5秒、10秒、15秒、20秒、25秒和30秒处）告知记录员测试对象完成的总转数。

步骤11 在30秒处，计时员喊"停止"，同时阻力设定员减小负荷，使测试对象能够以25~100瓦的功率蹬踏2~5分钟或直至恢复。此时，计数员告诉记录员在总共30秒内测试对象完成的总转数。然后记录员确定在每个5秒测试段期间完成的转数。

步骤12 将负荷量乘以9.806 65，将目标负荷量的单位转换为牛顿。用总转数、飞轮距离（如果使用蒙纳克自行车，则为6米）和间隔时长计算功率。计算每个时间间隔的功率，并将其记录在个人数据表的相应位置。

步骤13 用每个时间间隔计算的功率除以体重，以确定相对时间间隔。将这些值记录在个人数据表中。

步骤14 确定绝对和相对峰值功率，将这些值记录在个人数据表中。

步骤15 计算30秒间隔内完成的绝对和相对功，将这些值记录在个人数据表中。

步骤16 计算在30秒测试过程中完成的绝对和相对平均功率，将这些值记录在个人数据表中。

步骤17 确定绝对最低功率并在个人数据表中记录该值。

步骤18 使用个人数据表中提供的公式计算疲劳指数。

问题集 13.5

1. 什么能量系统有助于提高执行WAnT的能力？从生物能量角度而言，是什么限制了前10秒、0~20秒、0~30秒的运动能力？

2. 对于未经训练的人来说，WAnT的典型阻力设定是多少？对于运动员呢？不同的阻力值是否会影响测试结果？如果是，有何影响？

3. 如何计算疲劳指数，它说明什么？

4. 你在哪个时间间隔内实现了最高功率输出？

5. 你的绝对峰值功率输出与班级平均值和表13.12中的标准值相比如何？

6. 使用Excel或等效的电子表单程序，根据每个5秒时间间隔内实现的功率绘制图表。

7. 你的疲劳指数是多少，它与班级结果相比如何？

8. 男性和女性的WAnT测试的表现结果是否存在差异？如果是，这些差异是否与峰值功率、平均功率或疲劳指数有关？解释你的答案。

9. 具有高比例I型纤维的人与具有高比例II型纤维的人在运动能力方面相比如何？就运动能力而言，你期望何种结果？

表13.12 大学生年龄的男性和女性的WAnT百分比等级

百分比等级	大学生年龄的男性 （18~28岁；N=60）		大学生年龄的女性 （18~28岁；N=69）	
	瓦	瓦/千克	瓦	瓦/千克
90	662	8.2	470	7.3
80	618	8.0	419	7.0
70	600	7.9	410	6.8
60	577	7.6	391	6.6
50	565	7.4	381	6.4
40	548	7.1	367	6.1
30	530	7.0	353	6.0
20	496	6.6	337	5.7
10	471	6.0	306	5.3

注意：

在蒙纳克自行车测功计上进行WAnT测试的标准数据，阻力为0.075千磅/千克。

[Reprinted, by permission, from J. R. Hoffman, 2006, *Norms for fitness, performance, and health* (Champaign, IL: Human Kinetics), 54; Adapted, by permission, from SHAPE America, 1989, "Norms for the Wingate Anaerobic Test with comparison to another similar test," *Research Quarterly for Exercise and Sport* Vol. 60(2): 144–151.]

实验活动13.5

个人数据表

姓名或ID号：＿＿＿＿＿＿＿＿＿＿＿＿＿＿＿＿＿　日期：＿＿＿＿＿＿＿＿＿

测试人员：＿＿＿＿＿＿＿＿＿＿＿＿＿＿＿＿＿　时间：＿＿＿＿＿＿＿＿＿

性别：男/女（圈一个）年龄：＿＿＿＿＿＿岁

身高：＿＿＿＿＿＿英寸 ＿＿＿＿＿＿米

测试地点	鞋类

体重：＿＿＿＿＿＿磅 ＿＿＿＿＿＿千克

温度：＿＿＿＿＿＿华氏度 ＿＿＿＿＿＿摄氏度

气压：＿＿＿＿＿＿＿＿＿＿＿＿毫米汞柱

相对湿度：＿＿＿＿＿＿＿＿＿＿＿＿＿%

测试地点
- ❏ 室外场地
- ❏ 室内场地
- ❏ 室内跑道
- ❏ 室外跑道
- ❏ 健身房
- ❏ 其他＿＿＿＿＿＿

鞋类
- ❏ 慢跑鞋
- ❏ 步行鞋
- ❏ 网球鞋
- ❏ 篮球鞋
- ❏ 跑鞋
- ❏ 交叉训练鞋
- ❏ CrossFit鞋
- ❏ 其他＿＿＿＿＿＿

确定规定负荷

$$\text{规定负荷} = \underbrace{\hspace{2cm}}_{\text{体重（千克）}} \times \underbrace{\hspace{2cm}}_{\text{千磅/千克}} = \underline{\hspace{3cm}} \text{千磅}$$

①在大多数情况下，乘数应为0.075千磅/千克。有关其他选项，请参阅表13.13。

$$\text{力（牛顿）} = \underbrace{\hspace{3cm}}_{\text{以千磅为单位设定的阻力}} \times 9.806\ 65 = \underline{\hspace{3cm}} \text{牛顿}$$

踏板转数的量化

时间间隔（秒）	转数	时间间隔（秒）	转数
0		0~5	
5		5~10	
10		10~15	
15		15~20	
20		20~25	
25		25~30	

功率

时间间隔（秒）	峰值功率（瓦）
0~5	峰值功率（瓦）=(_____ × _____ ×6米)/5秒 = _____ 瓦 力（牛顿）　　　转数
5~10	峰值功率（瓦）=(_____ × _____ ×6米)/5秒 = _____ 瓦 力（牛顿）　　　转数
10~15	峰值功率（瓦）=(_____ × _____ ×6米)/5秒 = _____ 瓦 力（牛顿）　　　转数
15~20	峰值功率（瓦）=(_____ × _____ ×6米)/5秒 = _____ 瓦 力（牛顿）　　　转数
20~25	峰值功率（瓦）=(_____ × _____ ×6米)/5秒 = _____ 瓦 力（牛顿）　　　转数
25~30	峰值功率（瓦）=(_____ × _____ ×6米)/5秒 = _____ 瓦 力（牛顿）　　　转数

时间间隔（秒）	相对功率（瓦/千克）
0~5	相对功率（瓦/千克）= _____ / _____ = _____ 瓦/千克 峰值功率（瓦）　体重（千克）
5~10	相对功率（瓦/千克）= _____ / _____ = _____ 瓦/千克 峰值功率（瓦）　体重（千克）
10~15	相对功率（瓦/千克）= _____ / _____ = _____ 瓦/千克 峰值功率（瓦）　体重（千克）
15~20	相对功率（瓦/千克）= _____ / _____ = _____ 瓦/千克 峰值功率（瓦）　体重（千克）
20~25	相对功率（瓦/千克）= _____ / _____ = _____ 瓦/千克 峰值功率（瓦）　体重（千克）
25~30	相对功率（瓦/千克）= _____ / _____ = _____ 瓦/千克 峰值功率（瓦）　体重（千克）

绝对峰值功率输出 = _____ 瓦

相对峰值功率输出 = _____ 瓦/千克

绝对最低功率输出 = _____ 瓦

功

时间间隔（秒）	工作
0~30	总功 = (_____ × _____ ×6米) = _____焦耳 　　　　　力（牛顿）　　转数
0~30	相对功 = (_____ / _____) = _____焦耳/千克 　　　　　总功（焦耳）　体重（千克）

平均功率输出

时间间隔（秒）	工作
0~30	平均功率输出 = _____/30秒 = _____瓦 　　　　　　　　总功（焦耳）
0~30	相对平均功率输出 = _____ / _____ = _____瓦/千克 　　　　　　　　　　平均功率（瓦）　体重（千克）

疲劳指数

　　最低功率输出 = _____瓦

　　最高功率输出 = _____瓦

计算疲劳指数

　　疲劳指数 = [(_____ − _____) / _____] × 100% = _____%
　　　　　　　　　最高功率（瓦）　最低功率（瓦）　最高功率（瓦）

Margaria-Kalamen楼梯测试

设备

- 6米长的楼梯（至少有9个台阶，每级台阶的高度在174~175厘米）
- 与计算机连接的2块计时垫
- 校准过的杠杆秤或电子数字秤
- 用于标记起跑线的胶带
- 卷尺
- 秒表
- 计算器
- 个人数据表
- Excel或等效的电子表单程序

实验介绍

在进行Margaria-Kalamen楼梯测试时，必须选择合适的楼梯。楼梯必须有6米长，至少有9个台阶，每个台阶的高度为174~175厘米（见图13.7）。测试环境应通风良好。

测试方案包括以下步骤：热身、练习和测试（见图13.11）。与其他无氧测试方案一样，测试对象应该进行热身，从5分钟的一般热身活动开始（例如，慢跑、骑自行车、跳绳等），然后进行5分钟的动态拉伸热身（例如，摆腿、高抬腿、蹲踞式行走、弓步行走、踢臀跑、蠕虫爬行、跨步跳等）。完成一般热身后，测试对象应进行若干次练习，以确定时间安排，从而最大限度地提高测试准确性[25]。在掌握了一步3级台阶的动作之后，测试对象准备就绪。在完成练习后等待2~3分钟，然后让测试对象进行2次测试，测试间休息2~3分钟。Margaria-Kalamen楼梯测试的标准值见表13.13。

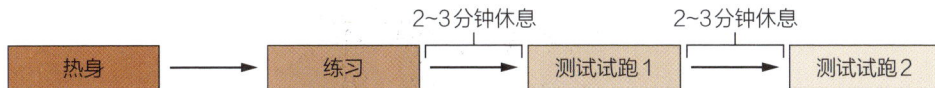

图13.11 Margaria-Kalamen楼梯测试的程序

表13.13　Margaria-Kalamen楼梯测试的标准值

年龄（岁）	15~20		20~0		30~40		40~50		>50	
类别	瓦	千克·米/秒	瓦	千克·米/秒	瓦	千克·米/秒	瓦	千克·米/秒	瓦	千克·米/秒
男性										
优秀	>2 197	>224	>2 059	>210	>1 648	>168	>1 226	>125	>961	>98
良好	1 840	188	1 722	176	1 379	141	1 036	106	810	83
一般	1 839	188	1 721	175	1 378	141	1 035	106	809	82
较差	1 466	149	1 368	139	1 094	112	829	85	642	65
差	<1 108	<113	<1 040	<106	<834	<85	<637	<65	<490	<50
女性										
优秀	>1 789	>182	>1 648	>168	>1 226	>125	>961	>98	>736	>75
良好	1 487	152	1 379	141	1 036	106	810	83	604	62
一般	1 486	152	1 378	141	1 035	106	809	82	603	61
较差	1 182	121	1 094	112	829	85	642	65	476	49
差	<902	<92	<834	<85	<637	<65	<490	<50	<373	<38

[Adapted, by permission, from E. Fox, R. Bowers and M. Foss, 1993, *The physiological basis for exercise and sport*, 5th ed. (Dubuque, IA: Wm C. Brown), 676. ©The McGraw-Hill Companies.]

Margaria-Kalamen楼梯测试

步骤1　选择一条满足要求的楼梯：6米长，至少有9个台阶（见图13.12）。

步骤2　测量每个台阶的高度并计算第3和第9级楼梯之间的垂直距离。

图13.12　在Margaria-Kalamen测试中跑楼梯

步骤3　将纵跳垫放在第3和第9个台阶上（见图13.7），并在距离第一个台阶底部6米处的地板上留下标记。（如果没有纵跳垫，请安排带秒表的人来确定此时间）

步骤4　收集个人数据表中的基本数据（例如，年龄、身高、体重等）。让测试对象穿上自己的鞋子。

步骤5　指导测试对象完成10分钟的结构化热身。

步骤6　让测试对象练习若干次，学习如何一步上3级楼梯。

步骤7　在完成最后一次练习后的2到3分钟开始第一次测试。

步骤8　指示测试对象尽快跑上楼梯。

步骤9　当测试对象踏上放在第3级楼梯上的纵跳垫时，计时器启动；当测试对象踏上第9级楼梯时，计时器停止。（如果使用秒表，当测试对象踏上第3级楼梯时，计时员应启动秒表；当测试对象越过第9级楼梯时，停止秒表）

步骤10　将时间记录在个人数据表中（试验1）。

步骤11　在完成第一次试验后2~3分钟后，重复测试。在个人数据表中记录第2个时间值（试验2）。

步骤12　根据两次测试的结果计算平均时间。在个人数据表中记录该值。

步骤13　使用以下公式计算功率。

$$功率（千克·米/秒）=体重（千克）\times 距离（米）/时间（秒）$$

步骤14　通过乘以9.807将功率的单位转换为瓦特。将此值记录在个人数据表中。

步骤15　用绝对功率除以体重，计算出相对功率。将此值记录在个人数据表中。

问题集 13.6

1. 解释如何计算Margaria–Kalamen楼梯测试中的功率。

2. 你的功率与标准表中的数据和班级平均值相比如何？

3. 你的试验1和2的个人功率是否存在任何差异？如果是，可能的原因是什么？如果否，为什么会没有差异？

4. 使用Excel或等效的电子表单程序，以瓦和瓦/千克为单位绘制功率图表。

5. 对于绝对功率（瓦）或相对功率（瓦/千克），班级中的男性和女性的结果是否有任何差异？对这种现象的生理学解释可能是什么？

6. 此测试有哪些优缺点？

实验活动 13.6

个人数据表

姓名或ID号：_____ 日期：_____

测试人员：_____ 时间：_____

性别：男/女（圈一个） 年龄：_____岁 身高：_____英寸 _____米

体重：_____磅 _____千克 温度：_____华氏度 _____摄氏度

气压：_____毫米汞柱 相对湿度：_____%

测量楼梯级高度及第3和第9个楼梯级之间的时间

楼梯级	=	高度（米）
4	=	
5	=	
6	=	
7	=	
8	=	
9	=	
总垂直距离	=	
试验	=	时间（秒）
1	=	
2	=	
平均	=	

计算功率

功率（千克·米/秒）=体重（千克）× 距离（米）/时间（秒）

试验1：使用试验1的时间执行以下计算。

功率（千克·米/秒）=(_____ × _____)/ _____ = _____
　　　　　　　　　　体重（千克）　距离（米）　　时间（秒）　功率（千克·米/秒）

功率（瓦）= _____ ×9.807= _____
　　　　　功率（千克·米/秒）　　　　功率（瓦）

功率（瓦/千克）= _____ / _____ = _____
　　　　　　　　功率（瓦）　体重（千克）　功率（瓦/千克）

试验2：使用试验2的时间执行以下计算。

功率（千克·米/秒）=(_____ × _____)/ _____ = _____
　　　　　　　　　　体重（千克）　距离（米）　　时间（秒）　功率（千克·米/秒）

功率（瓦）= _____ ×9.807= _____
　　　　　功率（千克·米/秒）　　　　功率（瓦）

功率（瓦/千克）= _____ / _____ = _____
　　　　　　　　功率（瓦）　体重（千克）　功率（瓦/千克）

试验1和2的平均值：使用试验1和2的平均时间执行以下计算。

功率（千克·米/秒）=(_____ × _____)/ _____ = _____
　　　　　　　　　　体重（千克）　距离（米）　　时间（秒）　功率（千克·米/秒）

功率（瓦）= _____ ×9.807= _____
　　　　　功率（千克·米/秒）　　　　功率（瓦）

功率（瓦/千克）= _____ / _____ = _____
　　　　　　　　功率（瓦）　体重（千克）　功率（瓦/千克）

肺功能测试

定义

呼吸频率（breathing frequency，bf）：每分钟的呼吸次数。

慢性阻塞性肺病（chronic obstructive pulmonary disease，COPD）：特征为气流阻塞的肺部疾病。

运动诱发性哮喘：特征为肺部空气流速在运动过程中或运动后立即降低的肺部疾病。

呼吸过度：例如在运动中通气率增加；不会导致血液气体发生明显变化。

过度换气：通气率增加，会导致动脉二氧化碳分压（$PaCO_2$）降低。

低氧：大气中的氧气减少。

低氧血症：血液中的氧气或动脉氧分压（partial pressure of arterial oxygen，PaO_2）减少。

肺功能测试：测量肺功能的测试，包括肺容量和流速两方面。

限制性疾病：特征是总肺容量或容积减少的肺部疾病。

呼吸量测定法：用于测量呼出气体的体积或肺容积，被认为是一种使用浮筒式肺活量计的肺功能测试。

潮气量（tidal volume，$\dot{V}_T$）：每次呼吸吸入或呼出的空气量，以次数/分（breaths/min）为单位。

通气量（$\dot{V}_E$）：从肺部系统呼出的空气量，被认为是潮气量和呼吸频率的函数，以升/分为单位。

关于呼吸或**通气量（$\dot{V}_E$）**存在许多误解。当然，通气量对于在大气和人体的新陈代谢之间进行气体交换是必要的。人体将来自大气的氧气（O_2）作为电子传输链中的最终电子受体，而且还必须呼出因常量营养素被消耗而产生的二氧化碳（CO_2）（参见实验5）。在运动过程中，O_2消耗量和CO_2产量增加。因此，需要增加通气量。正如在实验10和实验11中所介绍的那样，在高于通气阈值的较高工作负荷下的通气量会更大。这是由于在更高的运动强度下，乳酸缓冲过程会产生更多CO_2，或者换句话说，这是对

代谢性酸中毒的呼吸补偿。因此，除了O_2和CO_2交换之外，肺部还可调节酸碱平衡。

在正常海拔高度，通气量对CO_2的产量比对O_2的消耗量更敏感。$PaCO_2$极小地增加就会导致$\dot{V}_E$成比例增加，而PaO_2的显著降低对$\dot{V}_E$几乎没有影响（见图14.1a和14.1b）。在高海拔（海拔高于2 000米），PO_2降低（或低氧）能够让通气量变大。不仅CO_2和O_2的变化会刺激人们以不同的方式呼吸，人们也可以自主控制呼吸。

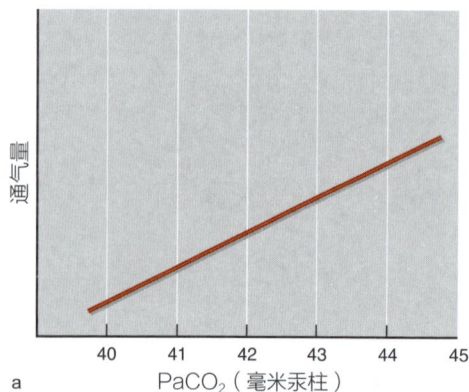

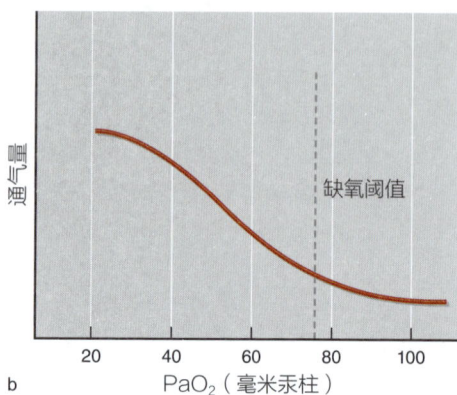

图14.1 $PaCO_2$、PaO_2对通气量的影响

在运动过程中，CO_2产量和O_2消耗量的增加导致通气需求上升，这让运动生理学家对测量通气量有了兴趣。人体通过在胸腔内产生负压来将大气气体吸入肺部。这是通过吸气的骨骼肌（膈肌和肋间肌）和呼气的骨骼肌（肋间和腹部肌肉）来实现的，这些肌肉改变了胸腔内的容积。容积变化越大，一次吸入的空气或潮气量（V_T）越大。因此，通气量是呼吸频率（bf）乘以潮气量（V_T）的函数，公式如下。

$$\dot{V}_E（升/分）=$$

$$bf（呼吸次数/分）\times V_T（升/次）$$

潮气量是测定肺活量的测量指标之一。通气量可分为不同的容积和容量，如图14.2所示。

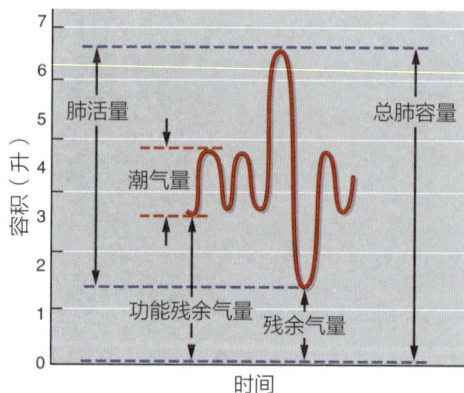

图14.2 测定肺活量的肺容积

[Reprinted from NSCA, 2012, Cardiorespiratory system and gas exchange, by M. H. Malek. In *Essentials of personal training*, 2nd ed. (Champaign, IL: Human Kinetics), 25.]

肺功能测试

肺功能测试测量吸气和呼气的量（容积）和速度（流速）。PFT可用于判断肺系

统的健康水平和容量。大多数PFT可以测量潮气量，以及以下内容。

- 用力肺活量（forced vital capacity, FVC）——最大吸气后用力呼出的最大气体量（以升为单位）。

- 用力呼气量（forced expiratory volume, $FEV_{1.0}$）——最大吸气后第一秒内呼出的气体量，用作诊断流速限制的工具（以升为单位，但按其定义应以升/秒表示）。

- $FEV_{1.0}$/FVC比率——$FEV_{1.0}$与FVC的比率，这是肺部疾病的常用指标（见本实验后面的内容）。在健康人群中，该比率为70%~85%；慢性阻塞性肺疾病患者的该比率较低，但在患有限制性疾病的人中，该比率可能是正常的。

- 峰值呼气流量（peak expiratory flow, PEF）——在用力呼气期间从最大吸气（总肺容量）点开始的最大呼气量，以升/分或升/秒为单位表示。PEF是反映气道口径（直径）和气流的指标，但它不仅取决于气道口径，还取决于肺弹性回缩压、患者的努力程度和患者的配合度。作为诊断措施，它通常不如$FEV_{1.0}$明确。

- 最大随意通气量（maximum voluntary ventilation, MVV）——在1分钟内呼出的最大气体量（升/分），在静息状态时测量最大随意通气量，测量时间约为12秒。

- 最大运动通气量（maximum exercise ventilation, $\dot{V}_E$max）——极量运动过程中呼出的最大气体量（升/分）。

- 余气量（residual volume, RV）——最大呼气后的肺内剩余气体量（以升为单位）。

- 总肺容量（total lung capacity, TLC）——包括肺活量和RV的肺部总容积（以升为单位）。

肺部容积很大程度上取决于年龄、身高和性别。身体健康程度不会显著影响肺部大小本身，但它可能会改善流速指标，不过，一些与游泳运动员有关的数据可能会与此说法不符[5, 23]。

通常PFT的测量结果是指体温和压力、饱和（body temperature and pressure, saturated; BTPS）条件下的气体的体积。可以回想一下物理知识：气体的体积取决于温度、气压、湿度或水饱和度。因此，气体体积的表达需要系统的单位。因为人体肺部的空气条件是体温、环境压力和接近100%的湿度，所以PFT结果通常以BTPS为单位。然而，当你呼出空气，并且气体冷却到室温后失去水分或凝结时，气体的体积会发生变化，因此，可能需要将单位转换为ATPS［环境温度（或室温）、环境压力、饱和］。实验室指导员可以指出是否有必要进行该转换。将ATPS转换为BTPS的公式如下。

$$V_{BTPS} = V_{ATPS} \times \left[310/(273+T_A) \right] \times \left[(P_B - P_{H_2O})/(P_B - 47) \right]$$

其中V_{ATPS}=以ATPS为单位的气体容积，T_A=实验室中的温度，P_B=实验室中的气压，P_{H_2O}=T_A下的水蒸气压力。

作为诊断肺部疾病工具的肺功能测试

PFT的结果可用于诊断呼吸系统疾病，呼吸系统疾病分为两类：阻塞性疾病和限制性疾病。阻塞性疾病的特征是通往肺泡的支气管中出现急性或慢性的阻塞。这些阻塞性疾病通常被称为慢性阻塞性肺疾病。通常患有这些疾病的人肺容积正常但通气速度降低。通过测试$FEV_{1.0}$、$FEV_{1.0}$/FVC比率、PEF或其他流速指标可以诊断COPD。COPD的例子包括哮喘、慢性支气管炎和肺气肿。哮喘与其他两种疾病不同，因为它可以是暂时的和可逆的。运动诱发性哮喘是运动过程中出现暂时性的炎症反应，会阻碍通气速度。运动诱发性哮喘患者在静息时其通气速度可能是正常的，但在以最大心率的85%~90%的呼吸强度剧烈运动6~8分钟后，就会出现阳性的测试结果（即$FEV_{1.0}$比运动前测量的$FEV_{1.0}$降低了15%）。除了运动，其他因素也可能诱发哮喘，例如感冒、过敏原、压力或空气污染物[4]。

限制性疾病的特征是总肺容量或容积减少，例如TLC或肺活量（vital capacity，VC）值减少，但患者的通气速度仍可能是正常的。根据FVC指标或缓慢的VC可以诊断限制性疾病。限制性疾病的例子包括肺纤维化、瘢痕组织和肿瘤。

患有肺部疾病的人呼吸更费力，并且如果病情很严重，则只有有限的氧气会被输送到工作组织（包括大脑）。在这种情况下，患者运动时是非常不舒服的，并且在日常生活活动中可能必须补充氧气。尽管这些人在运动中会不舒服，但运动可以减轻许多症状。有关肺康复的更多信息，请参阅参考文献1、2、3、11、12、19、20和28。

运动的呼吸限制

在没有呼吸系统疾病类的健康个体中，肺极少限制静息、日常生活活动或运动表现时的功能。许多人认为运动时呼吸困难（呼吸过度）意味着肺部限制了运动表现。实际上，是肺部"用力过度"了[7, 8, 15]。肺的工作是去除二氧化碳并维持氧气的输送。众所周知肺部的工作是成功的，因为大多数人即使在高强度下，动脉氧分压、动脉二氧化碳分压和血红蛋白饱和度也能保持稳定[25]。它与过度通气不同，过度通气时粗

肺病等级

对于阻塞性和限制性肺病，均通过与预测结果进行比较来对肺功能测试结果进行分级（对于限制性疾病，比较FVC；对于COPD，比较$FEV_{1.0}$的预测百分比）[24]，具体如下。

良好：>预测值。

正常：等于预测值的100%~80%。

轻度：等于预测值的80%~65%。

中度：等于预测值的65%~50%。

中至重度：等于预测值的50%~35%。

重度：预测值的<35%。

重的呼吸会导致动脉中的二氧化碳减少，例如在焦虑发作或过度交感神经激动的时候。然而，运动诱发性低氧血症（PaO_2和血红蛋白饱和度降低）可能发生在一些精英运动员[25, 27]和受过训练的健康女性[10, 16, 17]身上，但是这是比较罕见的状况。为了诊断运动诱发性低氧血症，还需要测量血气和血红蛋白饱和度。

通气限制的非侵入式估算方法是用$\dot{V}_E max/MVV$的比率乘以100%，该值在正常健康个体中应为50%~70%[22]。事实上，可以通过计算MVV的72%来预测$\dot{V}_E max$。此外，呼吸储备可以定义为$100\% - (\dot{V}_E max/MVV \times 100\%)$，或者更简单的计算方法是$MVV - \dot{V}_E$，其值可以用于表示通气限制[22]。

虽然在运动过程中，肺部通常可成功维持PaO_2和$PaCO_2$，但呼吸肌肉组织可能会以其他方式造成疲劳。呼吸肌（膈肌、肋间肌、腹肌）是骨骼肌，有着与锻炼肌肉同样的需求（即氧气和能量的输送），也同样会疲劳。在某些情况下，可能会发生呼吸肌衰竭，或血流因重定向到呼吸肌工作，因而远离运动肌，从而导致疲劳或限制运动表现[3, 8, 14, 15, 18, 29, 31]。

尽管肺活量本身可能对运动训练产生反应，但普遍观点并不是这样。呼吸肌肉组织的训练反应则与骨骼肌类似，这可以使训练有素的运动员达到更大的$FEV_{1.0}$和PEF并且更耐疲劳。膈肌等呼吸肌具有巨大的氧化能力，虽然它们不能免疫疲劳（或痉挛），但呼吸肌组织在衰竭之前更有可能出现另一种疲劳机制[3, 7, 9, 15]。

肺容积和肺容量

设备

- 台秤（数字秤或其他秤）
- 测距仪（靠墙式或独立式）或附有人体测量仪的医用秤
- 计算器
- 个人数据表

肺容积预测公式

通常使用身高、体重和性别来预测肺容积。这些预测结果通常非常接近于实际肺容积。事实上，临床诊断中也会应用各种预测公式。以下公式或类似的公式会被内置到电子肺活量计中，使预测的肺容积百分比可以作为输出数据的一部分。

步骤1　收集个人数据表中的基本数据（例如，年龄、身高、体重等）。

步骤2　实验成员应根据表14.1中的公式计算自己的肺容积，并将结果记录在个人数据表中。

步骤3　肺容积的标准值参见表14.2[13]。

问题集14.1

1. 预测肺容积的主要变量是什么？流速？
2. 你的肺容积与相应年龄的标准值相比如何？
3. 你使用公式计算出的RV是多少？这3个估算值之间的百分比差异是多少？（你将在实验活动15.3中使用这些值）
4. 在检查小组数据表时，男性和女性的预测肺容积有何差异？强壮的人和个子较小的人呢？

表14.1　预测肺容积的公式

公式	参考文献
女性	
FVC（升）=0.049 1×H−0.021 6×A−3.59	[6]
FEV1.0（升）=0.034 2×H−0.025 5×A−1.578	[6]
RV_A（升）=0.018 12×H+0.016×A−2.003	[30]
RV_B（升）=0.023×H+0.021×A−2.978	[4]
RV_C（升）=0.28×FVC	
男性	
FVC（升）=0.060×H−0.021 4×A−4.65	[6]
FEV1.0（升）=0.041 4×H−0.024 4×A−2.19	[6]
RV_A（升）=0.013 1×H+0.022×A−1.232	[30]
RV_B（升）=0.019×H+0.011 5×A−2.24	[21]
RV_C（升）=0.24×FVC	

注意：

A=年龄，以岁为单位；H=身高，以厘米为单位。

表14.2　肺容积的标准值

肺容积	<20岁男性	20~40岁男性	>40岁男性	<20岁女性	20~40岁女性	>40岁女性
FVC（升）	3.22	4.93	4.34	2.82	3.53	2.99
$FEV_{1.0}$（升）	2.77	4.10	3.37	2.51	3.02	2.36
$FEV_{1.0}$/FVC（%）	86.02	83.16	77.65	89.01	85.55	78.93

实验活动14.1

个人数据表

姓名或ID号：_____ 日期：_____

测试人员：_____ 时间：_____

性别：男/女（圈一个）年龄：_____岁 身高：_____英寸 _____米

体重：_____磅 _____千克 温度：_____华氏度 _____摄氏度

气压：_____毫米汞柱 相对湿度：_____%

女性

$$0.049\,1 \times \underline{\hspace{2cm}}_{\text{身高（厘米）}} - 0.021\,6 \times \underline{\hspace{2cm}}_{\text{年龄（岁）}} - 3.59 = \underline{\hspace{2cm}}_{\text{FVC（升）}}$$

$$0.034\,2 \times \underline{\hspace{2cm}}_{\text{身高（厘米）}} - 0.025\,5 \times \underline{\hspace{2cm}}_{\text{年龄（岁）}} - 1.578 = \underline{\hspace{2cm}}_{\text{FEV}_{1.0}}$$

$$0.0181\,2 \times \underline{\hspace{2cm}}_{\text{身高（厘米）}} + 0.016 \times \underline{\hspace{2cm}}_{\text{年龄（岁）}} - 2.003 = \underline{\hspace{2cm}}_{\text{RV}_A\text{（升）}}$$

$$0.023 \times \underline{\hspace{2cm}}_{\text{身高（厘米）}} + 0.021 \times \underline{\hspace{2cm}}_{\text{年龄（岁）}} - 2.978 = \underline{\hspace{2cm}}_{\text{RV}_B\text{（升）}}$$

$$0.28 \times \underline{\hspace{2cm}}_{\text{FVC}} = \underline{\hspace{2cm}}_{\text{RV}_C\text{（升）}}$$

男性

$$0.060 \times \underline{\hspace{2cm}}_{\text{身高（厘米）}} - 0.021\,4 \times \underline{\hspace{2cm}}_{\text{年龄（岁）}} - 4.65 = \underline{\hspace{2cm}}_{\text{FVC（升）}}$$

$$0.041\,4 \times \underline{\hspace{2cm}}_{\text{身高（厘米）}} - 0.024\,4 \times \underline{\hspace{2cm}}_{\text{年龄（岁）}} - 2.19 = \underline{\hspace{2cm}}_{\text{FEV}_{1.0}}$$

$$0.013\,1 \times \underline{\hspace{2cm}}_{\text{身高（厘米）}} + 0.022 \times \underline{\hspace{2cm}}_{\text{年龄（岁）}} - 1.232 = \underline{\hspace{2cm}}_{\text{RV}_A\text{（升）}}$$

$$0.019 \times \underline{\hspace{2cm}}_{\text{身高（厘米）}} + 0.011\,5 \times \underline{\hspace{2cm}}_{\text{年龄（岁）}} - 2.24 = \underline{\hspace{2cm}}_{\text{RV}_B\text{（升）}}$$

$$0.24 \times \underline{\hspace{2cm}}_{\text{FVC}} = \underline{\hspace{2cm}}_{\text{RV}_C\text{（升）}}$$

肺功能

设备

- 台秤（数字秤或其他秤）
- 测距仪（靠墙式或独立式）或附有人体测量仪的医用秤
- 肺活量计
- 鼻夹
- 个人数据表

使用肺活量计的肺功能测试

测量肺功能的实验室肺活量计（见图14.3、图14.4）可能是电子的，也可以使用漂浮在水中的浮筒。两者的测量指标各不相同，但是一般都包括FVC、$FEV_{1.0}$和PEF。实验室指导员应在实验中演示特定肺活量计的使用方法。以下是测试对象在测试肺功能前应遵循的原则：在测试前2小时内避免运动、进食和吸烟；穿着适当的不限制动作的衣服；在测试前4小时内禁止饮酒。

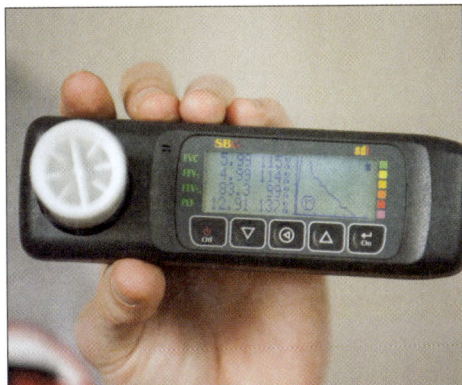

图14.3 电子肺活量计

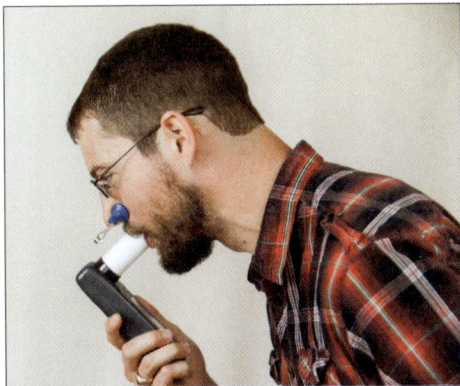

图14.4 配合鼻夹使用电子肺活量计

步骤1　收集个人数据表中的基本数据（例如，年龄、身高、体重等）。

步骤2　使用实验室肺活量计测量FVC、$FEV_{1.0}$和PEF，肺活量计通常输出绝对值和标准值百分比。由于要测量流速，因此在测试过程中要尽快地呼气。

步骤3　在个人数据表上记录绝对值和标准值百分比的结果（包括计量单位）。数据表的最后4行可用于记录测试对象的其他肺部指标。

步骤4　每个指标共重复测量3次。

步骤5　计算每个指标的3次测试结果的平均值。

步骤6　记录测试对象的数据。

问题集 14.2

1. 你的 $FEV_{1.0}$ 与标准值（见表 14.2）进行比较如何？

2. 你对指标偏离标准值的情况如何解释？

3. 哪些因素会对呼气流量峰值产生负面影响？

4. 哪些因素可能对用力肺活量有积极影响？

5. 一般如何使用 PFT 诊断 COPD？有哪些参数，诊断需要什么样的变化水平？

6. 你执行的哪些测量可能会由于更好的体能状态而有所变化？为什么？

7. 根据小组数据表，是否有同学的通气流速受到限制？

实验活动14.2

个人数据表

姓名：_____ 日期：_____

测试人员：_____ 时间：_____

性别：男/女（圈一个） 年龄：_____岁 身高：_____英寸 _____米

体重：_____磅 _____千克 温度：_____华氏度 _____摄氏度

气压：_____毫米汞柱 相对湿度：_____%

指标	试验1		试验2		试验3		平均	
	测量值	%标准值	测量值	%标准值	测量值	%标准值	测量值	%标准值
FVC（升）								
$FEV_{1.0}$（升）								
PEF（升/秒）								
$FEV_{1.0}/FVC$								

运动诱发的通气限制

设备

- 台秤（数字秤或其他秤）
- 测距仪（靠墙式或独立式）或附有人体测量仪的医用秤
- 肺活量计
- 鼻夹
- $\dot{V}O_2max$ 测试数据（见实验10或实验11）
- 个人数据表

MVV 测试

间接测量通气限制的方法之一是在将增量测试至力竭过程中的MVV（最大随意通气量）与最大通气量（$\dot{V}_E$）进行比较。MVV是静息时吸入或呼出的最大空气量（升/分），其应该在测试对象坐下时测量，测量时间为10~15秒。当测试对象以高速率（>30次呼吸/分）进行适度深呼吸时，测量方案是最有效的。$\dot{V}_E$/MVV的比率可用于预测通气限制。

步骤1 收集个人数据表中的基本数据（例如，年龄、身高、体重等）。

步骤2 选择1~3名自愿的测试对象，他们应在之前的实验（见实验10或实验11）中已完成了极量运动测试。

步骤3 使用实验室肺活量计测量MVV。重要的是，测试对象要采用坐姿，因为他们可能在测试过程中和测试后觉得头晕。测试对象应佩戴鼻夹并在整个测试过程中（10~15秒）尽可能深且快地呼吸。

步骤4 将结果记录在个人数据表中。让测试对象休息几分钟，然后重复测试。

步骤5 计算两次测试的平均值。

步骤6 记录来自实验10或实验11中的极量测试报告的$\dot{V}_E$。计算$\dot{V}_E$/MVV的比率，并将结果记录在个人数据表中。

步骤7 如果自己不是已拥有最大数据的测试对象之一，请测量并记录自己的MVV。

步骤8 记录自己的结果。

问题集14.3

1. 将班级的MVV与在$\dot{V}O_2max$测试过程中达到的最大$\dot{V}_E$进行比较。你认为有人有通气限制吗?

2. 为什么你看到了$\dot{V}_E$大于MVV，但仍然不确定是否存在通气限制?

3. 你会通过测量什么来确定肺部是否限制了运动表现?

4. 为什么MVV的测量可能会让测试对象出现头晕或晕厥?

实验活动 14.3

个人数据表

测试对象 A

姓名或 ID 号：_____ 日期：_____

测试人员：_____ 时间：_____

性别：男／女（圈一个） 年龄：_____岁 身高：_____英寸 _____米

体重：_____磅 _____千克 温度：_____华氏度 _____摄氏度

气压：_____毫米汞柱 相对湿度：_____%

测试对象 B

姓名或 ID 号：_____ 日期：_____

测试人员：_____ 时间：_____

性别：男／女（圈一个） 年龄：_____岁 身高：_____英寸 _____米

体重：_____磅 _____千克 温度：_____华氏度 _____摄氏度

气压：_____毫米汞柱 相对湿度：_____%

测试对象 C

姓名或 ID 号：_____ 日期：_____

测试人员：_____ 时间：_____

性别：男／女（圈一个） 年龄：_____岁 身高：_____英寸 _____米

体重：_____磅 _____千克 温度：_____华氏度 _____摄氏度

气压：_____毫米汞柱 相对湿度：_____%

测试对象	试验 1		试验 2		平均	Max$\dot{V}_E$	$\dot{V}_E$/MVV 比率
	MVV	% 预测值	MVV	% 预测值			
A							
B							
C							

运动诱发性哮喘

设备

- 台秤（数字秤或其他秤）
- 测距仪（靠墙式或独立式）或附有人体测量仪的医用秤
- 肺活量计
- 鼻夹
- 跑步机
- 心率监测器
- 个人数据表

运动诱发性哮喘的PFT

　　肺功能测试的一个更有用的应用是用于临床诊断。运动诱发性哮喘是由于肺部不适应的炎症反应导致支气管收缩而引起的相对常见的疾病。通常，运动过程中交感神经系统兴奋会导致支气管扩张。然而，由于若干可能的原因，运动可能导致某些人的支气管收缩，在寒冷或干燥的空气中，这种情况可能会加剧。运动诱发性哮喘患者在静息时的通气速度可能是正常的，但在高于一定强度水平的剧烈运动后的6~8分钟会出现阳性的测试结果。

步骤1 选择一名肺功能正常的测试对象和（如果可能的话）一名可能患有运动诱发性哮喘或其他肺功能障碍的测试对象。（如果班级中没有人可能患有运动诱发性哮喘，仍然可以进行这项测试，并讨论结果）

步骤2 收集个人数据表中的基本数据（例如，年龄、身高、体重等）。

步骤3 使用实验室肺活量计测量FVC、$FEV_{1.0}$ 和PEF。由于要测量流速，因此在这些测试过程中要尽快呼气。

步骤4 在个人数据表上记录测试对象的静息绝对值（包括计量单位和预测值百分比）。

步骤5 让测试对象在跑步机上跑6~8分钟，强度为按其年龄预测的最大心率的85%~90%的水平。

步骤6 在停止运动后尽快进行PFT。

步骤7 在个人数据表上记录测试结果。

步骤8 使用以下公式计算运动前到运动后的肺部参数变化百分比。

$$\%变化 = (运动前 - 运动后)/运动前$$

问题集14.4

1. 从运动前到运动后需要有哪些改变才能产生运动诱发性哮喘的阳性测试结果？

2. 测试对象是否患有运动诱发性哮喘？证明你的答案。

3. 运动后为什么通气速度会增加？

实验活动14.4

个人数据表

测试对象A

姓名或ID号：_____ 日期：_____

测试人员：_____ 时间：_____

性别：男/女（圈一个） 年龄：_____岁 身高：_____英寸 _____米

体重：_____磅 _____千克 温度：_____华氏度 _____摄氏度

气压：_____毫米汞柱 相对湿度：_____%

测试对象B

姓名或ID号：_____ 日期：_____

测试人员：_____ 时间：_____

性别：男/女（圈一个） 年龄：_____岁 身高：_____英寸 _____米

体重：_____磅 _____千克 温度：_____华氏度 _____摄氏度

气压：_____毫米汞柱 相对湿度：_____%

指标	运动前				运动后				运动前到运动后的变化%	
	测试对象A	%预测值	测试对象B	%预测值	测试对象A	%预测值	测试对象B	%预测值	测试对象A	测试对象B
FVC（升）										
$FEV_{1.0}$（升）										
PEF（升/秒）										

测试对象A=测试对象A（患有哮喘）；测试对象B=测试对象B（没有哮喘）。

身体成分评估

- 了解大学生男女典型的体脂百分比值范围。
- 了解表示男性和女性肥胖程度的身体质量指数（body mass index，BMI）值。
- 解释水下称重（underwater weighing，UWW）的原理，也称为水下皮脂测定法或密度测定，用于确定身体密度和体脂百分比。
- 能够有效地进行BMI、围度、皮褶厚度和UWW测试。
- 了解估算或测量残余气量对于UWW有效性的重要性。
- 基于二元身体成分系统计算身体密度和体脂百分比。
- 描述身体成分测量中常见的误差来源。
- 描述各种身体成分测量技术的优缺点。

身体质量指数： 个人体重（千克）与身高的平方（平方米）的比率。

密度测定： 测量身体密度（D_b=体重/体积）。

去脂体重（fat-free mass，FFM）： 所有非脂肪的身体组织（包括骨骼、肌肉、器官和结缔组织），瘦体重的同义词，单位为千克。

脂肪质量（fat mass，FM）： 由脂肪组成的身体组织（包括皮下、内脏、细胞膜和间质脂肪），含有必需成分（膜）和非必需成分（脂肪组织），单位为千克。

相对体脂： 以总体重的百分比来表示身体脂肪量。

可靠性： 测试的可重现性；高可靠性意味着如果对同一个人多次进行测试相同的指标，会得到相同的答案。

余气量： 最大呼气后肺内剩余空气量。

皮褶卡尺： 用于测量夹捏皮褶厚度的仪器。必须使用标准的夹捏压力，以提供准确的值。

皮褶厚度： 使用皮肤皱褶的厚度及相应的皮下脂肪估算身体密度的身体成分指标。需要技巧才能正确放置皮褶卡尺。

二元身体成分： 常用的系统，其中假定身体有两个主要组成部分：脂肪和无脂肪组织（或瘦体重）。

水下称重（UWW）： 根据水的位移来估算身体密度的身体成分测量。

有效性： 测量的准确性，也就是说，它与真实的值的接近程度。（换句话说，真的在测量自己所需的测量指标吗？）

肺活量： 可在一次最大呼吸中吸入或呼出肺部的空气量。

身体成分是指构成身体的成分。通常，人们感兴趣的是身体中动物脂肪（或脂肪）

组织的百分比与无脂肪组织的百分比。主要原因是肥胖（脂肪过多）与普遍存在的许多疾病密切相关（例如，心血管疾病、外周血管疾病、高血压、糖尿病等）。还有一些不那么关乎生死的原因让人们对身体成分感兴趣。例如，想要优化其肌肉和脂肪的含量，以最大限度提高成绩的运动员；由于社会审美认为极瘦才是美，也让许多人对身体成分感兴趣。事实上，减重（以及减脂）可能是大多数人运动的主要原因。

因此，重要的是不仅要知道体重，还要知道脂肪和无脂肪组织分别有多重。运动引起的变化可能无法通过体重秤测量出的体重来衡量，但有许多技术可用于估算身体成分。

本章的目的是讨论一些根据身体成分评估疾病风险的常用技术，包括围度、水下称重、皮褶厚度、体重指数、腰围和臀围以及腰臀（waist to hip, W/H）比。有关身体成分估算方法的更多信息，请参见表15.1。本实验后面的内容将进一步说明各种身体成分模型。

表15.1　估算身体成分的方法

方法	模型	说明
人体测量学	2	测量围度以估算体脂，例如腰围和臀围的比率（W/H）
身体质量指数	0	确定重量与身高的比率（千克/平方米）。没有将脂肪与瘦体重分开，但可用于估算肥胖度
生物电阻抗分析（BIA）	2	测量电阻，以估算体内水含量、瘦体重和体脂
皮褶厚度	2	测量皮下脂肪，估算体脂和瘦体重
体积描记法	2	全身体积描记法测量空气位移并计算身体密度（与UWW中的水位移相当）
水下称重	2	UWW技术基于阿基米德原理，根据身体密度估算体脂和瘦体重
全身水分	2	通过同位素稀释技术测量全身水分来估算体脂和瘦体重
超声波	2	高频超声波穿过组织对皮下脂肪成像并估算体脂和瘦体重
双能X射线吸收	3	在两种能量水平使用X射线技术，以估算体脂、瘦体重和骨量
近红外线交互作用	2	红外线穿过组织，以预测体脂与瘦体重
磁共振成像	3	磁场和射频波对身体组织成像（类似于计算机断层扫描）；用于对深层腹部脂肪成像
计算机断层扫描	3	通过X射线对身体组织成像；用于确定皮下和深层脂肪，以估算体脂、瘦体重和骨量
中子活化分析	3	中子穿过组织，可以分析体内的氮和矿物质含量；用于估算体脂和瘦体重
双光子吸收测定法	3	光子束穿过组织，区分软组织和骨组织；用于估算体脂、瘦体重和骨量
身体钾总量	2	测量体内的钾（即主要的细胞内离子）的总含量以估算体脂和瘦体重

注意:
表中方法的顺序大致上代表了易用性和费用，以及普及性。
[Adapted, by permission, from M. Williams, 2009, *Nutrition for health, fitness, and sport*, 9th ed. (New York: McGraw–Hill Companies), 407. ©The McGraw–Hill Companies; Heyward and Gibson 2014.]

这些技术因设备的复杂性、有效性、可靠性、一般假设和易用性均有所不同。有些方法（BMI、围度、腰臀比）不用于估算身体成分，但与肥胖症及其他生活方式疾病密切相关。

在以增减体重为目标时，了解**相对体脂**（relative body fat，%BF）会非常有用。可以使用以下公式，通过目标相对体脂计算出理想体重。

理想体重={BW-[BW×（%BF/100）]}/[1-（理想%BF/100）]

该公式可以进行如下改写。

理想体重（BW）=LBM/理想%LBM

估算理想体重时应假设一个人能够在不改变瘦体重或**去脂体重**的情况下减少体脂。这是否成功则取决于所选择的减重或增重方法。事实上，这是许多试图减重的人想了解身体成分的原因。健美运动员、摔跤运动员、混合武术运动员等经常试图在减少体脂的同时尽量减少去脂体重的损失。

当然，身体中的某些脂质是人体必需的，例如构成细胞膜、维生素、激素和施万细胞（在神经周围）的脂质。脂肪组织中储存的脂肪可用作能量来源。它通常被称为非必需脂肪或储存脂肪。人们出于健康、运动表现或虚荣心等原因而有兴趣减少的正是这种脂肪。必需脂肪约占男性体重的3%，女性体重的12%[6]。余下的脂肪被认为是非必需脂肪或储存脂肪，其也可用作能量来源。相对体脂（由必需脂肪和非必需脂肪组成）按性别和年龄而存在不同的分类。它们的百分比等级、风险上下限和目标推荐值均不一样。表15.2和表15.3

列出了这些分类的一些示例。

身体成分模型

有几种模型可用于描述身体成分的差异（见图15.1）。**二元身体成分模型**（例如UWW和皮褶厚度测量）将身体分成两部分——**脂肪质量**和去脂体重。FM的组成无须多言，而FFM由蛋白质、水和骨骼组成。其他多元模型将FFM中的一个或多个组成部分再展开，例如骨密度（通过双能X射线吸收测定法或磁共振成像法测定）或全身水分（通过稳定放射性同位素测定）。

多元模型被认为更准确或更有效，因为它们消除了二元模型中的一些假设。在二元模型中，假设在特定人群或年龄组的FM和FFM具有一致的密度。成人的FM密度为0.90克/毫升，而FFM密度则为1.1克/毫升。思蕊使用这些值推导出用于估算成年男性体脂百分比的公式[11]。

%体脂=（4.95/密度）-4.50

由于不同人群的去脂体重密度存在微小差异，基于年龄、性别和种族有不同的公式（见表15.4）。

这些公式的特异性提高了身体成分测量的准确性。但是，"准确性"这个词经常被滥用。假设身体成分测量是准确的，其测量结果是接近于实际值的。精确度是指测量的可重复性。在身体成分测量中，**有效性和可靠性**这两个术语通常分别用于替代"准确性"和"精确度"。如果某身体成分测试测量的确实是它所声称的测量指标（相对体脂），则该身体成分测试被认为是有效的。为了可靠性，身体成分测试

表15.2 身体成分（标准参考值）

%	20~29岁	30~39岁	40~49岁	50~59岁	60~69岁	70~79岁
			男性			
90	7.9	11.9	14.9	16.7	17.6	17.8
80	10.5	14.5	17.4	19.1	19.7	20.4
70	12.7	16.5	19.1	20.7	21.3	21.6
60	14.8	18.2	20.6	22.1	22.6	23.1
50	16.6	19.7	21.9	23.2	23.7	24.1
40	18.6	21.3	23.4	24.6	25.2	24.8
30	20.6	23.0	24.8	26.0	25.4	26.0
20	23.1	24.9	26.6	27.8	28.4	27.6
10	26.3	27.8	29.2	30.3	30.9	30.4
			女性			
90	14.8	15.6	17.2	19.4	19.8	20.3
80	16.5	17.4	19.8	22.5	23.2	24.0
70	18.0	19.1	21.9	25.1	25.9	26.2
60	19.4	20.8	23.8	27.0	27.9	28.6
50	21.0	22.6	25.6	28.8	29.8	30.4
40	22.7	24.6	27.6	30.4	31.3	31.8
30	24.5	26.7	29.6	32.5	33.3	33.9
20	27.1	29.1	31.9	34.5	35.4	36.0
10	31.4	33.0	35.4	36.7	37.3	38.2

[Adapted, by permission, from Cooper Institute, *Physical fitness assessments and norms for adults and law enforcement* (Dallas, TX: The Cooper Institute), 52, 53.]

表15.3 成人、儿童和身体活跃的成人的相对体脂标准

成人和儿童的建议 %BF 水平					
	NR	低	中	高	肥胖
			男性		
6~17岁	<5	5~10	11~25	26~31	>31
18~34岁	<8	8	13	22	>22
35~55岁	<10	10	18	25	>25
>55岁	<10	10	16	23	>23
			女性		
6~17岁	<12	12~15	16~30	31~36	>36
18~34岁	<20	20	28	35	>35
35~55岁	<25	25	32	38	>38
>55岁	<25	25	30	35	>35

身体活跃的成人的建议 %BF 水平			
	低	中	高
		男性	
18~34岁	5	10	15
35~55岁	7	11	18
>55岁	9	12	18
		女性	
18~34岁	16	23	28
35~55岁	20	27	33
>55岁	20	27	33

注意：

NR=不推荐；%BF=体脂百分比。

[Reprinted, by permission, from V. Heyward and A. L. Gibson, 2014, *Advanced fitness assessment and exercise prescription*, 7th ed. (Champaign, IL: Human Kinetics), 220；T.G. Lohman, L. Houtkooper, and S. Going, 1997, "Body fat measurement goes high–tech: Not all are created equal," *ACSM's Health & Fitness Journal* 7: 30–35.]

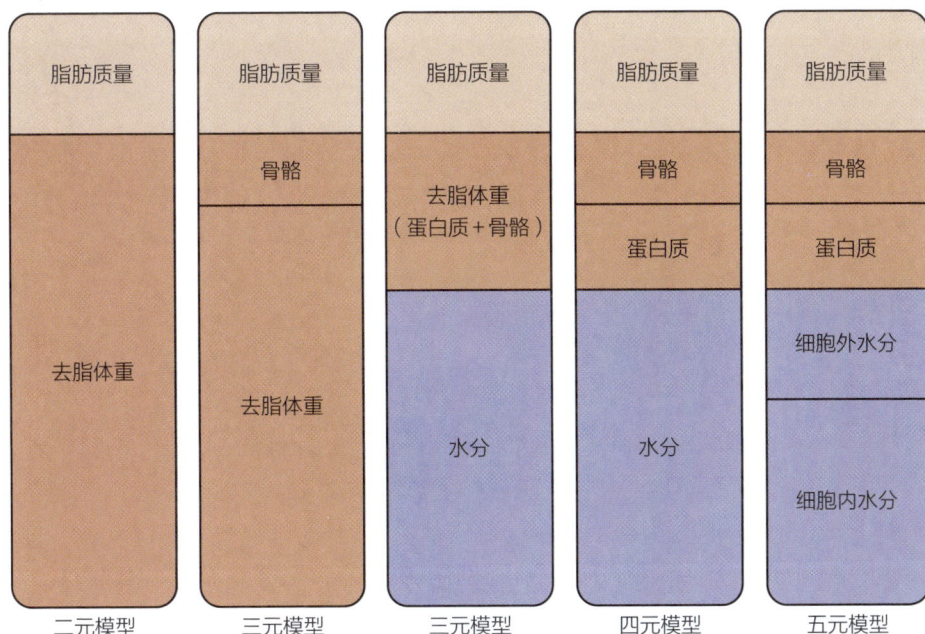

图15.1 身体成分模型

[©Charles Dumke.]

的结果必须具备可再现性。例如，使用磅秤来测量体重是一种简单可靠的措施，但就相对体脂而言，它并不是特别有效。另外，UWW可以估算相对体脂，并且是最有效的测试之一，但与体重测量相比，它并不那么可靠。要谨慎使用与身体成分测试相关的这些术语，以避免混淆。

用BMI确定身体成分类别

身体质量指数是在临床环境和流行病学研究中常用的一种简单可靠的指标，用于对肥胖者进行分类[1]。使用以下公式计算BMI。

BMI=体重（千克）/身高²（米²）

这种方法背后的理论是：一般人的体重身高比与相对体脂呈正相关。美国国家卫生研究院使用BMI来作为超重和肥胖的标准[8]（见表15.5）。与普通人相比，体脂百分比高的人糖尿病和高血压的风险会增加3倍，高胆固醇血症（高血脂）的风险会增加2倍。被归类为肥胖的个人有必要采取措施降低体重，如限制热量[8]。BMI的普及一部分是由于它易于测量，另一部分是可通过看医生获得潜在BMI数据库。然而，BMI没有分别计算脂肪的重量或瘦体重，所以肌肉发达的人可能被错误地归类为肥胖者。因此，BMI是一种非常可靠的测量指标，但作为身体成分的衡量标准，其有效性有待商榷。

围度测量和健康风险

与健康风险相关的另一个简单测量指标是W/H，即腰围除以臀围。随着腰臀比增加，心脏病发作、中风、高血压、糖尿

表15.4 人群特定的基于二元模型将体密度转化为体脂百分比的公式

人群	年龄（岁）	性别	%BF	FFB$_d$（克/毫升）
种族或族裔				
非裔美国人	9~17	女性	$(5.24/D_b)-4.82$	1.088
	19~45	男性	$(4.86/D_b)-4.39$	1.106
	24~79	女性	$(4.85/D_b)-4.39$	1.106
美洲印第安人	18~62	男性	$(4.97/D_b)-4.52$	1.099
	18~60	女性	$(4.81/D_b)-4.34$	1.108
日本本土人	18~48	男性	$(4.97/D_b)-4.52$	1.099
		女性	$(4.76/D_b)-4.28$	1.111
	61~78	男性	$(4.87/D_b)-4.41$	1.105
		女性	$(4.95/D_b)-4.50$	1.100
新加坡人	成人	男性	$(4.94/D_b)-4.48$	1.102
		女性	$(4.84/D_b)-4.37$	1.107
白种人	8~12	男性	$(5.27/D_b)-4.85$	1.086
		女性	$(5.27/D_b)-4.85$	1.086
	13~17	男性	$(5.27/D_b)-4.85$	1.092
		女性	$(5.27/D_b)-4.85$	1.090
	18~59	男性	$(4.95/D_b)-4.50$	1.100
		女性	$(4.96/D_b)-4.51$	1.101
	60~90	男性	$(4.97/D_b)-4.52$	1.099
		女性	$(5.02/D_b)-4.57$	1.098
西班牙裔	20~40	男性	NA	NA
		女性	$(4.87/D_b)-4.41$	1.105
运动员				
阻力训练	24 ±4	男性	$(5.21/D_b)-4.78$	1.089
	35±6	女性	$(4.97/D_b)-4.52$	1.099
耐力训练	21±2	男性	$(5.03/D_b)-4.59$	1.097
	21±4	女性	$(4.95/D_b)-4.50$	1.100
所有运动项目	18~22	男性	$(5.12/D_b)-4.68$	1.093
		女性	$(4.97/D_b)-4.52$	1.099
临床人群				
神经性厌食症	15~44	女性	$(4.96/D_b)-4.51$	1.101
肥胖	17~62	女性	$(4.95/D_b)-4.50$	1.100
脊髓损伤（截瘫或四肢瘫痪）	18~73	男性	$(4.67/D_b)-4.18$	1.116
		女性	$(4.70/D_b)-4.22$	1.114

注意：

①FFB$_d$=无脂肪体密度；D_b=体密度；%BF=体脂百分比；NA=该组没有可用数据。

②将值乘以100%以计算%BF。

③FFB$_d$基于选定研究文章中报告的平均值。

[Reprinted, by permission, from V. Heyward and D. Wagner, 2004, *Applied body composition assessment*, 2nd ed. (Champaign, IL: Human Kinetics), 9.]

表15.5　BMI、腰围和相关疾病风险的体重分类

BMI	分类	腰围的风险等级			
		男性		女性	
		≤102厘米	>102厘米	≤88厘米	>88厘米
<18.5	体重过轻				
18.5~24.9	正常				
25.0~29.9	过重	增加	高	增加	高
30.0~34.9	1级肥胖	高	非常高	高	非常高
35.0~39.9	2级肥胖	非常高	非常高	非常高	非常高
≥40.0	3级肥胖	极高	极高	极高	极高

注意:

风险等级指2型糖尿病、高血压和冠心病的疾病风险的等级。

[Adapted from the NHLBI 1998.]

病、胆囊疾病和死亡的风险也会增加[1]。腰围是胸腔以下,肚脐以上部分的最小周长,在站立且腹部肌肉放松时测量。臀围则是平行于水平面测量臀部的最大周长。测量腰围时应面对测试对象,而测量臀围则应从测试对象侧面进行。将结果记录精确到0.5厘米。重复测量的结果差异应在0.5厘米内。如果可能,请使用弹簧卷尺来测量。若男性的腰臀比高于0.90,女性的腰臀比高于0.80,则其高血压、高胆固醇、心血管疾病和糖尿病的疾病风险可能会大幅增加[1]（见表15.8）。

皮褶厚度作为体脂指标

基于**皮褶厚度**估算体脂已经变得非常普遍,主要是因为这相对容易测量,而且只需极少的仪器。有些**皮褶卡尺**虽然价格低廉,但其误差非常大。在本实验中使用的仪器可能价值数百美元。测量人员的技术对于获得有意义的测量结果非常重要。

基于皮褶厚度估算体脂的方法的基本原理是与年龄相关的体脂部分在皮下沉积。测量可以被夹捏起来的脂肪组织的量,其结果可以在一定程度上反映体脂总量（见图15.2）。

将该信息（即几个部位处的皮褶厚度）转换为表示身体密度的数字的过程是以研

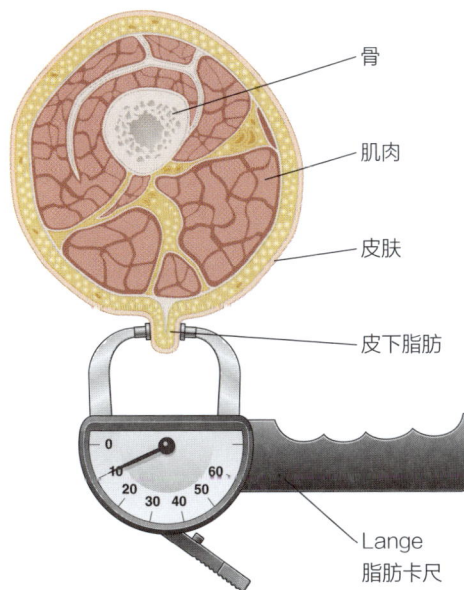

图15.2　皮下脂肪的皮褶测量

究结果为基础的。这种类型的研究将来自多个解剖部位的皮褶厚度总和与通过水下（或静水）称重等测量身体成分的标准方法测量得到的结果进行比较[4]。研究表明，与线性回归方程相比，曲线或二次方程可以更好地通过皮褶厚度总和预测身体密度[4]，这就是在公式中需要对几个皮褶厚度总和进行平方的原因。

皮下脂肪和总体脂之间的关系因种族、年龄和性别而异。因此，大多数用于预测肥胖程度的公式都用于特定种族、年龄或性别的测试对象（见表15.6）。通常，从皮褶厚度测量值估算体脂百分比的误差约为3.5%[9]。

不同的公式需要测量不同的皮褶部位。重要的是要了解测量不同皮褶部位的技巧，以及每个公式要求测量哪些部位。尽管直觉上似乎认为测量更多的部位可以提高通过皮褶厚度总和预测体脂的准确性，但情况并非如此，测量超过3个部位的皮褶厚度并不会提高有效性[9]。本实验介绍了几个比较常用的公式中使用的皮褶部位。

除非另有说明，否则在预测时为男性选择由杰克逊和波洛克开发的公式[4]，为女性选择由杰克逊、波洛克和沃德[5]开发的公式，如"广义身体密度公式"一栏所示。这些公式被认为是广义公式，因为其所针对的人群的年龄范围跨度很大。因此，这些公式可以用于多个年龄组，并且已经针对运动人群和非运动人群进行了验证。男性和女性应使用不同的公式来估算身体密度。一旦确定了身体密度，就可以使用之前提到的思荔公式[11]估算身体成分。

%体脂=（4.95/密度）−4.50

此公式是正确的，除非有另一个更合适的用于特定人群的公式（见表15.4）。

水下称重

水下称重也称为水下皮脂测定法，通常被认为是估算相对体脂的最有效方法（见图15.3）。该方法被称为**密度测定法**，因为脂肪组织和瘦组织具有不同的密度。UWW的事实依据是：水的密度约为1克/毫升（在不同温度下的精确水密度见表15.7），并且因为脂肪的密度<1克/毫升（约0.9克/毫升），所以脂肪会浮起来。另外，瘦组织（即除脂肪以外的所有其他组织）会下沉，因为其密度（约1.1克/毫升）大于水的密度。那么，水下称重以二元身体成分模型为基础，在该模型中，身体被简单地分成脂肪组织和无脂肪组织（或瘦组织）。因为每个人的体重既不会完全是脂肪质量，也不会完全是去脂体重，所有人的身体密度

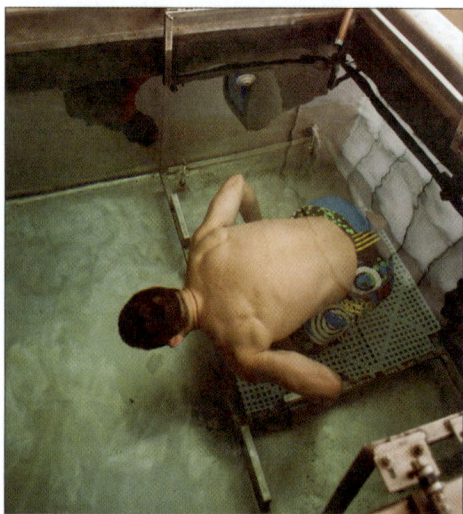

图15.3 UWW方法

表15.6　皮褶预测公式

皮褶部位	人口分组	公式
Σ7SKF[①]（胸部+腹部+大腿+肱三头肌+肩胛下部+髂骨上部+腋下中部）	黑人或西班牙裔女性，18~55岁	D_b（克·厘米$^{-3}$）[②]=1.097 0−（0.000 469 71×Σ7SKF）+（0.000 000 56×Σ7SKF^2）−（0.000 128 28×年龄）
	黑人男性或男性运动员，18~61岁	D_b（克·厘米$^{-3}$）=1.1120−（0.000 434 99×Σ7SKF）+（0.000 000 55×Σ7SKF^2）−（0.000 288 26×年龄）
Σ4SKF（肱三头肌+前髂骨上部+腹部+大腿）	女性运动员，18~29岁	D_b（克·厘米$^{-3}$）=1.096 095−（0.000 695 2×Σ4SKF）+（0.000 001 1×Σ4SKF^2）−（0.000 071 4×年龄）
Σ3SKF（肱三头肌+髂骨上部+大腿）	白人或厌食症女性，18~55岁	D_b（克·厘米$^{-3}$）=1.099 492 1−（0.000 992 9×Σ3SKF）+（0.000 002 3×Σ3SKF^2）−（0.000 139 2×年龄）
Σ3SKF（胸部+腹部+大腿）	白人男性，18~61岁	D_b（克·厘米$^{-3}$）=1.109 380−（0.000 826 7×Σ3SKF）+（0.000 001 6×Σ3SKF^2）−（0.000 257 4×年龄）
Σ3SKF（腹部+大腿+肱三头肌）	黑人或白人大学生年龄的男性和女性运动员，18~34岁	%BF=8.997+（0.246 8×Σ3SKF）−（6.343×性别[③]）−（1.998×种族[④]）
Σ2SKF（肱三头肌+小腿）	黑人或白人男孩，6~17岁 黑人或白人女孩，6~17岁	%BF=（0.735×Σ2SKF）+1.2 %BF=（0.610×Σ2SKF）+5.1

注意：

① ΣSKF=皮褶厚度总和（毫米）。

② 使用人群特定的转换公式，通过D_b（体密度）计算%BF（体脂百分比）。

③ 男性运动员=1；女性运动员=0。

④ 黑人运动员=1；白人运动员=0。

[Reprinted, by permission, from V. Heyward and A .L. Gibson, 2014, *Advanced fitness assessment and exercise prescription*, 7th ed. (Champaign, IL: Human Kinetics), 237.]

广义身体密度公式

男性身体密度公式[4]

D_b=1.109 38−（0.000 826 7×Σ3SKF）+（0.000 001 6×Σ3SKF^2）−（0.000 257 4×年龄）

[3个皮褶厚度的总和（毫米）=胸部+腹部+大腿]

D_b=1.112 0−（0.000 434 99×Σ7SKF）+（0.000 000 55×Σ7SKF^2）−（0.000 288 26×年龄）

[7个皮褶厚度总和（毫米）=胸部+腋下中部+肩胛下部+肱三头肌+腹部+髂骨上部+大腿]

女性身体密度公式[5]

D_b=1.099 492 1−（0.000 992 9×Σ3SKF）+（0.000 002 3×Σ3SKF^2）−（0.000 139 2×年龄）

[3个皮褶厚度的总和（毫米）=肱三头肌+髂骨上部+大腿]

D_b=1.097 0−（0.000 469 71×Σ7SKF）+（0.000 000 56×Σ7SKF^2）−（0.000 128 28×年龄）

[7个皮褶厚度总和（毫米）=胸部+腋下中部+肩胛下部+肱三头肌+腹部+髂骨上部+大腿]

表15.7 各种温度下的水密度

水（摄氏度）	温度（华氏度）	密度（克/毫升）	水（摄氏度）	温度（华氏度）	密度（克/毫升）
0	32	0.999 0	30	86	0.995 7
4	39	1.000 0	31	88	0.995 4
22	72	0.997 8	32	89.5	0.995 0
23	73	0.997 5	33	91	0.994 7
24	75	0.997 3	34	93	0.994 4
25	77	0.997 1	35	95	0.994 1
26	79	0.996 8	36	97	0.993 7
27	81	0.996 5	37	99	0.993 4
28	82	0.996 3	38	100	0.993 0
29	84	0.996 0	39	102	0.992 6

都在0.9~1.1克/毫升。测试人员应该牢记，测试值需要精确到小数位（至少到千分位）才可以保持有效性。

通过UWW估算体脂百分比时，必须确定身体密度，根据定义，身体密度等于质量除以体积，即$D_b=M/V$。身体的体积使用阿基米德原理计算，即当物体被放在水中时，支撑它的反作用力与其移动的水的重力相当。移位的水的重量将等于物体完全被淹没时的重量损失。从空气中测量的重量（M_A）减去从水中测量的重量（M_W），可获得移位的水的重量（M_A-M_W），将其除以水的密度（D_W）即可将该重量值转换为体积，公式如下。

密度$=M/V=M_A/[(M_A-M_W)/D_W]$

必须根据体内气体量（包括在肺部和胃肠道中的气体）来校正所确定的体积。由于没有测量方法可以确定胃肠系统中的气体体积（V_{GI}），所以认为所有测试对象的V_{GI}为100毫升。测试对象通过最大呼气，以尽可能从呼吸系统中除去空气。然而，即使在最大呼气后，肺部仍留有一定体积的气体，这些气体被称为**余气量**（RV）。如果没有测量RV，可以根据**肺活量**进行估算。在实验14中，使用了3个不同的公式（RV_A、RV_B和RV_C）来估算RV。因此，身体密度公式可以重写并表示如下。

密度$=M/V=$

$$M_A/\{[(M_A-M_W)/D_W]-R_V-V_{GI}\}$$

重要的是要使用统一的密度单位，例如克/毫升或千克/升。一旦确定了身体密度，就可以用前面提到的思蕊公式估算身体成分[11]。

%体脂$=(4.95/$密度$)-4.50$

此公式是正确的，除非有另一个更适合特定人群的公式（见表15.4）。

UWW有几个潜在的误差来源。回想一下，这种测试方法是根据身体密度估算体脂百分比。这些公式取决于假定的脂肪和非脂肪组织密度，这些假定密度最初是从相对较少的样本中推导出来的。这些假设中的任何错误都会影响估算结果。众所周知，非脂肪成分中不同组织的密度可能因人而异。例如，骨密度因年龄、疾病和种族而有所不同。老年人和儿童的骨密度低于年轻成人。另一个误差来源是余气量和胃肠道气体量的校正。当余气量是简单计算估算出来的，而不是通过氮气冲洗或氦稀释再呼吸测量时，就可能会导致误差[7]。在获得水下称重的准确读数时，要求测试对象和技术人员都具备一定的技能水平。许多测试对象在最大程度呼气后用水将自己浸没时会觉得不舒服。然而，当测试是由熟练和有经验的人员在良好控制的条件下进行时，误差估计为±3%[7]。此外，若在干预之前和之后（例如，以减重为目标的饮食或锻炼计划）进行测量，则该测试可以提供关于相对体脂或去脂体重的变化的有用信息。

以上测试侧重于一些更常见且可获取的身体成分指标。但是，还应该了解其他技术，包括生物电阻抗分析、双能X射线吸收测定法和体积描记法等（见表15.1）。

生物电阻抗分析

生物电阻抗分析（bioelectrical impedance analysis，BIA）的原理是瘦组织导电性优于脂肪组织。测试时让低水平的电流通过身体，并由BIA分析仪确定阻抗。BIA还可以根据瘦组织的量按比例估算全身的水分。这种身体成分分析有许多前提，例如，测试对象测试前的4小时没有进食或饮水，测试前的12小时没有运动，测试前的48小时没有饮酒，没有使用利尿药物。这些行为都会影响全身水分。此外，结果可能会受到性别、月经周期、年龄、健康水平和种族的影响。针对不同人群可以使用不同的公式，但是BIA装置的用户通常受制于软件的程序代码。通常，BIA分析仪电极被放在测试对象的手腕和脚踝上。在许多商用BIA装置中，顾客需站在电极上（很像站在浴室秤上）或用双手握住电极。电流在阻力最小的通路上移动，所以使用有两个接触点的装置并假设身体的其余部分是一个电阻。

双能X射线吸收测定法

双能X射线吸收测定法（dual energy X-ray absorptiometry，DXA或DEXA）基于三元模型，可用于骨、脂肪和瘦组织密度的估算。它需要昂贵的设备通常在评估骨矿物质密度的研究和临床环境中使用。其设备可产生能穿透全身的X射线，并由内置的软件评估各种组织密度。因此，很难评估DXA的有效性，其软件算法通常不向用户提供。即便如此，许多研究人员认为DXA是估算身体成分的好方法[2, 10, 12]。DXA还有其他好处，比如DXA可以评估局部身体成分，例如左侧或右侧的手臂或腿部的相对体脂。

空气位移体积描记法

像UWW那样，空气位移体积描记法（air–displacement plethysmography，ADP）有时会以制造商的名称作为代称，用于估算身体密度，也是基于二元模型。然而，它使用的不是水的位移，而是使用密封舱中的空气位移。它需要昂贵的设备，但其被认为是非常有效的[3]。它的优点包括能够测量老年人和其他对于浸没在水中可能感觉不适的人的身体成分数据。

测量BMI和围度数据

设备

- 测距仪或卷尺
- 秤（精确到0.1千克）
- 人体测量尺（最好带弹簧）
- 个人数据表

BMI计算

步骤1 每个测试对象都应穿着适当的服装（轻薄、不笨重的衣服，以避免重量和围度的误差过大）。

步骤2 测试对象应将自己的数据记录在其个人数据表中，并担任他测试对象的评估员。收集个人数据表中的基本数据（例如，年龄、身高、体重等）。

步骤3 在上秤量体重之前，请脱下鞋子、首饰、钱包、钥匙和任何多余的衣服。以千克为单位记录体重，精确到设备允许的精确度。

步骤4 使用测距仪或贴在墙上的卷尺测量测试对象的身高。让测试对象背对着测距仪或墙壁站立，脚跟应接触地板。使用放在头顶最高点的杠杆臂或类似装置测量身高。在以厘米为单位（精确到1毫米）记录身高之前，确保杠杆臂或类似装置与地面平行。

步骤5 为了证明该测量的可靠性，共重复测量3次。对每个测试对象都进行一次测量，然后重复测量，以证明可靠性。

步骤6 将数据记录在个人数据表中。

围度测量

　　腰围和臀围最好用弹簧式卷尺测量，这样可以让卷尺保持正确（4盎司或113克）且可重复的张力。

步骤1 测量腰围时要从测试对象的前侧用卷尺围住测试对象。将卷尺放在肚脐和肋骨最低点之间的最窄圆周处，不要让卷尺扭曲。交叉卷尺并换手，以避免双臂相互交叉，确认绕在测试对象身上的卷尺整圈平行于地面。（在镜子前进行测量可能会更好）让测试对象放松腹部肌肉。如果自己有带弹簧的卷尺，校准卷尺的张力，让卷尺的张力衡定。记录测试对象正常呼气结束时的测量值，以厘米为单位，精确到1毫米。

步骤2 测量臀围要从测试对象的侧面用卷尺围住测试对象。将卷尺放在臀部最大的圆周处，不要让卷尺扭曲。交叉卷尺并换手，以避免双臂相互交叉，（在镜子前进行测量可能会更好）确认绕在测试对象身上的卷尺整圈平行于地面。如果自己有带弹簧的卷尺，校准卷尺的张力并让卷尺的张力衡定。记录测量值，以厘米为单位，精确到1毫米。

步骤3 重复步骤1和2两次，并填写个人数据表。

步骤4 使用个人数据表计算平均值、BMI和腰臀比并记录。

问题集15.1

1. BMI和腰臀比的潜在误差来源是什么？

2. BMI和腰臀比对于哪个群体特别有用？

3. 你在小组数据表中注意到腰臀比是否存在性别差异？

4. BMI和腰臀比的风险分级如何（见表15.8）？

表15.8 男女腰臀比标准值

年龄（岁）	风险			
	低	中	高	非常高
男性				
20~29	<0.83	0.83~0.88	0.89~0.94	>0.94
30~39	<0.84	0.84~0.91	0.92~0.96	>0.96
40~49	<0.88	0.88~0.95	0.96~1.00	>1.00
50~59	<0.90	0.90~0.96	0.97~1.02	>1.02
60~69	<0.91	0.91~0.98	0.99~1.03	>1.03
女性				
20~29	<0.71	0.71~0.77	0.78~0.82	>0.82
30~39	<0.72	0.72~0.78	0.79~0.84	>0.84
40~49	<0.73	0.73~0.79	0.80~0.87	>0.87
50~59	<0.74	0.74~0.81	0.82~0.88	>0.88
60~69	<0.76	0.76~0.83	0.84~0.90	>0.90

[Adapted from Bray and Gray 1988.]

实验活动15.1

个人数据表

姓名或ID号：_____ 日期：_____

测试人员：_____ 时间：_____

性别：男/女（圈一个）年龄：_____岁 身高：_____英寸 _____米

体重：_____磅 _____千克 温度：_____华氏度 _____摄氏度

气压：_____毫米汞柱 相对湿度：_____%

序号	体重（千克）	身高（米）	腰围（厘米）	臀围（厘米）	评估员（姓名缩写）
1					
2					
3					
平均					

BMI的计算：使用体重和身高的平均测量值。

BMI=_____千克/米^2

腰臀比的计算：使用腰围和臀围的平均测量值。

W/H=_____厘米/_____厘米=_____

测量皮褶厚度的技巧

设备

- 皮褶卡尺（使用卡尺时要小心——该设备既易损又昂贵）
- 测距仪或卷尺
- 秤（精确到0.1千克）
- 个人数据表

标准皮褶厚度测试程序

准确的皮褶厚度测量需要经过练习。即使由经验丰富的技术人员进行测量，其结果也存在可变性，因此需在每个部位测量3次，所有测量部位都应在身体的同一侧（例如，右侧）。在测试人员有经验后，通常同一部位的测量只需重复2次（假设2次的测量结果的差异在10%之内）。

这是提高专业素质的机会。测试对象需要移开衣服以使卡尺接触皮褶部位。让测试对象自己移开衣服。开玩笑很难缓解测试对象的紧张情绪；相反，自信、专业的手法能使测试对象放心。提醒测试对象不要试图帮助测试人员，也不要倾斜，因为这样做会改变肌肉的解剖学方向。通常测量时会用记号标记皮褶部位，但是，当多名测试人员测量相同的测试对象时，这种做法会影响学习体验。出于这个原因，建议在本实验中不要在测试对象身上做标记。

步骤1　测试对象应穿宽松的衣服，便于在适当的部位进行皮褶厚度测量。

步骤2　每一个学生都应作为两个测试人员的测试对象，并作为两个测试对象（如果可能，一个男性和一个女性）的测试人员。收集个人数据表中的基本数据（例如，年龄、身高、体重等）。

步骤3　避免穿着衣服进行测量。如果无法做到这一点（例如，穿着运动文胸），请从皮褶厚度测量值中减去衣服的厚度。

步骤4　在多个部位重复测量，方法是在每个部位进行一次测量（按照个人数据表上的顺序），并按同样的顺序重复测量。有关每次测量的具体说明，参见个人数据表及随后的解剖部位程序清单。（图15.4中测试对象的黑色"×"表示有效的解剖学视觉提示。学生不应重复这种做法，因为它使重复测量失去意义）

步骤5 在距离放置卡尺钳口的近端1厘米处用拇指和食指捏住适当厚度的皮褶。没有经验的测试人员经常会犯一个错误，即在捏起皮褶时两只手指靠得太近。手指首先要张开比较宽的距离，然后并拢起来，以捏出皮褶。皮褶不应太厚，但是如果手指太近，则有可能使皮褶的厚度小。

步骤6 将卡尺的钳口放置在未用手指固定的皮褶底部与皮褶顶部之间的距离的一半处（见图15.2）。卡尺应垂直于皮褶，不要为了易于读数而扭转卡尺。

步骤7 记录卡尺上的刻度读数，大多数卡尺精确到0.5毫米。在取下卡尺之前，手指不要松开皮褶，不要让卡尺突然闭合！

步骤8 继续测量其余的解剖学部位的皮褶厚度并记录两个测试人员对9个部位的所有测量结果。

步骤9 测量皮褶的异常值（与其他测量结果相差>30%）可以被排除。在个人数据表中填入测试人员的其余3次测量的平均值。

步骤10 学生应将自己测量的皮褶值填入其个人数据表。

步骤11 用针对具体性别的3部位和7部位身体密度公式和思蕊公式估算体脂。使用这些数据来回答实验活动问题，并记录这些结果。

解剖部位皮褶测试程序

这些部位特定的程序是对已经给出的标准皮褶测量程序的补充。这些程序提供了杰克逊和波洛克公式[4]及杰克逊、波洛克和沃德[5]公式所使用的部位所需的详细信息。

肱三头肌

- 让测试对象背对着测试人员站立，右臂伸直下垂。
- 站在测试对象后面，在肱三头肌的背面、肩部（肩胛骨的肩峰突起）和肘部尖端（尺骨鹰嘴突的下部）的中间点上方1厘米处捏起一个皮褶。
- 将卡尺的钳口放在皮褶下方1厘米处，垂直于竖直的皮褶。见图15.4。

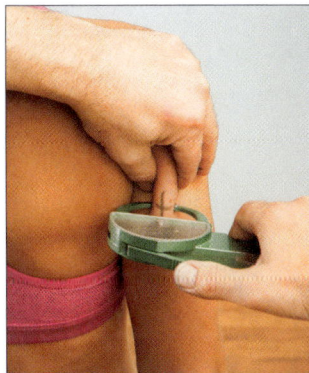

图15.4 肱三头肌皮褶测量

髂骨上部

- 与腋前线水平，髂嵴的正上方，沿着皮褶的自然裂线（沿髂嵴朝斜下方指向脐部）抓住皮褶。
- 将卡尺的钳口放在距离斜向皮褶远端的1厘米处，并且与皮褶垂直。见图15.5。

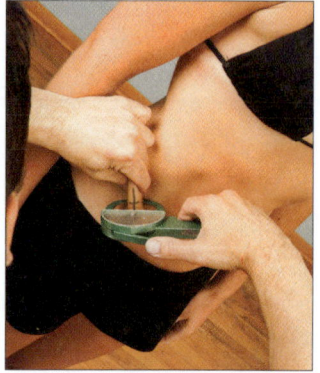

图15.5 髂骨上部皮褶测量

腹部

- 在脐部右侧2厘米和上方1厘米处抓住垂直皮褶。
- 将卡尺的钳口放在垂直皮褶下方1厘米处，并垂直于皮褶（脐部右侧）。见图15.6。

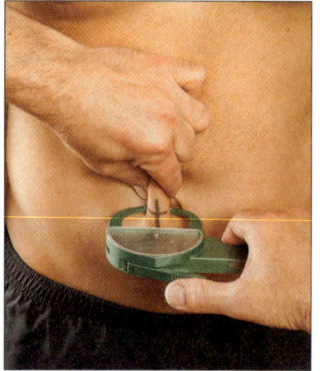

图15.6 腹部皮褶测量

胸部

- 对于男性来说，胸部皮褶是腋前线（腋窝前部）和乳头之间的中点。沿着胸大肌角度的斜线在中点上方1厘米处抓住皮褶。将卡尺的钳口放在斜线皮褶下方1厘米处并垂直于皮褶。
- 对于女性，在腋前褶皱上尽可能高的位置测量斜线皮褶的厚度。
- 将卡尺的钳口放在斜线皮褶下方1厘米处，并垂直于皮褶。见图15.7。

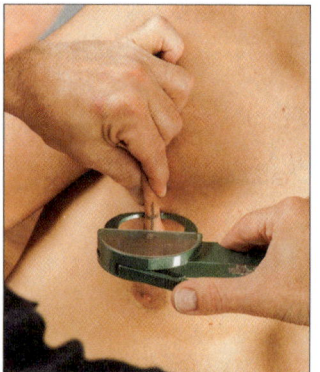

图15.7 胸部皮褶测量

大腿

- 让测试对象将重心完全放在左腿上，右腿膝盖略微弯曲。
- 让测试对象卷起其短裤，露出大腿的前部。由于短裤较长，测试人员往往在大腿较靠下的部位测量皮褶。
- 在大腿前部，腹股沟和髌骨近端边缘之间的中点上方1厘米处测量垂直皮褶的厚度。
- 将卡尺的钳口放在垂直皮褶下方1厘米处，并垂直于皮褶。见图15.8。

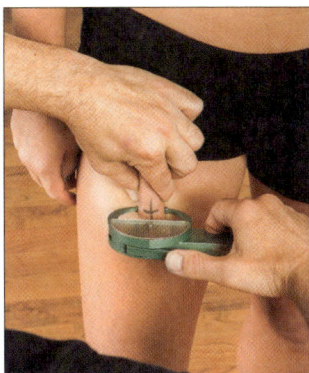

图15.8 大腿皮褶测量

腋下中部

- 在胸骨剑突的高度沿着腋中线测量垂直皮褶的厚度。通常将测试对象的手臂放在测试人员的肩膀上，以便对准腋中线。
- 将卡尺的钳口放在垂直皮褶下方1厘米处，并垂直于皮褶。见图15.9。

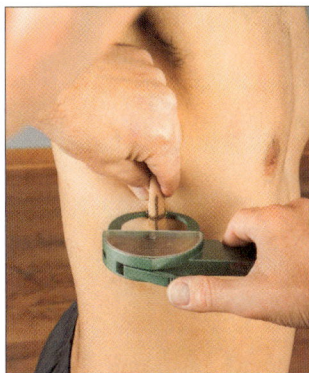

图15.9 腋下中部皮褶测量

肩胛下部

- 从距离肩胛骨的下角1~2厘米处测量斜线皮褶的厚度。测试对象可以在背后弯曲手臂，以露出肩胛骨，一旦找到位置，手臂就可以恢复到正常位置。
- 将卡尺的钳口放在斜线皮褶下方1厘米处，并垂直于皮褶。见图15.10。

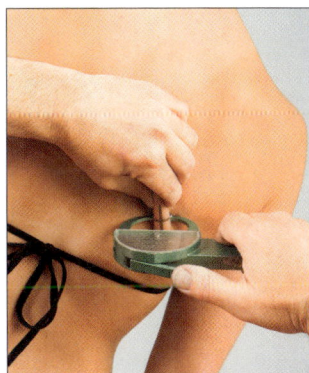

图15.10 肩胛下部皮褶测量

肱二头肌

- 在手臂前侧的肱二头肌肌腹上方1厘米处，也就是之前肱三头肌的高度的上方，测量垂直皮褶的厚度。测试对象应向前旋转手掌。
- 将卡尺的钳口放在垂直皮褶下方1厘米处，并垂直于皮褶。见图15.11。

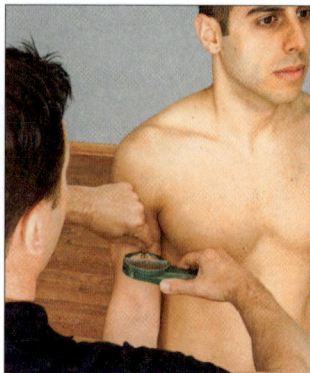

图15.11　肱二头肌皮褶测量

小腿

- 在小腿最大围度的内侧测量垂直皮褶的厚度，测试对象的膝和髋关节弯曲至90度（将脚放在凳子上）。
- 将卡尺的钳口放在垂直皮褶下方1厘米处，并垂直于皮褶。见图15.12。

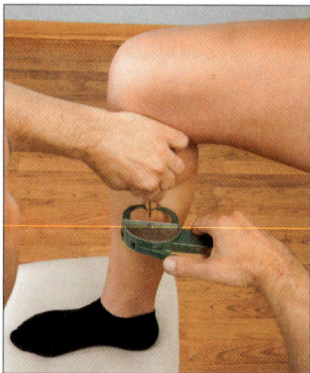

图15.12　小腿皮褶测量

问题集15.2

1. 使用两个测试人员测量的数据计算体脂肪。测试人员的皮褶测量结果比较如何？每个测试人员的测量结果重复性如何？这表明皮褶厚度测量的可靠性如何？对皮褶厚度测量技术的培养有什么建议？
2. 皮褶厚度测量的潜在误差来源是什么？
3. 将测量得到的所有身体成分测量值分别按可靠性和有效性从低到高排列，并简要解释你的答案。
4. 对于水平称重和皮褶厚度之间的相对体脂（%BF）值的差异，可能会有什么解释？

5. 简要描述你（作为运动专家、教练、研究员、运动训练师或物理治疗师）如何使用通过估算自己的学生、运动员、测试对象或患者的身体成分所获得的信息。

6. 你自己的每个测量值与标准值相比较如何？相对体脂的所有测量值的平均值是多少？你认为哪一个最有效？为什么？

7. 计算你的理想体重。你打算如何达到（或维持）这个理想体重？你做了哪些假设？

实验活动15.2

个人数据表

姓名或ID号：_____ 日期：_____

测试人员：_____ 时间：_____

性别：男/女（圈一个） 年龄：_____岁 身高：_____英寸 _____米

体重：_____磅 _____千克 温度：_____华氏度_____摄氏度

气压：_____毫米汞柱 相对湿度：_____%

测量部位	第1次	第2次	第3次	平均	测试人员
胸部					
腋下中部					
肩胛下部					
肱三头肌					
肱二头肌					
腹部					
髂骨上部					
大腿					
小腿					

皮褶厚度的测量单位为毫米。

用Σ3SKF和Σ7SKF公式计算身体密度和体脂。

D_b（Σ3SKF）=_____克/毫升

D_b（Σ7SKF）=_____克/毫升

%BF（Σ3SKF）=_____%

%BF（Σ7SKF）=_____%

用水下称重法估算相对体脂

设备

- 水下称重（UWW）水箱（运动科学实验室或游泳池中的定制浴缸）
- 在水箱内的秤（悬浮平衡或称重传感器），能够悬挂在水中的椅子或长凳（供测试对象坐在上面进行测量）
- 秤（精确到0.1千克）
- 测距仪或卷尺
- 个人数据表

UWW

步骤1 收集个人数据表中的基本数据（例如，年龄、身高、体重等）。测试前测试对象应禁食3小时和禁止运动24小时。

步骤2 在测试对象未进入水前测量其体重。测试对象应该穿泳衣，理想情况下，泳衣应尽量贴身，最大限度地减少其中的空气，并摘下所有首饰。在测试对象身体是干的时候进行测量。

步骤3 让测试对象淋浴，去除可能污染UWW水箱的油和乳液。

步骤4 水温应在33~36摄氏度（舒适的水温）。

步骤5 在测试对象进入水箱之前对秤进行校准，只需在水位以上将已知重量挂到秤上即可完成这一步。

步骤6 测试对象应该进入水箱并被水浸没，让自己完全湿透，包括头发。应将泳衣、头发和皮肤以及摆杆和设备的任何其他部分中的气泡去除。

步骤7 让测试对象被水浸没到颈部，不要接触到秤。记录此时秤上的重量，即皮重。测试对象的重量取代了水的重量，这将改变秤的重量。如果测试对象在水下称重期间佩戴重物，则在测量皮重时应将重物固定到摆杆上，有些系统允许将此皮重归零。每个测试对象都应进行该过程，因为不同身材的皮重不同。

步骤8 测试对象应坐在椅子或摆杆上并练习水下称重程序。可能需要让测试对象佩戴重物（2~3千克，例如潜水带）才可以被水完全浸没。测试对象在淹没之前应排出肺部的大部分空气，然后浸没并排出所有额外的空气。测试对象和摆杆都不能碰到水箱的侧面。测试对象应该尽可能地保持不动，轻微的移动就会导致秤大幅度振荡，使测试人员难以读数。如果可能的话，让测试对象慢慢数到10并在此过程中保持被淹没状态。在个人数据表上记录水下重量。

步骤9　对测试对象重复该过程3~5次，直到获得至少3个稳定的读数。应该有一位学生负责读数。秤的指针可能会大幅振荡，当测试对象悬浮时，它应该稳定下来。当指针稳定时，读数员应确定指针振荡的极值，并记录这些极值的中点。目标是将刻度读数精确到20克，但可能只能精确到50克，此精度水平可能因系统而异。如果实验室有称重传感器，则可以达到更高的精度。

步骤10　记录包括计算出的测试对象的相对体脂（使用所有预测RV的公式，请务必保留有效数字）。

问题集15.3

1. 水下称重的潜在误差来源是什么？
2. 用3个公式计算出的RV值之间有什么区别？这种差异对相对体脂的计算结果有什么影响？这会使体脂测量结果产生多大的差异？
3. 根据水下称重结果计算每个测试对象的脂肪重量和瘦体重的总和（千克），列出计算过程。
4. 为什么可能需要为正在接受阻力训练的人开发不同的身体密度（D_b）到相对体脂（%BF）的转换公式？

实验活动15.3

个人数据表

姓名或ID号：_____　日期：_____

测试人员：_____　时间：_____

性别：男 / 女（圈一个）　年龄：_____岁　身高：_____英寸_____米

体重：_____磅_____千克　温度：_____华氏度_____摄氏度

气压：_____毫米汞柱　相对湿度：_____%

空气中的质量（M_A）_____千克

RV_A=_____升

RV_B=_____升

RV_C=_____升

水温（T_w）_____摄氏度

D_w（见表15.7）：_____

皮重：_____克

测量	1	2	3	4	5
水中的质量（M_W；克）					

圈出3个最高的M_w值并使用这3个值的平均值：_____g

$$\underset{\text{平均}M_w（克）}{\underline{\hspace{3cm}}} - \underset{\text{皮重（克）}}{\underline{\hspace{2cm}}} = \underset{\text{净}M_w（克）}{\underline{\hspace{2cm}}}$$

使用RV_A计算

$$\cfrac{\underset{M_A（克）}{\underline{\hspace{3cm}}}}{\left[\left(\underset{M_A（克）}{\underline{\hspace{1.5cm}}} - \underset{M_w（克）}{\underline{\hspace{1.5cm}}}\right) / \underset{D_w（克/毫升）}{\underline{\hspace{1.5cm}}}\right] - \underset{RV_A（毫升）}{\underline{\hspace{1.5cm}}} - 100毫升} = \underset{D_b（克/毫升）}{\underline{\hspace{1.5cm}}}$$

$$\left(4.95 / \underset{D_b（克/毫升）}{\underline{\hspace{2cm}}}\right) - 4.50 = \underset{\%体脂}{\underline{\hspace{2cm}}}$$

使用RV_B计算

$$\cfrac{\underset{M_A（克）}{\underline{\hspace{3cm}}}}{\left[\left(\underset{M_A（克）}{\underline{\hspace{1.5cm}}} - \underset{M_w（克）}{\underline{\hspace{1.5cm}}}\right) / \underset{D_w（克/毫升）}{\underline{\hspace{1.5cm}}}\right] - \underset{RV_B（毫升）}{\underline{\hspace{1.5cm}}} - 100毫升} = \underset{D_b（克/毫升）}{\underline{\hspace{1.5cm}}}$$

$$\left(4.95 / \underset{D_b（克/毫升）}{\underline{\hspace{2cm}}}\right) - 4.50 = \underset{\%体脂}{\underline{\hspace{2cm}}}$$

使用 RV_c 计算

$$\dfrac{\overline{M_A（克）}}{\left[\left(\underset{M_A（克）}{\underline{\quad\quad}}-\underset{M_w（克）}{\underline{\quad\quad}}\right)\Big/\underset{D_w（克/毫升）}{\underline{\quad\quad}}\right]-\underset{RV_c（毫升）}{\underline{\quad\quad}}-100\text{毫升}}=\underset{D_b（克/毫升）}{\underline{\quad\quad}}$$

$$\left(4.95\Big/\underset{D_b（克/毫升）}{\underline{\quad\quad}}\right)-4.50=\underset{\%\text{体脂}}{\underline{\quad\quad}}$$

注意：这100毫升是胃肠道中气体体积的估算值。

心电图测量

定义

12 导联心电图：在测试对象身上放置来自 10 个电极的引线组，以记录心脏的电活动。

异位起搏点：不在窦房（sinoatrial，SA）结中，但作为心脏电活动的起搏器的心脏细胞。

心电图（electrocardiograph，ECG 或 EKG）：心脏电活动的图形记录。

心轴：胸腔内心脏的角度位置。

平均向量：心脏电向量的总和，决定心脏在体内的位置或心轴。

P 波：代表心房去极化的心电图记录。

起搏点：引起整个心脏（通常是窦房结）的电活动的心脏细胞或一组细胞。

QRS 波群：代表心室去极化的心电图记录。

T 波：代表心室复极化的心电图记录。

身体中的所有细胞都可以传导电流，电活性最强的两个组织是大脑和心脏。通过在皮肤上放置电极并将电极连接到**心电图仪**，就可以记录在这些组织中传导的电流。由此产生的三维图形记录提供了有关心率和心律、当前表现、伤病史和潜在受伤风险的详细信息。许多临床医生化费很大精力研究心电图，以表征测试对象的心脏表现。临床运动生理学家经常使用运动压力来识别可能有心脏损伤风险的人。该领域的证书让学生可以在临床运动生理学和心脏康复领域寻找工作[1]。

心脏的电活动

正常心脏的电活动（见图 16.1）起源于窦房结，窦房结充当心脏的**起搏点**。然而，任何心脏细胞（心肌细胞）都可以作为起搏点，当不在窦房结内的细胞充当起搏点时，它被称为**异位起搏点**。电活动从窦房结开始，利用心肌细胞之间的缝隙连接（闰

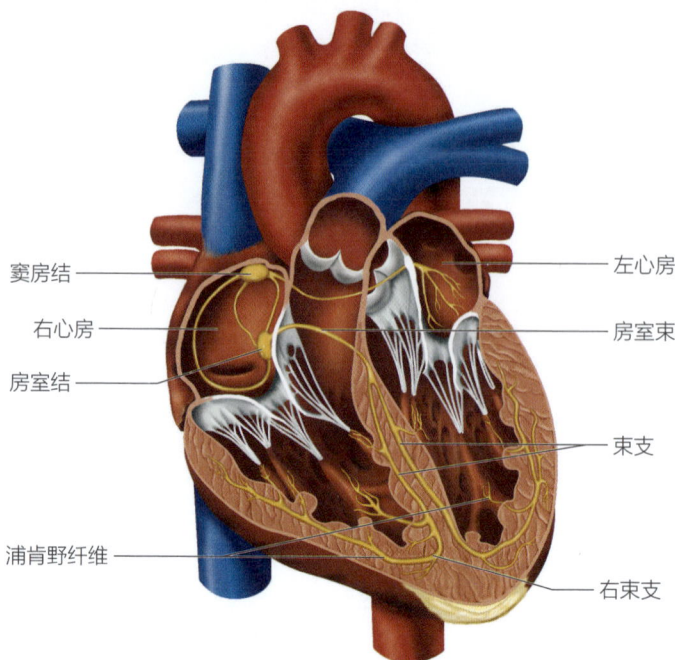

窦房结 ——

右心房 ——

房室结 ——

浦肯野纤维 ——

—— 左心房

—— 房室束

—— 束支

—— 右束支

图16.1 心脏的传导系统

盘）在整个心房扩散。这些特殊的连接不需要化学突触就可以实现去极化的扩散。心脏的心房和心室被薄的结缔组织分开，因此它们是不同的电单元。心房去极化波通过房室（atrioventricular，AV）结汇集，在到达房室结时略有停顿，然后快速去极化波被送到房室束、束支和浦肯野纤维。

心室中的这些导电纤维专门用于快速传导电信号，这对于心室特别重要。心室负责向全身泵送血液，包括将血液泵送到大脑（对抗重力）。在心室中快速传递去极化波可以协调收缩，以改善血液喷射。去极化波利用闰盘以约0.3米/秒的速度在细胞间传播，而束支和浦肯野纤维传导电流的速度可以超过3米/秒。心电图记录此电活动并提供有关心律的数量和质量的信息。

心电图读数有3个主要部分：**P波、QRS 波群和T波**。这些波形代表心脏各腔室的电活动，也代表这些区域的收缩状况（见图16.2）。

电脉冲从右心房中的窦房结穿过两个心房，产生心电图的第一个波形——P波，因此它表示心房去极化过程。然后电脉冲传播到房室结，在那里稍微停顿，然后通过房室束传播到位于心室壁中的浦肯野纤维。随着去极化波从房室结扩散至整个心室，在心电图上会显示出一个偏转波形，它被称为QRS波群，代表心室去极化波过程。心电图描记的最后一个波形是T波，代表心室的复极化波过程。心房复极化过程在QRS波群的追踪下变得模糊，因此无法看到它。

在心脏中，电活动（去极化）先于机械活动（收缩）。然而，关于心脏收缩的许多信息可以从电活动中确定。心电图记录的

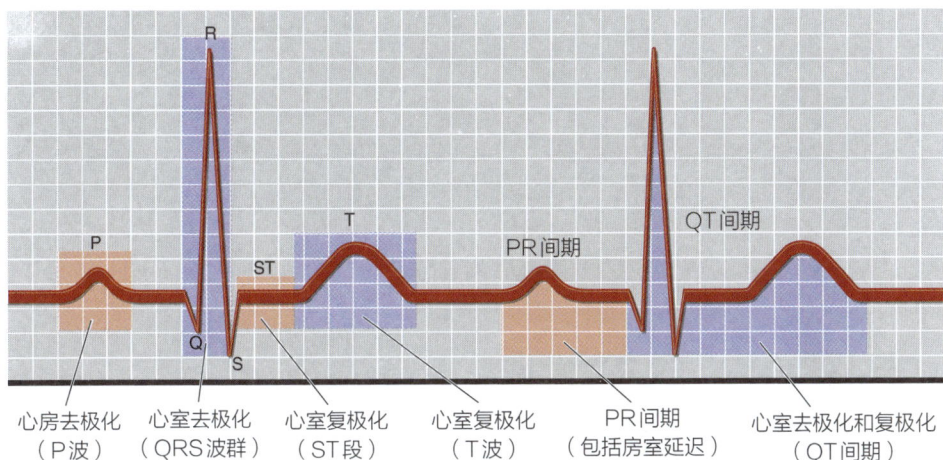

心房去极化　　心室去极化　　心室复极化　　心室复极化　　PR 间期　　　心室去极化和复极化
（P波）　　（QRS波群）　　（ST段）　　（T波）　　（包括房室延迟）　　（QT间期）

图16.2　心电图波形

[Reprinted, by permission, from W. L. Kenney, J. H. Wilmore, and D. L. Costill, 2015, *Physiology of sport and exercise*, 6th ed. (Champaign, IL: Human Kinetics), 159.]

坐标轴：y轴为电压毫伏，x轴为时间，这使医生可以确定时间延迟和电活动的数量。例如，P波或QRS波群振幅大分别表示心房或心室中的肌肉量大。这种类型的肥大可能表明心脏瓣膜有缺陷，也可能是对运动的适应。心房去极化（P波）的时间比心室去极化（QRS波群）的时间长。这是因为心室内的特殊纤维，前文有所提及。另外，可以通过心电图确定电信号的方向。心电图导联有方向，因此如果波形与心电图导联同向，则波形将是向上的（正）。相反，如果波形与导联的方向相反，则它将向下（负）。如果一个波的拐点是上下相等的，则认为与心电图导联成90度。

心电图导联的放置

虽然可以只使用一个电极完成心电图，但是12导联心电图需要放置10个电极才可以完成（见图16.3）。电极组成导联，可以认为是具有从负极到正极的方向的电向

量，通过这些电向量创建心脏内电流的三维图像及其电活动的方向。有6个肢体导联来自放在躯干或肢体的4个电极，有6个胸部导联来自放在胸部的6个电极。导联是一个或多个电极之间的电压差。双极肢体导联（Ⅰ、Ⅱ和Ⅲ）这个名称来源于它们是肢体电极之间的正极和负极组合。例如，导联I是左臂（LA）和右臂（RA）电极之间的电压差。其他3个肢体导联称为增强肢体导联——aVR、aVL和aVF。这些导联是单极导联，但它们也有负极和正极，其负极是几个其他电极的复合物。它们之所以被认为是增强的导联，是因为负极是电极的组合，从而增强了信号强度。例如，aVR使用右臂（RA）电极作为正电极，负极使用左臂（LA）电极和左腿（LL）电极的组合。请注意，右腿（RL）电极充当地线。见图16.4。

胸部或心前区导联（V1~V6）也被认为是单极的，并且由于它们非常接近，可以用

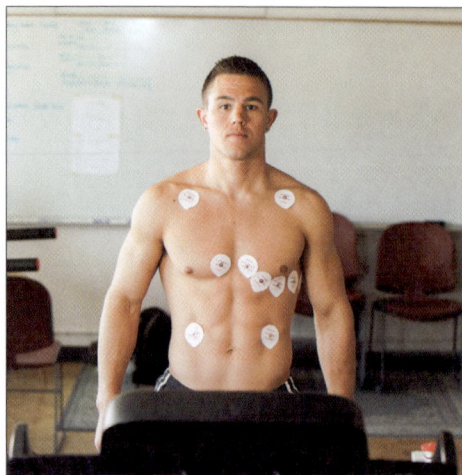

图16.3 12导联电极的放置

于在一个水平面上观察心脏。胸部的电极使得有更多的电向量可以用于确定电方向、心率或心轴。

解读心电图记录

通过心电图记录（或条带）可以确定很多信息，包括心率、心轴、临床诊断和心脏收缩的表现。在这里关注相对容易确定的心率和心轴。当窦房结充当心脏的起搏点时，会引起正常的窦性心律。窦性心动过缓会表现出正常的心律，但静息心率较慢（>60次/分）。窦性心动过速表现出正常的心律，但静息心率升高（>100次/分）。

从心电图条计算心率涉及相对简单的数学运算。通常，心电图纸的移动速度为25毫米/秒，即1 500毫米/分。因此，为了计算心率，只需要测量R波之间的长度，并使用下面这个简单的公式。

$$心率（次/分）=1\,500/R波到R波的距离（毫米）$$

可以使用公制标尺测量该距离，也可以利用心电图条上的每个小方格的长度为1毫米（0.04秒）、每个大格子的长度为5毫米（0.2秒）的知识计算出该距离。通常测量跨若干个心动周期的R波到R波距离来计算平均距离，因为心率变异性在一些人中是很明显的。例如，假设在正常窦性心律心电图中测得4个R波之间的距离是50毫米，则平均值为16.67毫米/次，因为它涵盖了3个R波到R波距离。可以进行如下计算：1 500/16.67 ≈ 90次/分。在图16.2中，R波之间的18毫米将产生的心率为83.33次/分。显然，这种方法的前提假设是纸张速度为25毫米/秒，因此必须确认测试用的心电图仪也具有同样的纸张速度。

还有其他方法可以通过心电图条计算心率，例如将300除以大格子（5毫米）的数量。这种方法可以节省时间并使判读员可以粗略估算心率。有些心电图条提供以1秒、3秒或6秒间隔的刻度标记，将刻度标记内的R波间隔数量分别乘以60、20或10就可以粗略估算出心率。然而，这些估算需要判读员估计时间间隔之间的不规则心跳次数，从而引入了偏差和潜在误差。尽管耗时较长，但测量R波之间的距离仍然是从心电图条获得心率的最准确方法。实际上，心电图仪通常会自动计算心率。但是，建议实验室指导员遮盖此项输出数据，以便学生学习进行此计算。

心轴是胸腔内心脏的角度位置。心轴可能受到身体姿势、心肌肥大、怀孕和某些疾病状态的影响。从电向量的方向确定心轴也可用于确定心脏中的具体损伤位置。心脏总电活动的平均方向赋予了其轴，即

平均向量。由于心室的质量，使用肢体导联（Ⅰ、Ⅱ、Ⅲ、aVL、aVR和aVF）中QRS波群的方向来确定平均向量（见图16.4）。由于来自窦房结的去极化波在整个心脏中传播，窦性心律下的正常健康心脏的心轴为60度，这导致导联Ⅰ、Ⅱ和aVF中的QRS波群正向（向上）偏转（参见图16.4b，了解心轴相对于电向量的度数）。该轴在垂直于该轴的导联（即aVL导联）中产生同样幅度的正负偏转（等电位），并且在方向几乎与心轴方向安全相反的aVR导联中产生的几乎完全是负偏转。正常心轴的范围为0~90度，而右心轴的范围为90~180度，左心轴的范围为–90~0度。因此，大多数心脏的轴在导联Ⅰ、Ⅱ和aVF之间，并且在所有或大多数这些导联中出现的QRS波群正向偏转表明心轴正常。通过检查等电位和负的QRS导联可以找到更具体的平均向量。例如，假设心电图结果为在Ⅰ、Ⅱ和aVF导联中具有QRS波群正向偏转，则表明心轴正常。为了进一步细化，可以判断等电位导联Ⅲ和负aVR中的QRS波。两者综合的结果是平均向量的角度为30度，垂直于最大的等电位信号。实际心轴与正常心轴之间的偏差可能是左心室或右心室肥大、右或左束支传导阻滞、其他心异常或心肌梗死（心脏病发作）等疾病的征兆。

心电图作为诊断心脏异常的工具

本实验介绍了心电图的概念，并不提供有关心电图诊断用途的完整培训。在本实验中会讨论几个简单的异常情况。有关解读心电图的更完整讨论，请参阅本实验的参考文献[2, 4]。以下各部分简要描述了一些与正常窦性心律不同的心电图异常的情况。

ST段异常

从S波至T波开始的时间可以显示血液流向心脏的异常。ST段抬高表示已经有过心脏病发作或某种程度的心脏组织坏死。

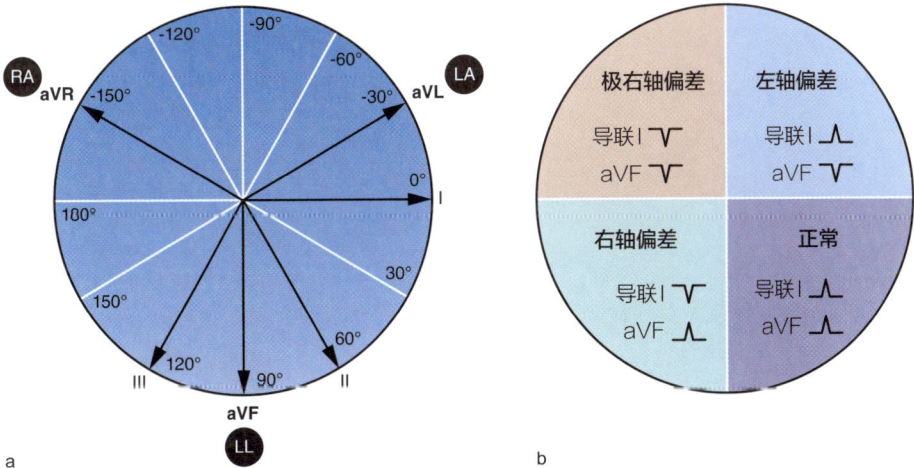

a. ECG导联向量；b. 确定心轴
图16.4 心轴与ECG导联
[©Charles Dumke.]

另外，冠状动脉血流减少（或局部缺血）会增大心脏病发作的风险。心脏局部缺血在心电图上表现为ST段压低。ST段与等电位线的差异的严重程度与疾病的严重程度成正比。在静息时ST段压低得可能不明显，但在运动压力期间就会变得明显。见图16.5。

室性早搏

当心室中的肌细胞引发心脏收缩，从而起到异位起搏点的作用时，就会发生室性早搏（preventricular contractions，PVCs）。通过宽大畸形QRS波群可识别出室性早搏（见图16.6a）。它们在静息时相对常见，但如果在运动期间出现的频率明显增加，则可能导致较差的心室表现。连续几个室性早搏则表明这种异常的严重程度更高。二联律（bigeminy）是指每隔一个心动周期出现一次心跳异常，如室性早搏（见图16.6b）。三联律（trigeminy）是指每3个心动周期出现一次异常搏动。

室性心动过速

室性心动过速（Ventricular tachycardia，V-tach）是持续性的室性早搏。如果室性心动过速持续存在，则需要立即就医，通常可使用心肺复苏（cardiopulmonary resuscitation，CPR）或使用自动体外除颤器（automated external defibrillator，AED）电击心脏，使其恢复窦性心律。

心室纤维性颤动

心室纤维性颤动（Ventricular fibrillation，V-fib）是心室持续痉挛，无法实现正常的泵血功能。如有异常需要立即就医，通常可使用心肺复苏或使用自动体外除颤器电击心脏，使其恢复窦性心律。见图16.7。

心脏停搏

心脏停搏时心电图会出现的一条平直线，发生这种情况时需要立即就医，通常使用自动体外除颤器电击心脏，使其恢复窦性心律。

房性早搏

房性早搏（premature atrial contractions，PACs）类似于室性早搏，但其是心房的异位收缩。因为这种情况出现在心房中，所以其不像室性早搏那么令人担忧。房性早搏通常不需要治疗，但是其可能导致心房扑动或纤维性颤动。见图16.8。

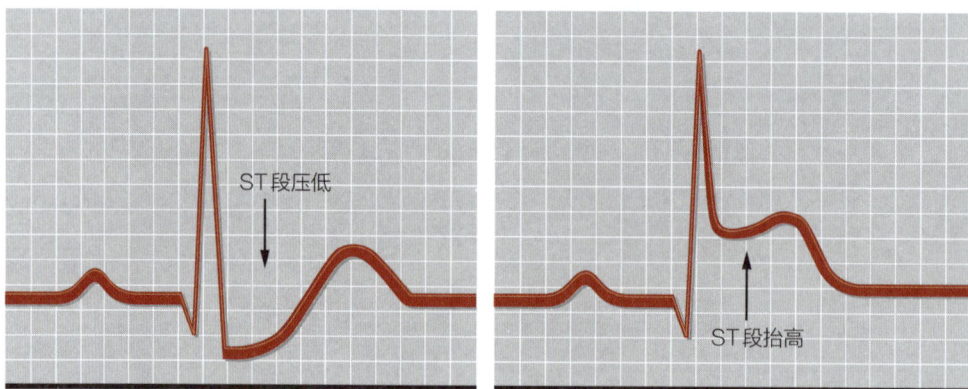

ST段压低

ST段抬高

图16.5 ST段压低和抬高

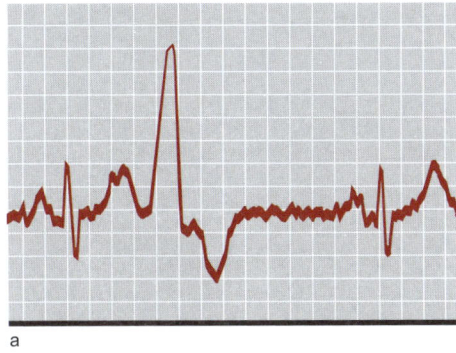

a

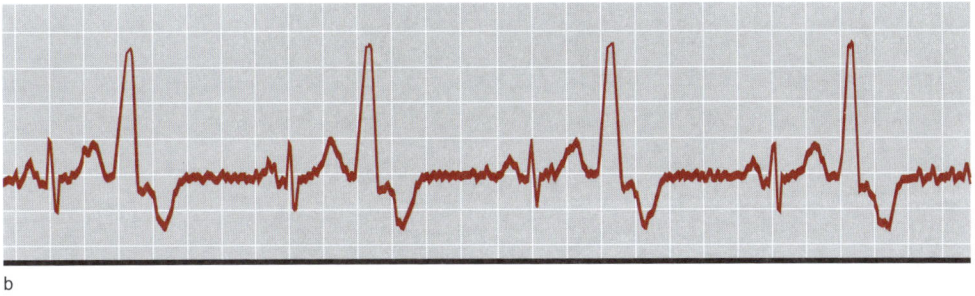

b

a. 室性早搏；b. 二联律

图16.6

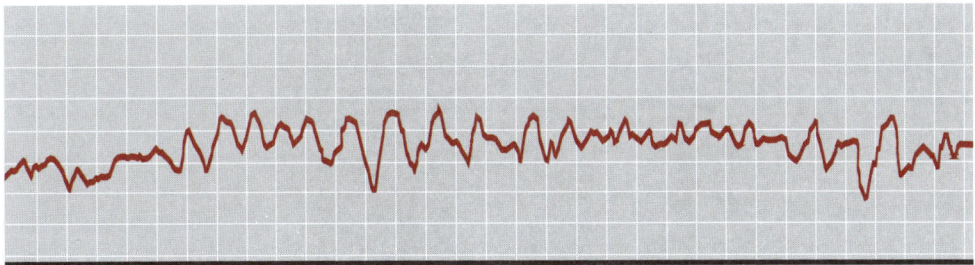

图16.7 心室纤维性颤动

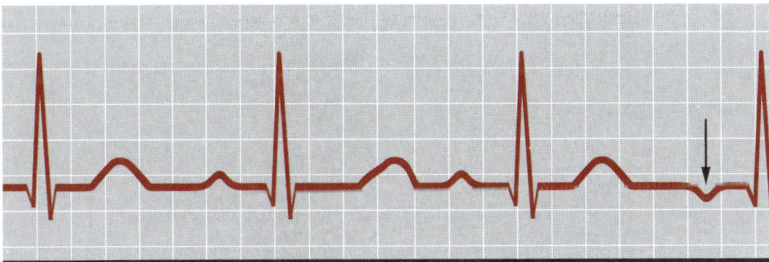

图16.8 房性早搏

心房扑动和纤维性颤动

心房扑动指心房非常快速且不协调（>250次/分）地收缩。虽然本身不一定是危险的，但它会影响心室的完全充盈，并且通常患有其他心脏病或慢性阻塞性肺病（COPD）的老年人同时也患有心房扑动。心房扑动可能是暂时的，但也可能导致心房纤维性颤动。扑动不同于纤维性颤动，因为心房在扑动时会有规律地搏动，但在纤维性颤动时是不规则地搏动。患者可能不会注意到心房扑动和纤维性颤动，但是它们可能导致更严重的心室问题。心房纤维性颤动既可能导致心室的不规则收缩，还可能增大患者中风的风险。见图16.9。

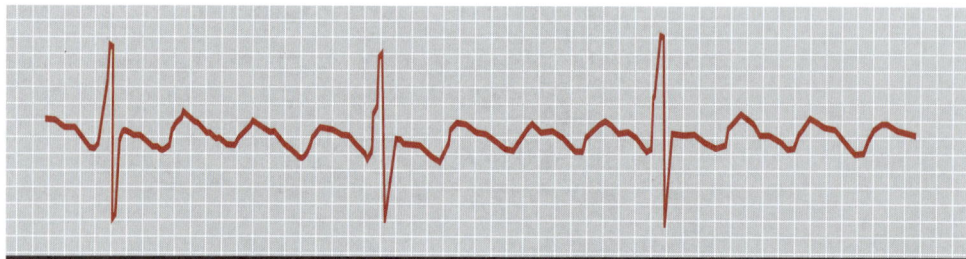

图16.9 心房扑动和纤维性颤动

心率对运动的反应

在递增负荷运动期间，心率增加与运动强度成正比。运动过程中的这种心率调节由自主神经系统控制[3]。低于100次/分的心率是由迷走神经对窦房结的副交感神经支配引起的。从静息到运动的心率增加涉及窦房结的副交感神经收缩和交感神经刺激。见图16.10。

随着递增负荷运动测试中运动强度的增加，心率在前1或2分钟内增加，然后当它满足新的代谢需求并达到稳态时趋向平稳。运动强度越高，心率达到稳定状态所需的时间越长。在达到最大强度（力竭）时，心率可能达到稳定水平，此时的心率被认为是最大心率。

在强度递增的运动过程中，除了心率的变化之外，心电图可能看起来也会有所

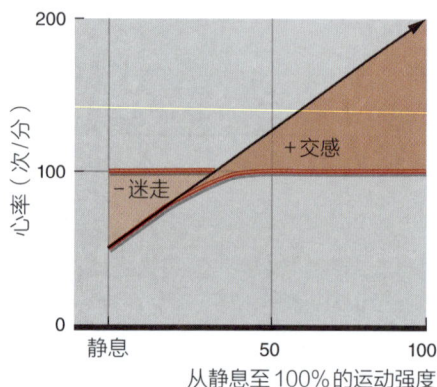

图16.10 心率的自主神经系统控制

[Reprinted, by permission, from W. L. Kenney, J. H. Wilmore, and D. L. Costill, 2015, *Physiology of sport and exercise*, 6th ed. (Champaign, IL: Human Kinetics), 159; L.B. Rowell, 1993, Human cardiovascular control (Oxford, UK: Oxford University Press).]

不同。通常，在交感神经控制下，在静息时有室性早搏的人在运动过程中偶尔会具有正常的窦性心律。相反，并且更危险的是，发生室性早搏或房性早搏的频率可能会随着运动而增加。另外，ST段可能会发

生变化，特别值得注意的是ST段压低，表明了心肌缺血。出现ST段压低的运动强度被称为**缺血阈值**，出现该情况时应立即停止测试[1]。在初次使用心电图时，不太可能观察到这种变化，因为这些变化在表面上看起来很健康的年轻个体（例如你的实验同伴）中不太明显。可能观察到的变化包括因呼吸肌的募集和电极碰撞而引起的噪声水平增加，这使在较高运动强度下产生的心电图难以被解读。尽可能保持电极连接稳固，并避免让测试对象过度摆臂，可以减少这种噪声。

由于运动训练会对心电图产生影响，运动员经常被误诊患有病理性心脏病[2]。运动员心律的常见变化包括窦性心动过缓、ST段和T波的改变（通常由于T波的幅度增加而出现ST段抬高）、心室肥大、束支或房室传导阻滞等，以及各种心律失常。这些表现不具有临床意义，而是心脏适应运动训练的结果。

静息心电图

设备

- 台秤（数字秤或其他秤）
- 测距仪（靠墙式或独立式）或附有人体测量仪的医用秤
- 心电图仪
- 一次性心电图电极
- 酒精棉、纱布、擦洗垫、一次性剃刀
- 个人数据表

6 导联静息心电图测试

步骤1 收集个人数据表中的基本数据（例如，年龄、身高、体重等）。

步骤2 让所有学生都准备好。

步骤3 使用心电图仪电极测量心脏电流，因此任何导电阻抗都会影响电记录。在放置每个一次性电极之前，去除电极部位的所有毛发、身体油脂、死皮和乳液。

步骤4 帮助测试对象准备好4个肢体电极（LA、RA、LL、RL）。找到放置电极的正确位置（参见下面的列表），并准备好测试区域，即剃干净毛发（如有必要），用擦洗垫擦洗，并用酒精清洁放置电极的部位。应提前指示女性穿泳衣上衣或运动文胸。对于女性测试对象要谨慎，并始终保持专业的态度。在临床环境中，肢体电极通常放在脚踝和手腕上，在本实验中会按运动状态将肢体电极放在躯干上。电极应放在以下解剖位置（见图16.11）。

LA：位于测试对象左锁骨中部正下方，胸大肌上方，三角肌前束内侧。

RA：位于测试对象右锁骨中部正下方，胸大肌上方，三角肌前束内侧。

LL：在测试对象的左外斜肌和腹直肌之间，与脐部齐平。

RL：在测试对象的右外斜肌和腹直肌之间，与脐部齐平。

步骤5 将标记好的心电图引线连接到正确的心电图标记电极。

步骤6 当测试对象安静地坐在椅子上时，获得其心电图。

步骤7 务必要记录心电图纸移动的速度。

步骤8 填写个人数据表。

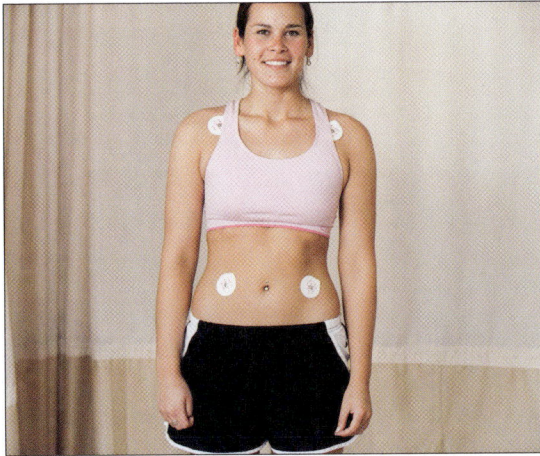

图16.11　4个肢体电极的位置

问题集16.1

1. 使用你的个人心电图数据，通过上述3种方法计算心率（1 500/R波到R波距离；刻度标记中R波到R波间隔的数量；300/大格子数量）。在个人数据表上列出你的计算，并附上你的心电图。

2. 用这3种方法是否能得出相同的心率？为什么？

3. 描述在具有正常窦性心律的心脏中的电活动级联，控制心率的是什么？

4. 标记一个心动周期，识别P波、QRS波群、T波、PR间期和ST段，解释其各自代表的心脏行为。

5. 使用6导联心电图而不是1导联心电图的目的是什么？

6. 确定你的心轴，它是否在正常范围内（见图16.4和随附文字说明）？

实验活动16.1

个人数据表

姓名或ID号：＿＿＿＿＿＿＿＿＿＿＿＿＿＿＿＿＿　日期：＿＿＿＿＿＿＿＿＿＿＿＿＿

测试人员：＿＿＿＿＿＿＿＿＿＿＿＿＿＿＿＿＿＿　时间：＿＿＿＿＿＿＿＿＿＿＿＿＿

性别：男/女（圈一个）　年龄：＿＿＿＿＿＿岁　身高：＿＿＿＿＿＿英寸＿＿＿＿＿＿米

体重：＿＿＿＿＿＿磅＿＿＿＿＿＿千克　温度：＿＿＿＿华氏度＿＿＿＿摄氏度

气压：＿＿＿＿＿＿＿＿＿毫米汞柱　相对湿度：＿＿＿＿＿＿＿＿＿＿＿＿%

心率

A. 4个R波之间的距离＿＿＿＿＿＿＿＿＿毫米/3=＿＿＿＿＿＿＿＿＿毫米/次

1 500毫米/分/＿＿＿＿＿＿＿＿＿毫米/次=＿＿＿＿＿＿＿＿＿次/分

B. 300大格子/分＿＿＿＿＿＿＿大格子/次=＿＿＿＿＿＿＿次/分

C. 心电图刻度标记距离=＿＿＿＿＿＿＿＿＿秒

R波数量/刻度标记数量＿＿＿＿＿×＿＿＿＿＿＿刻度标记数量/分=＿＿＿＿＿次/分

心轴

A. 正偏转幅度最大的导联＿＿＿＿＿＿＿＿＿＿＿＿=＿＿＿＿＿＿＿＿＿＿度

B. 等电位偏转最接近的导联＿＿＿＿＿＿＿＿＿＿=＿＿＿＿＿＿＿＿＿＿度

C. 负偏转幅度最大的导联＿＿＿＿＿＿＿＿＿＿＿＿=＿＿＿＿＿＿＿＿＿＿度

D. 估算的心轴=＿＿＿＿＿＿＿＿＿＿＿度

在这里粘贴心电图：

身体姿势对心轴的影响

设备

- 台秤（数字秤或其他秤）
- 测距仪（靠墙式或独立式）或附有人体测量仪的医用秤
- 心电图仪
- 一次性心电图电极
- 酒精棉、纱布、擦洗垫、一次性剃刀
- 个人数据表

6导联身体姿势心电图测试

步骤1　收集小组中的一名学生的年龄、身高和体重等数据，然后测量该学生的6导联心电图。

步骤2　使用心电图仪电极测量心脏电流，因此任何导电阻抗都会影响电记录。在放置每个一次性电极之前，去除电极部位的所有毛发、身体油脂、死皮和乳液。

步骤3　帮助测试对象准备好4个肢体电极（LA、RA、LL、RL）。找到放置电极的正确位置（参见下面的列表），并准备好测试区域，即剃干净毛发（如有必要），用擦洗垫擦洗，并用酒精清洁放置电极的部位。应提前指示女性穿泳衣上衣或运动文胸。对于女性测试对象要谨慎，并始终保持专业的态度。在临床环境中，肢体电极通常放在脚踝和手腕上，在本实验中会按运动状态将肢体电极放在躯干上。电极应放在以下解剖位置（正确的肢体电极位置见图16.11）。

LA：位于测试对象左锁骨中部正下方，胸大肌上方，三角肌前束内侧。

RA：位于测试对象左锁骨中部正下方，胸大肌上方，三角肌前束内侧。

LL：在测试对象的左外斜肌和腹直肌之间，与脐部齐平。

RL：在测试对象的左外斜肌和腹直肌之间，与脐部齐平。

步骤4　将标记好的心电图引线连接到正确的心电图标记电极。

步骤5　让测试对象仰卧，花2~3分钟时间放松并进入稳定状态，然后获取其心电图记录。

步骤6　让测试对象靠坐在椅子上，保持此姿势约2分钟，然后获得其心电图记录。

步骤7　让测试对象直立，保持此姿势约2分钟，然后获得其心电图记录。

步骤8　记录心电图纸的移动速度。

步骤9　填写个人数据表。

问题集16.2

1. 使用测试对象3种身体姿势的心电图记录来计算其仰卧、坐姿和站立时的心率。在个人数据表上列出计算过程，并附上心电图。

2. 身体姿势如何影响心率？从生理角度来看，发生了什么导致了这些变化？

3. 使用测试对象的3种身体姿势的心电图记录，确定其在仰卧、坐姿和站立时的心轴（见图16.4和随附文字说明）。身体姿势对心轴有何影响？是什么导致了这些变化？

实验活动16.2

个人数据表

姓名或ID号：_____ 日期：_____

测试人员：_____ 时间：_____

性别：男 / 女（圈一个） 年龄：_____岁 身高：_____英寸 _____米

体重：_____磅 _____千克 温度：_____华氏度 _____摄氏度

气压：_____毫米汞柱 相对湿度：_____%

心率

A. 仰卧：4个R波之间的距离_____毫米/3=_____毫米/次

1 500毫米/分/_____毫米/次=_____次/分

B. 坐姿：4个R波之间的距离_____毫米/3=_____毫米/次

1 500毫米/分/_____毫米/次=_____次/分

C. 站姿：4个R波之间的距离_____毫米/3=_____毫米/次

1 500毫米/分/_____毫米/次=_____次/分

心轴

A. 仰卧：正偏转幅度最大的导联_____=_____度

等电位偏转最接近的导联_____=_____度

负偏转幅度最大的导联_____=_____度

估算的心轴=_____度

B. 坐姿：正偏转幅度最大的导联_____=_____度

等电位偏转最接近的导联_____=_____度

负偏转幅度最大的导联_____=_____度

估算的心轴=_____度

C. 站姿：正偏转幅度最大的导联_____=_____度

等电位偏转最接近的导联_____=_____度

负偏转幅度最大的导联_____=_____度

估算的心轴=_____度

在这里粘贴心电图：

次极量运动对12导联心电图的影响

设备

- 台秤（数字秤或其他秤）
- 测距仪（靠墙式或独立式）或附有人体测量仪的医用秤
- 心电图仪
- 跑步机
- 一次性心电图电极
- 酒精棉、纱布、擦洗垫、一次性剃刀
- 个人数据表

12导联心电图

步骤1 选择对小组中的一名学生做12导联心电图并收集其年龄、身高和体重等数据。

步骤2 使用心电图仪电极测量心脏电流，因此任何导电阻抗都会影响电记录。在放置每个一次性电极之前，去除电极部位的所有毛发、身体油脂、死皮和乳液。

步骤3 帮助测试对象准备好10个电极（LA、RA、LL、RL、V1–V6）。找到放置电极的正确位置（参见下面的列表），并准备好测试区域，即剃干净毛发（如有必要），用擦洗垫擦洗，并用酒精清洁放置电极的部位。应提前指示女性穿泳衣上衣或运动文胸。对于女性测试对象要谨慎，并始终保持专业的态度。另外，女性测试对象可能希望自己找到放置电极部位。实验室中有围帘的区域可以为女性测试对象提供一个方便的空间，以准备12导联心电图，可以由女性实验同伴提供帮助。通常将肢体电极放在脚踝和手腕上，在本实验中将4个肢体电极按运动状态来放置。电极应放在以下这些解剖位置（见图16.12）。

LA：位于测试对象左锁骨中部正下方，胸大肌上方，三角肌前束内侧。

RA：位于测试对象左锁骨中部正下方，胸大肌上方，三角肌前束内侧。

LL：在测试对象的左外斜肌和腹直肌之间，与脐部齐平。

RL：在测试对象的左外斜肌和腹直肌之间，与脐部齐平。

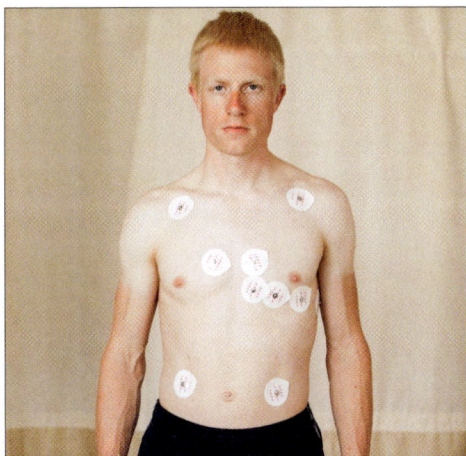

图16.12 12导联电极的位置

对于6个胸部导联，按照下面列表中给出的顺序放置电极。必须在肋骨之间用于触摸寻找肋间隙（不能只依赖眼睛看）。首先触摸锁骨下方，胸骨左侧，触摸到的第一个空隙就是第一肋间隙。然后向下数到第4肋间隙，在此处放置V2。左和右指的是测试对象的左和右。

V2：在第4个肋间隙的左胸骨边缘。

V1：在第4个肋间隙的右胸骨边缘。

V4：在第5个肋间隙的锁骨中线。

V3：在V2和V4之间的直线的中点。

V5：在腋前线上，与V4平齐。

V6：在腋中线上，与V4和V5平齐。

注意，V1、V2和V4位于肋骨之间的间隙中，而不是在肋骨本身上面。这很重要，因为骨骼不能很好地导电。

步骤4 将标记好的心电图引线连接到正确的心电图标记电极。

步骤5 将心电图引线集中起来，并确保当测试对象在跑步机上运动的过程中，引线是安全的并且不会妨碍测试对象的动作。通常会使用柔软的魔术贴绑带来集中和固定引线。

步骤6 让测试对象保持站立姿势2~3分钟，达到稳定状态。建议以测试对象将要采用的运动姿势（即站在跑步机上或坐在自行车上）获得静息心电图。考虑到身体姿势对心电图的影响（见实验活动16.2），这样做很有用。如果没有跑步机，可以使用自行车测功计，临床测试更多采用跑步机。达到稳定状态后，获取测试对象的12导联静息心电图记录。

步骤7 让测试对象分腿站立在跑步机上。将跑步机的速度设置为2.7千米/时，坡度设置为10%。这是布鲁斯方案的第一阶段，经常用于运动压力测试（见实验10）。给测试对象3分钟让其达到稳定状态，获得测试对象的12导联心电图记录和RPE（见图16.13）。

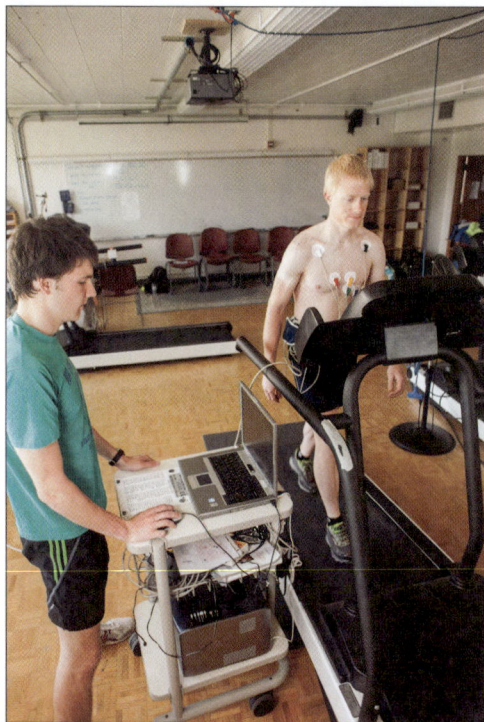

图16.13 运动心电图

步骤8 将速度提高到4.0千米/时，坡度提高到12%。给测试对象3分钟让其达到稳定状态，获得其12导联运动心电图记录和RPE。

步骤9 将速度提高到5.5千米/时，坡度提高到14%。给测试对象3分钟让其达到稳定状态，获得12导联运动心电图记录和RPE。

步骤10 停止跑步机，让测试对象坐在椅子上恢复。监测12导联心电图。给测试对象3分钟让其达到稳定状态后，获得12导联心电图记录。

步骤11 将通过测试取得的数据填入个人数据表。

问题集 16.3

1. 通过心电图记录计算测试对象在静息、每个运动阶段和恢复过程中的心率，填写个人数据表。列出你使用的公式并附上心电图。

2. 进行强度递增的运动时心率如何改变？什么控制了这种变化？

3. 通过心电图记录确定测试对象在静息、每个运动阶段和恢复过程中的心轴，填写个人数据表（见图16.4和随附文字说明）。

4. 进行强度递增的运动时心轴如何改变？

5. 在从静息状态到运动状态的过渡中，心电图记录会发生什么变化？从静息状态到运动状态的过渡中可能发生什么异常或病理变化？

实验活动 16.3

个人数据表

姓名或ID号：＿＿＿＿＿＿＿＿＿＿＿＿＿＿＿＿　日期：＿＿＿＿＿＿＿＿＿

测试人员：＿＿＿＿＿＿＿＿＿＿＿＿＿＿＿＿　时间：＿＿＿＿＿＿＿＿＿

性别：男/女（圈一个）年龄：＿＿＿＿＿岁　身高：＿＿＿＿＿英寸＿＿＿＿＿米

体重：＿＿＿＿＿磅＿＿＿＿＿千克　温度：＿＿＿＿＿华氏度＿＿＿＿＿摄氏度

气压：＿＿＿＿＿＿＿＿＿毫米汞柱　相对湿度：＿＿＿＿＿＿＿＿＿%

时间 （分）	速度 （千米/时）	坡度 （%）	功率 （千克·米/分）	平均R到R （毫米）	心率 （次/分）	心轴 （度）	RPE
0	0	0	静息				—
3	2.7	10					
6	4.0	12					
9	5.5	14					
12	0	0	恢复				—

在这里粘贴心电图：

附录A
计量单位转换

标准长度转换

1in.=0.025 4m=2.54cm=25.4mm

1ft=0.304 8m=30.48cm=304.8mm

1yd=0.914m=91.44cm=914.4mm

1mi=1.609km=1 609.34m=160 934.4cm

1mm=0.1cm=0.001m=0.000 001km

1cm=10mm=0.01m=0.000 01km

1km=1 000 000mm=100 000cm=1 000m

1mm=0.039 4in.=0.003 28ft

1cm=0.393 7in.=0.032 81ft

1km=39 370.1in.=3280.8 ft=0.621 37mi

注：cm=厘米，ft=英尺，in.=英寸，km=千米，m=米，mi=英里，mm=毫米，yd=码。

标准质量转换

1kg=1 000g=100 000cg=1 000 000mg

1g=100cg=1 000mg

1kg=2.204 6lb=35.274oz

1g=0.002 204 6lb=0.035 274oz

1lb=16oz=0.453 6kg=453.6g

1oz=0.028 349 5kg=28.349 5g

注：cg=厘克，g=克，kg=千克，lb=磅，mg=毫克，oz=盎司。

标准体积转换

1L=10dL=100cL=1 000mL

1dL=0.1L=10cL=100mL

1cL=0.01L=0.1dL=10mL

1mL=0.001L=0.01dL=0.1cL

$1cm^3$=1mL=0.01dL=0.001L

1L=1.056 7qt

1L=1kg

注：cL=厘升，cm^3=立方厘米，dL=分升，kg=千克，L=升，mL=毫升，qt=夸脱。

长度（距离）

1m=39.370in.=3.281ft=1.094yd

1km=0.621mi

1cm=0.394in.

1in.=2.540cm

1ft=12in.=30.480cm

1yd=3ft=0.914m

1mi=5 280 ft=1 760yd=1 609.344m

注：cm=厘米，ft=英尺，in.=英寸，km=千米，m=米，mi=英里，yd=码。

速度

1mi/h（mph）=26.822m/min=1.467ft/s=0.447m/s

1m/s=2.237mi/h（mph）=3.281ft/s

注：mi/h=英里/时，ft/s=英尺/秒，m/min=米/分，m/s=米/秒。

力

1N=0.225 lb力=0.102kg力

1lb力=4.448N

1kg力=9.81N

注：N=牛顿，kg=千克，lb=磅。

力矩

1N·m=0.738ft·lb

注：N·m=牛顿·米，ft·lb=英尺·磅。

质量和重量

1kg=2.205lb

1g=0.035oz

1lb=16oz=0.454kg

1oz=28.350g

（1L水的重量为1kg）

注：g=克，kg=千克，lb=磅，oz=盎司，L=升。

能量

1kcal=4.186kJ=426.935kg·m=1.163W·h

1BTU=0.252kcal=1.055kJ=107.586kg·m

1J=1N·m=0.102kg·m=0.239cal

1kg·m=9.807J=2.342cal

消耗1L氧气=5.05kcal=21.143kJ［在呼吸交换率（RER）为1.00的条件下］

注：kcal=千卡，kJ=千焦，kg·m=千克·米，W·h=瓦·时，BTU=英热单位，J=焦耳，cal=卡，L=升。

功率

1W=1J/s=6.118kg·m/min=0.001 34hp

1kg·m/min=0.163W

1W=6.118kg·m/min

注：W=瓦，J/s=焦耳/秒，kg·m/min=千克·米/分，hp=马力。

压力

1atm=760mmHg=101.325kPa=14.696psi

1mmHg=1torr=0.019 3psi=133.322Pa=0.001 32atm

1kPa=0.01mbar

注：atm=标准大气压，mmHg=毫米汞柱，kPa=千帕，psi=磅力/平方英寸，mbar=毫巴，torr=托。

温度

$℃=0.555×[(℉)-32]$

$℉=1.8×[(℃)+32]$

注：℃=摄氏度，℉=华氏度。

体积

1L=1.057qt

1qt=0.946L=2pt=32oz

1（美制）gal=4qt=128oz=3.785L

1c=8oz=0.237L

1oz=2 tbsp=6tsp=29.574mL

1tbsp=3tsp=14.787mL

1tsp=4.929mL

注：L=升，qt=夸脱，oz=盎司，gal=加仑，tbsp=大匙，tsp=小匙。

物质的数量

1mol气体=22.4L（标准大气压）=$6.022×10^{23}$分子量（阿伏伽德罗常量）

1L气体（标准大气压）=44.6mmol

mol=质量（g）/分子量

溶液的摩尔浓度=溶质的物质的量（mol）/溶剂的体积（L）

注：mol=摩尔，L=升，mmol=毫摩尔，g=克。

附录B

行走、跑步和腿部测功计的耗氧量估算

使用以下公式来估算行走和跑步的氧气需求。

跑步机行走

通过基于跑步机速度和耗氧量[$\dot{V}O_2$毫升/（千克·分）]之间的线性关系的公式，可以估算出在速度为50~100米/分（1.5~4英里/时或2.4~6.4千米/时）的水平跑步机上行走的耗氧量。该函数关系的斜率为0.1，纵截距为3.5毫升/（千克·分）（静息$\dot{V}O_2$）。公式如下。

$$\dot{V}O_2（水平分量）=[0.1毫升/（千克·分）]/$$
$$1米/分 \times 速度（米/分）+$$
$$3.5毫升/（千克·分）$$

坡度跑步机行走的耗氧量具有垂直分量，公式如下。

$$\dot{V}O_2（垂直分量）=[1.8毫升/（千克·分）]/1$$
$$米/分 \times 速度（米/分）\times$$
$$小数表示的坡度$$

在坡度跑步机行走所需的$\dot{V}O_2$是水平和垂直耗氧量的总和。因此，以90米/分钟的速度在坡度为7.5%的条件下行走的耗氧量如下。

$$水平\dot{V}O_2=[0.1毫升/（千克·分）\times$$
$$90米/分]+3.5毫升/（千克·分）=$$
$$12.5毫升/（千克·分）$$
$$垂直\dot{V}O_2=1.8毫升/（千克·分）\times$$
$$（90米/分 \times 0.075）\approx$$
$$12.2毫升/（千克·分）$$
$$总\dot{V}O_2=12.5毫升/（千克·分）+$$
$$12.2毫升/（千克·分）=$$

24.7毫升/（千克·分）

跑步机跑步

估算在速度大于134米/分（5英里/时或8千米/时）的水平跑步机和坡度跑步机上跑步的耗氧量时使用的计算公式与跑步机行走的计算公式相似。在水平跑步机上跑步的$\dot{V}O_2$［毫升/（千克·分）］使用以下公式计算。

$$\dot{V}O_2（水平分量）=[0.2毫升/（千克·分）]/$$
$$1米/分 \times 速度（米/分）+$$
$$3.5毫升/（千克·分）$$

坡度跑步机跑步的$\dot{V}O_2$具有垂直分量，公式如下。

$$\dot{V}O_2（垂直分量）=[0.9毫升/（千克·分）]/$$
$$1米/分 \times 速度（米/分）\times$$
$$用小数表示的坡度$$
$$总\dot{V}O_2=水平\dot{V}O_2+垂直\dot{V}O_2$$

腿部测功计

使用腿部测功计或固定自行车的耗氧量可以用类似的方式计算。

$$\dot{V}O_2［毫升/（千克·分）]=10.8\times负荷$$
$$（瓦）\times 1/体重（千克）+7毫升/（千克·分）$$

或

$$\dot{V}O_2［毫升/（千克·分）]=$$
$$1.8\times负荷（千克·米/分）\times$$
$$1/体重（千克）+7毫升/（千克·分）$$

附录C
Haldane 变换

目前的代谢车通常无法让学生了解其收集和计算的内容。实际上，代谢率仅测量呼出气体中的氧气和二氧化碳的含量（F_EO_2 和 F_ECO_2）以及呼出的气体的体积（$\dot{V}_E$），而代谢车输出的其余数据则基于 Haldane 变换的计算产生。以下计算假设运动个体的呼出气体被收集在道格拉斯（Douglas）气袋中并用适当的设备分析出 F_EO_2、F_ECO_2 和 $\dot{V}_E$。

Haldane 变换基于以下事实：人体既不产生也不利用氮气（N_2）。因此，吸入的氮气的体积必然等于呼出的氮气的体积。这一事实由以下公式表示（见本附录末尾的定义）。

$$\dot{V}_I \times F_IN_2 = \dot{V}_E \times F_EN_2$$

可以重新排列这个公式来计算出吸入气体的体积（$\dot{V}_I$），公式如下。

$$\dot{V}_I = (\dot{V}_E \times F_EN_2)/F_IN_2$$

其中 $F_IN_2 = 0.790\,4$，并且 $F_EN_2 = 1.0 - F_EO_2 - F_ECO_2$。$F_EO_2$ 和 F_ECO_2 均可通过气体分析仪测量，而 $\dot{V}_E$ 可通过气体体积分析仪测量。因此，可以用这些测量值和常数计算出 V_I。

常　数

$$F_ICO_2 = 0.000\,3$$
$$F_IO_2 = 0.209\,3$$
$$F_IN_2 = 0.790\,4$$

通过道格拉斯气袋收集气体并对其进行气体分析，将知道其他3个未知参数的值（用小数表示的呼出的二氧化碳和氧气的含量以及呼出的气体的体积）。通过这些参数以及环境温度（T_A）和气压（P_A），就可以确定能量消耗。

V_{ATPS} 转换为 V_{STPD}

在所有代谢计算中，气体体积以标准的温度、压力和干燥（STPD）表示。因此，在将 $\dot{V}_E$ 代入 $\dot{V}_I$ 方程之前，必须将气体体积转换为 STPD。为此，请使用以下公式。

$$\dot{V}_{E\,STPD} = \dot{V}_{E\,ATPS} \times [273/(273 + T_A)]$$
$$[(P_A - P_{H_2O})/760]$$

耗氧量和二氧化碳产量的计算

耗氧量（$\dot{V}O_2$）的计算相对简单，从吸入的氧气量中减去呼出的氧气量即可。公式如下。

$$\dot{V}O_2 = (\dot{V}_I \times F_IO_2) - (\dot{V}_E \times F_EO_2)$$

二氧化碳产量（$\dot{V}CO_2$）是呼出的二氧化碳和吸入的二氧化碳之间的差。计算公式如下。

$$\dot{V}CO_2 = (\dot{V}_E \times F_ECO_2) - (\dot{V}_I \times F_ICO_2)$$

根据这些结果，可以很容易地计算出 RER。

这一堆公式放在一起似乎会有点混乱，因此建议按以下顺序进行计算。

- 记录收集的呼出气体体积，即以升/分为单位的 $\dot{V}_E$（测量呼出气体的总体积，并记录收集时间）。

- 使用本附录前面介绍的公式，将 V_{ATPS} 转换为 V_{STPD}。
- 使用上面的相关公式，计算 $\dot{V}_I$。
- 使用上面的相关公式以及 F_EO_2 和 F_ECO_2

的测量值，计算 $\dot{V}O_2$。

- 使用上面的相关公式以及 F_EO_2 和 F_ECO_2 的测量值，计算 $\dot{V}CO_2$。
- 使用上面的相关公式，计算 RER。

定　义

$\dot{V}CO_2$：产生的二氧化碳量（升/分）。

F_ICO_2：用小数表示的吸入的二氧化碳的量。

F_ECO_2：用小数表示的呼出的二氧化碳的量。

$\dot{V}O_2$：消耗的氧气量（升/分）。

F_IO_2：用小数表示的吸入的氧气的量。

$\dot{V}_I$：吸入的气体体积（升/分）。

F_EO_2：用小数表示的呼出的氧气的量。

$\dot{V}_E$：呼出的气体体积（升/分）。

F_IN_2：用小数表示的吸入的氮气的量。

T_A：环境温度（摄氏度）。

P_A：大气压（毫米汞柱）。

F_EN_2：用小数表示的呼出的氮气的量。

P_{H_2O}：水蒸气分压（毫米汞柱）。

附录D

代谢车信息

代谢车以一个相对简单的概念为基础。代谢车测量室内空气和呼出气体中的氧气和二氧化碳的量。它们通过氧气和二氧化碳分析仪及流量计来获得测量值。在知道这些结果以及大气温度和压力后，就可以通过简单的计算来确定 $\dot{V}O_2$ 和 $\dot{V}CO_2$（参见附录C）。

校准代谢车是非常重要的。为此，实验室需要已知浓度的参比气体（通常为约16.0%的氧气和4.0%的二氧化碳）和已知容积（通常为3升）的轮机。可能还需要便携式气象站来测量环境的气压、湿度和温度。然后，就可以根据室内空气中的氧气和二氧化碳浓度（20.93%氧气和0.03%二氧化碳）和参比气体来校准代谢车（见图D.1）。还可以使用已知容积的轮机来校准其流量计。指导员将引导学生完成对实验室中的代谢车的校准。

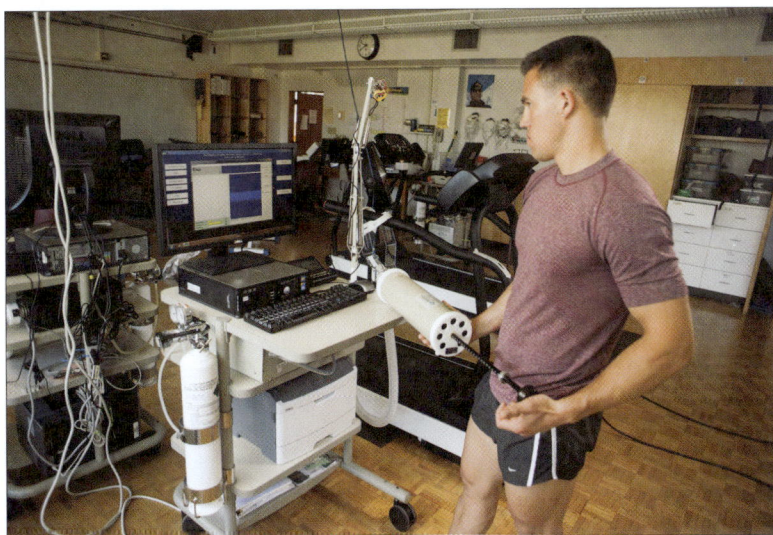

图D.1 代谢车

附录E

设备的校准

运动生理学的基础是测量人在给定的绝对或相对负荷下运动时的代谢反应。自行车测功计和跑步机等可设定工作量的设备是非常重要的。因此，重要的是要能够确定设备的设定是否能准确地反映负荷量。例如，必须要能够确定设置为6英里/时（约10千米/时）和8%坡度的跑步机的履带实际上是否是以该速度和坡度在移动。本附录可帮助学生校准其实验室中的跑步机和自行车测功计。

跑步机校准

目前市场上的跑步机品牌数不胜数，并且跑步机在速度或坡度上出现严重错误的情况并不罕见。因此，校准跑步机的速度和坡度非常重要。校准需要一些胶带、一个测量仪器、一个秒表和一个计算器。

速度

为了检查跑步机的速度，将一条胶带垂直于履带的运动方向贴在履带上。测量从这条胶带的前缘至履带绕到机器下方的位置的履带的长度。然后，在此测量停止的位置贴上另一条胶带（可将胶带标记为1、2、3……或A、B、C……）。站在跑步机上并用脚推动履带，但此时不要启动跑步机。尽可能准确地测量出履带的长度（建议以米作为单位）后，留下一条胶带，并撕掉其他所有胶带。以相对较慢的速度［0.8~

3.2千米/时（0.5~2英里/时）］启动跑步机。使用秒表，测量胶带转20圈所需的时间（精确到0.01秒）。为了计算跑步机的实际速度，用履带长度（米）乘以圈数再除以时间。或者可以使用以下公式。

跑步机速度=［履带长度（米）×20］/ 转20圈的时间

应以此速度重复此过程至少2次，以减少人为误差。此外，以4种不同的速度重复此过程，来验证当实际速度有任何变化时，其是否与跑步机当前运行速度呈函数关系。在履带以较高速度转动的情况下，胶带转动的圈数一定要超过20圈，以提高测量的有效性和可靠性。也可在有人在跑步机上行走时重复此程序。人的重量可能使电动机减速，具体取决于跑步机的马力。

如果发现跑步机的设定速度和实际速度之间存在明显差异，请按跑步机说明书中的校准规范进行校准。如果在保修期内，也可按跑步机的服务合同返厂维修。即使跑步机不能修好，也可以在测试时进行校准。例如，如果4英里/时的设定速度对应于3.8英里/时的实际速度，则在计算负荷时可以进行相应的调整。

坡度

校准实验室跑步机的坡度也很重要。大多数实验室跑步机用百分比表示坡度，也就是说，它们表示跑步时上升的坡度乘以100%。这类似于倾斜角度数。例如，10%坡度等于5.7度的倾斜角。由于跑步机和预测公式中坡度用百分比表示，因此这里使用相同的单位。

由于跑步机和地板情况均有可能存在差异，坡度为0时跑步机的读数可能是不正确的。为了检查这一点，要在跑步机上使用水平仪。当跑步机关闭且设定坡度为0时，跑步机应与地面保持平行。令人惊讶的是，通常情况并非如此，因为随着时间的推移，安放好的跑步机会在地板上移动。如果没有水平仪，也可以采用另一种检查方法，即分别在跑步机后部和前部测量从地面到跑步机顶部的距离。测量值应该是完全一致的。如果跑步机不在零位，则可以将跑步机垫高到零位。

为了检查坡度，必须先知道跑步距离。在方便、清晰的位置（例如滚轮上）测量从跑步机的前缘到后缘的跑步距离。将跑步机设置为0英里/时和1%~3%坡度，然后通过测量跑步机正面和背面高度之间的差异来确定上升距离。然而，抬高跑步机的前部会使跑步距离缩短。为了解决这个问题，应该使用与跑步机前部对齐的木工尺重新测量跑步距离，以确保角度正确。或者，可以使用毕达哥拉斯定理来计算跑步距离。公式如下。

$$上升距离^2 + 跑步距离^2 = 斜边^2$$

改写公式以计算跑步距离：

$$跑步距离 = \sqrt{斜边^2 - 上升距离^2}$$

其中，斜边是跑步机在坡度为0时的原始长度。确定上升距离和跑步距离后，计算实际坡度。公式如下。

$$\%坡度 = (上升距离 / 跑步距离) \times 100\%$$

重复此过程以确保测量的可靠性。使用几个不同的坡度重复此过程，以确保正确校准。

如果跑步机的坡度有偏差但零位正确，跑步机的说明书可能会提供相关的校准规范。如果跑步机在保修期内，可按服务合同返厂维修。也可在测试时进行现场校正。例如，如果10%的设定坡度对应9.8%的实际坡度，则计算负荷时可以进行相应调整。

自行车测功计校准

在大多数自行车测功计中，飞轮阻力由皮带或绳索提供。因此，在踏板节奏固定的前提下，皮带越紧，对飞轮的阻力越大，因此运动强度越大（关于计算自行车提供的负荷量的方法，参见实验7）。有些新的测功计是电子制动的，这使校准变得更困难，甚至无法进行。下面介绍了校准类似于蒙纳克的自行车测功计的方法，蒙纳克自行车通常用于运动生理学实验室。其校准过程包括3个步骤：归零、校准阻力和检查皮带状况。

归零

要检查的第一点是：当飞轮的阻力为0时，刻度读数为0。许多允许摆锤以千克（或千磅）为单位表示阻力的刻度板实际上会自行移动。测功计可能会有用于调整刻度盘的翼形螺钉，拧松螺钉后可以将0刻度移动到摆锤上方，然后重新拧紧螺钉。通常，要从飞轮上拆下所有皮带或绳索，以确保在零阻力的情况下完成该步骤。小心不要让皮带落入封闭的飞轮中，因为很难将它再取出来。见图E.1。

阻力校准

校准的下一个步骤同样要求卸下皮带。在皮带的上面悬挂0.25~7.0千克的砝码。在皮带上有已知重量的砝码时，自行车上的阻力指示器应显示相应的重量。理想情况下，悬挂砝码可以用于校准在运动测试中使用的范围。往皮带上悬挂砝码时，确保砝码不会摩擦或钩住任何物体。如果自行车上的阻力指示器没有显示正确的重量，可以做几件事来改变它。一旦使用一定范围内的多个砝码完成测试，就可以完成线性回归。可以通过自行车上的指示重量计算出实际阻力。许多型号的自行车测功计的摆锤可以调整。调整摆锤时可能需要使用六角扳手或其他设备移动砝码，以校准重量。

检查皮带状况

飞轮上的阻力是皮带摩擦力的函数，随着时间的推移，皮带可能会磨损，产生毛刺，甚至会软化，特别是在用于温盖特测试时。定期检查皮带，确保其状态良好，并在需要时更换它们。脏飞轮会影响皮带寿命。在校准过程中用干布清洁飞轮，特别要注意，皮带上是否有毛刺或皮带表面是否变形。

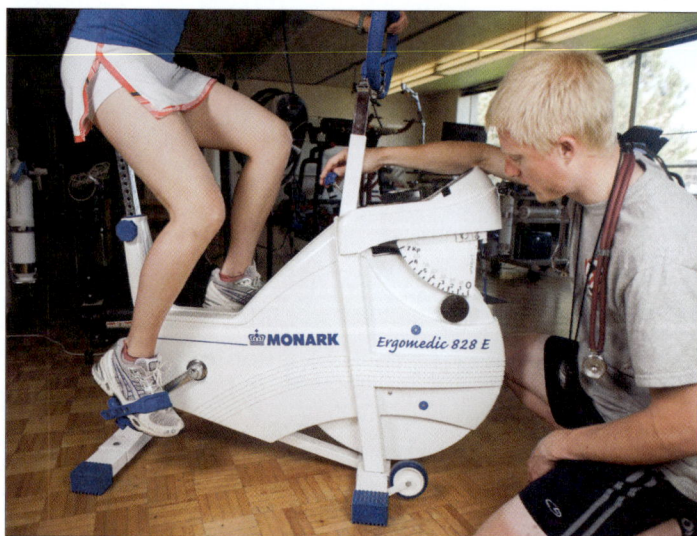

图E.1 自行车测功计的刻度板、摆锤和飞轮

附录F
运动科学认证

许多私人教练考试都可以在线完成，但其不具备认证资格。各国认可的证书也各不相同。列出所有可提供健身认证的理事机构超出了本书的范围。美国较有信誉的认证主要由两个管理机构提供：美国运动医学学院和美国国家体能协会（the National Strength and Conditioning Association，NSCA）。在加拿大，加拿大运动生理学会（the Canadian Society for Exercise Physiology，CSEP）的认证也得到认可。在一些国家，资格认证是必需的，包括英国［英国体育和运动科学协会（British Association of Sport and Exercise Science，BASES）］和澳大利亚［澳大利亚运动和体育科学协会（Exercise and Sports Science Australia，ESSA）］。

ACSM认证

美国运动医学学院拥有3个认证类别：健康和健身认证（重点关注表面健康的成年人）、临床认证（重点关注患有疾病的客户），以及与特定群体合作的专业认证。有关更多信息，请参阅ACSM的认证网页。

ACSM健康和健身认证

• 认证团队训练指导员（Certified Group Exercise Instructor，GEI）。这些健身专业人员通过设计好的运动课程教授、带领和激励个人。ACSM GEI是团队工作室内外的高成就者。他们不仅擅长针对各种健身水平规划有效的、以运动科学为基础的小组课程，而且他们还拥有丰富的激励和领导技巧，帮助他们的客户达到健身目标。

• 认证私人教练（Certified Personal Trainer，CPT）。这些健身专业人员为具有不同健康和健身背景的人（包括专业运动员和最近才获得医生证明可以运动的人）制订个性化锻炼计划，并帮助其实施锻炼计划。

• 认证运动生理学家（Certified Exercise Physiologist，EP-C）。这些健身专业人员需拥有运动科学学士及以上学位，他们有资格在大学、公司、商业、医院和社区环境中从事相关职业。除了训练之外，ACSM EP-C不仅会进行完整的身体评估，而且还会解释评估结果，以制订个性化的锻炼计划。

临床认证

• 认证临床运动生理学家（Clinical Exercise Physiologist，CEP）。这些医疗保健专业人员需拥有运动科学的学士学位及以上和实践经验，主要为研究、公共卫生以及其他临床和非临床服务及方案提供与运动相关的咨询。除了开具运动处方和生活方式管理之外，ACSM CEP还具有评估管理心脏和肺部的风险、管理训练和康复的资格。

• 注册临床运动生理学家（Registered Clinical Exercise Physiologist，RCEP）。这些医疗保健专业人员（拥有研究生学位）使用科学理论为患有慢性疾病、病症或身体限制的人设计锻炼计划。除了进行临床检查外，ACSM RCEP还可审查与运动测试、处方和训练相关的方案和部门，例如运动康复、体重管理等。

专业认证

- 认证癌症运动训练师。
- 认证全科健身教练。
- 公共健康体育活动专家。
- 运动即良药证书。

CSEP认证

加拿大运动生理学会提供以下认证。

- CSEP认证私人教练（CSEP Certified Personal Trainer，CSEP-CPT）。CSEP-CPT与健康人群合作，制订和帮助实施量身定制的体育活动、健身和生活方式计划。

- CSEP认证运动生理学家（CSEP Certified Exercise Physiologist，CSEP-CEP）。CSEP-CEP有能力执行评估，制订和开具运动处方，监督运动，为表面上健康的个人或患有心肺、代谢、肌肉骨骼、神经肌肉和衰老方面疾病的患者或残疾人群提供咨询。

BASES鉴定和认证

英国体育和运动科学协会提供以下认证。

- BASES认可的体育和运动科学家。该认证提供给那些已经达到实践体育和运动科学所需的知识、技能和理解的最低要求的成员。通过在应用体育和运动科学、支持和研究方面的工作实现认证。

- BASES高性能运动认证。该认证专为高性能运动项目提供运动科学服务的人士而设计，并得到了英国奥林匹克协会的认可。

- BASES认证运动从业者。该认证是那些希望利用体育和运动科学学位来提高声誉的人的专业质量保证。

ESSA鉴定

澳大利亚运动和体育科学协会提供以下认证。

- 认证运动科学家。
- 认证运动生理学家。
- 认证体育科学家。
- 认证高性能管理人员。

NSCA认证

美国国家体能协会专注于与表面上健康的人群合作的认证。有关更多信息，请访问NSCA的认证网站。

- 认证力量和体能专家。这些专业人员运用科学知识训练运动员，以实现提高运动成绩的目标。他们开展运动专项测试课程，设计并实施安全有效的力量训练和体能训练计划，并提供有关营养和损伤预防的指导。

- NSCA认证私人教练。这些健康和健身专业人员使用个性化的方法，依据客户在健康和健身方面的个人需求评估、激励、教育和训练客户。他们设计安全有效的运动计划，提供指导，帮助客户实现其个人健康和健身目标，并在紧急情况下做出适当的反应。

- 认证特殊人群专家。这些健身专业人员使用个性化的方法，根据客户的健康和健身需求评估、激励、教育和训练所有年龄段的特殊人群，包括提供预防性措施，并与医疗保健专业人员合作。特殊人群包括患有慢性和暂时性疾病的人群。

• 战术性力量和体能训练辅导员。这些专业人员运用科学知识对军队、消防和救援、执法、保护服务和其他应急服务人员进行身体训练，以提高绩效，促进健康并降低受伤风险。他们进行需求分析和身体测试，设计并实施安全有效的力量训练和体能训练计划，并提供有关营养的信息。

参考文献

实验1

[1] Acevedo EO and Starks MA. *Exercise Testing and Prescription Lab Manual.* 2nd ed. Champaign, IL: Human Kinetics, 2011.

[2] Adams V, Jiang H, Yu J, Mobius-Winkler S, Fiehn E, Linke A, Weigl C, Schuler G, and Hambrecht R. Apoptosis in Skeletal Myocytes of Patients With Chronic Heart Failure Is Associated With Exercise Intolerance. *J Am Coll Cardiol* 33: 959–965, 1999.

[3] American College of Sports Medicine. ACSM Position Stand: The Recommended Quantity and Quality of Exercise for Developing and Maintaining Cardiorespiratory and Muscular Fitness, and Flexibility in Healthy Adults. *Med Sci Sports Exerc* 30: 975–991, 1998.

[4] American College of Sports Medicine. *ACSM's Guidelines for Exercise Testing and Prescription.* 10th ed. Philadelphia: Wolters Kluwer, 2018.

[5] American College of Sports Medicine. *ACSM's Health-Related Physical Fitness Assessment Manual.* 3rd ed. Baltimore: Lippincott Williams & Wilkins, 2010.

[6] Beam WC and Adams GM. *Exercise Physiology Laboratory Manual.* 5th ed. Boston: McGraw-Hill, 2007.

[7] Berg KE and Latin RW. *Essentials of Research Methods in Health, Physical Education, Exercise Science, and Recreation.* Baltimore: Lippincott Williams & Wilkins, 2004.

[8] Bompa TO and Haff GG. *Periodization: Theory and Methodology of Training.* 5th ed. Champaign, IL: Human Kinetics, 2009.

[9] Brooks GA, Fahey TD, White TP, and Baldwin KM. *Exercise Physiology: Human Bioenergetics and Its Applications.* 4th ed. Mountain View, CA: Mayfield, 2004.

[10] Brown FM, Neft EE, and LaJambe CM. Collegiate Rowing Crew Performance Varies by Morningness-Eveningness. *J Strength Cond Res* 22: 1894–1900, 2008.

[11] Buchheit M. Le 30–15 Intermittent Fitness Test: 10 Year Review. *Myorobie J* 1: 1–9, 2010.

[12] Dolezal BA, Thompson CJ, Schroeder CA, Haub MD, Haff GG, Comeau MJ, and Potteiger JA. Laboratory Testing to Improve Athletic Performance. *Strength and Cond J* 19: 20–24, 1997.

[13] Flanagan EP. The Effect Size Statistic-Applications for the Strength and Conditioning Coach. *Strength Cond J* 35: 37–40, 2013.

[14] Gonzalez-Alonso J, Teller C, Andersen SL, Jensen FB, Hyldig T, and Nielsen B. Influence of Body Temperature on the Development of Fatigue During Prolonged Exercisein the Heat. *J Appl Physiol* 86: 1032–1039, 1999.

[15] Haff GG, Ruben RP, Lider J, Twine C, and Cormie P. A comparison of methods for determining the rate of force development during isometric midthigh clean pulls. *J Strength Cond Res* 29: 386–395, 2015.

[16] Heyward VH and Gibson AL. *Advanced Fitness Assessment and Exercise Prescription.* 7th ed. Champaign, IL: Human Kinetics, 2014. p. 552.

[17] Hoffman JR. *Norms for Fitness, Performance, and Health.* Champaign, IL: Human Kinetics, 2006.

[18] Hoffman JR. *Physiological Aspects of Sport Training and Performance.* 2nd ed. Champaign, IL: Human Kinetics, 2014.

[19] Hopkins WG. Measures of Reliability in Sports Medicine and Science. *Sports Med* 30: 1–15, 2000.

[20] Hopkins WG, Marshall SW, Batterham AM, and Hanin J. Progressive Statistics for Studies in Sports Medicine and Exercise Science. *Med Sci Sports Exerc* 41: 3–13, 2009.

[21] Housh TJ, Cramer JT, Weir JP, Beck TW, and Johnson GO. *Physical Fitness Laboratories on a Budget.* Scottsdale, AZ: Holcomb-Hathaway, 2009.

[22] Hruda KV, Hicks AL, and McCartney N. Training for Muscle Power in Older Adults: Effects on Functional Abilities. *Can J Appl Physiol* 28: 178–189, 2003.

[23] Kenney WL, Wilmore JH, and Costill DL.

Physiology of Sport and Exercise. 6th ed. Champaign, IL: Human Kinetics, 2015.

[24] Komi PV. *Strength and Power in Sport.* Oxford, UK: Blackwell Scientific, 1991.

[25] Komi PV. *Strength and Power in Sport.* 2nd ed. Malden, MA: Blackwell Scientific, 2003.

[26] Kreighbaum E and Barthels KM. *Biomechanics: A Qualitative Approach for Studying Human Movement.* New York: MacMillan, 1990.

[27] Maud PJ and Foster C, eds. *Physiological Assessment of Human Fitness.* 2nd ed. Champaign, IL: Human Kinetics, 2006.

[28] McArdle WD, Katch FI, and Katch VL. *Exercise Physiology: Energy, Nutrition, and Human Performance.* Baltimore: Lippincott Williams & Wilkins, 2007.

[29] McBride, J. M. Biomechanics of Resistance Exercise. In: Haff GG and Triplett NT, eds*., Essentials of Strength Training and Conditioning.* 4th ed. Champaign, IL: Human Kinetics, 2016, pp. 19–42.

[30] McGuigan M. Administration, Scoring, and Interpretation of Selected Tests. In: Haff GG and Triplett NT, eds*., Essentials of Strength Training and Conditioning.* 4th ed. Champaign, IL: Human Kinetics, 2016, pp. 259–316.

[31] National Institute of Diabetes and Digestive and Kidney Diseases. *Understanding Adult Obesity.* Bethesda, MD: National Institutes of Health, U. S. Department of Health and Human Services, 2008.

[32] Nieman DC. *Exercise Testing and Prescription: A Health-Related Approach.* New York: McGraw-Hill, 2003.

[33] Pandolf KB, Cafarelli E, Noble BJ, and Metz KF. Hyperthermia: Effect on Exercise Prescription. *Arch Phys Med Rehabil* 56. 524–526, 1975.

[34] Pyne D. Data Collection and Analysis. In: Tanner RK and Gore CJ, eds*., Physiological Tests for Elite Athletes.* Champaign, IL: Human Kinetics, 2013, pp. 35–42.

[35] Souissi N, Bessot N, Chamari K, Gauthier A, Sesboue B, and Davenne D. Effect of Time of Day on Aerobic Contribution to the 30-s Wingate Test Performance. *Chronobiol Int* 24: 739–748, 2007.

[36] Souissi N, Gauthier A, Sesboue B, Larue J, and Davenne D. Circadian Rhythms in Two Types of Anaerobic Cycle Leg Exercise: Force-Velocity and 30-s Wingate Tests. *Int J Sports Med* 25: 14–19, 2004.

[37] Stone MH, Stone ME, and Sands WA. *Principles and Practice of Resistance Training.* Champaign, IL: Human Kinetics, 2007.

[38] Tanner RK and Gore CJ, eds. *Physiological Tests for Elite Athletes* . 2nd ed. Champaign, IL: Human Kinetics, 2013.

[39] Thomas JR, Nelson JK, and Silverman SJ. *Research Methods in Physical Activity.* 5th ed. Champaign, IL: Human Kinetics, 2005.

[40] Thompson A and Taylor BN. NIST Special Publication 811, 2008 edition: Guide for the Use of International System of Units(SI). Gaithersburg, MD: United States Department of Commerce, National Institute of Standards and Technology, 2008.

[41] Winter EM, Abt G, Brookes FB, Challis JH, Fowler NE, Knudson DV, Knuttgen HG, Kraemer WJ, Lane AM, Mechelen W, Morton RH, Newton RU, Williams C, and Yeadon MR. Misuse of "Power" and Other Mechanical Terms in Sport and Exercise Science Research. *J Strength Cond Res* 30: 292–300, 2016.

[42] Young DS. Implementation of SI Units for Clinical Laboratory Data. Style Specifications and Conversion Tables. *Ann Intern Med* 106(1): 114–129, 1987. [Published errata appear in *Ann Intern Med* 107(2): 265(1987, Aug); *Ann Intern Med* 110(4): 328(1989, Feb15); *Ann Intern Med* 114(2): 172(1991, Jan15), and *Ann Intern Med* 148(9): 715(2008, May6)].

实验2

[1] American College of Sports Medicine. *ACSM'S Guidelines for Exercise Testing and Prescription.* 8th ed. Baltimore: Lippincott Williams & Wilkins, 2010.

[2] American College of Sports Medicine. *ACSM's Guidelines for Exercise Testing and Prescription.* 10th ed. Philadelphia: Wolters Kluwer, 2018.

[3] American College of Sports Medicine. *ACSM's Health-Related Physical Fitness Assessment Manual.* 3rd ed. Baltimore: Lippincott Williams & Wilkins, 2009.

[4] CombsJ and Williams A. Cardiovascular Health. In: CombesJ and Skinner T., eds., *ESSA's Student Manual for Health, Exercise, and Sport Assessment.* Chatswood, Australia: Elsevier Australia, 2014, pp. 29–58.

[5] Gibbons RJ et al. 2002. *ACC/AHA 2002 Guideline Update for Exercise Testing. A Report of the American College of Cardiology/American Heart Association Task Force on Practice Guidelines.*

[6] Heyward VH and Gibson AL. *Advanced Fitness Assessment and Exercise Prescription.* 7th ed. Champaign, IL: Human Kinetics, 2014.

[7] Nieman DC. *Exercise Testing and Prescription: A Health-Related Approach.* 5th ed. New York: McGraw–Hill, 2003.

[8] Magal M and Riebe D. New Preparticipation Health Screening Recommendations: What Exercise Professionals Need to Know. *ACSMs Health Fit J* 20: 22–27, 2016.

[9] Pate RR, Pratt M, Blair SN, et al. Physical Activity and Public Health. A Recommendation from the Centers for Disease Control and Prevention and the American College of Sports Medicine. *JAMA* 273: 402–407, 1995.

[10] Riebe D, Franklin BA, Thompson PD, Garber CE, Whitfield GP, Magal M, and Pescatello LS. Updating ACSM's Recommendations for Exercise Preparticipation Health Screening. *Med Sci Sports Exerc* 47: 2473–2479, 2015.

[11] Whaley, MH, Brubacker PH, and Otto RM, eds. *ACSM'S Guidelines for Exercise Testing and Prescription.* 6th ed. Baltimore: Lippincott Williams & Wilkins, 2000.

[12] Wilson PW, D'Agostino RB, Levy D, Belanger AM, Silbershatz H, and Kannel WB. Prediction of Coronary Heart Disease Using Risk Factor Categories. *Circulation* 97: 1837–1847, 1998.

实验3

[1] Acevedo EO and Starks MA. *Exercise Testing and Prescription Lab Manual.* 2nd ed. Champaign, IL: Human Kinetics, 2011.

[2] Adams GM. *Exercise Physiology Laboratory Manual.* 3rd ed. Boston: McGraw–Hill, 1998.

[3] American Alliance for Health, Physical Education, Recreation and Dance (AAHPERD). *Health Related Physical Fitness Test Manual.* Reston, VA: AAH–PERD, 1980.

[4] American College of Sports Medicine. ACSM Position Stand. The Recommended Quantity and Quality of Exercise for Developing and Maintaining Cardiorespiratory and Muscular Fitness, and Flexibility in Healthy Adults. *Med Sci Sports Exerc* 30: 975–991, 1998.

[5] American College of Sports Medicine. *ACSM'S Guidelines for Exercise Testing and Prescription.* 8th ed. Philadelphia: Lippincott, Williams & Wilkins, 2010.

[6] American College of Sports Medicine. *ACSM's Health-Related Physical Fitness Assessment Manual.* 3rd ed. Baltimore: Lippincott Williams & Wilkins, 2010.

[7] Baltaci G, Un N, Tunay V, et al. Comparison of Three Different Sit and Reach Tests for Measure- ment of Hamstring Flexibility in Female University Students. *Br J Sports Med* 37: 59–61, 2003.

[8] Boone DC, Azen SP, Lin CM, et al. Reliability of Goniometric Measurements. *Phys Ther* 58: 1355–1390, 1978.

[9] Cailliet R. *Low Back Pain Syndrome.* 5th ed. Philadelphia: Davis, 1995.

[10] Chapman EA, de Vries HA, and Swezey R. Joint Stiffness: Effects of Exercise on Young and Old Men. *J Gerontol* 27: 218–221, 1972.

[11] Cooper Institute for Aerobics Research(CIAR). *The Prudential FITNESSGRAM Test Administration Manual.* Dallas: CIAR, 1992.

[12] De Vries HA, Housh TJ, and Weir LL. *Physiology of Exercise for Physical Education, Athletics and Exercise Science.* 5th ed. Dubuque, IA: Brown, 1995.

[13] GoekenLN and Hof AL. Instrumental Straight– Leg Raising: Results in Healthy Subjects. *Arch Phys Med Rehabil* 74: 194–203, 1993.

[14] Golding LA, ed. *YMCA Fitness Testing and Assessment Manual.* 4th ed. Champaign, IL: Human Kinetics, 2000.

[15] Haff GG, Cramer JT, Beck DT, et al. Roundtable Discussion: Flexibility Training. *Strength and Cond J* 28: 64–85, 2006.

[16] Heyward VH and Gibson AL. *Advanced Fitness Assessment and Exercise Prescription.* 7th ed. Champaign, IL: Human Kinetics, 2014.

[17] Hoeger WW and Hopkins DR. A Comparison of

the Sit and Reach and the Modified Sit and Reach in the Measurement of Flexibility in Women. *Res Q Exerc Sport* 63: 191–195, 1992.

[18] Hoffman JR. *Norms for Fitness, Performance, and Health.* Champaign, IL: Human Kinetics, 2006.

[19] Housh TJ, Cramer JT, Weir JP, Beck TW, and Johnson GO. *Physical Fitness Laboratories on a Budget.* Scottsdale, AZ: Holcomb–Hathaway, 2009.

[20] Hui SC, Yuen PY, Morrow JR, Jr., et al. Comparison of the Criterion–Related Validity of Sit–and–Reach Tests With and Without Limb Length Adjustment in Asian Adults. *Res Q Exerc Sport* 70: 401–406, 1999.

[21] Hui SS and Yuen PY. Validity of the Modified Back–Saver Sit–and–Reach Test: A Comparison With Other Protocols. *Med Sci Sports Exerc* 32: 1655–1659, 2000.

[22] Institute FaL. *Fitness and Lifestyle in Canada.* Ottawa: Fitness and Amateur Sport, 1983.

[23] Jackson AM and Langford NJ. The Criterion–Related Validity of the Sit and Reach Test: Replication and Extension of Previous Findings. *Res Q Exerc Sport* 60: 384–387, 1989.

[24] Jackson AM and Baker AA. The Relationship of the Sit and Reach Test to Criterion Measures of Hamstring and Back Flexibility in Young Females. *Res Q Exerc Sport* 57: 183–186, 1986.

[25] Jeffreys I. *Total Soccer Fitness.* Monterey: Coaches Choice, 2007.

[26] Jeffreys I. Warm–Up and Flexibility Training. In: Haff GG and Triplett NT, eds., *Essentials of Strength Training and Conditioning.* 4th ed. National Strength and Conditioning Association. Champaign, IL: Human Kinetics, 2016, pp. 317–350.

[27] Kell RT, Bell G, and Quinney A. Musculoskeletal Fitness, Health Outcomes and Quality of Life. *Sports Med* 31: 863–873, 2001.

[28] Kofotolis N and Kellis E. Effects of Two 4–Week Proprioceptive Neuromuscular Facilitation Programs on Muscle Endurance, Flexibility, and Functional Performance in Women With Chronic Low Back Pain. *Phys Ther* 86: 1001–1012, 2006.

[29] Lark S, Brancato T, and Skinner T. Flexibility. In: Coombes J and SkinnerT, eds., *ESSA's*

Student Manual for Health, Exercise and Sport Assessment. Chatswood, Australia: Mosby, 2014, pp. 174–199.

[30] Lea RD and Gerhardt JJ. Range–of–Motion Measurements. *J Bone Joint Surg Am* 77: 784–798, 1995.

[31] Liemohn W, Sharpe GL, and Wasserman JF. Criterion Related Validity of the Sit–and–Reach Test. *J Strength Cond Res* 8: 91–94, 1994.

[32] MacraeI F and Wright V. Measurement of Back Movement. *Ann Rheum Dis* 28: 584–589, 1969.

[33] Maud PJ and Kerr KM. In: Maud PJ and Foster C, eds., *Physiological Assessment of Human Fitness.* 2nd ed. Champaign, IL: Human Kinetics, 2006, pp. 227–252.

[34] McAuley E, Hudash G, Shields K, et al. Injuries in Women's Gymnastics. The State of the Art. *Am J Sports Med* 16(Suppl1): S124–S131, 1988.

[35] McNeal JR and Sands WA. Stretching for Performance Enhancement. *Curr Sports Med Rep* 5: 141–146, 2006.

[36] Nieman DC. *Exercise Testing and Prescription: A Health-Related Approach.* 5th ed. New York: McGraw–Hill, 2003.

[37] Sands WA, McNeal JR, Stone MH, et al. Effect of Vibration on Forward Split Flexibility and Pain Perception in Young Male Gymnasts. *Int J Sports Physiol Perf* 3: 469–481, 2008.

[38] Shephard RJ, Berridge M, and Montelpare W. On the Generality of the "Sit and Reach" Test: An Analysis of Flexibility Data for an Aging Population. *Res Q Exerc Sport* 61: 326–330, 1990.

[39] Spring T, Franklin B, and deJong A. Muscular Fitness and Assessment. In: *ACSM's Resource Manual for Guidelines for Exercise Testing and Prescription.* Baltimore: Lippincott, Williams & Wilkins, 2010, pp. 332–348.

[40] Warner JJ, Micheli LJ, Arslanian LE, et al. Patterns of Flexibility, Laxity, and Strength in Normal Shoulders and Shoulders With Instability and Impingement. *Am J Sports Med* 18: 366–375, 1990.

[41] Wilmore JH, Parr RB, Girandola RN, et al. Physiological Alterations Consequent to Circuit Weight Training. *Med Sci Sports* 10: 79–84, 1978.

[42] Winters MV, Blake CG, Trost JS, et al. Passive

Versus Active Stretching of Hip Flexor Muscles in Subjects With Limited Hip Extension: A Randomized Clinical Trial. *Phys Ther* 84: 800–807, 2004.

实验4

[1] Whelton PK, Carey RM, Aronow WS, Casey DE Jr, Collins KJ, Dennison Himmelfarb C, DePalma SM, Gidding S, Jamerson KA, Jones DW, MacLaughlin EJ, Muntner P, Ovbiagele B, Smith SC Jr, Spencer CC, Stafford RS, Taler SJ, Thomas RJ, Williams KA Sr, Williamson JD, Wright JT Jr. 2017ACC/AHA/AAPA/ABC/ACPM/AGS/APhA/ASH/ASPC/NMA/PCNA guideline for the prevention, detection, evaluation, and management of high blood pressure in adults: a report of the American College of Cardiology/American Heart Association Task Force on Clinical Practice Guidelines. *J Am Coll Cardiol.* 2017; epub before print. DOI: 10. 1016/j. jacc. 2017. 11. 006

[2] American College of Sports Medicine. *ACSM's Guidelines for Exercise Testing and Prescription.* 10th ed. Philadelphia: Wolters Kluwer, 2018.

[3] Brooks GA, Fahey TD, and Baldwin KM. *Exercise Physiology: Human Bioenergetics and Its Applications.* 4th ed. New York: McGraw–Hill, 2005.

[4] Kahn JF, Jouanin JC, Bussiere JL, Tinet E, Avrillier S, Ollivier JP, and Monod H. The Isometric Force That Induces Maximal Surface Muscle Deoxygenation. *Eur J Appl Physiol Occup Physiol* 78(2): 183–187, 1998.

[5] Kenney WL, Wilmore JH, and Costill DL. *Physiology of Sport and Exercise.* 6th ed. Champaign, IL: Human Kinetics, 2015.

[6] Perloff D, Grim C, Flack J, Frohlich ED, Hill M, McDonald M, and Morgenstern BZ. Human Blood Pressure Determination by Sphygmomanometry. *Circulation* 88: 2460–2470, 1993.

实验5

[1] Brooks GA, Butte NF, Rand WM, Flatt JP, and Caballero B. Chronicle of the Institute of Medicine Physical Activity Recommendation: How a Physical Activity Recommendation Came to Be Among Dietary Recommendations. *Am J Clin Nutr* 79: 921S–930S, 2004.

[2] Carpenter WH, Poehlman ET, O'Connell M, and Goran MI. Influence of Body Composition and Resting Metabolic Rate on Variation in Total Energy Expenditure: A Meta–Analysis. *Am J Clin Nutr* 61: 4–10, 1995.

[3] Compher C, Frankenfield D, Keim N, and Roth–Yousey L. Best Practice Methods to Apply to Measurement of Resting Metabolic Rate in Adults: A Systematic Review. *J Am Diet Assoc* 106: 881–903, 2006.

[4] Flack KD, Siders WA, Johnson L, and Roemmich JN. Cross Validation of Resting Metabolic Rate Prediction Equations. *J Acad Nutr Diet* 116(9): 1413–1422, 2016.

[5] Harris JA and Benedict FG. *A Biometric Study of Basal Metabolism in Man.* Washington, DC: Carnegie Institution of Washington, 1919.

[6] Hasson RE, Howe CA, Jones BL, and Freedson PS. Accuracy of Four Resting Metabolic Prediction Equations: Effects of Sex, Body Mass Index, Age, and Race/Ethnicity. *J Sci Med Sport* 14: 344–351, 2011.

[7] Haugen HA, Melanson EL, Tran ZV, Kearney JT, and Hill JO. Variability of Measured Resting Metabolic Rate. *Am J Clin Nutr* 78: 1141–1145, 2003.

[8] Heshka S, Yang MU, Wang J, Burt P, and Pi–Sunyer FX. Weight Loss and Change in Resting Metabolic Rate. *Am J Clin Nutr* 52: 981–986, 1990.

[9] Jorgensen JO, Vahl N, Dall R, and Christiansen JS. Resting Metabolic Rate in Healthy Adults: Relation to Growth Hormone Status and Leptin Levels. *Metabolism* 47: 1134–1139, 1998.

[10] Kenney WL, Wilmore JH, and Costill DL. *Physiology of Sport and Exercise.* 6th ed. Champaign, IL: Human Kinetics, 2015.

[11] Lemmer JT, Ivey FM, Ryan AS, Martel GF, Hurlbut DE, Metter JE, Fozard JL, Fleg JL, and Hurley BF. Effect of Strength Training on Resting Metabolic Rate and Physical Activity: Age and Gender Comparisons. *Med Sci Sports Exerc* 33: 532–541, 2001.

[12] Mifflin MD, St Jeor ST, Hill LA, Scott BJ, Daugherty SA, and Koh YO. A New Predictive Equation for Resting Energy Expenditure in Healthy Individuals. *Am J Clin Nutr* 51: 241–247, 1990.

[13] Owen OE, Kavle E, Owen RS, Polansky M, Caprio S, Mozzoli MA, Kendrick ZV, Bushman MC, and Boden G. A Reappraisal of Caloric Requirements in Healthy Women. *Am J Clin Nutr* 44: 1–19, 1986.

[14] Schmidt WD, Hyner GC, Lyle RM, Corrigan D, Bottoms G, and Melby CL. The Effects of Aerobic and Anaerobic Exercise Conditioning on Resting Metabolic Rate and the Thermic Effect of a Meal. *IntJSportNutr*4: 335–346, 1994.

[15] Sparti A, DeLany JP, delaBretonne JA, Sander GE, and Bray GA. Relationship Between Resting Metabolic Rate and the Composition of the Fat–Free Mass. *Metabolism* 46: 1225–1230, 1997.

[16] Speakman JR and Selman C. Physical Activity and Resting Metabolic Rate. *Proc Nutr Soc* 62: 621–634, 2003.

[17] World Health Organization (WHO). *Energy and Protein Requirements: Report of a Joint FAO/WHO/UNU Expert Consultation.* WHO Technical Report Series No. 724. Geneva, 1985.

实验6

[1] Dolezal BA, Potteiger JA, Jacobsen DJ, and Benedict SH. Muscle Damage and Resting Meta–bolic Rate After Acute Resistance Exercise With an Eccentric Overload. *Med Sci Sports Exer* 32: 1202–1207, 2000.

[2] Gaesser GA and Brooks GA. Metabolic Bases of Excess Post–Exercise Oxygen Consumption: A Review. *Med Sci Sports Exer*16: 29–43, 1984.

[3] Grassi B. Regulation of Oxygen Consumption at Exercise Onset: Is It Really Controversial? *Exer Sport Sci Rev* 29: 134–138, 2001.

[4] Kenney WL, Wilmore JH, and Costill DL. *Physiology of Sport and Exercise.* 6th ed. Cham–paign, IL: Human Kinetics, 2015.

[5] Korzeniewski B and Zoladz JA. Biochemical Back ground of the VO_2 On–Kinetics in Skeletal Muscles. *J Physiol Sci* 56: 1–12, 2006.

[6] Maizes JS, Murtuza M, and Kvetan V. Oxygen Transport and Utilization. *Respir Care Clin N Am* 6: 473–500, 2000.

[7] Poole DC, Barstow TJ, Gaesser GA, Willis WT, and Whipp BJ. $\dot{V}O_2$ Slow Component: Physio–logical and Functional Significance. *Med Sci Sports Exer* 26: 1354–1358, 1994.

[8] Whipp BJ. The Slow Component of O_2 Uptake Kinetics During Heavy Exercise. *Med Sci Sports Exer* 26: 1319–1326, 1994.

[9] Xu F and Rhodes EC. Oxygen Uptake Kinetics During Exercise. *Sports Med* 27: 313–327, 1999.

[10] Zoladz JA and Korzeniewski B. Physiological Background of the Change Point in $\dot{V}O_2$ and the Slow Component of Oxygen Uptake Kinetics. *J Physiol Pharmacol* 52: 167–184, 2001.

实验7

[1] American College of Sports Medicine. *Guidelines for Exercise Testing and Prescription.* 4th ed. Philadelphia: Lea & Febiger, 1991.

[2] American College of Sports Medicine. *ACSM's Guidelines for Exercise Testing and Prescription.* 10th ed. Philadelphia: Wolters Kluwer, 2018.

[3] Ebbeling CB, Ward A, Puleo EM, Widrick J, and Rippe JM. Development of a Single–Stage Submaximal Treadmill Walking Test. *Med Sci Sports Exer*23: 966–973, 1991.

[4] Kaminsky LA, Arena R, Myers J. Reference Standards for Cardiorespiratory Fitness Measured With Cardiopulmonary Exercise Testing: Data From the Fitness Registry and the Importance of Exercise National Database (FRIEND). *Mayo Clin Proc* 90(11): 1515–1523, 2015.

[5] Kaminsky LA, Imboden MT, Arena R, and Myers J. Reference Standards for Cardiorespiratory Fitness Measured With Cardiopulmonary Exercise Testing Using Cycle Ergometry: Data From the Fitness Registry and the Importance of Exercise National Database (FRIEND)Registry. *Mayo Clin Proc* 92(2): 228–233, 2017.

[6] McArdle WD, Katch FI, Pechar GS, Jacobson L, and Ruck S. Reliability and Interrelationships Between Maximal Oxygen Intake, Physical Work Capacity and Step–Test Scores in College Women. *Med Sci Sports* 4: 182–186, 1972.

[7] McArdle WD, Pechar GS, Katch FI, and Magel JR. Percentile Norms for a Valid Step Test in College Women. *Res Q* 44: 498–500, 1973.

[8] Noble BJ, Borg GA, Jacobs I, Ceci R, and Kaiser P. A Category–Ratio Perceived Exertion Scale: Relationship to Blood and Muscle Lactates and Heart Rate. *Med Sci Sports Exer* 15: 523–528, 1983.

[9] Robertson RJ and Noble BJ. Perception of Physical Exertion: Methods, Mediators, and Applications. *Exer Sport Sci Rev* 25: 407–452, 1997.

[10] Sharkey BJ and Gaskill S. *Fitness and Health.* 6th ed. Champaign, IL: Human Kinetics, 2007.

[11] Tanaka H, Monahan KD, and Seals DR. Age–Predicted Maximal Heart Rate Revisit ed. *J Am Coll Cardiol* 37: 153–156, 2001.

实验8

[1] American College of Sports Medicine. *ACSM'S Guidelines for Exercise Testing and Prescription.* 8th ed. Philadelphia: Lippincott Williams & Wilkins, 2010.

[2] American College of Sports Medicine. *ACSM's Guidelines for Exercise Testing and Prescription.* 10th ed. Philadelphia: Wolters Kluwer, 2018.

[3] Balke B. *A Simple Field Test for the Assessment of Physical Fitness.* Civil Aeromedical Research Institute Report, 63–18. Oklahoma City: Federal Aviation Agency, 1963.

[4] Beam WC and Adams GM. *Exercise Physiology Laboratory Manual.* 6th ed. Boston: McGraw–Hill, 2011.

[5] Billat V and Lopes P. Indirect Methods for Estimation of Aerobic Power. In: Maud PJ and Foster C, eds., *Physiological Assessment of Human Fitness.* 2nd ed. Champaign, IL: Human Kinetics, 2006, pp. 19–38.

[6] Cooper KH. A Means of Assessing Maximal Oxygen Intake: Correlation Between Field and Treadmill Testing. *JAMA* 203: 201–204, 1968.

[7] Dolgener FA, Hensley LD, Marsh JJ, and Fjelstul JK. Validation of the Rockport Fitness Walking Test in College Males and Females. *Res Q Exerc Sport* 65: 152–158, 1994.

[8] Fenstermaker K, Plowman SA, and Looney M. Validation of the Rockport Walking Test in Females 65 Years and Older. *Res Q Exer Sport* 63: 322–327, 1992.

[9] George JD, Fellingham GW, and Fisher AG. A Modified Version of the Rockport Fitness Walking Test for College Men and Women. *Res Q Exer Sport* 69: 205–209, 1998.

[10] George JD, Vehrs PR., Allsen PE, Fellingham GW, and Fisher AG. $\dot{V}O_2$max Estimation From a Submaximal 1–Mile Track Jog for Fit College-Age Individuals. *Med Sci Sports Exerc* 25: 401–406, 1993.

[11] Heyward VH and Gibson AL. *Advanced Fitness Assessment and Exercise Prescription.* 7th ed. Champaign, IL: Human Kinetics, 2014.

[12] Hoffman JR. *Norms for Fitness, Performance, and Health.* Champaign, IL: Human Kinetics, 2006.

[13] Housh TJ, Cramer JT, Weir JP, Beck TW, and Johnson GO. *Physical Fitness Laboratories on a Budget.* Scottsdale, AZ: Holcomb–Hathaway, 2009.

[14] Kline GM, Porcari JP, Hintermeister R, Freedson PS, Ward A, McCarron RF, Ross J, and Rippe JM. Estimation of $\dot{V}O_2$max From a One–Mile Track Walk, Gender, Age, and Body Weight. *Med Sci Sports Exer* 19: 253–259, 1987.

[15] McCutcheon MC, Stricha SA, Giese MD, and Nagle FJ. A Further Analysis of the 12–Minute Run Prediction of Maximal Aerobic Power. *Res Q Exer Sport* 61: 280–283, 1990.

[16] Safrit MJ, Glaucia Costa M, Hooper LM, Patterson P, and Ehlert SA. The Validity Generalization of Distance Run Tests. *Can J Sport Sci* 13: 188–196, 1988.

实验9

[1] Apostolidis N, Nassis GP, Bolatoglou T, and Geladas ND. Physiological and Technical Characteristics of Elite Young Basketball Players. *J Sports Med Phys Fitness* 44: 157–163, 2004.

[2] Bangsbo J. The Physiology of Soccer—With Special Reference to Intense Intermittent Exercise. *Acta Physiol Scand Suppl* 619: 1–155, 1994.

[3] Bangsbo J, Iaia FM, and Krustrup P. The Yo–Yo Intermittent Recovery Test: A Useful Tool for Evaluation of Physical Performance in Intermittent Sports. *Sports Med* 38: 37–51, 2008.

[4] Bangsbo J, Norregaard L, and Thorso F. Activity Profile of Competition Soccer. *Can J Sport Sci* 16: 110–116, 1991.

[5] Billat LV. Interval Training for Performance: A Scientific and Empirical Practice. Special Recommendations for Middle– and Long–Distance Running. Part I: Aerobic Interval Training. *Sports Med* 31: 13–31, 2001.

[6] Billat LV. Interval Training for Performance:

A Scientific and Empirical Practice. Special Recommendations for Middle- and Long-Distance Running. Part II: Anaerobic Interval Training. *Sports Med* 31: 75–90, 2001.

[7] Buchheit M. The 30-15 Intermittent Fitness Test: A new Intermittent Running Field Test for Intermittent Sport Players—Part1. *Approches Handball* 87: 27–34, 2005.

[8] Buchheit M. Illustration of Interval-Training Prescription on the Basis of an Appropriate Intermittent Maximal Running Speed—The 30-15 Intermittent Fitness Test—Part2. *Approches Handball* 88: 36–46, 2005.

[9] Buchheit M. The 30-15 Intermittent Fitness Test: Accuracy for Individualizing Interval Training of Young Intermittent Sport Players. *J Strength Cond Res* 22: 365–374, 2008.

[10] Buchheit M. Le 30-15 Intermittent Fitness Test: 10 Year Review. *Myorobie J* 1: 1–9, 2010.

[11] Buchheit M. Individualizing High-Intensity Interval Training in Intermittent Sport Athletes With the 30-15 Intermittent Fitness Test. Paper presented as part of NSCA Hot Topic Series. Colorado Springs, CO: NSCA, 2013.

[12] Buchheit M, Al Haddad H, Millet GP, Lepretre PM, Newton M, and Ahmaidi S. Cardiorespiratory and Cardiac Autonomic Responses to 30-15 Intermittent Fitness Test in Team Sport Players. *J Strength Cond Res* 23: 93–100, 2009.

[13] Buchheit M and Laursen PB. High-Intensity Interval Training, Solutions to the Programming Puzzle: Part I: Cardiopulmonary Emphasis. *Sports Med* 43: 313–338, 2013.

[14] Castagna C, Impellizzeri FM, Chamari K, Carlomagno D, and Rampinini E. Aerobic Fitness and Yo-Yo Continuous and Intermittent Test Performances in Soccer Players: A Correlation Study. *J Strength Cond Res* 20: 320–325, 2006.

[15] Castagna C, Impellizzeri FM, Rampinini E, D'Ottavio S, and Manzi V. The Yo-Yo Intermittent Recovery Test in Basketball Players. *J Sci Med Sport* 11: 202–208, 2008.

[16] Clarke R, Dobson A, and Hughes J. Metabolic Conditioning: Field Tests to Determine a Training Velocity. *Strength Cond J* 38: 38–47, 2016.

[17] Covic N, Jeleskovic E, Alic H, Rado I, Kafedzic E, Sporis G, McMaster DT, and Milanovic Z. Reliability, Validity and Usefulness of 30-15 Intermittent Fitness Test in Female Soccer Players. *Front Physiol* 7: 510, 2016.

[18] Darrall-Jones J, Roe G, Carney S, Clayton R, Phibbs P, Read D, Weakley J, Till K, and Jones B. The Effect of Body Mass on the 30-15 Intermittent Fitness Test in Rugby Union Players. *Int J Sports Physiol Perform* 11: 400–403, 2016.

[19] Duthie G, Pyne D, and Hooper S. Applied Physiology and Game Analysis of Rugby Union. *Sports Med* 33: 973–991, 2003.

[20] Elferink-Gemser MT, Visscher C, Lemmink KA, and Mulder TW. Relation Between Multidimensional Performance Characteristics and Level of Performance in Talented Youth Field Hockey Players. *J Sports Sci* 22: 1053–1063, 2004.

[21] Halle M. Letter by Halle Regarding Article, "Cardiovascular Risk of High- Versus Moderate-Intensity Aerobic Exercise in Coronary Heart Disease Patients." *Circulation* 127: e637, 2013.

[22] Haydar B and Buchheit ML. 30-15 Intermittent Fitness Test-application pour le Basketball. *Pivot* 143: 2–5, 2009.

[23] Haydar B, Haddad HA, Ahmaidi S, and Buchheit M. Assessing Inter-Effort Recovery and Change of Direction Ability With the 30-15 Intermittent Fitness Test. *J Sports Sci Med* 10: 346–354, 2011.

[24] Heyward VH and Gibson A. *Advanced Fitness Assessment and Exercise Prescription.* 7th ed. Champaign, IL: Human Kinetics, 2014.

[25] Jelleyman C, Yates T, O'Donovan G, Gray LJ, King JA, Khunti K, and Davies MJ. The Effects of High-Intensity Interval Training on Glucose Regulation and Insulin Resistance: A Meta-Analysis. *Obes Rev* 16: 942–961, 2015.

[26] Krustrup P, Mohr M, Amstrup T, Rysgaard T, Johansen J, Steensberg A, Pedersen PK, and Bangsbo J. The Yo-Yo Intermittent Recovery Test: Physiological Response, Reliability, and Validity. *Med Sci Sports Exerc* 35: 697–705, 2003.

[27] Krustrup P, Mohr M, Ellingsgaard H, and Bangsbo J. Physical Demands During an Elite Female Soccer Game: Importance of Training Status. *Med Sci Sports Exerc* 37: 1242–1248, 2005.

[28] Krustrup P, Mohr M, Nybo L, Jensen JM, Nielsen JJ, and Bangsbo J. The Yo-Yo IR2 Test: Physiological Response, Reliability, and Application

to Elite Soccer. *Med Sci Sports Exerc* 38: 1666–1673, 2006.

[29] Léger L and Boucher R. An Indirect Continuous Running Multistage Field Test: The Universite de Montreal Track Test. *Can J Appl Sport Sci* 5: 77–84, 1980.

[30] Léger LA and Lambert J. A Maximal Multistage 20m Shuttle Run Test to Predict V̇O$_2$max. *Eur J Appl Physiol Occup Physiol* 49: 1–12, 1982.

[31] Léger LA, Mercier D, Gadoury C, and Lambert J.The Multistage 20 Metre Shuttle Run Test for Aerobic Fitness. *J Sports Sci* 6: 93–101, 1988.

[32] Lemmink KA, Visscher C, Lambert MI, and Lamberts RP. The Interval Shuttle Run Test for Intermittent Sport Players: Evaluation of Reliability. *J Strength Cond Res* 18: 821–827, 2004.

[33] Mahar MT, Guerieri AM, Hanna MS, and Kemble CD. Estimation of Aerobic Fitness From 20 m Multistage Shuttle Run Test Performance. *Am J Prev Med* 41: S117–S123, 2011.

[34] Pincivero DM and Bompa TO. A Physiological Review of American Football. *Sports Med* 23: 247–260, 1997.

[35] Ramos JS, Dalleck LC, Tjonna AE, Beetham KS, and Coombes JS. The Impact of High–Intensity Interval Training Versus Moderate–Intensity Continuous Training on Vascular Function: A Systematic Review and Meta–Analysis. *Sports Med* 45: 679–692, 2015.

[36] Rognmo O, Moholdt T, Bakken H, Hole T, Molstad P, Myhr NE, Grimsmo J, and Wisloff U. Cardiovascular Risk of High–Versus Moderate–Intensity Aerobic Exercise in Coronary Heart Disease Patients. *Circulation* 126: 1436–1440, 2012.

[37] Sawyer BJ, Tucker WJ, Bhammar DM, Ryder JR, Sweazea KL, and Gaesser GA. Effects of High–Intensity Interval Training and Moderate–Intensity Continuous Training on Endothelial Function and Cardiometabolic Risk Markers in Obese Adults. *J Appl Physiol* 121: 279–288, 2016.

[38] Scott TJ, Delaney JA, Duthie GM, Sanctuary CE, Ballard DA, Hickmans JA, and Dascombe BJ. Reliability and Usefulness of the 30–15 Inter–mittent Fitness Test in Rugby League. *J Strength Cond Res* 29: 1985–1990, 2015.

[39] Stickland MK, Petersen SR, and Bouffard M.

Prediction of Maximal Aerobic Power From the 20 m Multistage Shuttle Run Test. *Can J Appl Physiol* 28: 272–282, 2003.

[40] Strumbelj B, Vuckovic G, Jakovljevic S, Mila–novic Z, James N, and Erculj F. Graded Shuttle Run Performance by Playing Positions in Elite Female Basketball. *J Strength Cond Res* 29: 793–799, 2015.

[41] Thomas C, Dos' Santos T, Jones PA, and Comfort P. Reliability of the 30–15 Intermittent Fitness Test in Semiprofessional Soccer Players. *Int J Sports Physiol Perform* 11: 172–175, 2016.

[42] Weston KS, Wisloff U, and Coombes JS. High–Intensity Interval Training in Patients With Lifestyle–Induced Cardiometabolic Disease: A Systematic Review and Meta–Analysis. *Br J Sports Med* 48: 1227–1234, 2014.

[43] Weston M, Taylor KL, Batterham AM, and Hopkins WG. Effects of Low–Volume High–Intensity Interval Training (HIT) on Fitness in Adults: A Meta–Analysis of Controlled and Non–Controlled Trials. *Sports Med* 44: 1005–1017, 2014.

[44] Woolford S, Polglaze T, Roswell G, and Spencer M. Field Testing Principles and Protocols. In: Tanner RK and Gore CJ, eds., *Physiological Tests for Elite Athletes*. Champaign, IL: Human Kinetics, 2013, pp. 231–248.

实验10

[1] American College of Sports Medicine. *ACSM's Guidelines for Exercise Testing and Prescription.* 10th ed. Philadelphia: Wolters Kluwer, 2018.

[2] Borg GA. Perceived Exertion. *Exer Sport Sci Rev* 2: 131–153, 1974.

[3] Bruce RA, Kusumi F, and Hosmer D. Maximal Oxygen Intake and Nomographic Assessment of Functional Aerobic Impairment in Cardiovascular Disease. *Am Heart J* 85(4): 546–562, 1973.

[4] Foster C, Jackson AS, Pollock ML, Taylor MM, Hare J, Sennett SM, Rod JL, Sarwar M, and Schmidt DH. Generalized Equations for Predicting Functional Capacity From Treadmill Performance. *Am Heart J* 107: 1229–1234, 1984.

[5] Kenney WL, Wilmore JH, and Costill DL. *Physio-logy of Sport and Exercise*. 6th ed. Champaign, IL: Human Kinetics, 2015.

[6] McArdle WD, Katch FI, and Pechar GS. Comparison of Continuous and Discontinuous Treadmill and Bicycle Tests for Max $\dot{V}O_2$. *Med Sci Sports* 5: 156–160, 1973.

[7] Noble BJ, Borg GA, Jacobs I, Ceci R, and Kaiser P. A Category–Ratio Perceived Exertion Scale: Relationship to Blood and Muscle Lactates and Heart Rate. *Med Sci Sports Exer*15: 523–528, 1983.

[8] Pollock ML, Foster C, Schmidt D, Hellman C, Linnerud AC, and Ward A. Comparative Analysis of Physiologic Responses to Three Different Maximal Graded Exercise Test Protocols in Healthy Women. *Am Heart J* 103: 363–373, 1982.

[9] Robertson RJ and Noble BJ. Perception of Physical Exertion: Methods, Mediators, and Applications. *Exer Sport Sci Rev*25: 407–452, 1997.

[10] Whaley MH, Brubaker PH, Kaminsky LA, and Miller CR. Validity of Rating of Perceived Exertion During Graded Exercise Testing in Apparently Healthy Adults and Cardiac Patients. *J Cardiopulm Rehabil* 17: 261–267, 1997.

实验11

[1] Australian Sports Commission. *Physiological Tests for Elite Athletes*. 2nd ed. Champaign, IL: Human Kinetics, 2013.

[2] Bentley DJ, McNaughton LR, Thompson D, Vleck VE, and Batterham AM. Peak Power Output, the Lactate Threshold, and Time Trial Performance in Cyclists. *Med Sci Sports Exer*33: 2077–2081, 2001.

[3] Brooks GA, Fahey TD, and Baldwin KM. *Exercise Physiology: Human Bioenergetics and Its Applications*. Boston: McGraw–Hill, 2005.

[4] Coyle EF, Coggan AR, Hopper MK, and Walters TJ. Determinants of Endurance in Well–Trained Cyclists. *J Appl Physiol* 64: 2622–2630, 1988.

[5] Coyle EF, Feltner ME, Kautz SA, Hamilton MT, Montain SJ, Baylor AM, Abraham LD, and Petrek GW. Physiological and Biomechanical Factors Associated With Elite Endurance Cycling Performance. *Med Sci Sports Exer*23: 93–107, 1991.

[6] Coyle EF, Martin WH, Ehsani AA, Hagberg JM, Bloomfield SA, Sinacore DR, and Holloszy JO. Blood Lactate Threshold in Some Well–Trained

Ischemic Heart Disease Patients. *J Appl Physiol* 54: 18–23, 1983.

[7] Dumke CL, Brock DW, Helms BH, and Haff GG. Heart Rate at Lactate Threshold and Cycling Time Trials. *J Strength Cond Res* 20: 601–607, 2006.

[8] Faude O, Kindermann W, and Meyer T. Lactate Threshold Concepts: How Valid Are They? *Sports Med* 39: 469–490, 2009.

[9] Fry AC, Kudrna RA, Falvo MJ, Bloomer RJ, Moore CA, and Schilling BK. Kansas Squat Test: A Reliable Indicator of Short Term Anaerobic Power. *J Strength Cond Res* 28(3): 630–635, 2014.

[10] Hagberg JM and Coyle EF. Physiological Determinants of Endurance Performance as Studied in Competitive Racewalkers. *Med Sci Sports Exer*15: 287–289, 1983.

[11] Janssen P. *Lactate Threshold Training*. Champaign, IL: Human Kinetics, 2001.

[12] Kenney WL, Wilmore JH, and Costill DL. *Physiology of Sport and Exercise*. 6th ed. Champaign, IL: Human Kinetics, 2015.

[13] Kindermann W, Simon G, and Keul J. The Significance of the Aerobic–Anaerobic Transition for the Determination of Work Load Intensities During Endurance Training. *Eur J Appl Physiol Occup Physiol* 42: 25–34, 1979.

[14] Lindinger MI, Kowalchuk JM, and Heigenhauser GJ. Applying Physicochemical Principles to Skeletal Muscle Acid–Base Status. *Am J Physiol Regul Integr Comp Physiol* 289: R891–R894 (authorreplyR904–R910), 2005.

[15] Martin JS, Fiedenreich ZD, Borges AR, and Roberts MD. Preconditioning With Peristaltic External Pneumatic Compression Does Not Acutely Improve Repeated Wingate Performance Nor Does It Alter Blood Lactate Concentrations During Passive Recovery Compared With Sham. *Appl Physiol Nutr Metab* 40(11): 1214–1217, 2015.

[16] Roberts RA, Ghiasvand F, and Parker D. Biochemistry of Exercise–Induced Metabolic Acidosis. *Am J Physiol Regul Integr Comp Physiol* 287: R502–R516, 2004.

[17] Sjodin B and Jacobs I. Onset of Blood Lactate Accumulation and Marathon Running Performance. *Int J Sports Med* 2: 23–26, 1981.

实验12

[1] Abadie BR and Wentworth M. Prediction of 1RM Strength From a 5–10 Repetition Submaximal Test in College Aged Females. *J Exer Physiol* (online)3: 1–5, 2000.

[2] American College of Sports Medicine. *ACSM'S Guidelines for Exercise Testing and Prescription.* 8th ed. Philadelphia: Lippincott Williams & Wilkins, 2010.

[3] American College of Sports Medicine. *ACSM's Health-Related Physical Fitness Assessment Manual.* 3rd ed. Baltimore: Lippincott Williams & Wilkins, 2010.

[4] Acevedo EO and MA Starks. *Exercise Testing and Prescription Lab Manual.* Champaign, IL: Human Kinetics, 2003.

[5] Adams GM. *Exercise Physiology Laboratory Manual.* 3rd ed. Boston: McGraw–Hill, 1998.

[6] Adams KJ, Swank AM, Berning JM, Sevene–Adams PG, Barnard KL, and Shimp–Bowerman J. Progressive Strength Training in Sedentary, Older African American Women. *Med Sci Sports Exer*33: 1567–1576, 2001.

[7] Adams V, Jiang H, Yu J, Mobius–Winkler S, Fiehn E, Linke A, Weigl C, Schuler G, and Hambrecht R. Apoptosis in Skeletal Myocytes of Patients with Chronic Heart Failure Is Associated With Exercise Intolerance. *J Am Coll Cardiol* 33: 959–965, 1999.

[8] Arvandi M, Strasser B, Meisinger C, Volaklis K, Gothe RM, Siebert U, Ladwig KH, Grill E, Horsch A, Laxy M, Peters A, and Thorand B. Gender Differences in the Association Between Grip Strength and Mortality in Older Adults: Results From the KORA–Age Study. *BMC Geriatr* 16: 201, 2016.

[9] Baechle TR, Earle RW, and Wathen D. Resistance Training. In: Baechle TR and Earle RW, eds., *Essentials of Strength Training and Conditioning.* 3rd ed. National Strength and Conditioning Association. Champaign, IL: Human Kinetics, 2008, pp. 381–412.

[10] Barnard KL, Adams KJ, Swank AM, Mann E, and Denny DM. Injuries and Muscle Soreness During the One Repetition Maximum Assessment in a Cardiac Rehabilitation Population. *J Cardiopulm Rehabil* 19: 52–58, 1999.

[11] Berger RA. Relationship Between Dynamic Strength and Dynamic Endurance. *Res Q* 41: 115–116, 1970.

[12] Bompa TO and Haff GG. *Periodization: Theory and Methodology of Training.* 5th ed. Champaign, IL: Human Kinetics, 2009.

[13] Brown HL. *Lifetime Fitness.* 3rd ed. Scottsdale, AZ: Gorsuch Scarisbrick, 1992.

[14] Bryzychi M. Assessing Strength. *Fitness Manage* June: 34–37, 2000.

[15] Bryzychi M. Strength Testing: Predicting a One Rep Max From Reps to Fatigue. *J Phys Educ Rec Dance*64: 88–90, 1993.

[16] Chapman P, Whitehead JR, and Binkert RH. The 225–lb Reps–to–Failure Test as a Submaximal Estimation of 1RM Bench Press Performance in College Football Players. *J Strength Cond Res* 12: 258–261, 1998.

[17] Cummings B and Finn KJ. Estimation of a One Repetition Maximum Bench Press for Untrained Women. *J Strength Cond Res* 12: 262–265, 1998.

[18] Epley B. Poundage Chart. In: *Boyd Epley Workout.* Lincoln, NE: University of Nebraska, 1985.

[19] Faigenbaum AD, Westcott WL, Loud RL, and Long C. The Effects of Different Resistance Training Protocols on Muscular Strength and Endurance Development in Children. *Pediatrics* 104: 1–7, 1999.

[20] Filippin LI, Teixeira VN, da Silva MP, Miraglia F, and da Silva FS. Sarcopenia: A Predictor of Mortality and the Need for Early Diagnosis and Intervention. *Aging Clin Exp Res* 27: 249–254, 2015.

[21] Haff GG, Jackson JR, Kawamori N, Carlock JM, Hartman MJ, Kilgore JL, Morris RT, Ramsey MW, Sands WA, and Stone MH. Force–Time Curve Characteristics and Hormonal Alterations During an Eleven–Week Training Period in Elite Women Weightlifters. *J Strength Cond Res* 22: 433–446, 2008.

[22] Haff GG, Stone MH, O'Bryant HS, Harman E, Dinan CN, Johnson R, and Han KH. Force–Time Dependent Characteristics of Dynamic and Isometric Muscle Actions. *J Strength Cond Res* 11: 269–272, 1997.

[23] Heyward VH. *Advanced Fitness Assessment and Exercise Prescription.* 6th ed. Champaign, IL:

Human Kinetics, 2010.

[24] Kallman DA, Plato CC, and Tobin JD. The Role of Muscle Loss in the Age-Related Decline of Grip Strength: Cross-Sectional and Longitudinal Perspectives. *J Gerontol* 45: M82–M88, 1990.

[25] Kell RT, Bell G, and Quinney A. Musculoskeletal Fitness, Health Outcomes and Quality of Life. *Sports Med* 31: 863–873, 2001.

[26] Kim PS, Mayhew JL, and Peterson DF. A Modified YMCA Bench Press Test as a Predictor of 1 Repetition Maximum Bench Press Strength. *J Strength Cond Res* 16: 440–445, 2002.

[27] Kraemer WJ and Fry AC. Strength Testing: Development and Evaluation of Methodology. In: Maud PJ and Foster C, eds., *Physiological Assessment of Human Fitness*. 2nd ed. Champaign, IL: Human Kinetics, 1995, pp. 115–138.

[28] Kraemer WJ, Ratamess NA, Fry AC, and French DN. Strength Training: Development and Evaluation of Methodology. In: Maud PJ and Foster C, eds., *Physiological Assessment of Human Fitness*. 2nd ed. Champaign, IL: Human Kinetics, 2006, pp. 119–150.

[29] Kraemer WJ, Vingren JL, Hatfield DL, Spiering BA, and Fragala MS. Resistance Training Programs. In: *ACSM's Resources for the Personal Trainer*. Baltimore: Lippincott Williams & Wilkins, 2007, pp. 372–403.

[30] Kravitz L, Akalan C, Nowicki K, and Kinzey SJ. Prediction of 1 Repetition Maximum in High-School Power Lifters. *J Strength Cond Res* 17: 167–172, 2003.

[31] Kuramoto AK and Payne VG. Predicting Muscular Strength in Women: A Preliminary Study. *Res Q Exer Sport* 66: 168–172, 1995.

[32] Lander JE. Maximum Based on Reps. *Natl Strength Cond Assoc* 6: 60–61, 1985.

[33] Mathiowetz V, Weber K, Volland G, and Kashman N. Reliability and Validity of Grip and Pinch Strength Evaluations. *J Hand Surg Am* 9: 222–226, 1984.

[34] Mayhew JL, Ball TE, Arnold ME, and Bowen JC. Relative Muscular Endurance Performance as a Predictor of Bench Press Strength in College Men and Women. *JApplSportSciRes*6: 200–206, 1992.

[35] Mayhew JL, Johnson BD, Lamonte MJ, Lauber D, and Kemmler W. Accuracy of Prediction Equations for Determining One Repetition Maximum Bench Press in Women Before and After Resistance Training. *J Strength Cond Res* 22: 1570–1577, 2008.

[36] Mayhew JL, Prinster JL, Ware JS, Zimmer DL, Arabas JR, and Bemben MG. Muscular Endurance Repetitions to Predict Bench Press Strength in Men of Different Training Levels. *JSports Med PhysFit-ness*35: 108–113, 1995.

[37] Mayhew JL, Ware JS, Cannon K, Corbett S, Chapman PP, Bemben MG, Ward TE, Farris B, Juraszek J, and Slovak JP. Validation of the NFL-225 Test for Predicting 1RM Bench Press Performance in College Football Players. *J Sports Med Phys Fitness* 42: 304–308, 2002.

[38] Montoye HJ and Lamphiear DE. Grip and Arm Strength in Males and Females, Age 10 to 69. *Res Q* 48: 109–120, 1977.

[39] O'Conner B, Simmons J, and O'Shea P. *Weight Training Today*. St. Paul: West, 1989, pp. 26–33.

[40] Reynolds JM, Gordon TJ, and Roberds RA. Prediction of one repetition maximum strength from multiple repetition maximum testing and anthropometry. *J Strength Cond Res* 20: 584–592, 2006.

[41] Sale DG. Testing Strength and Power. In: MacDougall JD, Wenger HA, and Green HJ, eds., *PhysiologicalTesting of theHigh-Performance Athlete*. Champaign, IL: Human Kinetics, 1991, pp. 21–106.

[42] Schlicht J, Camaione DN, and Owen SV. Effect of Intense Strength Training on Standing Balance, Walking Speed, and Sit-to-Stand Performance in Older Adults. *J Gerontol A Biol Sci Med Sci* 56: M281–M286, 2001.

[43] Shaw CE, McCully KK, and Posner JD. Injuries During the One Repetition Maximum Assessment in the Elderly. *J Cardiopulm Rehab* 15: 283–287, 1995.

[44] Spring T, Franklin B, and Dejong A. Muscular Fitness and Assessment. In: *ACSM's Resource Manual for Guidelines for Exercise Testing and Prescription*. 8th ed. Baltimore: Lippincott Williams & Wilkins, 2010, pp. 332–348.

[45] Stone MH and O'Bryant HS. *Weight Training: A Scientific Approach*. Edina, MN: Burgess, 1987.

[46] Stone MH, Sands WA, Pierce KC, Carlock J, Cardinale M, and Newton RU. Relationship of Maximum Strength to Weightlifting Performance. *Med Sci Sports Exer* 37: 1037–1043, 2005.

[47] Stone MH, Sands WA, Pierce KC, Ramsey MW, and Haff GG. Power and Power Potentiation Among Strength–Power Athletes: Preliminary Study. *Int J Sports Physiol Perf* 3: 55–67, 2008.

[48] Stone MH, Stone ME, and Sands WA. *Principles and Practice of Resistance Training*. Champaign, IL: Human Kinetics, 2007.

[49] Tucker JE, Pujol TJ, Elder CL, Nahikian–Nelms ML, Barnes JT, and Langenfeld ME. One–Repetition Maximum Prediction Equation for Traditional College–Age Novice Females. *Med Sci Sports Exerc* 38: S293, 2006.

[50] Warburton DE, Gledhill N, and Quinney A. Musculoskeletal Fitness and Health. *Can J Appl Physiol* 26: 217–237, 2001.

[51] Ware JS, Clemens CT, Mayhew JL, and Johnston TJ. Muscular Endurance Repetitions to Predict Bench Press and Squat Strength in College Football Players. *J Strength Cond Res* 9: 99–103, 1995.

[52] Wathen D. Load Assignment. In: T.R. Baechle, ed., *Essentials of StrengthTraining and Conditioning*. Champaign, IL: Human Kinetics, 1994, pp. 435–446.

实验13

[1] Adams GM. *Exercise Physiology Laboratory Manual*. 3rd ed. Boston: McGraw–Hill, 1998.

[2] Beam WC and Adams GM. *Exercise Physiology Laboratory Manuel*. 6th ed. Boston: McGraw–Hill, 2011.

[3] Beattie K, Carson BP, Lyons M, and Kenny IC. The Relationship between Maximal–Strength and Reactive–Strength. *Int J Sports Physiol Perform* 12: 548–553, 2017.

[4] Bobbert MF, Gerritsen KG, Litjens MC, and Van Soest AJ. Why Is Countermovement Jump Height Greater Than Squat Jump Height? *Med Sci Sports Exer* 28: 1402–1412, 1996.

[5] Bogdanis GC, Nevill ME, Boobis LH, and Lakomy HK. Contribution of Phosphocreatine and Aerobic Metabolism to Energy Supply During Repeated Sprint Exercise. *J Appl Physiol* 80: 876–884, 1996.

[6] Bompa TO and Haff GG. *Periodization: Theory and Methodology of Training*. 5th ed. Champaign, IL: Human Kinetics, 2009.

[7] Bosco C and Komi PV. Mechanical Characteristics and Fiber Composition of Human Leg Extensor Muscles. *Eur J Appl Physiol Occup Physiol* 41: 275–284, 1979.

[8] Bosco C, Luhtanen P, and Komi PV. A Simple Method for Measurement of Mechanical Power in Jumping. *Eur J Appl Physiol* 50: 273–282, 1983.

[9] Breivik SL. Artistic Gymnastics. In: Winter EM, Jones AM, Davison RCR, Bromley PD, and Mercer TH, eds., *Sport and Exercise Physiology Testing Guidelines: Volume I—Sport Testing*. London: Routledge, 2007, pp. 220–231.

[10] Carlock J, Smith A, Hartman M, Morris R, Ciroslan D, Pierce KC, Newton RU, and Stone MH. The Relationship Between Vertical Jump Power Estimates and Weightlifting Ability: A Field Test Approach. *J Strength Cond Res* 18: 534–539, 2004.

[11] Cormie, P, McBride JM, and McCaulley GO. Validation of Power Measurement Techniques in Dynamic Lower Body Resistance Exercises. *Journal of Applied Biomechanics* 23: 103–118, 2007.

[12] Dotan R and Bar–Or O. Load Optimization for the Wingate Anaerobic Test. *Eur J Appl Physiol Occup Physiol* 51: 409–417, 1983.

[13] Evans JA and Quinney HA. Determination of Resistance Settings for Anaerobic Power Testing. *Can J Appl Sport Sci* 6: 53–56, 1981.

[14] Fry AC and Kraemer WJ. Physical Performance Characteristics of American Collegiate Football Players. *J Appl Sport Sci Res* 5: 126–138, 1991.

[15] Gissis I, Papadopoulos C, Kalapotharakos VI, Sotiropoulos A, Komsis G, and Manolopoulos E. Strength and Speed Characteristics of Elite, Subelite, and Recreational Young Soccer Players. *Res Sports Med* 14: 205–214, 2006.

[16] Gore CJ, ed. *Physiological Tests for Elite Athletes*. Champaign, IL: Human Kinetics, 2000.

[17] Haff GG, Carlock JM, Hartman MJ, Kilgore JL, Kawamori N, Jackson JR, Morris RT, Sands WA, and Stone MH. Force–Time Curve Characteristics of Dynamic and Isometric Muscle Actions of Elite Women Olympic Weightlifters. *J*

Strength Cond Res 19: 741–748, 2005.

[18] Haff GG, Kirksey KB, Stone MH, Warren BJ, Johnson RL, Stone M, O' Bryant HS, and Proulx C. The Effects of Six Weeks of Creatine Monohydrate Supplementation on Dynamic Rate of Force Development. J Strength Cond Res 14: 426–433, 2000.

[19] Haff GG, Stone MH, O' Bryant HS, Harman E, Dinan CN, Johnson R, and Han KH. Force-Time Dependent Characteristics of Dynamic and Isometric Muscle Actions. J Strength Cond Res 11: 269–272, 1997.

[20] Harman E and Garhammer J. Administration, Scoring, and Interpretation of Selected Tests. In: Baechle TR and Earle RW, eds., Essentials of Strength Training and Conditioning. 3rd ed. National Strength and Conditioning Association. Champaign, IL: Human Kinetics, 2008, pp. 249–292.

[21] Harman EA, Rosenstein MT, Frykman PN, Rosenstein RM, and Kraemer W. Estimation of Human Power Output From Vertical Jump. J Appl Sport Sci Res 5: 116–120, 1991.

[22] Hawkins SB, Doyle TL, and McGuigan MR. The Effect of Different Training Programs on Eccentric Energy Utilization in College-Aged Males. J Strength Cond Res 23: 1996–2002, 2009.

[23] Hespanhol JE, Neto LGS, De Arruda M, and Dini CA. Assessment of Explosive Strength-Endurance in Volleyball Players Through Vertical Jump Testing. Rev Bras Med Esporte 13: 160e–163e, 2007.

[24] Hoffman JR. Norms for Fitness, Performance, and Health. Champaign, IL: Human Kinetics, 2006.

[25] Hoffman JR. Physiological Aspects of Sport Training and Performance. Champaign, IL: Human Kinetics, 2002.

[26] Hori N, Newton RU, Andrews WA, Kawamori N, McGuigan MR, and Nosaka K. Does Performance of Hang Power Clean Differentiate Performance of Jumping, Sprinting, and Changing of Direction? J Strength Cond Res 22: 412–418, 2008.

[27] Hori N, Newton RU, Nosaka K, and McGuigan MR. Comparison of Different Methods of Determining Power Output in Weightlifting Exercises. Strength and Cond J 28: 34–40, 2006.

[28] Housh TJ, Cramer JT, Weir JP, Beck TW, and Johnson GO. Physical Fitness Laboratories on a Budget. Scottsdale, AZ: Holcomb-Hathaway, 2009.

[29] Inbar O, Bar-Or O, and Skinner JS. The Wingate Anaerobic Test. Champaign, IL: Human Kinetics, 1996.

[30] Johnson DL and Bahamonde R. Power Output Estimate in University Athletes. J Strength Cond Res 10: 161–166, 1996.

[31] Kalamen J. Measurement of Maximum Muscle Power in Man. Columbus, OH: Ohio State University, 1968.

[32] Kawamori N, Crum AJ, Blumert P, Kulik J, Childers J, Wood J, Stone MH, and Haff GG. Influence of Different Relative Intensities on Power Output During the Hang Power Clean: Identification of the Optimal Load. J Strength Cond Res 19: 698–708, 2005.

[33] Kawamori N, Rossi SJ, Justice BD, Haff EE, Pistilli EE, O' Bryant HS, Stone MH, and Haff GG. Peak Force and Rate of Force Development During Isometric and Dynamic Mid-Thigh Clean Pulls Performed at Various Intensities. J Strength Cond Res 20: 483–491, 2006.

[34] Kirksey B, Stone MH, Warren BJ, Johnson RL, Stone M, Haff GG, Williams FE, and Proulx C. The Effects of Six Weeks of Creatine Monohydrate Supplementation on Performance Measures and Body Composition in Collegiate Track and Field Athletes. J Strength Cond Res 13: 148–156, 1999.

[35] Klavora P. Vertical-Jump Tests: A Critical Review. Strength Cond J 22: 70, 2000.

[36] Komi PV. Strength and Power in Sport. 2nd ed. Malden, MA: Blackwell Scientific, 2003.

[37] Kraska JM, Ramsey MW, Haff GG, Fethke N, Sands WA, Stone ME, and Stone MH. Relationship Between Strength Characteristics and Unweighted and Weighted Vertical Jump Height. Int J Sports Physiol Perform 4: 461–473, 2009.

[38] Leard JS, Cirillo MA, Katsnelson E, Kimiatek DA, Miller TW, Trebincevic K, and Garbalosa JC. Validity of Two Alternative Systems for Measuring Vertical Jump Height. J Strength Cond Res 21: 1296–1299, 2007.

[39] Macdougall JD, Wenger HA, and Green HJ. The

Purpose of Physiological Testing. In: Macdougall JD, Wenger HA, and Green HJ, eds., *Physiological Testing of the High-Performance Athlete*. Champaign, IL: Human Kinetics, 1991, pp. 1–6.

[40] Margaria R, Aghemo P, and Rovelli E. Measurement of Muscular Power (Anaerobic) in Man. *J Appl Physiol* 21: 1662–1664, 1966.

[41] Markwick WJ, Bird SP, Tufano JJ, Seitz LB, and Haff GG. The Intraday Reliability of the Reactive Strength Index (RSI) Calculated From a Drop Jump in Professional Men's Basketball. *Int J Sports Physiol Perform* 10: 482–488, 2015.

[42] Maud PJ, Berning JM, Foster C, Cotter HM, Dodge C, Dekonning JJ, Hettinga F, and Lampen J. Testing for Anaerobic Ability. In: Maud PJ and Foster C, eds., *Physiological Assessments of Human Fitness*. Champaign, IL: Human Kinetics, 2006, pp. 77–92.

[43] Maud PJ and Foster C, eds. *Physiological Assessments of Human Fitness*. 2nd ed. Champaign, IL: Human Kinetics, 2006.

[44] McGuigan MR, Doyle TL, Newton M, Edwards DJ, Nimphius S, and Newton RU. Eccentric Utilization Ratio: Effect of Sport and Phase of Training. *J Strength Cond Res* 20: 992–995, 2006.

[45] Medbo JI and Tabata I. Anaerobic Energy Release in Working Muscle During 30 Seconds to 3 Minutes of Exhausting Bicycling. *J Appl Physiol* 75: 1654–1660, 1993.

[46] Mirzaei B, Curby DG, Rahmani-Nia F, and Moghadasi M. Physiological Profile of Elite Iranian Junior Freestyle Wrestlers. *J Strength Cond Res* 23: 2339–2344, 2009.

[47] Nicklin RC, O'Bryant HS, Zehnbauer TM, and Collins A. A Computerized Method for Assessing Anaerobic Power and Work Capacity Using Maximal Cycle Ergometry. *J Appl Sport Sci Res* 4: 135–140, 1990.

[48] Newton RU, Cormie P, and Cardinale M. Principles of Athlete Testing. In: Cardinale M, Newton RU, and Nosaka K, eds., *Strength and Conditioning: Biological and Practical Applications*. Chichester, UK: Wiley-Blackwell, 2011, pp. 255–267.

[49] Plowman SA and Smith DL. *Exercise Physiology for Health, Fitness and Performance*. 3rd ed. Baltimore: Lippincott Williams & Wilkins, 2011.

[50] Robinson JM, Stone MH, Johnson RL, Penland

CM, Warren BJ, and Lewis RD. Effects of Different Weight Training Exercise/Rest Intervals on Strength, Power, and High Intensity Exercise Endurance. *JStrength and CondRes*9: 216–221, 1995.

[51] Sands WA, McNeal JR, Ochi MT, Urbanek TL, Jemni M, and Stone MH. Comparison of the Wingate and Bosco Anaerobic Tests. *J Strength Cond Res* 18: 810–815, 2004.

[52] Sayers SP, Harackiewicz DV, Harman EA, Frykman PN, and Rosenstein MT. Cross-Validation of Three Jump Power Equations. *Med Sci Sports Exer* 31: 572–577, 1999.

[53] Skinner T, Newton RU, and Haff GG. Neuromuscular Strength, Power, and Strength Endurance. In: Coombes JS and Skinner T, eds., *ESSA's Student Manual for Health, Exercise, and Sport Assessment*. Australia: Elsevier, 2014, pp. 133–173.

[54] Stone MH and O'Bryant HO. *Weight Training: A Scientific Approach*. Edina, MN: Burgess, 1987.

[55] Stone MH, Sands WA, Carlock J, Callan S, Dickie D, Daigle K, Cotton J, Smith SL, and Hartman M. The Importance of Isometric Maximum Strength and Peak Rate-of-Force Development in Sprint Cycling. *J Strength Cond Res* 18: 878–884, 2004.

[56] Stone MH, Stone ME, and Sands WA. *Principles and Practice of Resistance Training*. Champaign, IL: Human Kinetics, 2007.

[57] Vargas NT, Robergs RA, and Klopp DM. Optimal Loads for a 30 s Maximal Power Cycle Ergometer Test Using a Stationary Start. *EurJ Appl Physiol* 115: 1087–1094, 2015.

[58] Young W. Laboratory Strength Assessment of Athletes. *N Stud Athletics* 10: 89–96, 1995.

[59] Zupan MF, Arata AW, Dawson LH, Wile AL, Payn TL, and Hannon ME. Wingate Anaerobic Test Peak Power and Anaerobic Capacity Classifications for Men and Women Intercollegiate Athletes. *J Strength Cond Res* 23: 2598–2604, 2009.

实验14

[1] American Association of Cardiovascular and Pulmonary Rehabilitation. *Guidelines for Pulmonary Rehabilitation Programs*.4th ed. Champaign, IL: Human Kinetics, 2011.

[2] American College of Sports Medicine. *ACSM's Exercise Management for Persons with Chronic*

Diseases and Disabilities. 3rd ed. Champaign, IL: Human Kinetics, 2009.

[3] Babcock MA, Pegelow DF, Harms CA, and Dempsey JA. Effects of Respiratory Muscle Unloading on Exercise−Induced Diaphragm Fatigue. *J Appl Physiol* 93: 201–206, 2002.

[4] Black LF, Offord K, and Hyatt RE. Variability in the Maximal Expiratory Flow Volume Curve in Asymptomatic Smokers and in Nonsmokers. *Am Rev Respir Dis* 110: 282–292, 1974.

[5] Clanton TL, Dixon GF, Drake J, and Gadek JE. Effects of Swim Training on Lung Volumes and Inspiratory Muscle Conditioning. *J Appl Physiol* 62: 39–46, 1987.

[6] Crapo RO, Morris AH, and Gardner RM. Reference Spirometric Values Using Techniques and Equipment That Meet ATS Recommendations. *Am Rev Respir Dis* 123: 659–664, 1981.

[7] Dempsey JA. Is the Lung Built for Exercise? (JB Wolffe Memorial Lecture). *Med Sci Sports Exer* 18: 143–155, 1986.

[8] Dempsey JA, Harms CA, and Ainsworth DM. Respiratory Muscle Perfusion and Energetics During Exercise. *Med Sci Sports Exer* 28: 1123–1128, 1996.

[9] Dempsey JA, Sheel AW, Haverkamp HC, Babcock MA, and Harms CA. Pulmonary System Limitations to Exercise in Health (John Sutton Memorial Lecture: CSEP, 2002). *Can J Appl Physiol* 28 Suppl: S2–S24, 2003.

[10] Dominelli PB, Render JN, Molgat−Seon Y, Foster GE, Romer LM, Sheel AW. Oxygen Cost of Exercise Hyperpnoea Is Greater in Women Compared With Men. *J Physiol* Apr 15; 593(8): 1965–1979, 2015.

[11] Ferreira SA, Guimaraes M, and Taveira N. Pulmonary Rehabilitation in COPD: From Exercise Training to "Real Life." *J Bras Pneumol* 35: 1112–1115, 2009.

[12] Ghanem M, Elaal EA, Mehany M, and Tolba K. Home−Based Pulmonary Rehabilitation Program: Effect on Exercise Tolerance and Quality of Life in Chronic Obstructive Pulmonary Disease Patients. *Ann Thorac Med* 5: 18–25, 2010.

[13] Hankinson JL, Crapo RO, and Jensen RL. Spirometric Reference Values for the 6 s FVC Maneuver. *Chest* 124: 1805–1811, 2003.

[14] Harms CA, Babcock MA, McClaran SR, Pegelow DF, Nickele GA, Nelson WB, and Dempsey JA. Respiratory Muscle Work Compromises Leg Blood Flow During Maximal Exercise. *J Appl Physiol* 82: 1573–1583, 1997.

[15] Harms CA and Dempsey JA. Does Ventilation Ever Limit Human Performance? In: Ward SA, ed., *The Physiology and Pathophysiology of Exercise Tolerance*. New York: Plenum Press, 1996, pp. 91–96.

[16] Harms CA, McClaran SR, Nickele GA, Pegelow DF, Nelson WB, and Dempsey JA. Effect of Exercise−Induced Arterial O_2 Desaturation on $\dot{V}O_2max$ in Women. *Med Sci Sports Exer* 32: 1101–1108, 2000.

[17] Harms CA, McClaran SR, Nickele GA, Pegelow DF, Nelson WB, and Dempsey JA. Exercise−Induced Arterial Hypoxaemia in Healthy Young Women. *J Physiol* 507(Pt2): 619–628, 1998.

[18] Harms CA, Wetter TJ, St Croix CM, Pegelow DF, and Dempsey JA. Effects of Respiratory Muscle Work on Exercise Performance. *J Appl Physiol* 89: 131–138, 2000.

[19] Jobin J, Maltais F, LeBlanc P, and Simard C. *Advances in Cardiopulmonary Rehabilitation*. Champaign, IL: Human Kinetics, 2000.

[20] Jobin J, Maltais F, Poirier P, LeBlanc PJ, and Simard C. *Advancing the Frontiers of Cardiopulmonary Rehabilitation*. Champaign, IL: Human Kinetics, 2002.

[21] Kory RC, Callahan R, Boren HG, and Syner JC. The Veterans Administration−Army Cooperative Study of Pulmonary Function. I. Clinical Spirometry in Normal Men. *Am J Med* 30: 243–258, 1961.

[22] Melissant CF, Lammers JW, and Demedts M. Relationship Between External Resistances, Lung Function Changes and Maximal Exercise Capacity. *Eur Respir J* 11: 1369–1375, 1998.

[23] Mickleborough TD, Stager JM, Chatham K, Lindley MR, and Ionescu AA. Pulmonary Adaptations to Swim and Inspiratory Muscle Training. *EurJ Appl Physiol* 103. 635–646, 2008.

[24] Morris JF. Spirometry in the Evaluation of Pulmonary Function. *West J Med* 125: 110–118, 1976.

[25] Powers SK, Dodd S, Criswell DD, Lawler J, Martin D, and Grinton S. Evidence for an Alveolar−Arterial PO_2 Gradient Threshold During Incre−

mental Exercise. *Int J Sports Med* 12: 313–318, 1991.

[26] Powers SK, Lawler J, Dempsey JA, Dodd S, and Landry G. Effects of Incomplete Pulmonary Gas Exchange on V̇O₂max. *J Appl Physiol* 66: 2491–2495, 1989.

[27] Powers SK, Martin D, and Dodd S. Exercise–Induced Hypoxaemia in Elite Endurance Athletes. Incidence, Causes and Impact on V̇O₂max. *Sports Med* 16: 14–22, 1993.

[28] Riario–Sforza GG, Incorvaia C, Paterniti F, Pessina L, Caligiuri R, Pravettoni C, Di Marco F, and Centanni S. Effects of Pulmonary Rehabilitation on Exercise Capacity in Patients With COPD: A Number Needed to Treat Study. *Int J Chron Obstruct Pulmon Dis* 4: 315–319, 2009.

[29] St Croix CM, Morgan BJ, Wetter TJ, and Dempsey JA. Fatiguing Inspiratory Muscle Work Causes Reflex Sympathetic Activation in Humans. *J Physiol* 529(Pt2): 493–504, 2000.

[30] Stocks J and Quanjer PH. Reference Values for Residual Volume, Functional Residual Capacity and Total Lung Capacity. ATS Workshop on Lung Volume Measurements. Official Statement of the European Respiratory Society. *Eur Respir J* 8: 492–506, 1995.

[31] Wetter TJ, Harms CA, Nelson WB, Pegelow DF, and Dempsey JA. Influence of Respiratory Muscle Work on V̇O₂ and Leg Blood Flow During Submaximal Exercise. *J Appl Physiol* 87: 643–651, 1999.

实验15

[1] Bray GA and Gray DS. Obesity. Part I—Pathogenesis. *West J Med* 149: 429–441, 1988.

[2] Friedl KE, DeLuca JP, Marchitelli LJ, and Vogel JA. Reliability of Body–Fat Estimations From a Four–Compartment Model by Using Density, Body Water, and Bone Mineral Measurements. *Am J Clin Nutr* 55: 764–770, 1992.

[3] Heyward VH and Wagner DR. *Applied Body Composition Assessment.* 2nd ed. Champaign, IL: Human Kinetics, 2004.

[4] Jackson AS and Pollock ML. Generalized Equations for Predicting Body Density of Men. *Br J Nutr* 40: 497–504, 1978.

[5] Jackson AS, Pollock ML, and Ward A. Generalized Equations for Predicting Body Density of Women. *Med Sci Sports Exer* 12: 175–181, 1980.

[6] McArdle WD, Katch FI, and Katch VL. *Exercise Physiology: Energy, Nutrition, and Human Performance.* Baltimore: Lippincott Williams & Wilkins, 2007.

[7] Morrow JR, Jr., Jackson AS, Bradley PW, and Hartung GH. Accuracy of Measured and Predicted Residual Lung Volume on Body Density Measurement. *Med Sci Sports Exer* 18: 647–652, 1986.

[8] National Heart, Lung, and Blood Institute. *Clinical Guidelines on the Identification, Evaluation, and Treatment of Overweight and Obesity in Adults: The Evidence Report.* Bethesda, MD: National Institutes of Health, 1998.

[9] Pollock ML and Jackson AS. Research Progress in Validation of Clinical Methods of Assessing Body Composition. *Med Sci Sports Exer* 16: 606–615, 1984.

[10] Prior BM, Cureton KJ, Modlesky CM, Evans EM, Sloniger MA, Saunders M, and Lewis RD. In Vivo Validation of Whole Body Composition Estimates from Dual–Energy X–Ray Absorptiometry. *J Appl Physiol* 83: 623–630, 1997.

[11] Siri WE. Body Composition From Fluid Spaces and Density: Analysis of Methods. 1961. *Nutrition* 9: 480–491(discussion 480, 492), 1993.

[12] Withers RT, Smith DA, Chatterton BE, Schultz CG, and Gaffney RD. A Comparison of Four Methods of Estimating the Body Composition of Male Endurance Athletes. *Eur J Clin Nutr* 46: 773–784, 1992.

实验16

[1] American College of Sports Medicine. *ACSM's Guidelines for Exercise Testing and Prescription.* 10th ed. Philadelphia: Wolters Kluwer, 2018.

[2] Thaler MS. *The Only EKG Book You'll Ever Need.* Philadelphia: Lippincott Williams & Wilkins, 2007.

[3] Kenney WL, Wilmore JH, and Costill DL. *Physiology of Sport and Exercise.* 6th ed. Champaign, IL: Human Kinetics, 2015.

[4] Dubin, D. *Rapid Interpretation of EKGs.* Fort Meyers, FL: Cover, 2000.

作者简介

G.格雷戈里·哈夫（G.Gregory Haff），博士，CSCS，*D，FNSCA，ASCC，是澳大利亚埃迪斯科文大学君达乐校区（Edith Cowan University in Joon–dalup）的副教授兼体能训练研究生课程的协调员。哈夫发表了80多篇文章，集中精力研究对力量训练、骑行和营养补剂等方面对运动表现的影响。

哈夫是美国国家体能协会（National Strength and Conditioning Association，NSCA）的主席，也是 Journal of Strength and Conditioning Research 杂志的高级副主编。他曾荣获英国国家体能协会（United Kingdom Strength and Conditioning Association，UKSCA）的"教育与研究领域年度杰出体能训练教练"的称号，以及2011年NSCA威廉·J.克雷默杰出运动科学家奖。他是一名获得认证的体能训练专家，是UKSCA认可的体能训练教练（ASCC），并且是澳大利亚国家体能协会（Australian Strength and Conditioning Association）认可的二级体能训练教练。

此外，哈夫还是美国和澳大利亚的国家级举重教练。他是众多体育机构的顾问，其客户包括澳大利亚足球联赛、澳大利亚橄榄球联盟、澳大利亚篮球协会以及美国足球联赛中的球队。

查尔斯·杜姆克（Charles Dumke），博士，FACSM，是蒙大拿大学（University of Montana）健康和人类表现系的全职教授，他在该校教授本科生和研究生的课程。他教授运动生理学课程超过15年，先后在阿巴拉契亚州立大学（Appalachian State University）和蒙大拿大学（University of Montana）任教。他在威斯康星大学麦迪逊分校（University of Wisconsin at Madison）获得了运动人体科学博士学位。他对运动科学的研究领域包括能量消耗、燃料利用、运动的经济性、线粒体适应性机制以及糖尿病等。他针对这些主题发表了100多篇经过同行评审的文章。杜姆克是ACSM的会员，并在多个国家级和地区级委员会中任职。

在业余时间，杜姆克喜欢参加铁人三项比赛、骑行、跑步、接手无须专业知识的土建项目，并指导儿子参加球类运动。他与妻子香农、儿子卡特和爱犬拉斯特罗居住在蒙大拿州的米苏拉。

译者简介

赵芮，北京体育大学运动人体科学学士，悉尼大学交互设计与电子艺术硕士；国家体育总局训练局体能康复中心体能检测师；国家体育总局备战2012伦敦奥运会身体功能训练团队成员，为游泳、羽毛球、排球、篮球等十几个项目的国家队提供体能测试与训练服务；第四届北京体能大会现场翻译；参与编写《身体功能训练动作手册》、"儿童身体训练动作指导丛书"和"青少年身体训练动作指导丛书"。